민족지의 신화

컬처룩 미디어 총서 026

민족지의 신화

채백 지음

culture look

컬처룩 미디어 총서 026
민족지의 신화

지은이 채백
펴낸이 이리라

편집 이여진
표지 디자인 안종민

2022년 8월 10일 1판 1쇄 펴냄

펴낸곳 컬처룩
등록 번호 제2011-000149
주소 03993 서울시 마포구 동교로 27길 12 씨티빌딩 302호
전화 02.322.7019 | 팩스 070.8257.7019 | culturelook@daum.net
www.culturelook.net

ISBN 979 – 11 – 92090 – 10 – 8 94300
ISBN 979 – 11 – 85521 – 06 – 0 (세트)

* 이 책에 실린 사진은 연구의 목적으로 사용되었습니다.
* 이 저서는 2021년 대한민국 교육부와 한국연구재단의 인문사회분야 중견연구자지원사업의 지원을 받아 수행된 연구임(NRF-2021S1A5A2A01064142)

culturelook

차례

일러두기

- 한글 전용을 원칙으로 하되, 필요한 경우 원어나 한자를 병기하였다.
- 한글 맞춤법은 '한글 맞춤법' 및 '표준어 규정'(1988), '표준어 모음'(1990)을 적용하였다.
- 외국의 인명, 지명 등은 국립국어원의 외래어 표기법을 따랐으며, 관례로 굳어진 경우는 예외를 두었다.
- 사용된 기호는 다음과 같다.
  신문 및 잡지 등 정기 간행물, 영화, TV 프로그램 제목 등: 〈 〉
  책(단행본): 《 》
- 일부 단어의 뜻 풀이는 다음 국어사전 등을 참조하였다.
- 인용문은 최대한 원문의 표기 그대로 인용하였다.

머리말

이 책은 필자가 겪어온 지성사知性史의 한 단면이다. 어린 시절부터 옳다고 믿어왔던 것이 어느 순간부터 부정되어 가는 과정의 기록이다. 이는 필자뿐만 아니라 많은 독자들도 거의 같은 변화를 공유할 것이다.

내 인생의 첫 신문은 〈동아일보〉였다. 언제부터였는지는 정확히 기억할 수는 없지만 아마도 1964년의 국민학교 입학 이후 내가 한글을 깨우친 때부터일 것이다. 한글을 알게 되면서 무언가를 읽는 데 재미 들여 집에 매일 배달되는 신문을 조금씩 보기 시작했던 것 같다.

당시 우리 가족은 서울 변두리의 서민 동네에 살았다. 빠듯한 살림이었지만 그래도 신문 구독은 거의 필수였다. 우리 집이 〈동아일보〉를 구독한 것은 아마 선친의 선택이었을 것이다. 평범한 월급쟁이로 대식구 뒷바라지에 허리가 휘던 선친께서 왜 〈동아일보〉를 선택하셨는지는 모르겠다. 살아 계실 때 미처 확인해 보지 못했다.

그렇게 마주하게 된 〈동아일보〉는 필자에게 민족의 독립을 위해 몸 바치며 싸운 투사의 이미지로 조금씩 각인되어 갔다. 물론 이러한 이미지를 갖게 된 것은 내가 지면으로부터 직접 깨우친 것은 결코 아니었다. 그보다는 학교나 주변의 이야기로부터 형성되었을 것이다. 그렇기에 〈동아일보〉가 1970년대 중반 정부의 광고 탄압으로 어려움을 겪던 필자의 고등학교 시절 우리 반에서 격려 성금을 모금할 때 주저 없이 호주머니를 털었다.

최민지라는 사람의 이름과 책이 필자에게 다가온 것은 대학 시절인 1970년대 후반이었다. 어느 날인가 선배들이 주고받는 대화의 내용에 놀라면서도 처음에는 '설마'하며 반신반의하였다. 오랫동안 옳다고 믿으며 민족적 자부심의 대명사이던 나의 한 우상이 부정되는데 왜 흔들림이 없었겠나? 아마도 그 충격 때문에 그 장면이 아직도 기억 속에 남아 있을 것이다. 대학원 진학 후 최민지의 책을 자세히 읽고는 놀라움과 당혹, 나아가서 분노까지 느끼지 않을 수 없었다.

필자는 대학원 박사 과정에 진학하면서부터 한국 언론의 역사, 특히 개화기의 신문 역사에 관심을 집중하기 시작하였다. 1990년 한국 근대신문의 생성과 관련된 주제로 박사학위를 취득하고 2년 후 부산대학교에 자리를 잡고 나서도 제법 오랫동안 개화기 언론의 역사에 집중하였다. 그러다가 관심 영역을 일제 강점기까지 확대하기는 하였지만, 해방 이후 언론사에는 관심을 기울이지 못했다. 개화기와 일제기 언론 역사에서도 아직 다루어지지 못한 중요한 주제들이 너무나 많다고 생각했기 때문이다.

민족지 신화에 대해 학문적 관심을 두기 시작한 것은 비교적 최근의 일이다. 우리 사회에서 최근 언론 개혁의 이슈가 부상하고 친일 청산의 문제가 다시금 떠오르면서 일제 강점기 민간지들의 역사에 대한 관심도 확산되었다. 이에 따라 도대체 어떻게 해서 그런 신화적 인식이 가능했는지를 좀 더 깊이 있게 파헤쳐 보아야겠다는 생각을 하게 되었다.

이 문제를 좀 더 장기적인 기획에서 접근해야겠다는 생각에서 해방 후 복간된 〈동아일보〉와 〈조선일보〉가 미군정기에 친일 청산 문제에는 어떠한 태도였는가를 먼저 분석하여 2016년에 논문을 발표하였다. 이어 2018년에는 친일 청산을 위해 출범한 반민특위에 대해서는 이 신문들이 어떠한 입장이었는가를 분석, 발표하였다. 이 책의 본문에서도 논하겠지만 1949년 반민특위가 실패로 끝나자 바로 이어 1950년부터 〈동아일보〉는 창간 30주년 기념 특집을 발행하면서 민족지 신화를 창출하는 작업에 본격적으로 나서기 시작하였다. 이 과정을 분석하여 2020년 논문으로 발표하였다.

이 논문들이 책 저술의 토대가 되었다. 논문으로 발표하였지만, 학술지는 분량의 제약으로 충분한 자료의 제시와 논의에 한계가 있게 마련이다. 또한 학술지는 아무래도 전문 연구자들을 대상으로 하므로 일반인들이 접근하기에는 어려움이 적지 않다. 민족지 신화는 지금 장노년층뿐만 아니라 청년층도 학교 교육이나 미디어를 통해 익히 들어 온 내용일 것이다. 따라서 그 신화의 실체를 밝히는 작업도 전문 연구자층에 한정되어서는 안 되고 일반인들도 알아야 할 내용이라고 생각해서 책으로 발행할 생각을 하게 된 것이다. 마침 2021년 한국연구재단의 지원 사업에 선정됨으로써 이 책의 준비를 본격적으로 할 수 있게 되었다.

주지하는 바와 같이 최근 들어 전통의 미디어들은 커다란 위기에 직면하고 있다. 종래의 수용자들을 새로운 미디어들에 빼앗기면서 과거의 위상과 영향력은 찾아볼 수 없게 되었다. 전통 미디어들은 변화되는 커뮤니케이션 환경에서 자신들의 진로를 진지하게 모색하기보다는 과거의 권위주의적인 구태를 벗어나지 못하고 눈앞의 이익만을 좇다 보니 신뢰는 더욱 하락하여 새로운 환경에서 어려움은 깊어만 간다. 도무지 미래의 전망이 보이지 않을 지경이라 해도 과언이 아닐 것이다.

이러한 상황에서 이 책은 해당 신문들에 어려움을 더해 주는 것은 아닌가 하는 논의도 가능할 것이다. 사실 이제서야 이 주제로 책을 준비하면서 줄곧 머릿속을 떠나지 않았던 생각은 왜 그동안에는 이 작업을 못 했던가 하는 만시지탄이었다. 이미 오래전에 나를 포함한 언론학계에서 이 문제를 깊이 있게 다루었어야 마땅할 것이다. 그러나 진부한 이야기이지만 늦었다고 생각하는 때가 가장 빠른 법이다. 더 늦기 전에 이 책을 낸다는 데서 작은 의미를 찾아보려 한다.

어려울 때일수록 옆을 보고, 뒤를 돌아보아야 한다. 어려움을 이겨낼 지혜는 과거에서 찾을 수 있을 것이다. 역사의 효용은 바로 여기에 있다. 모든 역사적 문제의식은 현재에서 출발하여 현재로 귀결된다. 이 책이 어려움을 겪는 한국 신문들의 해결 방향을 찾는 데 조금이나마 도움이 되었으면 하는 바람이다. 인쇄 미디어의 종말이 눈앞에 다가오는 것처럼 보이지만 인쇄의 장점은 여전하다고 믿는다. 디지털 시대에 나타나는 문제들의 일정 부분은 인쇄 미디어를 통해 해법을 찾을 수 있을 것이다. 아직도 인류의 사회문화적 근본은 상당 부분 인쇄 문화적이기 때문이다. 이에 따라 다시 인쇄 미디어의 장점에 주목하는 움직임도 주변에서 어렵지 않게 찾아볼 수 있다. 필자 개인적으로도 너무나 위축된 인쇄 미디어가 조금이라도 그 역할을 회복하기 바란다. 그런 점에서 이 책이 신문들의 문제를 해결하는 데 조금이라도 도움이 되기를 간절히 소망한다.

필자는 올해 8월로 정년을 맞는다. 1981년 대학원 진학부터 헤아리면 40년이 넘는 연구자 생활의 한 매듭을 짓는 시점이다. 이 책이 필자의 연구 생애를 정리하는 성격은 아니지만 시점이 그러하다 보니 여러 감회에 젖는다. 그동안 논문과 책, 그리고 학술 행사를 통해 한국 언론에 대해 필자도 쓴소리를 많이 했었다. 그럼에도 한국 언론의 위기가 깊어만 가는 현실에 대해 작게나마 책임의식을 느끼지 않을 수 없다. 이 책은 필자가 한국 언론에 대해 하는 마지막 고언이라고 봐주면 좋겠다.

매번 그렇지만 이 책도 많은 사람들의 도움이 있기에 가능했다. 필자가 대학에 자리 잡고 전공 분야인 한국 언론사 연구에 매진할 수 있도록 도와주고 격려해 준 부산대와 학계의 여러 은사님들과 선후배, 동료 교수들에게 깊은 감사의 말씀을 드린다. 자료의 수집과 정리를 맡아준 강승화 박사와 제자들의 도움도 큰 힘이 되었다. 또한 필자가 별다른 걱정 없이 연구에 몰두할 수 있게 옆을 든든하게 지켜준 아내 김정란과 어느새 성장하여 제 몫을 하고 있는 정우, 정완 두 아들에게도 고마움을 표하고 싶다. 특히 이 책의 표지로는 화가로 활동하는 작은 아들 정완의 작품을 바탕으로 하여 디자이너로 활동하는 처조카 안종민 군이 디자인을 맡아 주었다. 정년 즈음에 내는 책이라 과거와는 좀 달리 꾸며 보고 싶은 욕심에 부탁했는데 기꺼이 도와주어 그 의미를 더해 주었다. 어려운 가운데서도 꿋꿋하게 자기 세계를 구축해 가는 두 젊은이에게 고마움과 격려를 보낸다. 또한 이 책뿐만 아니라 그동안 상업성도 없는 책을 매번 흔쾌히 맡아서 출판해준 컬처룩의 이리라 대표와 이여진 편집장에게도 고마움을 전한다.

2022년 7월

금정산 자락 연구실에서

1장 서론

1. 두 장면: 신화의 몰락?

> 조국이 어려운 난국에 처하여 왔을 때마다 한 줄기 외로운 빛을 우리는 언론에서 찾아왔던 것이다.
>
> 조국의 수호신인 언론.
>
> 민주주의의 기준이며 목표인 이 땅의 언론, 우리는 언론의 교시에서 삶의 의지를 굳혔고 조국의 앞날이 흔들릴 때 언론에서 투쟁을 배웠으며 사랑과 봉사의 자세를 배웠던 것이다. 한국 언론이야말로 한국 최근세상 민족의 저항의 의지를 살찌게 했고 그 누구도 뒤따르지 못할 저항의 금자탑을 우리의 역사 위에 기록하여 왔다(《편집인협회보》 제40호, 1969. 8. 5).

이 글은 1969년 7월 2일 연세대학교 학생들이 구성한 범연세호헌투쟁위원회가 언론인에게 보내는 성명서의 일부다. 당시 박정희 정권의 3선 개헌 시도에 언론도 맞장구치며 권력의 시녀 노릇만을 하는 데 불만을 느낀 대학생들은 언론을 강도 높게 규탄하였다. 그러나 서두에서는 이렇게 한국 언론의 과거 역사를 빛나는 투쟁의 역사로 규정하면서 당시 언론의 무기력한 모습을 강하게 질타하고 찬란한 투쟁의 역사를 되살릴 것을 요구하였다.

일제 강점기 언론 역사에 대한 이러한 인식은 연세대 학생들만이 아니었다. 같은 해 7월 11일 고려대학교 학생들도 3선 개헌 반대 시위에서 언론인에게 보내는 공개장을 통해 언론의 과거 역사를 "일본 제국주의 침략에 도전, 항거한 그 가열한 구국투쟁. 지긋지긋한 일제의 탄압 아래서 인고의 쓰라림을 삼켜가며 벌인 현대화 투쟁, 그리고 독립 후로도 보여준 그 용기있는 반독재, 민주수호 투쟁 등, 근자에 이르기까지 우리들 언론이 뿌려준 고귀한 피와 땀의 공적은 실로 눈물겹도록 대견스러울뿐 아니라 영원토록 찬연히 빛날 것"이라고 매우 긍정적으로 표현하였다(〈기자협회보〉 제88호, 1969. 7. 11).

비단 학생들만이 아니었다. 그해 8월 3선개헌반대범국민투위가 발표한 성명서에서도 "우리는 과거 우리 겨레의 언론이 악독무비한 일제의 탄압에도 감투한 빛나는 일"을 잘 알고 있다고 언명하였다(김삼웅, 1984: 88). 1970년 11월 서울대학교 총학생회가 발표한 언론 규탄 성명서에서는 "다른 신문은 뭐 그렇다고 합시다. 그런데 일제 때도 싸워왔던 O일보 X일보는 이게 무슨 꼴입니까"라는 함석헌의 발언을 인용하였다(김삼웅, 1984: 129). 당시의 대표적인 재야 지도자 함석헌도 일제 강점기 두 신문을 일제에 대항해서 '싸워왔던' 투쟁의 역사로 평가하였던 것이다.

당시 〈동아일보〉와 〈조선일보〉에 근무했던 언론인들도 마찬가지였다. 1960년대 후반부터 1970년대 초반까지 조선일보사에 근무하다 자유언론수호운동의 여파로 1974년 해직당한 언론인 신홍범은 인터넷 언론사 뉴스타파가 최근 제작한 다큐멘터리(연출 김용진 · 박중석, 2020)를 통해 "〈조선일보〉 다닐 때는 〈조선일보〉가 민족지라는 얘기만 계속 들어왔어요. 일제 시대에도 그런 줄 알았죠. 해직될 때도 그걸 몰랐어요. 〈조선일보〉 기자들조차 그렇게 속았는데, 우리 국민들 속은 거는 말할 것도 없죠"라고 증언하였다. 같은 영상에서 1975년 〈동아일보〉에서 해직당한 언론인 이부영은 입사한 지 1년차쯤 됐을 때[1] 〈동아일보〉 창간 때서부터 그때까지 나온 신문을 보면서 〈동아일보〉가 무얼 잘했는지 골라 보라는 일을 맡아서 그때 처음으로 일왕 사진 등이 실린 일제 말기의 지면을 보았다고 증언하였다. 그 이전에는 몰랐느냐는 질문에 "전혀 몰랐어요. 역사에서 나옵니까? 아무도 안 가르쳐주니 몰랐죠"라고 응답하였다.

이러한 상황에서 당시의 일반 독자들도 일제 강점기 신문을 민족지라 인식하였다. 1975년 〈동아일보〉 광고 사태에서 독자들이 참여한 의견 광고를 통해 이러한 인식을 확인할 수 있다. 개인 독자들의 광고가 등장하기 시작한 그해 1월 6일자 8면에는 워싱턴 교포 두 명이 각기 "민족지를 지키자!"와 "민족지는 민족의 생명!"이라는 격려 메시지를 광고하였다. 연일 이어진 격려 광고의 물결에서 〈동아일보〉를 민족지로 보는 인식은 얼마든지 찾아볼 수 있다. 〈조선일보〉도 일부 독자 투고에서 이러한 인식을 찾아볼 수 있다. 1975년 5월 29일자 4면에 실린 투고는 한자 사용이 많아 불편하다며 서두에 "민족지로서의 귀지의 역사에 경의를 표"하였다. 이 사례들로부터 1970년대 초중반만 해도 〈동아일보〉와 〈조선일보〉의 일제 강점기 역사를 투쟁과 저항의 역사로 보며 이

1 이부영은 1968년 12월에 동아일보사에 입사하였다(동아일보사, 1985: 571).

른바 '민족지'로 평가하는 인식이 보편적이었음을 알 수 있다.

하지만 두 신문에 대한 최근의 평가는 매우 극단적인 대조를 이룬다. 2020년 두 신문의 창간 100주년을 맞아 57개 언론 시민 단체가 모여 2019년 9월 '조선·동아 거짓과 배신의 100년 청산 시민 행동'이라는 연대 기구를 발족했다. 명칭만으로도 성격을 알 수 있는 이 단체는 〈조선일보〉와 〈동아일보〉의 친일·반민족 보도를 널리 알리고 나아가 언론 개혁을 완수하겠다고 밝혔다(〈미디어오늘〉, 2019. 9. 10). 이 단체는 2020년 2월 《조선·동아 거짓과 배신의 100년 최악 보도 100선》이라는 책을 펴냈다. 이 책은 '최악 보도' 중에서도 20개를 선정하였는데, 그중 일제 강점기에 해당하는 것이 8건 꼽혔다. 그 8건은 "천황을 신처럼 떠받들며 온갖 아첨"을 비롯하여 "김성수의 친일행각," "조선일보의 일본 왕실에 대한 찬양과 아부," "조선의 젊은이를 죽음의 전쟁터로 내몬 조선일보," "강제 폐간이 아닌 일본 국책에 순응한 폐간," "조선일보 사장 방응모의 친일행위," "동아일보 복간, 친일부역 사죄는 없었다," "일제하 반민족행위에 한 마디 사과도 하지않는 조선일보 복간사" 등이다(〈미디어오늘〉, 2020. 2. 21).

2021년 6월 21에는 〈조선일보〉가 성매매 관련 기사를 보도하며 사용한 삽화가 조국 전 법무장관의 딸 모습을 그대로 형상화하였다며 많은 이들의 분노를 불러일으켰다. 이에 한 시민이 6월 23일 청와대의 게시판을 통해 '조선일보 폐간시켜 주십시오'라는 국민 청원을 올렸다. 바로 다음 날인 6월 24일 〈조선일보〉는 부적절한 일러스트 사용이라며 사과하였음에도 한 달 동안 30만이 넘는 사람들이 이 청원에 동의하기에 이르렀다.

2022년 7월 현재 페이스북에는 '조선일보폐간운동본부'가 4만 5,000여 명의 회원을 확보한 그룹으로 운영되고 있다. 2019년 8월에 만들어진 이 그룹은 자신들을 "조선일보 광고주들의 상품을 사지 않는 불매운동을 실천함으로써 조선일보 자금줄을 끊어 조선일보 폐간을 앞당기자는 시민운동 모임"이라고 소개한다.[2]

투쟁과 저항의 역사라는 인식에서 거짓과 배신의 역사로 매우 극단적인 대조를 보이며 폐간시키자는 시민운동까지 벌어지는 것이다. 왜 이처럼 극단적인 대조가 나타났을까? 이 책은 바로 이 문제를 탐구해 보려고 한다.

역사에서 과거의 사실 자체가 변할 수는 없지만 그에 대한 해석은 얼마든지 바뀔 수 있다. 새로운 자료가 발견되거나 새로운 이론이 적용되면 새롭게 해석되는 사례는 어렵지 않게 찾아볼 수 있다. 이 책에서는 이렇듯 극단적인 인식의 차이를 가져오게 된 배경을 이른바 '민족지 신화'에서 찾아보려 한다. 이는 주지하는 바와 같이 일제 강점기에 존재했던 두 신문의 과거사를 '민족지'라는 개념으로 평가하는 인식을 가리킨다. 구체적으로 일제 강점기의 두 신문이 식민 지배의 가혹한 탄압에 저항하며 민족의 이익을 대변하며 투쟁한 역사라고 평가하는 인식을 말한다.

원래 신화라 하면 신에 관한 이야기를 말한다. 현대에 오면서 이 신화의 개념이 확장되어 확실히 믿어지지 않을 법한 이야기를 지칭하는 용어로 사용되고 있다(이강엽, 2004). 로버트 시걸Robert Segal(2015/2017: 13)은 신화의 이러한 측면을 일컬어 사람들의 "비뚤어진 확신"이라고 규정하였다. 사실이 아님에도 불구하고 사람들이 끈질기게 믿고 싶어 하는 어떤 무엇을 신화라 부른다는 것이다.

2 조선일보폐간운동본부, 2022. 4. 7. https://www.facebook.com/groups/371458353770225/about

이 책은 이러한 관점에서 한국의 민족지 신화를 분석해 보려 한다. 어떠한 주체에 의해서 어떠한 내용으로 만들어지고, 어떻게 확산되어 받아들여졌는지, 그리고 이 신화가 어떠한 주체에 의해서 굴절되기 시작하여 어떻게 확산되어 가는지를 규명해 보려 한다.

민족지 신화라는 개념에서 먼저 민족지라 하면 그 대상 시기는 일제 강점기로 한정한다. 주권을 빼앗긴 상태였기에 민족지라는 개념도 가능한 것으로서 일제 강점기에 창간되어 현재까지 발행되는 〈동아일보〉와 〈조선일보〉가 분석 대상이 된다. 신화라고 하면 사실의 차원보다는 이에 대한 해석과 인식의 차원을 말한다. 다시 말해 일제 강점기 창간된 두 신문의 실제 역사를 논하기보다는 광복 이후에 두 신문의 역사에 대한 논의가 전개되어 온 과정을 분석하려 한다.

민족지 신화는 광복 이후 상당 기간 한국 사회의 지배적 인식으로 자리하다가 굴절되기 시작하여 최근에는 많은 사람이 그 비판에 공감하고 있다. 그럼에도 불구하고 학계에서는 이에 대한 체계적인 연구가 거의 이루어지지 못했다. 일제 강점기 민간지의 역사에 대해서는 긍정적 시각이든 비판적 시각이든 다양한 연구가 이루어졌지만, 그에 대한 역사적 평가의 변천 과정에 대해서는 거의 연구되지 못했다. 또한 한국 사회에서 친일 청산의 문제는 여전히 현재 진행형이다. 두 신문의 100주년을 맞아 비판의 강도를 높이고 있는 여러 단체의 목소리가 이를 잘 말해 준다. 이러한 현황을 고려할 때 민족지 신화가 생성되고 굴절되는 과정을 분석하는 이 책은 이론적 및 실천적 차원에서 매우 필요하고도 의미 있는 작업이라고 평가할 수 있다.

2. 일제 강점기 민간지의 간추린 역사[3]

앞에서 지적한 대로 이 책은 일제 강점기 언론의 역사가 주된 논제는 아니다. 하지만 본론에 앞서 독자의 이해를 돕기 위해 일제 강점기 언론의 역사를 〈동아일보〉와 〈조선일보〉 중심으로 간략하게 살펴본다.

1) 강제 병합과 3·1운동

1910년 8월 29일 강제로 병합 조약을 체결하여 한국을 식민지화한 일본은 한국 민중의 반발을 억누르기 위해 무단 통치를 펼쳐 나갔다. 무단 통치를 위해서는 언론 통제가 필수적이어서 한국 민족의 이익을 대변하는 신문은 전부 폐간시켰다. 출판 부문에서도 독립이나 민족의식을 고취하는 내용을 담은 서적은 모두 발매 금지나 압수 조치하였다. 그러나 이 무단 통치는 한국 민족의 거족적인 저항을 불러일으켰다. 1919년 3·1운동으로 한국 민족의 독립 의지와 역량이 폭발하면서 그동안 억눌려 왔던 민족의 커뮤니케이션 욕구도 터져 나오기 시작하였다.

3·1운동과 관련된 각종의 선언문과 운동의 전개 양상을 보도하는 신문[4]들이 활발하게 발행되었다. 대표적인 것으로는 〈조선독립신

---

3 이 부분은 채백(2015)의 2부를 압축, 요약한 것으로서 세부적인 인용의 출처를 생략하였음을 밝힌다. 더 자세한 내용을 알고 싶거나 원 자료를 확인하고자 하면 위 책이나 기타의 문헌을 참조하기 바란다.

4 그동안 학계에서는 3·1운동기의 간행물을 '지하신문'이라는 개념을 사용하여 왔다. 식민 당국이 요구하는 법적 절차를 거치지 않았다는 이유로 이 개념을 사용한 것인데, 그 점 외에는 근대 신문으로서의 요건을 다 갖추고 있다는 평가가 새롭게 제기되고 있다(채백 외, 2021). 이 책에서도 '지하신문'이라는 용어 대신에 '신문'이라는 용어를 사용하고자 한다.

문〉이 있다. 이 신문은 1919년 3·1운동의 발발과 동시에 운동의 핵심 주체였던 천도교 세력의 주도로 창간되었다. 지면을 통해 독립운동이 시작되었으며 앞으로 전국적으로 이 운동이 전개될 것임을 알렸다. 창간호는 1만 부를 찍었으며 별도로 독립선언서도 2만 1,000장을 인쇄하였다. 이 신문이 배포되자마자 발행을 주도한 이종일과 사장 윤익선은 바로 체포되고 말았으나 그 뒤로도 여러 곳에서 다른 주체들에 의해 동일한 제호로 8월 말경까지 맥을 이어 발행되었다.

3·1운동 당시 국내에서 발행된 신문 중 현재 자료가 보존되어 확인 가능한 종수는 총 16종에 51개 호에 이른다(박용규 외, 2019). 그 밖에도 여러 종류의 신문이 국내외에서 쏟아져 나왔다. 이와 같이 3·1운동은 한국의 민족 운동에 큰 획을 긋는 분기점이 되었을 뿐만 아니라 언론 부문에서도 무단 통치의 억압을 뚫고 잠재되어 있던 항일 의지와 커뮤니케이션 욕구를 집약적으로 분출하는 주요 계기가 되었다.

2) 민간지의 창간

(1) 문화 통치와 민간지의 허용

억압 일변도의 무단 통치가 불과 10년이 못 되어 3·1운동이라는 거족적인 저항 운동을 일으키자 일제는 그들의 식민 정책을 수정하지 않을 수 없었다. 탄압 일변도의 무단 정책에서 벗어나 유화 정책을 통해 한민족의 저항 의지를 통제하는 것이 보다 효과적이라고 판단했던 것이다. 또한 3·1운동에서 드러난 한국 민족의 요구를 어느 정도 받아들일 필요도 있었다. 이러한 배경에서 나타난 것이 이른바 문화 통치다. 이 문화 통치의 궁극적 목적은 유화 정책을 통해 한국 민족 운동의 역량을 약화시키는 데 있었다. 이러한 정책 전환을 위해 일제는 1919년

8월 제3대 총독으로 사이토 마코토齋藤實를 임명했다.

문화 통치로 한국인에 의한 민간지의 탄생이 가능하게 되었다. 민간지를 허용하게 된 배경은 민족의 이익을 대변할 수 있는 언론을 허용한 것이라기보다는 유화 정책의 일환이면서 동시에 그들의 정책적 필요가 반영된 것이었다.

그 배경 요인은 첫째, 식민지 민중들의 환심을 사는 정책적 효과를 기대할 수 있다는 점이다. 두 번째는 신문이라는 공개적 미디어를 통해 민심의 동향을 파악하려는 정책적 의도다. 민간지를 통해 민심의 동향을 파악하고 때로는 여론을 유도 내지는 조작도 가능케 하려는 의도가 작용했던 것이다. 세 번째 배경으로는 민간지를 허용하여 지식인을 합법적인 공간으로 끌어들임으로써 그들의 동태를 파악하고 통제를 가능케 하려는 정책적 의도가 작용했다. 이처럼 1920년 민간지의 창간이 허용되었던 것은 3·1운동을 기점으로 일제의 식민 정책이 바뀌면서 그들의 정책적 필요가 주된 요인이 되었다.

(2) 민간지의 창간 과정과 주체

총독 사이토는 1919년 9월 3일 민간지를 허용할 방침임을 밝혔다. 이를 계기로 국내 여러 세력에 의해 신문 창간을 위한 움직임이 시작되었다. 총독부에 10여 건의 신문 허가 신청이 접수되었으나 실제 창간을 인가받은 것은 세 신문, 즉 〈동아일보〉와 〈조선일보〉 그리고 〈시사신문〉에 한정되었다. 이에 따라 그해 3월 5일 〈조선일보〉, 4월 1일 〈동아일보〉와 〈시사신문〉이 창간되어 일제 강점기 민간 신문의 시대가 막을 열었다.

세 신문에만 창간이 허용된 것도 친일 진영에 2개와 민족진영에 하나의 신문을 허용한다는 일제의 정책적 의도가 작용한 것이었다. 이러한 성격은 세 민간지의 창간 주체를 보면 알 수 있다. 〈조선일보〉와 〈시사신문〉은 친일 진영에 의해 창간된 신문이다. 〈조선일보〉는 조일동화주의朝日同化主義를 표방하고 나선 친일 단체 대정大正친목회에 의해 창간되었다. 대정친목회는 1916년 설립된 친일 기업인의 단체로서 민영기, 조진태, 예종석 등이 중심인물이었다. 당시 일본 왕의 시호로서 연호로도 사용되던 대정을 단체명에 사용한 것만 보아도 그 성격을 알 수 있다. 〈시사신문〉도 신일본주의를 표방하던 친일 단체인 국민협회의 기관지였다. 국민협회는 당시 일본의 식민 지배를 인정하고 그 범위 내에서 참정권을 얻자는 청원 운동을 벌였던 단체로서 민원식이 대표였다.

한편 〈동아일보〉는 민족진영을 대표한다는 명분으로 허용되었다. 그러나 창간의 주역인 김성수 일가는 일제의 지원과 비호 속에 그들과 타협하는 식민지 토착 자본가의 성격을 지닌다. 창간 당시의 진용을 보더라도 일제와 밀착된 성격이 드러난다. 개화기 이래 친일파의 거두였던 박영효가 초대 사장을 맡았으며 총독부 기관지 〈매일신보〉에 근무한 이상협이 편집국장을 맡았다. 이와 같이 일제와 밀착된 인물들을 전면에 내세움으로써 신문 창간을 인가받았던 것이다. 일제의 입장에서도 민족진영을 대표하는 세력에 허용한다는 명분도 세우며 자신들과 친숙한 사람들이 주축을 이루니 거부할 이유가 없었을 것이다.

(3) 민간지의 운영과 논조

민족진영의 대표를 표방하고 출범한 〈동아일보〉는 1920년 4월 1일의 창간호 1면에 실린 '주지主旨를 선명宣明하노라'는 제목의 창간사를 통해 신문의 목표와 사명을 '조선 민중의 표현기관임을 자임하노라'와 '민주주의를 지지하노라' 그리고 '문화주의를 제창하노라'의 세 가지로 천명하면서 출발하였다.

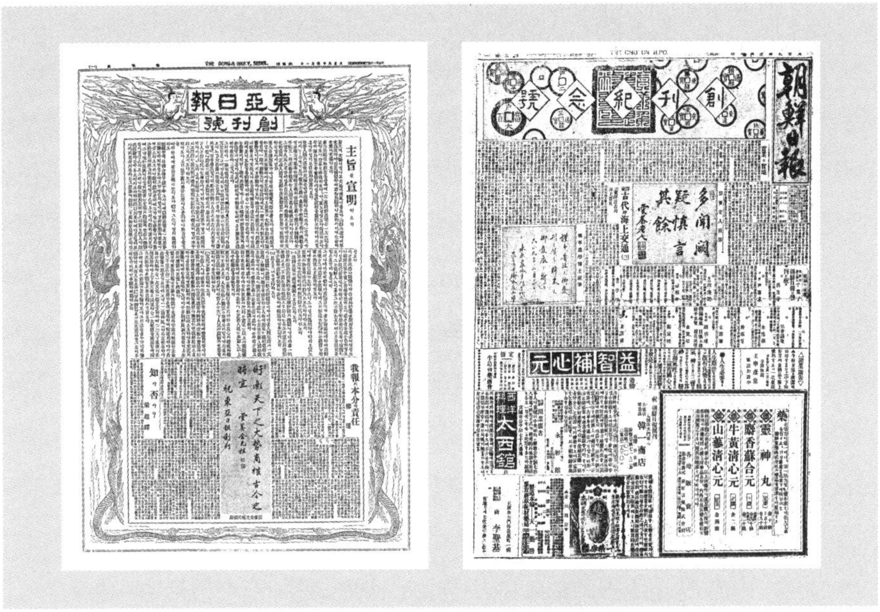

東亞日報

創刊號

主旨를 宣明하노라

朝鮮日報

創刊紀念號

益智補心元

사진 1 〈동아일보〉 창간호(1920. 4. 1)와 〈조선일보〉 창간 기념 제3호(1920. 3. 9).

이 주지에서도 〈동아일보〉가 지향하는 이념의 특성과 한계가 드러난다. 첫 번째의 '조선 민중의 표현기관임을 자임하노라'는 내용은 언론이 즐겨 사용하는 표현으로서 다수의 의견을 대변하겠다는 의지의 표현이면서 그러하니 많은 이들이 봐 주었으면 좋겠다는 기대의 표현이기도 하다. 하지만 이는 오히려 〈동아일보〉가 창간 이후 기대에 못 미치자 여러 세력들로부터 공격의 대상이 되기도 하였다.

두 번째 '민주주의를 지지하노라'는 내용을 보면 "국내 정치에 처하야는 자유주의요, 국제 정치에 처하야는 연맹주의"라고 규정한다. 이는 일제도 즐겨 주장하였으며 개화기 한국 사회에도 널리 퍼져 있던 아시아주의의 한계를 벗어나지 못하고 있음을 보여 준다.

세 번째의 문화주의는 당시 총독부가 표방하던 문화 통치라는 슬로건과 일치하는 것이다. 이처럼 〈동아일보〉는 표방한 주지에서도 민족의 이익을 대변하여 일본의 식민 지배에 저항하기보다는 식민 지배를 인정하는 한계를 보여 주었다.

민족진영의 신문으로 출발한 〈동아일보〉는 〈조선일보〉보다 많은 독자의 성원을 받을 수 있어 1920년대는 계속 흑자를 기록하였다. 1930년대도 일장기 말소 사건으로 무기 정간을 당했던 해를 제외하고는 흑자 경영을 유지하였다. 창간 초기에는 일제의 언론 탄압도 그 기준이 상당히 완화되어 명백하거나 직접적인 항일 기사 외에는 대체로 심하게 탄압하지 않았다. 이에 따라 〈동아일보〉는 1920년부터 1923년까지 1회의 정간과 해마다 10~20건의 압수를 당하였다.

반면 친일계 신문으로 출발한 〈조선일보〉는 〈동아일보〉에 비해 자본력도 미약하여 독자들의 호응을 얻기가 어려웠다. 이에 사내에서도 내분이 빚어지며 1920년 8월 대정친목회와의 관계를 청산하였다. 이후 〈조선일보〉는 〈동아일보〉보다 더한 항일의 논조로 독자의 호응을 얻고자 시도하였다. 1920년대 초반 친일 신문으로 출발한 〈조선일보〉가 민족진영의 신문으로 출발한 〈동아일보〉보다 오히려 더 많은 압수 건수를 기록하였으며 정간도 먼저 당하였다. 이처럼 〈조선일보〉는 〈동아일보〉보다 더 비판적 논조로 독자의 호응을 얻으려 하였지만 압수와 정간이 거듭되면서 경영난은 가중되었다. 결국 〈조선일보〉의 소유권은 1921년 4월 대표적인 친일 인사 송병준에게 헐값에 넘어가고 말았다.

한편 친일 단체인 국민협회의 민원식에 의해 창간된 〈시사신문〉은 오래 버티지 못하고 바로 폐간되고 말았다. 1921년 2월 16일 참정권 요구의 청원 운동차 도쿄에 간 민원식이 민족주의자 양근환에게 저격,

피살되자 휴간 끝에 폐간된 것이다.

(4) 독자층의 신문에 대한 비판과 저항

〈동아일보〉의 실제 논조는 당시 사회의 기대에 제대로 부응하지 못하였다. '민중의 표현기관'을 자임하였지만 실제로는 기대에 못 미쳐 많은 비판을 불러일으켜 급기야는 불매 운동까지 벌어졌다. 창간 직후인 1920년 5월 4일부터 6회에 걸쳐 '조선 부로父老에게 고함'이라는 사설에서 전통의 유교적 가부장 문화를 비판한 것이 계기가 되었다. 유림이 강하게 반발하며 〈동아일보〉를 성토하고 불매 운동까지 벌일 기세였다. 이에 동아일보사의 고위 관계자가 유림 측을 방문하여 사과하자 유림의 강경했던 태도도 누그러졌다. 이어 〈동아일보〉는 사장 박영효가 6월 1일부로 물러나고 김성수가 제2대 사장에 취임함으로써 사태를 진정시켰다.

실제로 불매 운동이 결의되었던 것은 1922년 1월 21일 개화기 정계의 거물 김윤식의 죽음이 계기가 되었다. 〈동아일보〉가 중심이 되어 김윤식의 장례를 2월 4일 사회장으로 치르려 하자 바로 반발이 뒤따랐다. 1월 28일 각계의 인사들이 고김윤식사회장반대회를 결성하여 김윤식은 대표적 친일 인사라며 사회장을 즉각 취소할 것을 요구하였다. 이들은 〈동아일보〉가 정당성도 없는 김윤식 사회장을 주도하려 한다면서 사장과 편집 책임자가 사직할 때까지 구독 거부할 것을 결의하였다. 결국 사회장위원회는 2월 1일 사회장 폐지를 결정하였다.

이 불매 운동의 배경에는 당시 청년 단체들의 이념과 노선 투쟁이 자리하고 있었다. 1920년대 초반의 청년 운동은 민족주의와 사회주의의 두 세력이 큰 흐름을 형성하였다. 양대 세력이 주도권을 장악하려는 경쟁과 갈등이 전개되는 가운데 1921년의 '사기 공산당 사건'이 결정적 계기가 되었다. 이는 상해의 공산주의 세력이 국내의 거점 확보를 위해 1921년 5월경 적지 않은 활동 자금을 동아일보사 장덕수에게 전하였으나 그 자금이 공산주의 활동 이외의 일에 소비되었다고 말썽이 되었던 사건이다. 그 와중에 김윤식 사회장 문제가 불거지자 사회주의 계열의 인사들이 장덕수 일파를 공격하기 위해 사회장 반대 운동을 펼쳤던 것이다.

1923년 3월 30일의 전조선청년당대회에서도 〈동아일보〉 불매 운동이 결의되었다. 창간 후 〈동아일보〉가 기대에 어긋난다고 성토하면서 2,000만 민중의 표현기관이라는 표현을 취소하고 간부들을 퇴진시킬 것을 요구하며 불매를 결의하였다. 이 불매 운동도 청년 운동 진영의 세력 갈등에서 비롯되었다. 이로 말미암아 장덕수는 1923년 4월 동아일보사의 부사장급 주미 특파원으로 발령이 나서 도미하게 되었다. 이는 한국의 언론이 해외 상주 특파원을 보낸 최초의 사례였다.

〈조선일보〉 불매 운동도 시도되었다. 1923년 1월 만주의 봉천조선인협회는 〈조선일보〉 불매 운동을 결의하였다. 이 협회는 〈조선일보〉 기사와 관련하여 여러 차례 항의해 잘못을 시정하겠다는 약속을 받아냈으나 제대로 실행되지 않자 이에 반발하여 〈조선일보〉 불매 운동을 결의하였던 것이다.

3) 1920년대 중반 이후의 언론

(1) 〈동아일보〉의 성격 변화

1924년은 민간지의 역사에서 중요한 전환점이 되었다. 〈동아일보〉와 〈조선일보〉가 모두 이 해에 중대한 변화를 겪으며 성격과 위상이 달라졌다. 〈동아일보〉는 1924년 연초에 실린 사설과 이에 대한 각계의 비난을 계기로 논조와 위상에서 중대한 변화가 나타났으며, 〈조선일보〉는 신문의 소유권이 민족진영으로 넘어가 인적 구성과 지면에 혁신을 시도하였다.

1924년 1월 2일부터 6일까지 5회에 걸쳐 〈동아일보〉 지면에는 '민족적 경륜'이라는 제목의 사설이 연재되어 커다란 사회적 파문을 일으켰다. 이 사설의 핵심은 일제의 식민 지배를 인정하면서 그 범위 내에서 허용되는 정치적 결사를 조직하여 자치권을 확보하는 운동을 펼쳐 나가자는 것이었다.

이 사설이 공개되자 〈동아일보〉는 바로 각계로부터의 비난과 성토에 직면하였다. 가장 먼저 동경의 유학생 11개 단체는 2월 10일 〈동아일보〉를 배척하고 성토하는 운동을 전개하기로 결의한 성토문을 국내 각지에 발송하였다. 북경의 북경한인임시선전회도 성토문을 발송하였다. 상해의 임시 정부 기관지 〈독립신문〉도 4월 26일자에서 '동아보에 고함'이라는 제목의 사설을 통하여 반대 입장을 명백히 하였다. 국내에서도 천도교 구파 등 민족진영을 비롯해 조선노농총동맹과 당시의 대표적 잡지 〈개벽〉 등이 이에 가담하였다. 4월 20일에 창립된 노동자 농민 운동의 전국 단체였던 조선노농총동맹은 신문의 주요 간부와 옹호파를 사회에서 매장할 것과 함께 〈동아일보〉에 대한 불매 운동을 결의하고 각지에서 성토 강연을 할 것 등을 결의하였다.

당시 〈동아일보〉 사설로 사회적 파문을 불러일으켰던 것은 일제의 문화 통치 정책과 밀접한 연관이 있다. 일제는 한국 내 친일 세력을 육성하고 이들을 통해 식민 지배의 틀 내에서 한국인의 참정권 청원 운동을 전개하려 시도하여 1920년대 중반부터는 자치론이라는 형태로 나타나기 시작하였다. 이러한 흐름에서 1923년 하반기에 동아일보사의 김성수와 송진우 등이 중심이 되어 연정회가 조직되더니 곧이어

〈동아일보〉 지면에 이광수 집필의 '민족적 경륜'이라는 사설이 실려 공개적으로 자치론을 주장하기에 이르렀던 것이다.

1924년 4월 3일, 〈동아일보〉는 또 다른 회오리에 휘말리게 되었다. 친일 단체인 각파유지연맹의 대표 박춘금이 〈동아일보〉의 김성수와 송진우를 협박한 사건이 벌어져 사회적으로 커다란 파문을 불러일으켰다. 11개 친일 단체가 모여 1924년 3월 각파유지연맹을 발족하자 〈동아일보〉는 3월 30일과 4월 2일 사설을 통해 강도 높게 비판하였다. 그러자 4월 3일 각파유지연맹의 간부 박춘금이 〈동아일보〉의 송진우와 김성수에게 자신들을 공격한 것을 사과하고 돈 3,000원을 내라고 권총으로 협박한 사건이 발생하였다. 이에 송진우는 서약서를 쓰고 풀려났으며 김성수는 박춘금이 요구한 돈을 경무국장에게 주어 전하려 하였으나 박춘금이 거부함으로써 사건은 일단락되었다.

이 사건은 〈동아일보〉만의 문제가 아니라 언론의 자유에 대한 중대한 위협의 성격을 지닌다. 이에 각계 지도자들이 모여 폭력 단체를 묵인하고 비호하는 총독부 당국을 비난하는 한편 각파유지연맹을 규탄하고 언론 탄압에 항거하는 언론집회압박탄핵회라는 명칭의 민중대회를 시도하였다. 그러나 6월 20일의 탄핵 대회는 총독부의 탄압으로 무산되고 말았다.

일련의 사건들은 〈동아일보〉의 내부 기자들에게도 커다란 반발을 불러일으켜 내부 개혁 운동으로 이어졌다. 기자들은 4월 24일 사장 송진우를 비롯한 간부들에 대한 불신임을 결의하고 사내 민주화를 요구하였다. 간부진의 사표는 수리되었으나 새로운 간부진은 사장에 이승훈, 주필 겸 편집국장에 홍명희를 임명하며 김성수의 의사대로만 구성하였다. 기자들의 민주화 요구를 무시하는 김성수의 태도는 더 큰 반발을 불러일으켜 기자들 다수가 사표를 제출하였다. 이때 사표를 제출한 주요 인물들이 〈조선일보〉로 옮겨 가서 혁신을 주도하게 되었다.

이러한 우여곡절들을 거치면서 〈동아일보〉는 많은 변모를 겪게 되었다. 민족진영을 대표하는 신문으로 허가받아 스스로 표방했던 '조선 민중의 표현 기관'이라는 위상은 심각한 타격을 받을 수밖에 없었다. 이후 〈동아일보〉는 일제와 더욱 타협적인 자세를 보이게 되어 1924년을 계기로 하여 민족주의 우파 세력의 대변지로 성격이 굳어져 갔다.

(2) 〈조선일보〉의 혁신과 신간회

1924년 〈조선일보〉도 여러 가지 중대한 변화를 겪었다. 그해 9월 소유주가 민족진영의 신석우로 바뀌었다. 신석우는 먼저 인사 개편을 시도하여 9월 13일 월남 이상재를 사장에, 신석우는 부사장에 취임하였다. 편집 겸 발행인으로 김동성, 주필에 안재홍, 고문에 이상협, 편집국장에 민태원을 임명하였다. 박춘금 사건을 계기로 동아일보사를 그만둔 기자들과 좌익계 기자들을 끌어들였다. 이어 '조선 민중의 신문'이라는 슬로건을 걸고 지면 혁신을 시도하였다. 10월 13일자부터 시사 풍자만화 '멍텅구리 헛물켜기'난을 신설하여 매일 연재하였다. 11월 23일부터는 민간지 최초로 조석간제를 단행하여 조간 2면 석간 4면을 발행하였다. 〈조선일보〉에 사회주의 세력이 대거 참여하였던 것이 지면에도 반영되어 사회주의적 관점에 입각한 기사도 지면에 자주 등장하였다. 당시 〈조선일보〉는 사회주의 신문이라는 세평을 받기도 하였다.

〈동아일보〉의 '민족적 경륜' 사설을 둘러싸고 빚어진 민족진영의 대립과 갈등은 1920년대 후반의 민족 운동 전개에도 적지 않은 영향을 미쳤다. 〈동아일보〉를 주축으로 한 타협적 민족주의 세력은 자치운동을 전개하는 반면, 비타협적 민족주의자들과 사회주의 세력은 이 자치론을 맹렬히 비난하면서 민족협동전선의 필요성을 주장하고 나섰

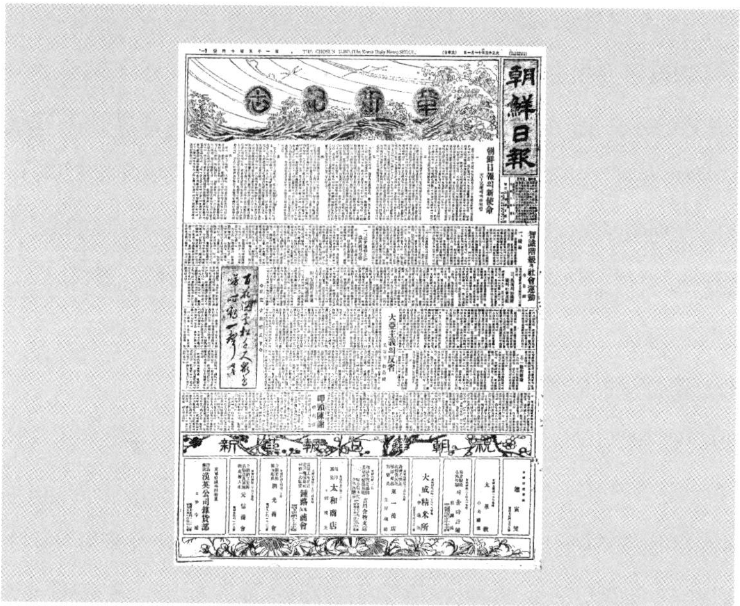
朝鮮日報

사진 2 〈조선일보〉 혁신 기념호(1924. 11. 1).

다. 당시 사회주의 세력이 진출해 있던 〈조선일보〉가 민족협동전선론의 주도적인 역할을 하였다. 이러한 맥락에서 민족주의 좌파와 사회주의 세력이 연합하여 1927년 1월 출범한 범민족적 단체가 바로 신간회다. 신간회는 민중의 열망과 맞아떨어지면서 커다란 호응을 불러일으켜 창립 후 4년만인 1931년에 전국 141개 지회에 3만 9,410명의 회원이 참여하는 조직으로 성장하였다.

1929년 11월 광주에서 시작된 학생들의 항일 운동이 전국으로 삽시간에 번져 나갔다. 그러자 신간회를 중심으로 한 각 단체에서는 이 운동을 전국적 차원의 민족 운동으로 승화시켜 나갈 것을 결의하였다. 이에 일제는 12월 13일 거사 직전에 신간회의 주요 간부에 대한 검거에 나섰다. 결국 신간회는 1931년 5월 해체되고 말았다.

〈조선일보〉는 이 신간회의 결성과 운영에 주요 간부들이 핵심적 역할을 하였으며 본사 및 지방의 기자들도 주요 간부나 회원으로 참여하였다. 또한 신간회 활동에 관해서도 지면을 통하여 다른 신문들보다 훨씬 자세하게 보도하는 등 적극적인 자세를 보였다. 반면 〈동아일보〉는 신간회의 결성과 이후의 활동에 대하여 계속 소극적이고 냉소적인 태도를 보였다.

4) 1930년대 이후의 언론

(1) 1930년대 일제의 언론 통제 강화와 민간지의 대응

1920년대 말 세계적인 경제 대공황의 위기를 대륙 침략으로 타개하려 했던 일제는 1931년에 만주 사변을 일으키며 식민지 조선을 대륙 침략의 병참 기지화하는 정책을 펼쳐 나갔다. 1929년의 광주 학생 항일 운동을 계기로 일제는 국내의 민족 운동과 언론도 탄압을 더욱 강화하였다. 총독부는 1936년 8월 9일에는 그해 6월부터 일본에서 시행하던 불온문서임시취체령을 공포하여 조선에도 적용토록 하였다. 1936년부터는 신문지법의 관련 조항을 바탕으로 검열 표준을 만들었으며 같은 해에 언문 신문용 지면 개선 사항을 시달하였다.

이러한 통제 강화에 대해 민간지들은 별다른 저항의 모습을 보여주지 못했다. 압수나 정간당하면 경영 손실이 커지므로 자연히 검열에 걸리지 않도록 하려는 경향이 짙어갔다. 이에 따라 1930년대 이후로는 검열이 강화되었음에도 불구하고 압수 처분을 받은 기사 건수는 1920년대에 비해 현저히 줄어 대부분 1년에 10건 미만을 기록하였다.

대신 1930년대 민간지는 상업적 경쟁에만 몰두하였다. 〈동아일보〉는 1930년대에 들어서도 경영 면에서는 계속 안정을 유지하였으나 〈조선일보〉는 계속되는 재정난과 내분으로 어려움을 겪다가 1933년 3월에 방응모가 인수하였다. 방응모는 금광으로 거부가 된 사람으로, 〈조선일보〉의 오랜 경영난과 내분을 종식시켰다. 이후 〈조선일보〉는 〈동아일보〉와 대등한 경쟁 체제로 돌입하였다.

이 시기 민간지는 각종의 문화 사업을 경쟁적으로 전개하였다. 문화 사업을 통한 계몽 운동은 당시 독립운동의 한 분파로서 실력양성론과 맥이 닿아 있다. 실력을 양성하여 독립에 대비하자는 실력양성론의 맥락에서 신문들의 문화 사업도 이해할 수 있다.

〈동아일보〉는 1931년부터 문맹 타파를 위한 브나로드 운동을 전개하였다. 브나로드란 '민중 속으로'라는 의미의 러시아어로 1850년대 러시아에서 전개된 농민 계몽 운동을 모델로 하였다. 그 외에도 〈동아일보〉는 조선의 노래 공모(1931), 만주 재해민 구호 금품 모집(1931), 한글 강습회(1931~1932) 등의 사업을 벌였다. 〈조선일보〉도 1929년부터 학생 문자 보급 운동을 전개하여 1931년에는 춘계 문자 보급반을 개설하여 문자 보급에 주력하였다. 1935년에는 신문전람회를 개최하였으며 일본과 만주에 산업 시찰단을 파견하였다. 1935년부터 매년 전조선음악콩쿠르를 개최하였으며 1936년부터는 매년 전조선학생미술전람회를 개최하였고 1937년부터는 사진 현상 모집, 1938년도부터는 신인 음악회를 매년 개최하였다.

이들 사업 중에서도 문자 보급 운동은 핵심적인 부분을 차지한다. 이 운동은 실력양성론의 입장에서도 중요한 의미를 지니지만 그 이면에는 상업적인 배경도 자리하고 있다. 문자 해독층이 늘어나면 잠재적인 독자층이 늘어나는 것이며 이는 장기적으로는 신문의 발행 부수 증대로 이어질 수 있다는 측면도 무시할 수 없다.

민간지는 출판 사업에도 본격 진출하여 여러 종의 잡지를 발행하였으며 단행본 출판도 시작했다. 〈동아일보〉는 1931년 11월 종합지 〈신동아〉, 1933년 1월 여성 교양지 〈신가정〉을 창간하였다. 〈조선일보〉는 출판부를 독립시켜 1935년 10월 월간 교양지 〈조광〉, 1936년 3월에는 여성지 〈여성〉, 그리고 1937년 4월에는 〈소년〉, 1937년 9월에는 〈유년〉을 창간하였다.

당시 신문들 간의 치열했던 경쟁은 '3증 경쟁'이라고 불렸다. 증자와 증면, 그리고 사옥 증축의 세 가지 부문에서의 치열했던 경쟁을 일컫는 말이다. 증면 경쟁을 살펴보면, 〈동아일보〉는 1932년 11월 21일부터 조석간 8면제를 단행한 이래 1933년 9월 10일자부터 10면제로, 1936년 1월 1일부터는 12면제까지 나아갔다. 〈조선일보〉도 1933년 4월 29일 조석간제를 부활하여 총 8면을 발행하였다. 1934년 10월 6일에는 총 10면으로, 1936년 1월 7일에는 총 12면으로 증면하였다. 일반적으로 신문의 증면은 보다 많은 정보를 제공한다는 명분을 내세우지만 실제로는 보다 많은 광고를 유치하기 위한 목적이 더 직접적이다.

1930년대 민간지가 치열한 경쟁 속에서 출판이나 문화 사업으로까지 사업 영역을 확대해 나가는 모습은 마치 현대 자본주의 사회에서 언론 기업의 전개 양상과 흡사하다. 이러한 경영의 다각화 현상은 기존의 축적된 기술과 정보를 이용하여 관련 분야에 진출함으로써 이윤을 극대화하고 또한 한 분야에서 발생하게 될지도 모르는 손실을 다른 부문에서의 이윤으로 만회할 수 있기 때문이다. 다시 말해 1930년대 한국의 언론 기업들은 초보적이나마 복합 미디어 기업으로서의 특성을 보여 준 것이다.

(2) 일장기 말소 사건

일장기 말소 사건은 식민지 시대 최대의 필화 사건이다. 1936년 8월 9일 베를린 올림픽 마라톤에서 손기정 선수가 우승을, 남승룡 선수는 3등을 차지하자 언론도 바로 이 쾌거를 적극적으로 보도하였다. 8월 10일자 호외부터 시작하여 연일 대서특필하였다. 〈동아일보〉는 8월 11일자 석간의 사설에서 두 사람의 입상은 바로 "조선의 우승이요 제패"라며 민족적인 관점을 부각시켰다. 〈조선일보〉도 11일 조간 사설에서 이 우승은 "손남 양군의 영예일 뿐아니라 이천오백만 조선 민족의 일대 역사적 광영이라 안할 수 없다"고 민족적인 관점에서 커다란 의미를 부여하였다.

이러한 분위기 속에서 〈조선중앙일보〉는 1936년 8월 13일자 조간 제4면의 오른쪽 하단에 손기정 선수 가슴의 일장기가 삭제된 사진을 게재하였다. 같은 일자 〈동아일보〉도 조간 지방판에만 일장기가 삭제된 사진을 실었다. 이때는 총독부 당국도 문제 삼지 않고 넘어갔다. 당시는 언론뿐만 아니라 한국 사회 전체가 두 선수의 세계 제패를 계기로 흥분과 축제의 도가니에 빠져들어 총독부 기관지 〈매일신보〉도 손기정의 우승을 "전일본적 영예"라고 보도하였다. 이러한 상황에서 총독부가 굳이 제동을 걸 이유가 없었던 것이다.

그 이후로도 민간지의 민족주의적 보도는 지속되었으며 나아가서 신문들은 손기정 우승을 기리기 위한 여러 가지 기념사업을 시도하였다. 우승 축하 대회가 전국 각지에서 열리고 두 선수에게는 전국 각지의 각계각층으로부터 축전과 성금이 몰려들었다. 이러한 축하 분위기는 경축 대회 등의 군중 집회로 발전하였으며 기념 축구 대회나 마라톤 대회도 열렸다. 축하 분위기는 일회성 이벤트에 그치지 않고 무언가 기념물을 남기자는 움직임으로 이어져 〈동아일보〉가 체육관 건립을 주장하며 준비에 착수하였다.

이처럼 손기정의 우승 이후 전 사회적으로 경축 분위기가 확산되면서 침울하게 가라앉아 있던 식민지의 분위기가 민족적 자부심으로 활기를 띠기 시작하였다. 이러한 사회 분위기는 총독부 당국으로서는 결코 반가울 리가 없었을 것이다. 이 분위기가 정치적 차원으로까지 승화되는 것을 차단하기 위해 규제의 필요성을 느끼기 시작하였을 것이다. 총독부 경찰은 손기정 관련 축하회도 금지, 기념 체육관 설립 발기도 금지, 연설회도 금지함으로써 손기정의 우승을 민족적 활로로 승화시키려는 분위기를 차단하고 나섰다.

이러한 때에 〈동아일보〉 8월 25일자에 일장기가 말소된 문제의 사진이 게재되자 이번에는 총독부가 바로 대응에 나섰다. 신문의 발매 반포를 금지시키고 관계자 소환에 착수하여 27일까지 총 11명을 연행하였다. 8월 27일에 경찰은 조사 결과를 발표하며 동아일보사에 대해 정간 조치를 내리고 사장과 관계자는 사임하고 앞으로 언론 활동을 금지하며 지면 쇄신을 서약할 것 등 6개 항을 요구하였다.

이 정간은 9개월 6일간 지속되어 1937년 6월 2일에야 속간될 수 있었다. 이처럼 정간이 오래 지속된 것은 총독부로서는 이 기회에 〈동아일보〉를 김성수와 송진우의 영향으로부터 벗어나게 바꾸길 원했으나 두 사람으로서는 이를 받아들이기 힘들었기 때문이었다. 하지만 총독부가 1년 이상 발행이 되지 않으면 자동으로 허가가 취소되는 신문지법 제7조로 압박하자 동아일보사는 이를 수용하기에 이르렀다. 새 사장에 백관수가 취임하고 〈동아일보〉는 속간호에서 "금후부터 일층 근신하여 경更히 여사如斯한[5] 불상사를 야기치 않도록 주의할 것은 물

5 '다시는 이와 같은'을 뜻한다.

론이어니와 지면을 쇄신하고 대일본제국의 언론기관으로서 공정한 사명을 다하야써 조선 통치의 익찬을 기하려" 한다는 사고를 지면에 게재하였다. 이로써 〈동아일보〉는 다시 신문을 발행하게 되었지만 창간 이후 우여곡절 속에서도 유지하던 '민족진영의 언론'이라는 간판을 내리고 스스로 "대일본제국의 언론기관으로서 사명을 다하겠다"고 선언하기에 이르렀다.

(3) 일제 말기의 친일 언론과 민간지의 폐간

일제는 1937년 7월 중일 전쟁을, 1941년 12월 태평양 전쟁을 일으키며 전시 체제로 돌입하며 1938년 5월에는 국가총동원법을 공포하고 1941년 12월 13일에는 신문사업령을, 12월 18일에는 언론 출판 집회 결사 등 임시취체법을 공포하였다. 신문사업령은 신문의 운영이 국책의 수행에 중대한 지장을 초래하거나 그럴 우려가 있을 때 신문 사업주에게 그 폐쇄 또는 휴지를 명할 수 있게 하였다. 이로써 총독부는 신문을 없앨 법적 근거를 마련한 것이다. 임시취체법 역시 행정 관청이 필요하다고 인정할 경우 신문의 허가를 취소하거나 발행을 정지시키고 또한 발매 반포를 금지할 수 있게 하였다.

1930년대 후반 민간지는 앞장서서 친일을 권유하는 논조를 펼쳐 나갔다. 예컨대 1938년 한국인에게 지원병 제도가 실시되자 〈동아일보〉는 1938년 4월 3일자 사설을 통하여 이를 획기적인 제도라면서 조선 민중도 힘을 합쳐야 한다고 주장하였다. 〈조선일보〉도 1938년 6월 15일자 사설에서 지원병 훈련소 개소식을 맞이하여 이것은 국가의 성사聖事요 경행慶幸이라면서 "황국신민된 사람으로 그 누가 감격치 아니하며 그 누가 감사치 아니하랴"고 목청을 높였다. 또한 1939년 7월에는 지원병 최초의 전사자가 발생하자 두 신문은 앞다투어 그의 죽음을 미화하는 데 앞장섰다.

나아가서 두 신문은 해마다 1월 1일에는 1면의 절반 정도를 일왕 부부의 사진과 함께 동정이나 신년사에 할애하였다. 1937년 당시 〈동아일보〉는 정간 중인 가운데 〈조선일보〉가 먼저 시작하였으며 1938년부터는 두 신문 모두 1월 1일자 지면에 같은 보도 행태를 반복하였다. 특히 〈조선일보〉는 1940년부터는 1면의 제호 위, 즉 맨 오른쪽 상단에 일장기 사진을 실었다. 더욱이 당시로서는 매우 드물었던 컬러 인쇄로 붉은 일장기를 실은 것이다. 뿐만 아니라 일본의 개천절에 해당하는 기원절이나 천황의 생일인 천장절 등에는 온갖 미사여구를 동원하여 일본을 찬양하기에 여념이 없었다.

태평양 전쟁이 한창이던 1940년도부터 일제는 전시 동원 체제를 강화하기 위해 언론 통폐합을 실시하였다. 1939년경부터 일제는 한국의 두 민간지에 대해 폐간 방침을 정하였다. 이에 따라 1939년 말부터 두 민간지의 인수 교섭에 나서 자진 폐간을 종용하기 시작하였다. 이로써 두 민간지는 1940년 8월 10일자를 마지막으로 폐간하여 일제 강점기 민간지의 시대는 막을 내리게 되었다.

2장 민족지 신화의 태동

1945년 해방을 맞아 일제의 식민 지배에서 벗어나게 되면서 한국 사회에 가장 시급한 과제로 부상한 것은 식민 잔재의 청산이었다. 36년 동안이나 식민 지배를 받게 되면서 한국의 사회 질서와 구조는 여러 측면에서 깊은 상처를 받을 수밖에 없었다. 독립된 민족 국가를 건설하고 새로운 역사 발전을 이루기 위해서는 이 식민 잔재를 청산, 정리하는 작업이 필수적이고도 시급한 과제였다. 이 식민 잔재 중에서도 친일 청산은 가장 우선적으로 해결해야 할 과제였다. 이런 상황에서 민족지 신화가 불쑥 튀어나올 수는 없었다. 해방 직후의 한국 사회에서 친일을 청산해야 한다는 논의가 어떻게 전개되었는지를 먼저 살펴보기로 하자.

1. 미군정기의 친일 청산 논의

1) 미군정의 친일파 재등용 정책

해방 이후 한국 사회가 친일 청산의 과제를 제대로 해결하지 못한 가장 큰 원인은 미군정과 이승만 정권의 정책 때문으로 평가되고 있다. 미군정은 행정의 진공 상태가 발생할 것을 우려해 일제 강점기의 관리들을 그대로 등용하였다. 1948년에 집권한 이승만 정권도 마찬가지로 정부를 운영해 나갈 인재가 부족하다는 이유로 친일 세력을 그대로 이어받았다(길진현, 1984: 12).

강대국의 분할 점령 정책에 따라 남한에 군정을 실시한 미국은 당초부터 친일파를 온존시키며 활용할 방침이었다. 1945년 8월 26일 미 국무성은 조선총독부 및 일본인 참모진을 한국의 행정에 활용할 것을 정책의 기본 방향으로 제시했다. 같은 해 9월 7일 태평양 방면 미 육군 총사령관 더글러스 맥아더도 포고 제1호를 통해 정부, 공공 단체에 종사하는 자는 별도의 명령이 있을 때까지 종래의 업무를 수행할 것을 지시하였다.

미국의 이러한 친일파 활용 정책에 따라 군정청의 행정 관료는 주로 친일파와 그 비호 집단으로 알려진 한국민주당 계열에서 충원되었다. 경찰의 경우는 더욱 심각하여 일제 강점기 경찰 출신이 요직을 포함하여 절대다수를 차지하였다. 1946년 11월 당시 경위 이상 총 1,157명 중 82%인 949명이 일제 강점기 경찰 출신이었다고 한다. 군대도 마찬가지로 광복군 출신은 소수에 그쳤고 일본군과 만주군 출신이 다수를 점하였으며 요직도 대부분 이들이 차지하였다는 것이다. 이러한 미군정의 친일파 재등용을 통해 남한 사회는 친일을 청산하는 것이 아니라 오히려 구석구석에서 친일 인맥이 형성되는 결정적 계기가 되고 말았다(이강수, 2003: 35~36).

2) 신탁통치 국면 이전의 친일 청산 논의

해방 직후부터 다양한 정치 세력이 친일 청산 문제를 공개적으로 제기하기 시작하였다. 〈조선일보〉 1945년 11월 27일자 2면을 보면 '친일파, 반역자 실정조사회 활동'이라는 제목으로 "요즘 친일파와 민족 반역자 처치가 각 방면에서 문제되고" 있다며 "대한독립협회에서는 이번에 친일파와 민족반역자 실정조사위원회를 설치"하여 활동을 개시하였다고 보도하였다. 이 단체는 이어 12월 초에는 민족 반역자 규정을 발표하였다. 그 내용을 보면 8·15 이전의 친일파, 민족 반역자와 함께 8·15 이후의 민족 반역자도 처단 대상으로 규정하였다(〈중앙신문〉, 1945. 12. 10, 2면).

임시 정부와 인민공화국도 친일파와 민족 반역자를 엄단할 것임을 천명하였다. 〈민주중보〉 1945년 12월 11일자의 사설은 친일파 처단을 위한 움직임들을 소개하며 "작금 혼란한 정정政情과 경제계의 불안은 실로 이들 민족 반역자에 대한 처분이 업는 곳에 무엇보담도 큰 원인이 잇지 아니할가 한다. 이 점에 대하여서는 대한임시정부나 조선인민공화국이 한가지로 엄단을 언명하고 있으니 갓가운 장래에 가증한 이들 반역도의 처단이 잇슬 것으로 미더진다"고 주장하였다.

이강수(2003: 42-46)에 따르면 이 시기 친일 청산 논의는 세 가지 방향에서 논의되었다고 한다. 첫째는 선거권과 피선거권을 제한하는 등 친일파의 정치적 활동을 배제하자는 것이었다. 일찍이 1941년 한국독립당이 발표한 '건국강령'에서 이러한 규제가 거론된 이래 1945년

11월에 개최된 전국인민위원회[6]에서도 친일파의 선거권과 피선거권 제한을 규정하였다. 이후 이는 친일파 숙청론의 기본 조건이 되었다.

두 번째는 일제 시기 사회 구조의 개혁을 전제로 하였다. 일제의 식민 지배는 한국 사회의 구조를 혁명이 필요한 상황으로 변화시켰기에 해방과 함께 민중의 혁명적 분출이 필연적이었다는 평가까지 받고 있다(박명림, 1996: 43). 이러한 상황에서 해방 직후 친일 청산 논의에서는 친일파와 일본인의 재산을 몰수하여 그 사회적 및 경제적 기반을 제거한다는 내용이 핵심을 이루었다. 1945년 8월 28일 열린 건국준비위원회의 창립 대회를 비롯하여 조선공산당, 한국독립당 등이 이러한 내용을 주장하였다.

세 번째로 친일파 숙청은 신국가 건설 운동의 일환으로 제기되었다. 친일파를 숙청하여 친일을 청산하는 것이 새로운 민족 국가 건설의 기본 과제라는 것이다. 이처럼 해방 직후의 한국 사회에서 친일 청산의 문제는 식민 지배의 모순을 극복하고 새로운 민족 국가를 건설하는 데 가장 기본적이고도 시급한 과제로 대두되고 있었다.

해방과 함께 좌익 세력이 건준을 건설하고 이어 인민공화국을 선포하며 발 빠르게 정국에 대응한 반면 우익 세력은 정세의 흐름을 주시하며 관망했다. 이들은 대부분 일제 강점기의 행적 때문에 친일파로 지목될 것을 우려했기 때문이었다. 그러나 미군의 진주와 함께 우익 세력도 활동을 시작하였다. 이들은 '인공 타도'와 '중경 임시 정부 추대'를 표방하며 1945년 9월 7일에는 국민대회준비회와 중경 임시

6 인민위원회는 해방과 함께 출범한 건국준비위원회가 변환된 조직이다. 1945년 9월 초 인민공화국 선포를 계기로 각 지역의 건준 지부가 인민위원회로 변환을 시도하여 11월에 서울에서 전국인민위원회 대표자 대회가 개최하였다(박명림, 1996: 40).

정부 및 연합군 환영준비위원회를 결성하였으며 9월 16일에는 한국민주당(이하 '한민당')을 결성하였다. 당시 미군정의 정치 고문은 친일파들로 구성된 한민당의 존재에 대해 "정치 세력 중 가장 고무적인 요소는 연로하고도 보다 교육받은 한국인들 가운데 수백 명의 보수주의자들이 서울에 존재하고 있다는 점입니다. 그들 중 많은 수가 일제에 협력하였지만 그러한 오명은 결국 점차 사라질 것입니다. 비록 다수는 아니지만 가장 큰 단일 그룹으로 임정의 환국을 지지하고 있습니다"라고 평가하였다. 그러나 한민당의 의도가 임정을 추대하는 데 있었던 것은 아니었다. 후에 미군정이 임정을 승인하지 않는다는 사실이 알려지자 한민당은 임정에 대한 지지를 철회하였다(박태균, 1993: 183~184).

이 시기 언론 부문에서도 친일 청산의 문제가 제기되었다. 1945년 11월 20일 인민공화국이 주최한 전국인민대표자대회를 우익단체가 습격하는 사건이 벌어지자 좌익계 신문들은 이를 모 정당의 사주를 받은 테러 행위라고 비난하였다. 다음날 조선건국청년회 등 10여 개 우익 단체들에 의해 좌익 신문 경영주와 기자들을 공격하는 벽보가 종로 네거리에 붙고 전단이 살포되었다. '악덕 기자에게 경고함'이라는 제목의 전단은 "신문기자 중 과거에 일본 제국주의의 주구로서 황도주의를 선전하고 총독부 관리들의 공사 충견이던 자로서 소위 인민공화국을 지지한다면 여등의 죄악은 한층 더할 것"이라고 주장하였다(김을한, 1975: 211~213). 바로 언론계가 친일파와 민족 반역자 처단의 직접적 대상으로 지목된 것이다. 청년 단체의 대립 속에 상대 진영을 비난, 공격하기 위해 나온 것이기는 하지만 당시 친일 청산에 대한 사회적 공감과 분위기가 없었다면 이러한 행위도 불가능했을 것이다.

1945년 12월 1일 기자 모임인 조선신문기자회[7]가 친일 청산의 문제를 제기하였다. 이날 경남지부 결성식에 모인 기자들은 민족의 완전 독립을 달성하기 위하여 최대 장애물은 민족 반역자들이라는 데 인식을 같이하고 이를 철저히 조사하여 관계 기관에 제출하자고 만장일치로 결의하였다. 또한 1주일 내에 민족 반역자에 대한 선언문을 도내 각 신문에 게재하기로 결정하였다. 이에 따라 조선신문기자회 경남지부는 전형위원회를 구성하여 논의를 거친 끝에 12월 9일 민족 반역자를 성토하는 결의문을 발표하였다. 또한 경남지부는 도내 200여 명의 회원을 동원하여 8·15 이전과 이후의 민족 반역자들을 "공정한 입장에서 철저히 조사하여 내년 1월 하순경에 팜푸레트를 발행"하기로 결정하였다(채백, 2012: 262~264).

이 선언에 대해 〈민주중보〉는 바로 이튿날인 12월 11일자 사설에서 '기자회에 일언'이라는 제목으로 환영의 뜻과 함께 당부의 말을 전하였다. 사설은 "경남기자회가 민족반역도를 성토한다고 하야 반다시 기자회에는 한사람도 민족반역도가 업다는 것은 아닐 줄 안다. 동 성토문 중 '일본 군국주의의 사상적 대변자인 일부 문화인' 운운하는 곳에 만일 과거에 신문기자로 지나친 반역 행위를 가젓든 자가 잇다면 이곳에 해당되지 아니할 수 업슬줄 안다"고 하여 친일파 청산에 언론계도 예외일 수 없다는 입장을 밝혔다.

하지만 이러한 시도는 제대로 실현되지 못하고 말았다. 당초 경남지부는 1946년 1월까지 반역자에 대한 조사 결과를 매듭짓겠다고 천

7 조선신문기자회는 1945년 10월 23일에 열린 전조선신문기자대회에서 결성된 언론인 단체로서 좌익이 주도하여 조선인민공화국을 지지하는 성명도 채택되었다(박용규, 2007: 139~140).

명하였다. 하지만 곧이어 터져 나온 신탁통치 문제로 극심한 대결 국면이 전개되면서 친일 청산의 과제는 묻혀 버리고 말았다.

3) 신탁통치 국면 이후의 친일 청산 논의

1945년 말 한국 사회의 정국은 커다란 소용돌이에 빠져들었다. 12월 27일자 언론에 사실과 다르게 보도된 신탁 통치 관련 뉴스[8]가 한국 사회를 송두리째 뒤흔들면서 이 문제를 둘러싸고 좌우익의 첨예한 대립 국면이 조성되었다. 잘 알려진 대로 우익은 신탁통치에 대해 결사반대의 입장이었으며 반면 좌익은 모스크바 3상회의의 결정을 지지한다는 입장이었다. 이에 따라 좌익과 우익이 찬탁과 반탁의 대결 구도를 형성하면서 첨예한 대립이 전개되었다.

소용돌이 속에서 친일 청산 이슈는 파묻혀 버렸을 뿐만 아니라 변질되고 말았다. 항일이냐 친일이냐의 대립축이 친소냐 반소냐, 친공이냐 반공이냐의 대립으로 환치되는 이데올로기 지형의 전위가 빚어지게 된 것이다. 김구를 중심으로 한 임시 정부 세력이 애국과 독립을 내세우며 반탁 운동에 가장 적극적으로 참여하자 여기에 우익의 친일 세력도 합류하여 애국 운동에 앞장섬으로써 소생을 도모할 수 있게 된 것이다(박명림, 1996: 140~141). 이러한 대립 국면에서 찬탁은 매국노이고 민족 반역자이며 반탁은 반공, 반소로서 곧 애국으로 인식되기에 이르렀다. 친일 청산이라는 과제의 의미가 전화(김영희, 2000: 55)되고 만 것이다.

하지만 친일 청산 논의의 맥락이 완전히 단절된 것은 아니었다.

8 당시 언론의 오보에 대해서는 김영희(2000), 정용욱(2003), 이완범(2005), 김동민(2010) 등을 참조하기 바란다.

1946년 2월 좌익 정당과 사회단체들로 구성된 민주주의민족전선[9](이하 '민전')이 친일파의 범위를 구체화하려 시도하였다. 혼란한 상황에서도 이러한 시도가 이루어진 것은 탁치 정국에서 친일 세력의 정치적 영향력이 확대되었기 때문으로 평가되고 있다. 해방 이후의 민족 반역자까지 포괄한 이 규정은 '황민화운동, 내선융화운동, 지원병, 학병, 징용, 창씨 등의 문제에 있어서의 이론적, 정치적 지도자'도 포함함으로써 친일 문제가 언론 분야에도 적용될 가능성을 열어 놓았다. 민전이 제시한 구체적인 친일파의 범위는 이후 각 단체의 친일파 규정의 근간이 되었다(이강수, 2003: 47~50).

1947년에는 남조선 과도입법의원(이하 '입법의원')이 친일 청산을 위해 제정한 부일 협력자·민족 반역자·전범·간상배에 대한 특별법률조례(이하 '특별조례')가 쟁점이 되었다. 1946년 12월 설치된 입법의원은 당시 친일 청산의 필요성에 대한 사회적 요구가 매우 높았기에 이를 위한 조례 제정을 시도한 것이다. 1947년 3월 13일 입법의원에 상정된 특별조례는 많은 사회적 논란을 불러일으켜 여러 차례 수정되는 진통 끝에 1947년 7월 2일 통과되었다. 이 조례의 부일협력자 항에는 '일본 국책을 추진시킬 목적으로 설립된 경제적, 사회적, 문화적 단체 및 언론 기관의 지도적 간부'를 1차 대상으로 포함시켰다. 이 조례는 당시의 미군정 장관 대리가 여러 가지 이유를 들어 인준을 거부함으로써(《동아일보》, 1947. 11. 28, 1면) 빛을 보지 못하고 말았다. 이 시도는 당시에는 무

9 이 단체는 1946년 신탁통치를 둘러싼 좌우익의 대립이 첨예화되어 가며 우익이 2월 8일 이승만, 김구 중심으로 대한독립촉성국민회를 결성하여 반탁 운동을 주도하자 이에 맞서 좌익 진영이 결성한 단체였다. 여운형과 허헌, 박헌영, 김원봉을 의장단으로 하여 2월 15일에 출범하였다(강만길, 1984: 201).

산되고 말았지만 정부 수립 직후 반민특위 출범의 밑바탕이 되었다.

친일 청산 문제와 관련하여서는 한독당을 비롯한 거의 모든 정당 단체들이 친일파 처벌을 정강으로 내걸었다. 반면 한민당과 이승만은 이를 외면했으며 친일 세력은 자신들의 기득권을 유지하기 위해 한민당과 이해를 같이했다(길진현, 1984: 16). 이승만은 1946년 11월 11일 성명을 통해 "친일파 문제로 이론이 많으나 이런 문제를 지금 제출하는 것은 민심만 혼란케 하며 통일을 방해하니 공연한 시비를 말고 국권을 회복한 후에 법률에 의하여 조처하는 것이 순서적이다"라고 밝혔다(《독립신보》, 1946. 11. 12). 이러한 언명이 이승만과 한민당 중심 우익 세력의 친일 청산에 대한 기본 입장이 되었다.

1947년에는 제2차 미소공동위원회(이하 '공위')를 중심으로 친일파에 대한 논의가 다시금 달아올랐다. 모스크바 3상회의 결정에 따라 1946년 3월에 구성된 공위는 임시 정부 수립을 위해 함께 협의할 정당과 사회단체를 선정하는 문제부터 난관에 부딪쳤다. 이에 공위는 모스크바 3상회의 결정을 수락하는 단체만을 협의 대상으로 한다고 결정하였다. 따라서 반탁 운동에 참여했던 우익 정당과 단체들의 참여가 문제되면서 1946년 5월 결렬되고 말았다.

1947년 공위가 재개되면서 협의 대상 단체의 문제가 다시금 떠올랐다. 논란 끝에 반탁 운동을 의사 표시의 자유로 볼 수 있다는 미국의 주장에 의해 우익 단체들의 참여도 허용되었다. 그러나 참가 신청 단체가 남한에 425개, 북한에 36개였으며 각 단체에 등록된 총 회원 수는 7,000만 명에 이르러 당시 남북한 인구의 2배에 달했다(강만길, 1984: 170~172). 이에 대해 좌익 진영에서는 우익의 친일 세력이 대거 참여하여 공위를 무산시키려고 한다며 친일 세력의 배제를 강력히 요구하면서 논란이 벌어지게 되었다.

1947년 6월 19일에 창간된 남조선 노동당의 기관지 〈노력인민〉은 창간호부터 이 문제로 우익 세력을 비판하는 데 앞장섰다. 창간호에서는 당의 핵심 인사 이승엽의 글을 통해 6월 10일에 한민당이 공위에 적극 참여하겠다는 성명을 발표한 것에 대해 친일도당 한민당이 공위를 파괴시키려 한다며 인민의 힘으로 분쇄하자고 주장하였다. 민전 80여 개 단체는 1947년 7월 6일 미소공위 협의 대상 단체에 '친일반탁모리 유령 단체'가 대거 포함되었다며 이들을 제외하라는 성명을 공동으로 발표하였다. 성명서에서 이 단체들은 "우리 민전은 '반탁'의 거짓 구호 밑에서 지금까지 결사적으로 3상 결정을 반대하든 집단, 친일파의 집단, 유령의 집단들 곳 한민, 한독 독촉 계열을 일제히 공위 협의대상에서 제외할 것을 다시 한번 주장한다"고 강조하였다(《조선중앙일보》, 1947. 7. 8). 남로당의 허헌과 근로인민당 여운형, 좌우합작위원회의 김규식, 인민공화당 김원봉 등 4개 정당 대표도 반대 성명을 발표하여 "반탁친일분자 배제코 혼란과 파렴치를 광정匡正하라"고 주장하였다(《우리신문》, 1947. 7. 9).

조선노동조합전국평의회와 산하의 각 산업별 노동조합도 1947년 7월 8일 성명을 발표하여 "1급 친일파 민족반역자 장덕수가 공위 대표로 나오는 한민당은 모다 친일파 집단이거니와 반탁 테로의 괴수 김구를 당수로 하는 한독당, 한민 한독의 일흠만 바꿔 부친 독촉, 그들의 고용병 대한노총이야말로 파괴 살상 강도 약탈을 본업으로 하고 우리 노동조합을 파괴하랴는 직업적 폭력단"이라며 이들을 공위에서 배제할 것을 강력하게 주장하였다(《전국노동자신문》, 1947. 7. 18). 이때 좌익이 우익 단체들의 배제를 주장한 것은 이미 남한만의 총선거로 정부를 수립한다는 방침을 정해 놓은 우익이 대거 참여하여 결국 공위의 무산을 노린다는 이유였다(《문화일보》, 1947. 7. 1, 사설).

2차 공위가 재개되던 1947년 5월의 국제 정세는 유럽과 중동, 중국, 인도차이나 등 세계 곳곳에서 미소의 대결과 냉전은 악화된 상황으로서 두 나라는 모두 공위가 성공하리라는 기대는 없었던 것으로 평가되고 있다. 미국은 당시 남한 단정 수립 계획을 구체화하여 추진하고 있었다는 것이다. 이러한 상황에서 국내 우익 단체들의 테러는 더욱 극심해졌으며 그해 7월부터는 미군정이 직접 나서 좌익 정당과 단체, 그리고 언론에 대한 탄압의 강도를 더욱 높였다. 이어 1947년 9월 23일의 유엔 총회에서는 소련의 반대에도 불구하고 한국 문제의 유엔 상정을 가결함으로써 한국 문제는 유엔으로 이관되어 제2차 미소공위는 10월 17일 완전히 결렬되고 말았다(양동주, 1987: 125~129).

이로써 친일 청산의 문제가 미군정기 한국 사회에서 공식적인 논의의 장에서 찾아보기 어렵게 되고 말았으며 이 문제는 정부 수립 이후로 넘겨졌다. 그러나 1948년 10월에 출범한 반민족행위특별조사위원회도 별다른 성과 없이 1년 만에 해체되면서 친일 청산의 과제는 오늘날까지도 한국 역사에 큰 부담으로 남고 말았다.

4) 미군정기 친일 청산에 대한 〈동아일보〉와 〈조선일보〉의 논조

그렇다면 1945년 11월 23일과 12월 1일에 각기 복간한 〈조선일보〉와 〈동아일보〉는 당시 사회의 친일 청산이라는 이슈에 대해 어떠한 입장이었을까? 두 신문은 초기부터 친일 청산 문제에 대해 소극적으로 임하면서 과거의 친일보다는 현재의 반민족이 더 중요하다는 입장을 개진한 것으로 평가되고 있다.[10] 이러한 기조 속에서 〈조선일보〉가 상대

10 이 부분은 채백(2016)을 주로 참조하였다.

적으로 좀 더 적극적이었다. 〈조선일보〉는 친일 청산에 대해 조심스럽기는 하였지만 사설로 이 문제를 다루기도 하였으며 다른 정당이나 단체의 관련 활동도 지속적으로 보도하였다. 반면 〈동아일보〉는 직접 이 문제를 다루지는 않았으며 주로 다른 관련 기사에서 간접적으로 언급하는 형태였다.

이후 급변하는 정치사회적 상황에 따라 두 신문의 보도도 변화를 보여 주었다. 1945년 12월 말부터 정국을 강타한 신탁통치 국면에서 친일 청산이라는 이슈는 실종되고 말았다. 신탁통치 문제에 대해서도 두 신문은 차이를 보였다. 〈동아일보〉는 반탁은 애국이고 찬탁은 매국이라는 프레임으로 대립 국면을 조성하는 보도에 매우 적극적이었으나 〈조선일보〉는 반탁의 입장에 서면서도 이를 위해 대립보다는 전선 통일이 중요하다는 입장을 강조하였다. 이 대립 국면에서 친일 세력들은 반탁 진영에 합류하여 좌익을 민족 반역이라고 공격하며 자신들의 입지를 강화해 나갔다.

1947년의 입법의원 특별조례에 대해서는 두 신문 모두 실시 연기론의 입장이었다. 많은 혼란과 부작용이 예상되니 친일 청산의 절차를 정부 수립 이후로 미루자는 것이었다. 그러나 군정 당국이 인준을 거부하여 조례가 무산되자 두 신문은 군정 당국을 강하게 비판하고 나섰다. 1947년의 정국을 휘몰아쳤던 제2차 공위에 대해서는 두 신문의 보도 태도가 차이를 보였다. 당시 좌익 세력은 친일파들로 구성된 우익 세력이 공위를 무산시키려 한다고 강력하게 비판하였지만 이에 대해서는 〈조선일보〉만이 간략하게 보도하였을 뿐이다. 공위 자체에 대해서도 〈동아일보〉는 당시 우익의 입장만을 대변하며 공위가 실패하면 단독 정부 수립으로 가면 된다는 입장이었으나 〈조선일보〉는 큰 기대를 표명하였다.

2. 반민특위의 출범에서 해산까지

1) 반민특위의 출범

1948년 5·10 선거로 출범한 제헌국회는 미군정기 입법의원의 특별조례의 정신을 이어받아 바로 친일파 숙청 문제에 착수하였다. 그 결과 헌법 제101조에 "이 헌법을 제정한 국회는 단기 4278년 8월 15일 이전의 악질적인 반민족행위자를 처벌하는 특별법을 제정할 수 있다"고 규정하게 되었다. 이 헌법이 그해 7월 17일에 공포되자 8월 5일 28명의 특별법기초위원회가 구성되어 특별법 초안 작성에 들어갔다. 정부 수립 바로 다음 날인 8월 16일 제출된 반민족행위처벌법(이하 '반민법') 초안은 9월 7일에 통과되었으며 정부에 의해 9월 22일 법률 제3호로 공포되었다(이강수, 2003: 102~112). 이 법에 따라 반민족 행위자를 예비 조사할 '반민족행위특별조사위원회,' 즉 반민특위가 출범하여 국회의원 중에서 특위위원을 선임하고 '반민족행위 특별조사기관조직법안'을 통해 중앙과 각도에 사무분국을 설치한 다음 특별재판관 15인과 특별검찰관 9인, 그리고 중앙사무국의 조사관과 서기관을 임명하였다. 1949년 1월 5일에는 중앙청에 자리를 잡고 출범하여 본격 활동에 들어갔다(정운현, 1999a: 15~16).

2) 반민특위에 대한 정부의 방해

반민특위의 행로는 처음부터 험난하였다. 반민특위가 못마땅했던 이승만 정권은 시작부터 여러 가지로 제동을 걸었다. 이승만 정권은 당초 이 법안을 국회로 되돌려 보낼 생각이었다. 그러나 반민법을 거부할 경우 당시 국회에 계류 중이던 '양곡수매법안'이 부결될 것으로 예상하여 어쩔 수 없이 공포하였지만 특위의 출범 초기부터 여러 형태로 제동을 걸고 나섰다(정운현, 1999a: 15). 이승만은 1949년 1월 8일 중앙방송을 통해 "반민 처단 신중히" 해 줄 것을 요구하였으며(《동아일보》, 1949. 1. 11), 같은 달 14일에는 기자단 회견을 통해 "판결이 있기 전 공직 추방이란 곤란한 문제"이며 "입법부와 사법부 그리고 행정부의 하는 일을 혼동해서는 아니될 것이다"라고 주장하였다(《동아일보》, 1949. 1. 15). 이 밖에도 이승만은 여러 차례 담화 등을 통해 반민특위의 활동에 제동을 걸었다.

이에 대해 특위는 관계자들이 반박하며 활동에 박차를 가했다. 1월 25일에는 대표적 친일 경찰인 노덕술이 특위에 체포되자(《경향신문》, 1949. 1. 26) 이승만은 노덕술이 친일 경력이 있기는 하지만 해방 후 경찰에 투신하여 치안 확보에 공이 있다며 석방을 요구하였다. 이를 특위가 거부하자 이승만은 반민법을 개정하려 시도하여 2월 17일 개정안을 국회에 제출하였다. 하지만 국회는 대통령의 이러한 행위는 국회를 모독하는 것이라고 강하게 반발(《경향신문》, 1949. 2. 18)하며 2월 24일 부결시키고 말았다.

이승만 정부와 친일 세력들의 방해 공작은 반민특위 핵심 인사들에 대한 흠집 내기까지 비화되었다. 이들은 특위의 김상덕 부위원장이 친일파라고 주장하며 이승만계 의원에 의해 김상덕 해임 동의안이 제출되었으나 폐기되고 말았다. 나아가 특위 요원들에 대한 암살 시도까지 이루어졌다. 강원도 지부 조사부장인 김영택을 암살하려 시도했지만 미수에 그쳤다. 또한 친일 경찰들은 테러리스트 백민태를 매수하여 특위 요원 15명을 암살하려 시도하였지만 백민태가 한민당의 조헌영, 김준연 두 국회의원에게 이 사실을 알려 국회에서 폭로됨으로써 미수에 그쳤다. 주모자들은 구속되어 실형을 선고받았다(정운현, 1999a: 20~21).

3) 6·6 사태와 반민특위의 와해

반민특위의 의지가 굳은 가운데 국회의 뒷받침도 흔들림이 없어 이승만 정부의 방해 공작은 번번이 좌절되자 끝내 폭력적 방법으로 이어지고 말았다. 반민특위에 대한 이승만 정부의 1949년 6월의 공세는 5월 18일 국회 내 소장파 그룹의 이문원 등 세 의원이 남로당 관계자와 만났다는 이유로 체포당한 데서 시작되었다. 이 소장파 의원들이 남로당의 지시에 따라 그 선전 방침을 충실히 이행하면서 그 일환으로 반민처단에도 적극적이라는 것이었다. 이에 5월 24일 국회는 세 의원 석방 요구 결의안을 상정하였지만 찬성 88표, 반대 95표로 부결되었다(《경향신문》, 1949. 5. 25). 이 결과에 대해 국민계몽대라는 단체는 88명의 '빨갱이' 의원들을 성토한다는 대회를 5월 31일과 6월 3일 개최하였으며 시위 군중의 일부는 특위 사무실을 침입하려 시도하였다.

반민특위는 6월 4일 이 사건의 배후 인물로 서울시 사찰과장 최운하와 종로경찰서 사찰주임 조응선 등을 체포하였다. 이에 서울 시경은 6월 5일 비상경계에 들어가고 사찰과 직원 440명은 신분 보장을 요구하며 사표를 제출하였다. 바로 이튿날인 6월 6일 오전 8시 경찰은 특위의 사무실을 습격하여 특경대장을 비롯한 30여 명을 체포하고 관련 서류를 압수하였으며 특위 주요 인사들의 가택 수색을 단행하였다(이강수, 2003: 207~212).

이 사건은 이승만 대통령이 직접 지시한 것이었다. 이승만은 AP통신 기자와의 회견에서 "내가 특별경찰대를 해산시키라고 명령한 것"이라고 밝혔다(《동광신문》, 1949. 6. 9). 이에 반민특위와 국회는 내각의 총사퇴를 요구하는 등 강하게 반발하였지만 바로 뒤이어 6월 23일에는 이른바 국회 프락치 사건이 터진 데다가 6월 26일에는 친일파 처단의 상징적 인물이던 김구가 암살당하면서 반민특위의 활동은 더욱 위축될 수밖에 없었다(이강수, 2004: 197~198).

더 나아가 국회는 당초 1950년 6월 20일로 규정되었던 공소 시효를 1949년 8월 31일로 단축하는 개정안을 제출하여 7월 6일 통과되었다. 이에 반민특위는 김상덕 위원장을 비롯한 전 위원과 특별검찰관들도 바로 사표를 제출하였다. 후임 반민특위 위원장에는 법무장관 시절부터 반민법을 못마땅하게 여기며 반대해 오던 이인이 임명되었다. 이인은 특위위원을 새로 임명하고 결원된 자를 채우고 잔무 처리에 들어갔지만 특위는 이로써 사양길로 접어들게 되었다(김삼웅 외, 1995: 43). 공소 시효가 끝난 뒤 특위의 기구들은 모두 해체되었으며 미완의 업무는 대검찰청과 대법원이 담당하는 것으로 하고 10월 4일부로 반민법은 폐지되어(이강수, 2003: 317) 역사 속으로 사라지게 되었다.

4) 《친일파 군상》의 출간

전 국민의 기대 속에 반민특위가 출범하자 대한민국 임시 정부 국무위원과 정치부장, 한국독립당 감찰위원장을 지냈던 김승학이 중심이 되어 1948년 11월 《친일파군상》(민족정경문화연구소, 1948)이라는 책을 출간하였다. 263명을 친일 인사로 규정한 이 책은 해방 이후 최초로 친일 인사의 명단을 모아서 공개했다는 점에서 의의가 있다. 시간과 자료의 부족으로 충분한 조사가 이루어지지 않은 가운데 서둘러 발표되었기 때문에 여러 한계도 지니고 있다. 하지만 당시 사회의 분위기와 기대를 보여 주는 중요한 자료임에 틀림없다.

이 명단에는 〈동아일보〉와 〈조선일보〉의 주역 김성수와 방응모가 포함되었다. 김성수는 "경찰의 박해를 면하고 신변의 안전 또는 지위, 사업 등의 유지를 위하야 부득이 불려다닌 자"(민족정경문화연구소, 1948: 15)로 분류되었는데, 본론에서는 김성수에 대해 다음과 같이 기록한다(민족정경문화연구소, 1948: 31).

> 모정당측에서는 김성수도 전시협력이 많했다하여 친일파시한다. 그러나 전시에 모모 단체 모종 집회 등에 김성수의 명의가 나타난 것은 왜적과 그 주구배들이 김성수 명의를 대부분 도용한 것이라 하여 김성수 자신이 출석 또는 승낙한 일은 별로 없다고 한다. 그리고 김성수는 조선의 교육사업, 문화사업을 위한 큰 공로자인 동시에 큰 희생자이다. 그는 굉대한 사업을 유지하기 위하야 다음과 같은 몇가지 일에 그 이름을 낸 일이 있었다고 한다.

이 글에 이어서는 김성수가 참석하여 지원병 참여를 독려한 강연회와 〈매일신보〉에 발표한 원고의 사례를 기록하고 있다. 방응모에 대해서는 다음과 같이 기록한다(민족정경문화연구소, 1948: 53~54).

> 방씨의 항공회 연출捐出자 경위는 미상하나 시국 강연회 기타에는 백관수씨와 같이 당시의 신문사장으로 부득이 참가한 듯하며 특히 배일도 친일도 한 사람은 않이나 평안도 인적 지방열 고취는 맹장의 일인이란 세평을 듯고 있다 한다. 그리고 방씨의 경영한 〈조광〉의 백퍼센트 이상의 친일을 한 점을 보아서 방씨는 사상가라하기 보다 기회주의자라 하는 것이 타당하다고 한다.

방응모의 친일에 대해서 조심스럽게 의견을 제시하고 있다. 이와 같이 1948년에 출판된 《친일파 군상》은 자료의 양이나 범위 면에서 여러 한계를 보이지만 당시 반민특위의 활동에 지침을 제공한 것으로서 평가될 수 있을 것이다.

5) 반민특위에 대한 〈동아일보〉와 〈조선일보〉의 보도 태도

민족의 기대에 부응하여 출범했던 반민특위에 대해 두 민간지는 어떤 태도를 보였을까? 반민특위에 대한 보도에서는 〈조선일보〉가 〈동아일보〉보다 적극적인 태도를 보였다.[11] 관련 기사의 양적 측면을 보면 〈조선일보〉가 기사의 건수나 분량도 더 많았으며 기사의 단수나 게재 위치에서 드러나는 중요도도 더 높았다. 정보원에서 〈조선일보〉는 국회와 특위 중심으로 보도한 반면, 정부의 입장에 대해서는 〈동아일보〉가 더 적극적이었다. 보도 태도에서도 〈조선일보〉가 〈동아일보〉보다 더 긍정적이었던 것으로 밝혀졌다.

보도의 논조 면에서도 〈조선일보〉는 사설로도 여러 차례 다루면서 반민특위의 활동에 적극적인 지지를 표명하였다. 반면 〈동아일보〉는 명시적인 반대는 아니지만 애매모호한 태도를 취하면서 반민법이 갖는 특별법으로서의 문제를 지적하거나 정부의 반대 입장을 간접적으로 뒷받침하는 보도 태도를 보여 주었다.

특히 〈동아일보〉는 반민특위가 와해되는 매우 중요한 계기를 제공하였다. 1949년 5월 9일자 1면에 당시 국회의원 김준연이 기고한 '헌

11 이 부분은 채백(2018)을 주로 참조하였다.

정 단상의 1년 회고'라는 제목의 글이었다. 5·10 총선거로 구성된 제헌국회의 출범 1주년을 기념하는 취지의 이 글에서 김준연은 후일 '국회 프락치 사건'으로 알려지게 되고 결국 반민특위가 공중분해되는 데도 중요한 계기가 되었던 내용을 폭로하였다. 칼럼에서 김준연은 "5·10선거 부인의 일파가 계속하여서 나타나고 있는 것을 우리는 간과할 수 없"다면서 이들이 "남로당의 선전방침에 추종하는 사람들"이라고 주장하였다. 이들이 추종하는 남로당의 선전 방침을 다섯 가지로 소개하였는데, 그 세 번째가 "반민처단을 적극 지지 격려할 것"이라는 내용이었다.

김준연의 이 칼럼은 엄청난 파문을 불러일으켰다. 검찰은 칼럼이 게재된 지 9일 후인 5월 18일에 친일파 숙청과 외국군 철수를 요구하던 이문원 등 세 의원을 체포하였다. 이른바 국회 프락치 사건의 서막이었다. 이를 계기로 이승만 정부는 반공 정국을 확산시켜 반민특위를 와해시키기 위한 1949년 6월 총공세를 시작하게 된 것이다(이강수, 2003: 204~207).

이 칼럼은 당시 검찰도 단서를 잡지 못하고 있던 내용이었는데, 이를 〈동아일보〉가 앞서서 터뜨린 것이다. 이 칼럼이 어떻게 가능했고, 무엇을 근거로 한 것인지는 현재까지 밝혀지지 않고 의혹으로만 남아 있다. 이로써 김준연은 국회 프락치 사건을 조작해 낸 주역이라는 평가까지 받고 있다(김정기, 2021). 이 칼럼 이후 국회 프락치 사건이 벌어져 커다란 파문을 일으키며 이것이 반민특위 해산의 결정적 계기가 되었다는 점(이강수, 2003)에서 〈동아일보〉는 반민특위의 실패에 중요한 역할을 하였다고 평가할 수 있다.

3. 민족지 신화의 태동

친일 청산이 시급한 과제로 부상하는 상황에서 1945년 후반기에 복간한 〈동아일보〉와 〈조선일보〉는 선불리 당시의 최대 관심사에 적극 나서기 어려운 입장이었다. 전술한 대로 미군정기 두 신문은 친일 청산 문제에 대해 전반적으로 소극적이었다. 과거의 친일도 중요하지만 현재의 반민족이 더 중대하며 친일을 청산하려면 그 대상 설정도 매우 어렵고 인재의 공백이 우려되므로 당면 목표인 독립 국가 건설에 장애가 될 터이니 정부 수립 이후로 연기하자는 것이 주된 논지였다.

하지만 이와 같은 상황에서도 〈동아일보〉와 〈조선일보〉는 기회 있을 때마다 자신들의 일제 강점기 역사를 탄압에 저항한 항일의 역사로 부각시키기 시작하였다. 또한 광복 직후부터 언론인들의 개인적 회고 등을 통한 간접적인 방법으로 과거사에 대한 논의가 서서히 시작되었다. 여기서는 이 점에 대해 살펴보기로 하자.

1) 〈조선일보〉와 〈동아일보〉의 복간호에 나타난 역사 인식

1940년에 폐간되었던 두 민간지는 1945년의 해방 공간에서 부활하였다. 〈조선일보〉는 그해 11월 23일, 〈동아일보〉는 12월 1일에 복간되었다. 신문을 다시 발행하기 시작하면서 두 신문은 지면을 통해 복간의 배경과 과정, 앞으로의 방향과 방침 등을 논하면서 자신들의 일제 강점기 역사에 대한 평가를 시작하였다.

먼저 복간한 〈조선일보〉는 복간호 1면에 게재한 '속간사'를 통해 속간에 임하는 자세 의의를 제시하였다. 이 글에서는 자신들의 과거 역사를 미화하기보다는 1940년 폐간 이후는 암흑 천지나 다름없었다면서 해방으로 얻게 된 자유의 의의를 강조하였다. 이어서 방응모 사장의 '속간에 제하야'라는 제목의 글을 통해 복간에 이르게 된 과정을 설명하면서 자신들의 일제 강점기 역사를 언급하였다. 즉 "기미년 독립운동의 갑만흔 민족희생의 피의 대가로 획득하엿든 우리 언론기관의 하나로, 일본 탄압정치 하에서 오히려 과감하게 우리 민족운동의 선봉이 되어 싸워온 20년의 역사를 가진 조선일보"라고 주장하였다. 간략하게나마 일제의 탄압에 맞서 민족운동의 선봉이 되어 싸웠다는 민족지 신화의 핵심적 주장이 잘 드러나고 있다.

이러한 인식은 같은 날 지면에 함께 실린 각계의 복간 축하 메시지에서도 마찬가지로 잘 드러난다. 후에 1공화국의 대통령이 되는 이승만은 '민중과 함께 나가라'라는 제목으로 "조선일보가 왜적의 압박밋헤서도 민족의 개명과 국권의 회복을 위하야 분투항전한 지 다년에 그 공효가 얼마침 다대함을 민중이 각오하고 애호하든 것인데 왜적의 시기와 탄압으로 말미암아 폐간하기에 이름을 우리가 피가 끌케 통념히 녀겨온 바이다"라고 언급하였다. 이 메시지에서도 탄압에 맞서 분투 항전하였다는 인식이 그대로 드러난다.

뒤이어 12월 1일에 복간한 〈동아일보〉는 '중간사, 주지를 선명함'이라는 제목으로 복간에 임하는 감회와 입장을 밝히고 있다. 이 제목은 1920년 4월 1일 창간 사설의 제목 '주지를 선명하노라'를 거의 그대로 반복하여 재창간의 의지를 표명하고 있다. 서두에서 〈동아일보〉는 자신들의 복간에 대해 '동아에 빗난 십자군의 무훈武勳'을 하늘이 거룩하다 여겨 베푼 것이라며 이어서 자신들의 과거사를 다음과 같이 주장하였다.

일장기말살사건에 트집을 잡은 침략자 일본 위정僞政의 최후 발악으로 폐간의 극형을 당하였던 동아일보는 이제 이날을 기하여 부활의 광영을 피력하며 이날을 기하여 주지의 요강을 다시금 선명하여써 3천만 형제와 더부러 동우동경同憂同慶의 혈맹을 맺으려 하는 바이다.

창간 이래로 20여년간, 압수삭제의 난장이 천도千度를 넘엇스며 발행정지의 악형이 4차에 이르러 만신滿身이 혈흔이엿스나 그러나 민족의 표현기관으로 자임하엿든 동아일보는 가진 모욕과 가진 박해를 밧어가면서도 오히려 민족의 면목을 고수하기에 최후의 고절苦節을 다하엿던 것이다.

그러나 적은 집병자執柄者[12]라, 1938년 8월 10일 필경 살해를 당하고 말엇던 것이니, 시일是日에 민족은 감각을 일엇고, 지성을 엇고,[13] 정조를 일어 이 땅의 일월은 빗이 잇는 듯 업섯으며 탐정貪政의 행패는 그 극에 달하야 이른바 공출은 걸레와 잡초에 이르고, 약탈略奪은 성명과 어언語言에 이르럿스며 겸하여 OO의 조악助惡이 날로 더하매 천지는 진실로 암暗한 배 잇섯으나 (후략)

〈동아일보〉의 폐간 시점을 1938년으로 잘못 기술한 이 글은 화려한 문체를 구사하며 자신들의 일제 강점기 역사를 미화하고 있다. 온몸이 피투성이가 되는 수많은 탄압에도 불구하고 민족을 위해 최후까지 변함없이 절개를 지켰다고 강변하면서 폐간으로 우리 민족은 감각과 지성, 정조를 잃고 암흑 천지가 되고 말았다고 주장한다.

〈동아일보〉와 〈조선일보〉는 미군정기에 복간하면서부터 자신들의 과거 역사에서 잘못된 부분을 인정하지 않고 오히려 이를 일방적으로 미화하는 작업에 나섰음을 알 수 있다. 전술한 대로 당시 친일 청산을

12 자루를 쥐고 있는 자라는 뜻이다.

13 전후 문장으로 볼 때 '일엇고'가 맞는데 '일'자가 빠진 것으로 보인다.

주장하는 각계의 목소리가 높은 시점에서 나타난 필연적인 귀결이라고 볼 수 있다. 이러한 분위기에서 자신들이 일제 강점기에 친일에 앞장섰던 역사를 스스로 인정하면 당시로서는 회복 불가능한 타격을 받게 될 것이 명약관화했던 때문으로 분석된다.

2) 광복 직후 〈동아일보〉의 일장기 말소 사건 논의

(1) 1946년 올림픽 제패 10주년 기념 행사

복간사에서도 일장기 말소 사건을 거론한 〈동아일보〉는 1946년부터 지면을 통해 일장기 말소 사건을 언급하기 시작하였다. 그해 8월 9일 손기정의 올림픽 제패 10주년을 맞아 조선체육회는 1946년 3월부터 마라손 세계제패기념 사업기성준비위원회를 구성하여 기념행사를 준비하였다(《동아일보》, 1946. 3. 6, 2면). 뒤이어 3월 11일 〈동아일보〉는 고정란 '횡설수설'을 통해 일장기 말소 사건에 대해 "세계의 마라손왕을 조선에서 내지 않었든가? 그이의 가슴팍이에 오점의 일장기를 지운 것이 죄라해서 양대신문이 악형까지 당하지 않었든가?"라고 언급하였다.

동아일보사는 8월 9일 기념 마라톤과 베를린 올림픽 공식 기록 영화를 상영하는 행사를 주관하기로 하였다. 이에 따라 8월 8일자 2면 톱기사로 행사의 자세한 내용을 보도하였다. 기사의 제목에서 이날을 '우리 민족 승리의 날'이라며 마라톤 제패의 역사적 의의를 강조하였지만 일장기 말소 사건을 부각시키지는 않았다. 다만 기사 본문에서 "비록 가슴에 일장기를 달었을망정 이것은 운동복이오 그 옷을 벗으면 조선의 아들이 틀림없는지라 이 사건으로 인하야 본사가 문을 닷고 사원의 다수가 영오에 사로잡히었든 것도 바로 10주년 전 일이라"고 사실 중심으로 언급하였다. 이 행사가 우천으로 연기됨을 알리는 8월

9일의 기사 본문에서도 "포악무도한 일본은 우리의 세계 제패를 시기하야 일장기 말살을 핑게로 동아일보 중앙일보를 정간시키어 민족의 말문을 막고 종시 이들 용사가 도라왔을 때에도 환영회 하나 변변히 못하게 하고야 말엇든 것이다"라고 언급하였다.

우천으로 연기된 10주년 기념 행사는 8월 20일에 개최되었다. 미군정기의 신문들은 절대적인 용지의 부족 등 제반 여건의 미비로 대부분 타블로이드 2면으로 발행되었으나 행사 당일 〈동아일보〉는 특별히 4면을 발행하였다. 1면에 '세계적 승리에 새 결의'라는 제목의 사설을 비롯하여 2면을 전부 마라톤 관련 기사로 채웠다. 사설의 서두에서 기념 행사의 의의를 "이 식전을 기회로 세계 제패의 의의를 다시 한번 회상하는 동시에 이 승리의 공적을 새로운 감흥으로 되씹어 음미하야써 재생 조선의 금후를 빗나게 하자"며 이어 일장기 말소 사건을 다음과 같이 언급하였다.

> 형식은 형식대로 꾸며라, 법리는 법리대로 따져라. 다못 우리는 자초지종으로 우리의 조선 선수를 보내였고 우리의 조선 승리는 맛迎는다 하는 것이 우리 전민족의 정신이였고, 신념이였고, 자랑이였든 것이다. 그러기에 민족의 표현기관으로 자임한 본보가 참화를 자취自取하여 「일장기 말살 사건」을 일으키었든 것이다.

일장기 말소 사건은 민족의 표현 기관으로서 자연스러운 귀결이었다고 설명한다. 〈동아일보〉는 8월 20일자부터 손기정 선수의 '개선 수기'를 8월 27일까지 4회에 걸쳐 연재하는 등 관련 기사는 행사 이후에도 한동안 지면을 채웠다.

(2) 임병철의 죽음과 추모

1947년 6월에는 일장기 말소 사건 당시 편집부 사원이었던 임병철이 사망하였다. 임병철은 1929년 3월에 입사하여 1940년 폐간 당시 사회부장이었으나 해방 이후에는 고려문화사 주간을 맡았다. 1946년 6월부터 동아일보로 옮겨 편집국장을 맡고 있던 중 병으로 사망하게 된 것이다(《동아일보》, 1947. 6. 21). 이에 오기영은 '곡백담哭白潭'[14]이라는 제목으로 6월 22일자(2면)와 6월 25일자(2면)에 두 번에 걸쳐 추모사를 집필하였다. 첫 번째 추모사에서 오기영은 고인과의 추억을 다음과 같이 회고하였다.

> (전략) 한자리에서 한일을 가티하기 10년. 가치 민족의 비참을 울고 매양 붓을 들면 글짜 한자에까지도 일제에의 반항을 생각하였던 것이다. 손기정이 백림에서 우승하였을 때 새벽에 호외를 맨들며 우리는 울었다. 감격에 울고 손기정 가슴에 일장기를 보며 우리는 울었다. 그 손기정 사진에서 가슴에 둘은 일장기를 지워버린 것이 소위 일장기 말살사건이거니와 그 사건 책임자의 하나로 그대가 투옥되고 나는 총독부 경무국에 불려가서 정간 명령을 받아 가지고 나오던 기억이 우리에게는 이즐 수 없는 것이다. (후략)

글자 한 자까지도 일제에의 반항을 생각할 정도로 투철하게 항일에 일관했다고 술회한 것이다. 오기영은 1928년 동아일보사에 입사하였다가 1937년 수양동우회修養同友會 사건[15]으로 퇴사하여 이듬해

---

14 임병철의 호가 백담이었다.

15 수양동우회는 일제 강점기의 교육, 계몽, 사회운동 단체다. 흥사단의 자매 단체이며 안

8월 조선일보사에 입사하였다. 광복 후에는 경성전기주식회사에 근무하면서 여러 신문에 기고하다가 1949년 초 월북한 인물이다(정진석, 2009).

여기서 문제가 되는 것은 임병철이나 오기영이 일장기 말소 사건의 주역이 아니라는 점이다. 임병철은 당시 편집부원으로 경찰에 소환되기는 하였다. 하지만 당시 총독부 경찰 기록의 따르면 임병철은 사진에 대한 지식이 없기에 사진부원 백운선에게 실수로 약품으로 흐리게 되었다고 진술하도록 교사하였던 것으로 기록되어 있다. 사건으로 인한 사직자 명단에도 임병철은 포함되지 않았기에 1940년 폐간까지 동아일보사에 계속 근무할 수 있었다. 오기영은 당시 사회부 기자로서 이 사건에 직접 참여하지는 않았다(채백, 2008: 135~147). 자신의 회고대로 당시 출입처에 따라 정간 명령서를 수령하는 역할을 하였을 수는 있다. 이 추도사에서도 일장기 말소 사건의 경과는 언급하지 않았지만 '글자 한 자까지도 일제에 반항'을 생각하던 신념의 결과라며 커다란 의미를 부여하였다.

이 사례로부터 〈동아일보〉는 일장기 말소 사건과 조금이라도 연관이 있으면 이를 침소봉대하고 견강부회하려 했음을 알 수 있다. 식민 지배로부터 해방되어 각종의 굴레를 벗어 언론 자유를 만끽하게 되

창호, 이광수, 주요한, 주요섭, 김동원 등에 의해 결성되었다. 1926년 1월 흥사단의 조선지부격인 수양동맹회와 동우구락부가 통합되어 출범하였고, 1937년 수양동우회 사건 이후 1938년 대규모로 체포, 구속되어 해체되었다. 1937년 중일 전쟁 발발 시점에 일제는 본격적인 전쟁 체제를 조성하기 위해 양심적 지식인을 포섭할 필요에서 수양동우회와 흥업구락부를 표적 수사한 것이다. 1937년 8월부터 전국에서 동우회원 181명이 치안유지법 위반 혐의로 체포되어 그중 41명이 기소되었다가 1941년 11월에 무죄 석방되었다. 이 사건으로 검거된 회원들은 강제로 전향한 뒤 일제에 협력하게 되었다(위키백과 '수양동우회' 항목 참조).

면서 수많은 종류의 미디어가 생겨나 시장 속에서 치열한 경쟁을 벌이는 가운데, 일제 강점기에 탄압받았던 자신들의 역사를 시장 가치를 높이기 위한 좋은 방안으로 삼았던 것으로 볼 수 있다.

3) 광복 직후 언론인의 회고

잘 알려진 대로 1945년 8월 15일 해방을 맞이하면서 자유를 만끽하게 된 한국 사회는 각종의 신문, 잡지 등 미디어가 다수 출현하였다. 이 수많은 미디어가 등장한다는 사실은 자연스럽게 많은 언론인을 필요로 하고, 필진을 필요로 하게 마련이다. 이러한 상황에서 일제 강점기 언론 현장에 종사했던 인물들이 언론인으로 혹은 필진으로 등장하며 자연스럽게 과거 언론에 대한 평가도 뒤따르게 되었다. 이 글들을 통해 과거 역사에 대한 의미 부여가 서서히 시작되는 것이다.

(1) 우승규의 회고

먼저 1948년 4월 잡지 〈민주조선〉에 게재된 우승규의 '신문계의 금석'이라는 글이 눈에 띈다. 이 글은 개화기부터 일제 강점기까지 한국 언론의 역사를 개괄적으로 요약, 정리한 내용이다. 사실 관계에서 오류가 매우 많은 글이었지만 일제 강점기 민간지의 역사에 대한 평가가 이루어지고 있다. 일제 강점기 민간지들이 총독부로부터 탄압받았던 사례들을 지적하면서 이를 저항의 역사로 새기고 있다.

〈동아일보〉에 대해서는 "수백회의 소위 차압 처분과 4회의 정간을 당하고도 백절불요百折不撓 꾸준히 민의 여론의 최고 대표기관으로 일제와 항쟁"(우승규, 1948: 14)하여 "조선일보와 함께 명실상부한 조선의 대표신문이 되였든 것이다"(우승규, 1948: 15)라고 평가하였다.

〈조선일보〉에 대해서는 "자초自初 친일파의 집단인 대정친목회에 허가되여 반역배 송병준, 예종석 등의 손으로 발간"되었다고 설명하고는 이어서 "1924년 신석우, 최익선씨 등에게 판권이 넘어가서 이때부터 불순한 어버이에게 태어난 조선일보는 진실한 주인을 맞나 깨끗이 키우게 되었다"고 긍정적으로 평가하였다. 이후 방응모가 인수하여 경영의 안정을 찾게 된 사실을 지적하며 "방응모씨는 조선일보 재생의 은인"(우승규, 1948: 15)이라고 평가하였다. 뒤이어 "동아, 조선 양대 신문이 얼마나 냉혹한 일제의 철편鐵鞭을 맞어 가면서도 끝내 언론 항일을 하였"(우승규, 1948: 16)다며 두 신문의 언론 통제 사례들을 서술한다. 다시 말해 일제 강점기 언론의 역사를 탄압에 맞선 항일의 역사로 의미를 부여한 것이다.

필자인 우승규는 1932년 〈중앙일보〉에서 기자 생활을 시작하여 1933년 〈조선일보〉를 거쳐 1938년부터 1943년까지 총독부 기관지 〈매일신보〉에서 기자 생활을 한 인물이다(김영희·박용규, 2011: 203~205). 해방 이후에도 여러 언론사를 거치면서 잡지 등에도 매우 활발한 집필 활동을 했던 인물로서 뒤에서 자세히 논의할 예정이지만 일제 강점기로 보면 자신의 언론 활동에서 가장 큰 비중을 차지한 것은 〈매일신보〉였다. 그럼에도 불구하고 1947년 잡지 〈백민〉에 자신을 '신문연구가'라고 소개하며 발표한 '조선 신문계 전망'이라는 글에서 〈매일신보〉를 매우 강도 높게 비판하였다. 이 글의 초점은 해방 공간에서 수많은 신문 잡지들이 쏟아져 나오는 난맥상과 극단적인 정파성을 강도 높게 비판하기 위한 것이었다. 이 글에서 우승규는 일제 말기 〈동아일보〉, 〈조선일보〉의 폐간을 지적하며 다음과 같이 〈매일신보〉를 공격하였다(우승규, 1947. 19).

> 이 동아, 조선 두 초상初喪 통에 유아독존격으로 혼자 웃슥해서 날뛴 것은 총독정치의 편애를 받으며 '기관지'라는 추한 '탈'을 뒤집어쓰고 '대변代辯'이라는 악취를 풍기여 3천만을 우롱하든 매일신보이였다. 이 일제의 번견番犬[16]은 일급 친일배의 손으로 운영되여 선량한 단민檀民의 마음속을 부비고 들어가 죄악의 씨를 뿌리기에 가진 짓을 다하였든 것이다.

매우 극단적인 부정 평가임을 알 수 있다. 위 인용문의 뒤를 이어서 해방 직후에도 〈매일신보〉가 여전히 일본적인 시각에서 일본의 항복에 비분을 표하고 연합국의 승리를 저주하는 논조를 보였다며 "대체 이 같은 반역지를 운전하는 무리가 누구누구냐? 또 그 밑에서 끝내 무문곡필舞文曲筆로 견충犬忠을 다하든 무리는 지금 어데로 가서 회과悔過자중함이 없이 도리혀 고가호위孤假虎威의 세를 부리고 있을까?"(우승규, 1947: 20)라고 목소리를 높였다. 그 자신이 바로 일제 강점기 후반에, 그것도 글을 쓴 시점에서 불과 5년 전에 〈매일신보〉에서 5년간 근무했던 사람이 한 말이라고는 믿을 수 없는 내용이다.

우승규는 3·1운동 직후 학업을 위해 상해로 가서 임시 정부의 사료조사편찬회 일을 돕기도 했던 인물이어서 〈매일신보〉에 입사한 자체도 의아스러운 일이라는 평가를 받기도 한다. 〈매일신보〉에서도 편집 기자로서의 능력을 인정받아 당시 부사장이던 이상협으로부터 매우 뛰어나다는 평가를 받기도 했던 것으로 알려졌다(김영희·박용규, 2011: 204~205). 그가 〈매일신보〉를 그만둔 이유는 상사와의 갈등 때문이었다고 한다. 그의 회고에 따르면 "원체 위인이 비타협적으로 편벽돼서인

16 집을 지키거나 망을 보는 개를 말한다.

지 M보[17]서는 간부들의 미움을 되게 받았다"고 한다. "아침마다 열리는 조회에서 동방요배를 잘 않느니 황국신민서사를 성실하게 외지 않느니 하는 구실을 잡아 그때 편집국장이던 J가 상부 지시라 하면서 시말서를 쓰라고, 달장간이나 들볶아 댔다"(우승규, 1978: 212)면서 이에 사표를 던져 버렸다고 술회하였다.

이러한 경력의 소유자가 해방 직후인 1947년 공개적인 미디어를 통해 〈매일신보〉를 이렇게 강도 높게 비판하였다는 사실은 매우 시사적이다. 당시 40대 중반의 나이였던 우승규는 앞으로 전개될 새로운 역사 공간에서 자신의 활로를 모색하기 위해서는 과거로부터의 단절이 필요했을 것이다. 이를 위해 자신의 경력에서 오점이라 할 부분을 오히려 목소리 높여 비판하고 나선 것으로 볼 수 있다. 그의 이러한 행태는 해방 이후 한국 사회에서 친일 청산이 어려워지게 된 하나의 단면이라고 할 수 있다.

(2) 이길용과 백운선의 일장기 말소 사건 회고

일장기 말소 사건의 주역 이길용은 1948년부터 일장기 말소 사건에 대한 감회를 공개적으로 거론하기 시작하였다. 당시 〈동아일보〉 편집부 차장이던 김사림(박용규, 2021: 292)이 엮은 책 《신문기자수첩》에서 '세기적 승리와 민족적 의분의 충격, 소위 「일장기 말살 사건」'이라는 제목의 글을 발표하였다. 이길용은 그 글이 일장기 말소 사건에 대한 첫 번째 언급이라고 주장하였다(이길용, 1948: 매6).

17 〈매일신보〉를 말한다.

> 이것이 송두리째 숨어 있기를 10년! 해방되어 가지고 영문으로는 미 주둔군 보도진을 통해서 쓰어젔지만 이처럼 자세히 쓰어지기는 내 알기에는 자기 자신의 관여한 일이라 이것이 처음 되는 자술이다. 머리가 지긋지긋하든 그 당시의 묵은 기억을 일깨우니 감개가 자못 무량하다.

이길용 스스로 이 글이 광복 이후 처음으로 자세하게 회고한 것이라고 의미 부여하고 있다. 주한 미군 미디어에 기사화된 바가 있다지만 구체적으로 확인되지 않는다. 물론 일장기 말소 사건 후에도 상당 기간 식민 지배가 지속되어 공개적 논의는 어려웠을 것이다. 이 글에서 이길용은 일제 강점기 자신의 기자 생활을 회고하면서 일장기 말소 사건을 "몸소리 처지는 기념할 역사의 날"이며 "두고두고 또 죽어도 잊지 못할 중대사"라고 평가하며 사건의 의의를 다음과 같이 언급하였다(이길용, 1948: 매4~6).

> 두고두고 또 죽어도 잊지 못할 중대사는 아까 말한 1936년 백림 올림픽 마라손의 '일장기' 말살 사건 그것이다. 사건이라기보다는 어마어마한 일대 사변이니 (중략) 세인의 이목을 놀래게 하고 물의도 구구하였든 소위 「일장기 말살 사건」이란 이란한 흥분과 민족적 감격에서 비저진 것이다. 누구 하나의 기술의 과실過失도 아니오 또 착오도 아니다. 짐짓 일을 버러집어 물의를 자아내려는 기도企圖도 아니다. 심산心算도 아니다. 제각기의 비판도 평론도 제멋대로이지만 인사받기도 심히 괴로웠든 일장기 말살사건이란 대체의 윤곽이 이러하다

이렇게 하여 일장기 말소 사건에 대한 역사적 의미 부여는 당사자의 입을 통해 본격적으로 시작되었다. 위 진술로부터 사건 이후에

비판도 받았으며 다양한 논평이 존재했다는 사실을 알 수 있다. 김을한의 회고(1961: 81)에 따르면 "그 사건은 총독부를 극도로 분개케 하여 마침내 동아일보가 오랫동안 문을 닫게 되니, 그때 사람들은 아이들의 장난과 같이 쓸테없는 손장난을 해서 신문까지 정간되게 하였다고 파하[18]를 도리어 비난하는 사람도 있었"다고 한다. 이처럼 사건 당시에는 이런저런 뒷말들이 있었지만 광복으로 새로운 국면이 전개되자 당사자들이 적극 나서며 사건의 의미를 선점하려 시도한 것으로 보인다.

같은 책에서 사건 당시 〈동아일보〉 사진부 기자였던 백운선도 조선공산당 사건과 일장기 말살 사건을 회고하였다. 백운선은 극심했던 고문의 기억을 이야기하면서 "사지가 멀정한 나의 몸에 쇠사슬이 칭칭 얼기어 잔인한 고문의 지옥 생활에 벌버둥치던 실로 몸서리치는 저- 일장기 말살 사건"이라고 회고하였다. 이어서 "당시 동아일보 간부들과 함께 구금되였을 때의 혹독한 고문 취조야말로 생각하면 지금도 몸이 떨리는 공포감을 억제할 수가 없다"면서 "내 카메라 생활 20년 가운데 이러한 악학惡虐한 스라린 경험은 아마 처음이였을 것"이라고 술회하였다(백운선, 1948: 매19).

이처럼 당사자들이 나서서 일장기 말소 사건을 역사적 중대 사건으로 의미 부여하기 시작하였다. 광복 직후 친일 청산에 대한 시대적 요구가 매우 높았던 사회 분위기 속에서 〈동아일보〉와 〈조선일보〉는 매우 조심스러운 입장이었다. 이러한 분위기에서 이 신문들이 자신들의 과거사에 대해 적극적으로 나서기는 어려웠을 것이다. 가능한 범위

18 이길용의 호다.

에서 당사자 등의 회고 형태로 일장기 말소 사건을 언급하며 자신들의 과거사를 투쟁의 역사로 의미 부여하는 시도가 이루어지기 시작했다고 볼 수 있다.

(3) 강영수의 지사 언론인론

이와 함께 일제 강점기 언론인의 역할과 행태에 대해서도 지사로, 나아가서 민족의 대변자로 자리매김하는 회고들도 이루어졌다. 일제 강점기에는 총독부의 일본어 기관지 〈경성일보〉에 근무했고, 해방 이후에는 우익계 〈대동신문〉 편집국장으로 재직하던 강영수는 1949년의 한 좌담회에서 미군정기 언론의 극심한 정파성을 비판하며 일제 강점기의 언론과 언론인에 대해 다음과 같이 주장하였다(사림, 1949: 14~15).

> 나는 단적으로 생각할 적에 해방 전의 신문은 하나의 기형적인 합법적 정치결사고 신문기자는 거의 누구나가 지사였든가 합니다. 물론 이것은 동아, 조선 폐간 이전의 양지를 중심으로 하는 이야기올시다. 딸아서 그 시절의 신문은 민족의 대변자적 역할로 시종하였고, 기자는 석달, 넉달 봉급을 못 받아서 뱃속에서 쪼룩 소리가 나도 이를 악물고 펜을 놓지 않았었습니다. 한편 고하 몽양 민세 등을 비롯해서 해방 직후 국내에서 일어난 정치 지도자는 거지반 신문인이었읍니다.

일제 강점기의 〈동아일보〉와 〈조선일보〉는 정치적인 조직으로서 민족의 대변자 역할로 시종하였고, 기자들은 경제적 어려움에도 불구하고 끝까지 그 공적 역할을 다한 지사였다는 주장이다. 이러한 회고와 주장이 밑바탕이 되어 민족지 신화의 뿌리가 된 것으로 볼 수 있다.

3장 민족지 신화의 생성

정부 수립 후 친일 청산이라는 시대적 과제를 안고 1948년에 출범한 반민특위가 자유당 정부의 방해와 탄압으로 아무런 성과 없이 1년도 못가 해체됨으로써 친일 청산이라는 시대적 과제는 시기를 놓치고 말았다. 반민특위에 대해서도 정부의 반대 입장을 간접적으로 대변하던 〈동아일보〉(채백, 2018)는 반민특위가 해체되자 곧바로 자신들의 과거 역사를 미화하는 작업에 착수하였다. 이 작업은 자사의 지면을 통해 본격적으로 이루어졌다. 특히 창간 기념일이면 발행하는 기념 특집이 이 민족지 신화 생성의 핵심적 창구가 되었다.

1. 창간 기념호를 통한 〈동아일보〉의 민족지 신화 생성

1) 1950년의 창간 30주년 기념 특집

반민특위가 해체된 바로 다음 해인 1950년의 4월 1일 창간 30주년을 맞은 〈동아일보〉는 광복 후 처음으로 창간 기념호를 발행하였다. 이 지면을 통해 일제 강점기 자신들의 역사를 '투쟁의 역사'로 의미 부여하며 '민족지' 신화의 생성에 본격적으로 나서기 시작하였다. 전체 4면 중 3면에 걸친 창간 특집은 1면 톱기사로 '피에 어린 민족 항쟁의 거화炬火'라는 가로 컷 제목으로 대통령을 비롯한 각계 주요 인사의 축사를 게재하였다. 당시 이승만 대통령은 다음과 같은 메시지를 전하였다.

> 동아일보는 왜정의 식민지 정책과 항거하여 민족의 대변지로 과감히 싸웠다. 30년이란 시일에 걸쳐 동아일보가 쌓은 공적은 큰 바 있다. 나는 해외에 있을 때부터 동아일보를 지지하였으며 현재로도 여론을 대표한 공지公紙가 되기를 바란다. 동아일보가 왜정의 탄압으로 말미암아 폐간당하던 당시 우리 동지들은 해외에서 대단히 분개하였다. 앞으로도 민족의 대변지로 국내외에 그 성가를 높이 하기를 바란다.

〈동아일보〉를 식민 지배에 저항한 민족의 대변지라고 평가하고 있다. 특집에는 이승만 대통령에 이어 이시영 부통령과 국무총리, 공보처장 등 정부의 요인과 서울대 및 연세대 총장의 축하 메시지를 실었다. 이들은 하나같이 〈동아일보〉를 일제에 맞서 싸운 민족의 대변지이며 민중의 지도자였다고 찬양하였다. 학계를 대표한 최규동 서울대 총장은 "민족정신을 고취하며 조국 광복에 이바지한 그 위대한 업적을 찬하攢賀”한다면서 다음과 같이 언급하였다.

> (전략) 일제의 탄압이 교묘한 수단으로 위선적 또는 노골적으로 우리 민족의 독립정신을 말살하고 문화적 발전을 조지阻止하려할 때에 동아일보는 전민족의 용감한 대변지로서 일제의 폭정을 날카롭게 공격하였다. 당시의 동아일보는 실로 애국적 민중과 호흡이 일치하였다. 민중의 울분과 정의감은 불꽃같이 지상에 약동하였다.
>
> 또 동아지는 민중의 대변자였을뿐 아니라 민중의 지도자였다. 일제와 투쟁할 문제의 소재를 밝히며 방법을 지시하였다. 창간 수년 후의 일이었지마는 동지가 문맹퇴치운동을 제창하였을 때에 청년학도들이 열렬히 그 운동에 참하던 것을 회고하면 최근의 성인교육 운동과 현저한 대조라고 하겟다. 총독부 기관지인 매일신보 같은 신문은 각면 각리에 강제적으로 구독시켰지마는 동아일보는 민중의 교과서와도 같이 서로 윤독하였다.
>
> 특히 동아일보가 누차 정간처분을 받아 가면서도 일제와의 항쟁을 꾸준히 계속하다가 드디어 폐간처분까지 당하게 된 것은 우리 민족의 고난을 대표적으로 감당한 것이매 조국 광복이 이루어진 오늘날 창간 30주년을 맞이한 동지의 기쁨과 감회는 가히 추측할 수 있는 동시에 우리는 충심으로 감사와 경의를 표하는 바이다. 동지를 창간, 육성하신 제씨 중에서 이미 고인이 된 선각자들의 공로를 다시금 회상하게 된다. (후략)

〈동아일보〉의 역사를 전 민족의 대변지요 지도자이며 민중의 교과서와도 같았다고 더할 나위없이 찬양 일색의 글이다. 최규동은 수학자로서 일제 강점기 조선교육회와 진단학회 활동을 하였으며 1949년 서울대 제4대 총장에 취임하였으나 6·25 전쟁 중에 납북된 인물이다. 2015년 교육부가 '3월의 스승'으로 최규동을 선정하자 그가 일제 말기

피에어린民族抗爭의炬火

本報創刊三十週年記念

사진 3 해방 후 〈동아일보〉의 첫 창간 기념 특집호 1면(1950. 4. 1)

조선교육회 기관지 〈문교의 조선〉에 당시 중동학교 교장 최규동 명의로 '죽음으로써 군은君恩에 보답하다'라는 제목의 글을 기고한 전력으로 친일 논란에 휘말리기도 했던 인물이다.[19]

창간 30주년을 기념한 사설은 '본보 30주년을 맞아'라는 제목으로 첫머리에서 "희로애락을 겨레와 더불어 하면서 고난과 형극에 충만한 본보 30년간의 자취를 돌아볼 때에 만감이 얽히고 서려서 무량한 감개를 무어라고 표현해야 좋을지 모르겠다"고 30년의 흘러넘치는 감회

---

19 나무위키 '최규동,' https://namu.wiki/w/%EC%B5%9C%EA%B7%9C%EB%8F%99 2021. 10. 7.

를 풀어내며 시작하고 있다. 이어 "본보의 자취 — 그것은 슬프고 원통하고 분하고 억울한 탄압과 수난의 기록이었다"며 자사의 역사를 일제로부터 받았던 탄압의 역사로 규정하였다. 네 번의 정간과 압수, 판매금지, 삭제 등 탄압받은 사례와 함께 "수많은 동지들이 구류되고 투옥되고 고문과 체형과 총살을 감수하였다"고 과거사를 부각시켰다. 탄압에 대한 자신들의 대응은 "단순한 저날리스트가 아니라 독립투사였고 혁명지사적 품격을 가지고 총과 칼 대신으로 붓대를 든 전사들이었다"고 화려한 수사를 동원하였다. 이어서 자신들의 과거사를 이념의 차원으로까지 승화시켰다.

> 그들은 붓대의 전사가 되되 모든 사심을 지양하고 **여하한 간난이라도 이를 극복할 용기를 가지고 오직 진실한 민족의 대변자가 되기를 원하였고** 이 민족의 지향할 바 방향이 민주주의에 있음을 확신하였고 민의를 표현할 수 있는 자유의 전취戰取와 아울러 의사를 표현할 수 있는 인간의 창조를 위하여 인류의 자각 과정과 더불어 민족의 자각 과정을 이 민족의 문화적 향상에 구하였던 것이다. 그 기본적 태도에 있어서 그 방향에 있어서 그 방법에 있어서 그대로 오늘날 우리가 계승하여 부끄러움이 없고 오히려 우리 자신의 미흡함을 두려워할 뿐이다.
>
> 본보가 취한 태도와 방향과 방법은 그대로 이 민족의 향로에 부합되었을 뿐아니라 이러한 일치는 이심전심으로 얽히고 또 얽혀서 위대한 민족적 힘이 되었고 그 힘은 뚜렷한 한개의 이념에까지 순화되었으니 그것은 곧 반제국주의 회복의 기치이었다. 본보는 이 기치의 기수이었다. 불사신의 기수이었다. 칠전해도 팔기하는 기수이었다. 그 깃발이 힘차게 나붓길 때에 민중은 환호하였고 그 깃발이 풀이 죽어 늘어질 때에 민중은 한숨을 내쉬었다. (강조는 인용자)

일제 강점기 자신들의 이념적 지향을 민족적, 시대적 과제를 끌어안고 가는 반제국주의의 기수라 주장하고 이어서 정부 수립 후에는 반공과 민주를 지향하였다고 규정하였다. 한마디로 창간 이후 자신들은 어느 시대에나 당시의 시대적 과제에 최대한 부응하는 입장을 견지해 온 불사신의 기수였다는 자화자찬의 수사다.

창간 기념은 2면에도 이어져 창간사와 폐간사의 전문을 게재하였다. 창간사는 '민족 향로를 선양한 창간사'라는 제목으로 폐간사에는 '7전8기를 호소한 폐간사'라고 제목을 붙여 그 의미를 강화하였다. 김성수는 '가로수와도 같은 환경/고전분투로 일관'이라는 제목의 회고담을 통해 창간 이래 정치적, 경제적 어려움을 겪었음을 지적하며 "그러나 이러한 일정 압박 밑에서도 동인으로 일한 동지들의 애국열愛國熱 죽엄으로써 사社를 지키려는 열의는 정간 폐간을 당하면 당할수록 사기 왕성하여 유형 무형으로 불우한 처지에 굽히지 않고 시종일관한 투쟁으로 간신히 유지하여 왔"다고 회고하였다. 온갖 어려움에도 불구하고 오직 국가와 회사를 위한 열의로 극복해 왔다는 것이다.

같은 2면에는 이길용의 회고도 게재되었다. '일장기 말살 정신, 〈동아일보〉의 빛나는 전통'이라는 제목의 글에서 이길용은 이 사건을 다음과 같이 회고하였다.

> (전략) **동아는 종시일관 3천만 이 겨레의 대변지로 항일투쟁 뿐이었고 민족운동의 앞재비었으니** 오히려 쓰라림을 달게 받으면서 내강토 흙냄새를 마시며 고소란이 이땅에 파묻히었던 것이다. 지나간 30년이 그러한지라 맘을 활짝 펴놓고 울고도 싶고 웃고도 싶은 일이 어찌 하나며 둘뿐이랴. 그러나 몸소 당한 가장 큰 감격이 이른바 일장기 말살 사건의 전후를 회고하기로 하자.

1년이라 365일, 정간이란 생주검을 제하고는 민족 장래의 살아갈 길을 뚫고 올바르게 인도하며 국권회복을 지향하면서 항일투쟁은 죽어라 하고 계속 또 계속 하였으니 이 일장기 말살 사건에 이르러서는 입으로나 붓으로 형용조차 못할 치명적 수난에 나닥쳤다. 발행 날자에 사용한 이외에는 되도록은 대정이니 소화니의 연호를 쓰지 않은 것이라든가 일본을 내지內地라고 절대로 쓰지 않은 것 등은 사소한 일이라고 하자. 동아 지면에 일본기 달린 사진을 실린 일이 없는 말하자면 일본색을 지상에서 근본부터 말살하려 꾀한 것이 누가 시키지 않은 저절로의 동아 동지들의 전통이랄가 사시처럼 되었었다. (중략)

호외로 붓을 달리자니 손이 떨리고 그저 멍하니 꿈인 듯 이 순간에 감격과 흥분은 필자 자신뿐 아니라 모르면 모르되 이 전파를 들은 동포는 한결 같았을 것이다. 전파 한소리에 환희일색이요 만세의 고함성은 삼천리를 뒤흔드는 듯 기미년 독립만세때를 연상케 하였다. 필자 자신이 우승한 것 같고 삼천만 모두 각자가 우승한 것처럼 흥분의 불바다는 일본 저들을 눈아래로 나려다 보는 듯 어깨가 읏슥하여졌다. "네까진 것들아 좀봐라 우리 민족의 실력이 어떤가를" 이런 우월감이 짓눌리었던 우리로서는 짓누르던 저들에 큰소리를 하게될 때의 흥분과 감격은 단군의 거룩한 한줄기 피가 우리 맥박 어느 혈관 어느 한낱의 세포에까지 그대로 숨여있는 한민족 본래의 본연으로 되돌아가 민족혼은 아지 못하는 무아경에서 불붙기 시작하였다. 운동복 가슴에 붙인 일장기 따위는 문제도 아니다. 끝이 없는 서글픔만이 머리를 아프게 하였다. (강조는 인용자)

일장기 말소 사건을 일제 강점기 오로지 항일투쟁뿐이었던 〈동아일보〉에서도 가장 감격적인 사건이었다면서 시들어 가던 민족혼에 불을 붙인 손기정 우승의 감격을 3·1운동에 비유한다. 이 글은 이어서 사건의 경과를 설명하고는 이는 "누가 시키지도 않은 것이요 과실도 아니며 오직 민족적 충격에서 자신도 모르는 감격과 일본에 대한 분노감이 서로 어리어 빚어진 사건"이며 "누가 시키지도 않은 동아 동지들의 전통이랄가 사시"라고 규정하였다. 체질화된 항일 의식의 자연스런 결과물이었다는 말이다. 전통과 사시의 결과물이라는 비유는 이후에도 일장기 말소 사건을 논하면서 〈동아일보〉가 매우 즐겨 쓰는 표현이 되었다.

3면에도 이어진 창간 특집은 동아일보사가 창간 이래 전개한 주요 문화 사업과 재난 구제 사업들을 소개하며 홍보하였다. 또한 '정간과 압수와 삭제'라는 제목의 박스 기사로 네 차례 정간당한 사례와 압수와 판매 금지 및 삭제당한 사례를 정리하여 탄압받은 자신들의 역사를 부각시켰다. 이처럼 해방 직후 정세를 관망하며 조심스럽던 〈동아일보〉는 반민특위가 해체되자 바로 뒤이어 창간 기념 특집을 발행하며 자신들의 일제 강점기 역사를 화려한 문체로 구사하며 민족지로서의 신화를 만들어 가기 시작하였다.

2) 한국 전쟁 중 창간 기념 사설

창간 특집을 통한 민족지 신화의 생성 작업은 바로 뒤이은 한국 전쟁으로 중단되었으며 1952년부터 1954년까지는 기념 사설만을 게재하였다. 이 시기는 전쟁으로 인한 물자 부족 때문인지 2면으로 발행하였다.

1952년 4월 1일자에서는 '본보 창간 32주년 돐'이라는 제목으로 당시 전쟁으로 인한 국난의 위기 상황을 주로 언급하면서도 자신들의 과거사에 대한 미화를 잊지 않았다. '우리의 민족정기와 민족정신의 상징으로서 우리는 3대 주지를 수호하는 데 게을리하지 않았다'고 주장하고는 "당시의 중대 사명인 민족의 표현기관으로서의 본보의 왜적에 대한 항쟁은 피비리었다. 왜적의 억압이 아모리 악날할지라도 본보는 왕사王師의 의검으로 자임하기를 두려워하지 않았었다"고 목소리를 높였다.

이러한 논조는 1953년에도 이어졌다. 그해 4월 1일자 사설은 '용기와 현명/본보 33주년을 맞아'라는 제목으로 전해와 마찬가지로 국가적 위기 상황을 우려하는 데 초점을 맞추면서 과거사를 미화하는 것도 잊지 않았다. 창간과 함께 표방한 3대 주지를 제시하면서 "춘풍추우 오로지 이 사시구현을 위하여 일제와 싸웠고 일제가 패퇴한 이래로는 반공민주 건설을 전취戰取하여 온 33개 성상의 파란을 회고할 때 무량한 감개에 눈물조차 금할 수 없다"고 서두를 열었다. 이어서 다음과 같이 자신들의 번영이 곧 이 나라의 번영을 상징한다고 강변하기에 이르렀다.

> 본보의 수난사를 여기에서 다시 기록하기를 원치 않거니와 본보 수난사가 이 민족의 수난사라는 것에 이의를 갖일 리는 없을 것이며 만난과 싸우고 있는 옛날에 있어서나 오늘에 있어서나 백절불굴하는 우리의 인내와 용기의 원천은 곧 우리의 사시였으며 그렇기 때문에 이 사시는 정당한 것이오 또 정당한 것이기 때문에 영원불굴할 줄로 믿지만 그러나 이 사시를 영생시키는 노력에 조금이라도 소홀이 있다면 우리나라와 본보는 영생하지 못할 수도 있다는 것을 명심하지 않을 수 없다. 인생은 유한하지만 본보는 이 민족이 영원무궁토록 길이길이 잘 자라야하는 것처럼 길이길이 잘 자라야할진대 본보의 영원한 번영은 이 나라의 영원한 번영을 상징하는 지표가 아닐 수 없을 것이다.

휴전 이후 1954년의 창간 기념 사설은 다시 과거 역사를 미화하는 작업에 적극 나섰다. 자신들의 창간에 대해 "본보가 화동 일각 초라한

고사古舍에서 탄생의 첫소리를 울렸을 때에 암흑하던 이땅에는 광명이 비취었으며 진로를 잃었던 이 겨레는 등대를 찾게 되었었다. 당시 우리 민족은 입있는 벙어리이었고 눈있는 장님이었으며 또 귀있는 귀먹어리이었으니, 그것은 폭제 일본의 그 악랄하고 잔인한 탄압정책으로 말미암아 우리 겨레는 인간의 5대 기본 자유인 언론·출판·집회·결사·신앙의 자유를 완전히 박탈당했었기 때문이었다"면서 자신들의 창간을 다음과 같이 주장하였다.

> 그리하여 '민족의 태양'으로서 탄생된 본보는 온겨레의 절대적인 환호와 지지를 받으면서 맡은바 사명인 사회의 공기며, 민중의 대변자로서 민족정기의 발양發揚과 아울러 독립정신의 고취, 그리고 정의옹호·산업발전·신문화건설 등 추진에 전력을 기울였었다.
>
> 본보가 '붓'과 '종이'만을 유일한 항일 투쟁의 무기로 삼아 가시덤불길을 뚫고 나가기에 얼마나한 고난과 탄압을 받았던가를 회상할 때에 우리는 이 순간 감루感涙가 어린다. 즉 본보는 1920년부터 1923년까지 사이에 압수 처분을 받은 것이 매년 평균 15건이었고, 1924년엔 56건을 돌파했으며, 또 그 뒤에도 폐간할 때까지 매년 평균 50건으로부터 60건을 넘나들었다. 이 한가지 숫자에 나타난 예로만 볼지라도 우리가 밟아온 발자취엔 피눈물이 징근하게 고여 있어 '수난의 34년사'를 말하고 있는 것이다
>
> 더욱이 생각하면 새삼스레 비분한 감회가 용솟음치는 것은 1935년에 백림 올림픽 대회에서 우승한 마라돈왕 손기정 군의 흉장인 일장기 말살 사건으로 치명적 장기정간을 당했던 것도 쓰라린 수난의 일면 이거니와 그보다도 소위 지나사변이 마지막 고비에 달하고 대동아전쟁이 터지기 전인 1940년 8월 11일을 기하여 강제폐간됨으로써 다시금 그 인론 봉쇄의 야수성에 희생되었던 것이다.

자신들은 '민족의 태양'으로 절대적인 환호와 지지 속에 출범하여 맡은 바 사명에 전력을 다했다고 미화하고 있다. 이 사설은 사실 관계에서도 오류가 적지 않다. 베를린 올림픽을 1935년이라 한 것 외에도 탄압 사례는 과장된 내용이다. 학계의 연구 결과(정진석, 1990: 451)와 비교하면 1924년까지의 자료는 맞지만 1925년 57건으로 최대였으나 그 이후 대폭 감소하였으며, 특히 1930년과 1931년에 21건과 17건을 기록한 이후에는 1934년의 12건을 제외하고는 모두 10건 미만을 기록하였다. 그럼에도 불구하고 연평균 50~60건이라고 과장하였다.

3) 김성수의 사망 관련 기사

1955년 2월 18일 〈동아일보〉의 주역이라 할 김성수가 65세를 일기로 사망하였다. 제1공화국에서 부통령까지 역임한 김성수가 죽자 〈동아일보〉는 지면을 통해 고인의 삶을 추모하고 나섰다. 사망 소식을 처음 전한 2월 20일자에서 1면 상단의 5단 기사는 서두에서 인촌의 삶을 "국가 민족을 위하여 바친 고 인촌 선생의 거룩한 생애 — 단기4224년 9월 9일 전북 고창군 부안면 인촌리 태생인 선생은 성년기에 달하면서부터 가혹무도한 왜제와의 투쟁속에서 민족 정기의 진작, 민족 실력의 향상을 통한 조국 광복을 도圖하는 숙명적인 민족의 지도자로서 일관하였다"고 주장하였다.

이어서 사설에서도 '인촌 김성수 선생 장서長逝'라는 제목으로 추도에 나섰다. 인촌을 '교육계·언론계·경제계로 다방면에 걸쳐 범인凡人이 따를 수 없을만큼 눈부신 활약을 한' 선각자라며 "교육·경제·언론 3대 무기를 가지고, 선생은 항일의 횃불을 높이 들어 의연·과감하게 항일투쟁을 끈기차게 계속하였었다"고 의미 부여하였다. 나아가서

"일제 총독부가 이 나라에서 가장 미워하면서도, 매우 꺼리고 두려워하는 대상자의 한사람으로, 커다란 살촉을 받는 가운데서 살아온 것"이라고 주장하였다. 이어서 "이런 점으로 볼 때에 지금 생각하면 선생이 일제의 독편毒鞭에 그 잔명을 보전하고 해방을 보게 된 것이, 신명의 보우保祐를 받은 하나의 기적이 아니었던가 한다"고까지 하고는 "선생이 이땅에 끼친 커다란 업적과, 이 겨레에게 남긴 수많은 공로는 영원히 청사에 빛날 것이다"라고 주장하였다. 관련 기사는 3면에도 이어져 장례를 국민장으로 하기로 결정했다는 톱기사 외에 빈소의 표정을 전하고 최남선의 추모시도 게재하였다.

이와 같이 〈동아일보〉는 창간과 운영의 주역 김성수의 죽음을 계기로 그를 영웅화하는 작업에 바로 발 벗고 나섰다. 이러한 작업이 민족지 신화에서도 중요한 부분을 차지하게 된다.

4) 지령 1만 호 기념 특집과 '민족지' 개념의 등장

1955년 〈동아일보〉는 3월 15일자의 오식 사건으로 정간 조치를 당했다. 이 날짜 1면 중앙에 한국과 미국의 석유 협정에 관한 기사에서 원래 제목은 '고위층 재가 대기중/한미석유 협정'이었으나 문선 과정에서 난데 없이 '괴뢰'라는 두 글자가 첨가되어 제목이 '괴뢰 고위층재가 대기중'으로 나가고 말았다. 이 두 글자는 같은 지면의 '괴뢰 휴전위반을 미 중대시'라는 제목의 기사에 들어간 것인데, 문선과 조판 과정에서 다른 기사에도 이 단어가 들어가면서 문제가 된 것이다. 당시 자유당 정권은 이를 국가 원수에 대한 모독이라며 3월 17일 정간을 명하였다. 이 정간은 한 달간 지속되어 4월 18일에야 속간될 수 있었다(동아일보사, 1978: 207~210).

이에 따라 동아일보사는 그해 창간 기념일인 4월 1일에 신문을 발행할 수 없었다. 따라서 창간 특집 기념호를 발행하지 못하였다. 대신 동아일보사는 속간 이후인 8월 19일 지령 제1만 호 기념 특집을 발행하였다. 1면 상단에 실은 사설을 통해 역시 일제 강점기 자신들의 역사는 곧 항쟁의 역사였기에 탄압받을 수밖에 없었다며 다음과 같이 언명하였다.

> **본보 35주년, 지령 1만호의 역사는 악과 허위와 억압에 대한 항쟁의 역사였다.** 이는 독립을 발로發露하기 위했음이요, 20세기의 사조로 공동생활의 가치있는 이상인 민주주의의 정신을 현양하기 위했음이다. 이 항쟁의 역사는 동시에 고난의 역사가 되지 않을 수 없었으니 이는 일제 통치가 잔인·악랄·무도·암흑이었기 때문이요 본보가 구차한 타협을 배격하고 총검의 위협앞에 끝내 굴하지 않았기 때문이다. 민족 앞에 험한 가시밭이 가로 놓였을 적에 본보는 솔선하여 그 가시밭을 헤치고 들어갔으며 동포가 어둠 속에 헤메일 적에 광명의 등불을 높이 들어주노라고 하였다. 이리하여 일제 당국의 노여움을 사, 정간을 당한지 4차, 마침내 2차대전이 이러날 무렵에는 그들의 포학한 손에 의해 강제폐간을 당하고 말았다. (중략) 본보가 걸어온 발자취를 더듬어 볼 때 우리는 본보가 민족의 민주적인 언론기관으로서 그 맡은 바 사명을 다하는데 충실하였고 민족 독립과 사회민주화에 적지 않은 공헌을 했다고 자부한다. 여사한 자부의 옳고 옳지못함은 민족과 역사의 공정한 심판을 받기를 원하거니와 1호가 만호의 장래를 약속해 주었음과 같이 오늘의 만호가 앞날의 10만호, 100만호의 무궁한 발전을 약속해 주리라는 것을 스스로 염원하면서 (후략) (강조는 인용자)

8면을 발행한 이날, 창간 특집은 2면 국제면을 제외하고 거의 모든 면에 등장하였다. 2면은 '본보 지령 1만호 기념특집'이라는 통단 제목으로 자신들의 35년 역사를 정리하였다. '본보 혈투사의 편모'라 제목 붙인 머리말에서 "공보 당국의 정간처분으로 월간의 휴간과 함께 예정했던 「기념특집호」 발간도 뜻대로 못하고 침통한 가운데서 의의깊은 날을 헛되이 보내게 되었던 것인데, 이번 정간 해제와 동시, 비록 때는 넘겼지만도 미리 짜놓은 지면 계획의 일부로서 여기에 싣게된 것"이라고 저간의 사정을 설명하였다.

이어 자신들의 창간 의의를 "당시 2천 수백만의 동포들은 마치 침침한 칠야漆夜[20]에 등불을 만난양, 그리고 묘묘杳杳[21]한 사막에서 물을 얻은 듯 환호와 갈채를 보냈던 것"이라고 하였다. 나아가서 "본지는 탄초誕初[22] 독자에게 공약한 바에서 조금도 어긋남이 없이 단말마적 그 지흉至凶·극악한 일정에 항거의 봉화를 들고, 본보가 강제폐간의 최대의 비운에 봉착하기까지 무릇 20년동안 끈덕진 붓의 항일투쟁을 종·시일관하게 계속해 왔습니다. 말하자면 본보가 걸어온 피어린 발자국은 공동운명체로서 민족수난사이었던 것입니다"라고 자신들은 시종일관 항일을 계속하였다고 강변하였다. 3면의 본란에서는 '고난에 고난의 35년'이라는 제목으로 일제 강점기 탄압당했던 사례들을 정간과 압수, 삭제 등에서부터 폐간, 그리고 해방 후의 복간과 반탁 투쟁을 거쳐 1955년의 정간에 이르기까지를 열거하며 지면을 가득 채웠다.

---

20 칠흙같이 어두운 밤이라는 뜻이다.

21 어둡다는 뜻이다.

22 탄생 초기라는 뜻이다.

이어 4면과 5면에는 '3천만에 바친 동아의 이바지'라는 양면에 걸친 제목으로 주요 사례를 중심으로 관련 인사들의 회고담을 실었다. 6면에는 '동아가 배출한 작가 시인'이라는 제목으로 문예면의 업적을 내세우며 관련 문인들의 회고담도 함께 게재하였다. 사회면인 7면에서도 톱기사로 '나라와 겨레위해 참된 대변자됨을/다시한번 맹서'라는 제목으로 거의 같은 내용을 반복하였다. 8면에도 지령 1만 호와 광복 10주년을 기념하며 주최한 '독자위안 국악대제전' 관련 기사로 지면을 채웠다.

이날의 특집 기사에서 주목할 만한 것은 '민족지'라는 용어가 〈동아일보〉 지면에 등장하였다는 사실이다. 1940년의 폐간 사실을 언급하며 "이 민족지 수난통에 동업 조선일보도" 폐간당하였다고 서술하였다. 또 6면의 '동아가 배출한 작가 시인' 기사의 편집자 주에서 자신들이 창간 35년 만에야 지령 1만 호를 맞게 된 사실을 지적하며 "본보가 오늘날까지 우리 민족과 더불어 싸워온 형극 40년간의 「민족지동아」로서의 정간·폐간 기타 일제 등의 악독한 탄압" 때문이었다고 주장하였다. 같은 면에 축하 그림을 게재한 화가 고희동은 작가의 말을 통해 '동아일보는 우리의 민족지'라고 표현하였다. 〈동아일보〉의 이전 지면에서는 '민족 언론'이라는 용어가 몇 차례 등장(1947. 8. 12, 2면, 1948. 9. 17, 2면 등)하였지만 자신들을 민족지라는 용어로 지칭한 것은 이때가 처음이었다.

'민족지'라는 용어가 한국 언론의 지면에 처음 등장한 것은 〈경향신문〉 1955년 2월 6일자였다. 이날 4면에 실린 '문화단신' 코너에서 성준덕이 집필한 《한국신문사》가 그해 3·1절에 출판될 예정이라고 소개하였다. 책의 내용을 간략히 소개하며 일제 강점기 민간지들에 관해 '을사조약 이후 〈동아일보〉, 〈조선일보〉, 〈중외일보〉, 등 항일 민족지들의 숨가쁜 혈투사'를 비롯하여 "백화경염百花競艶[23]한 자유보도지의 약동하는 전모를 낱낱이 수록"하였다고 홍보하였다. 책에서 사용한 표현을 인용한 것이지만 이 사례가 일제 강점기 민간지들에 대해 '민족지'라는 용어를 사용한 첫 번째 사례로 보인다.

이보다 앞선 1955년 2월 4일 〈동아일보〉도 성준덕의 《한국신문사》가 곧 발행된다는 소식을 전하면서 '항일민족투쟁지'라는 용어를 사용하였다. 이날 4면의 '문화단신'란에 그 책의 출간 예정을 알리며 책의 개요를 간략히 소개하며 일제 강점기 민간지들의 역사에 대해 "을사조약 이후 동아일보 조선일보 등 항일민족투쟁지들의 숨가쁜 혈투사"를 정리하였다고 언급하였다.

뒤를 이어 1955년 3월 18일 〈조선일보〉 지면에도 민족지라는 표현이 등장하였다. 이 날짜 사설은 그해 3월 전술한 〈동아일보〉의 정간 사태에 대해 '동아일보의 정간처분'이라는 제목으로 정부의 조치를 비판하며 민족지라는 표현을 사용하였다. 〈조선일보〉는 정부의 조치를 비판하면서 "창간 이래 삼십유오년간 항일 반공의 민족지로서 꾸준히 싸워온 역사있는 동아일보에 대하여 반민족적인 중대과오로 발간자격을 인정키 곤란하다고 함에, 우리 겨레는 어떠한 감상을 갖겠는가?"라고 주장하였다. 자신들이 아닌 〈동아일보〉에 대해 '민족지'라는 용어를 처음으로 사용한 것이다.

이처럼 1955년 성준덕의 책 출판을 계기로 민족지라는 용어가 등장하기 시작하여 〈경향신문〉, 〈동아일보〉, 〈조선일보〉도 이 개념을 사용하기 시작하였다. 이렇게 시작된 민족지라는 용어는 1960년대 이후

23 온갖 꽃들이 자태를 뽐낸다는 뜻이다.

신화의 확산과 함께 널리 회자되기 시작하였다.

5) 1960년 창간 40주년 기념 특집

1955년 이후의 창간 기념일에는 따로 특집을 마련하지 않고 사설에서만 주로 언급하였다. 창간 기념 사설을 게재하지 않은 1959년을 제외하고 해마다 기념 사설의 내용은 매번 거의 동일한 내용의 반복이었다. 창간 당시의 3대 주지를 거론하며 자신들은 줄곧 그것을 지켜왔고 오늘날에도 여전히 중요한 좌표가 되고 있다는 주장을 반복하였다.

1960년 〈동아일보〉는 창간 40주년을 맞으면서 다시 대대적인 창간 기념 특집호를 발행하였다. 석간 8면 중 특집 기사는 모든 면에 실렸다. 석간 1면의 톱기사는 '본보 창간 오늘 40주년'이라는 컷 제목으로 자신들의 역사를 항일 투쟁의 역사로 미화하는 작업을 이어갔다.

> 40년의 연륜을 거듭하는 동안 본보는 일제의 폭정과 해방 이후의 과도적인 혼란, 공산주의 침략의 마수 밑에서 시달린 이 민족의 성실한 대변자였다. 그러나 이 민족의 폭정 밑에서 본보는 그 사명을 이룩함에 있어 민족이 겪어온 수난과 함께 온갖 시련을 겪으며 험란의 길을 걷지 않으면 안되었다.
>
> 일제 말기에 본보가 폐간을 강요당할 때까지 20여년간에 걸쳐 본보는 일제 당국으로부터 정간 4회 압수 489회 발매금지 63회 기사 삭제 2423회라는 강압적인 조치를 면치 못하였으니 이는 그 지내온 흔적이 얼마나 가열하였던가를 웅변해줄 것이다. 이렇듯 온갖 고초를 무릅쓰고 본보는 줄기차게도 항일투쟁을 계속하여 온 민족과 운명을 같이 하였으며 그 선도적 역할에 자임하기를 서슴치 않았던 것이다.

이어 1면 왼쪽 상단에 사설을 통해서도 '수난·투쟁의 근반세기: 본보 창간 40주년을 맞는 감회'라는 제목으로 대동소이한 내용을 표현만 조금씩 바꿔가며 반복하였다. 창간의 의미를 '겨레의 등불' 또는 '민중의 생명수'로서 태어났다고 주장하고 3대 주지를 다시 되새기며 "겉으로는 민족·민주·문화 — 세가지를 제창하면서도, 속심으로는 「항일」의식을 주입하고 「독립」사상을 고취하기에 「붓의 투쟁」을 한때도 쉬인 적이 없었음은, 본보가 존속하는한 자손만대에까지 그 빛나는 전통을 길이 전해보일 것이다"라고 주장하였다.

이어서 사설에서는 일장기 말소 사건을 대표적 탄압 사례로 내세우기 시작하였다. 일제 강점기에 탄압받은 사례를 수치로 제시하며 정간을 4번이나 받았는데 "그 가운데도 백림 '올림픽'의 제패자였던 손기정 선수 흉장인 소위 '일장기 말살' 사건은 가장 대표적"이었다면서 "이 만신창이가 된 본보의 혈흔은 '민족의 수난사' 그대로 부조浮彫되었"다고 의미를 부여하였다. 이때부터 일장기 말소 사건이 일제 강점기 〈동아일보〉의 역사에서 대표적 저항의 상징으로 자리매김하였다.

2면에서는 〈뉴욕 타임스〉를 비롯한 미국, 일본, 대만 등 우방 국가 언론사들의 축전을 장면 부통령의 축하 휘호와 함께 실었다. 3면에는 사장 최두선의 기념사와 함께 김준연, 주요한의 회고담을 실었으며 4, 5면에는 김동성, 유광렬, 진학문 등 창간 참여 인사들을 중심으로 한 좌담회 기사가 40년의 연혁 및 역대 간부 명단과 함께 게재되었다. 6면에는 김을한의 '40년간 세상 변천사'와 '나와 동아일보'라는 제목의 기자 회고담이, 7면에는 기념 만평이 실렸다. 8면에도 김동명 시인의 축시와 '40년동안 흘러간 노래들'이라는 제목의 기사가 지면을 장식하였다.

6) 1970년 창간 50주년 기념 특집

1961년 이후로는 창간 기념일이면 대부분 기념 사설만을 게재하였으며 대개 5년 단위로 특집을 발행하였다. 그러다가 창간 50주년을 맞은 1970년에는 〈동아일보〉는 전체 24면에 이르는 대대적인 특집을 발행하였다. 당시 신문들이 대개 1일 8면 발행이었던 점을 고려하면 매우 파격적이라 할 수 있다. 1970년 4월 1일의 특집은 그 전날 발생한 일본 적군파에 의한 JAL기 납치 사건에 대한 보도를 1면과 사회면에 보도한 외에는 거의 전 지면을 창간 기념 기사로 채웠다. 1면에는 50주년 기념식에 대한 보도 기사를 당시 대통령 박정희의 '춘추필봉'이라는 기념 휘호, 그리고 이효상 국회의장과 호주, 일본 수상의 축하 메시지와 함께 실었다.

3면의 상단에는 '민족·민주·문화의 반세기'라는 제목으로 장문의 사설을 게재하였다. 사설은 소제목으로 '싸우는 붓대'·'생각하는 붓대'·'고민하는 붓대'라고 구분하여 자신의 역사를 정리하였다. 일제 강점기의 역사에 대해서는 다음과 같이 주장하였다.

> 창간한지 어언간 반세기. 춘풍추우. 본보는 우리 민족의 가슴속 깊이 사무친 것을 대변하고자 힘을 다해왔으며, 이 민족을 번영으로 끌어올리는 원리가 민주주의임을 고창해 왔으며, 이 민족의 번영이란 민족문화 발전에 의하여 뒷받침되지 못하는한, 공허한 종족의 유지밖에 안된다고 함을 역설하는데 미력이나마 다 바쳐 온 것이다. (중략)
>
> 본보가 항일투쟁을 해온 것은 한낱 일본에 대한 증오나 시기에 연유한 것이 아니었고 일본의 기반으로부터 해방이 되지 않고서는 우리 민족이 누릴 수 있는 번영을 누릴 수 없었기 때문이었다. (중략)

본보의 필봉은 일제하에서는 총독정치의 식민주의를 공격 않을 수 없었고 일본의 경제 침략을 규탄 않을 수 없었던 것이며 조선인 교육에 대하여 이를 제약하고 방해할뿐만 아니라 나아가서는 우리의 말과 우리의 글마저 없애려고한 문화 말살행위에 항거 않을 수 없었던 것이다.

이 사설에서는 그동안 기회 있을 때마다 즐겨 거론하던 일제 강점기의 탄압 사례들에 대한 내용이 빠졌다. 이제는 자신들이 일제를 공격하고 이에 저항한 것은 당연시하며 그것이 지향했던 목표와 이념을 내세우는 데 치중하고 있다. 대신 탄압 사례는 9면에 실린 당시 사장 고재욱이 쓴 '고난과 영광을 겨레와 더불어'라는 장문의 칼럼이 이어받았다. 이 칼럼에서 고재욱은 "반세기동안 「동아」의 발걸음은 곧 민족의 발걸음이요, 「동아」의 고난은 곧 민족의 고난이며, 「동아」의 영광은 곧 민족의 영광"이라며, 자신들을 민족과 동일시하는 단계에까지 이르렀다. 이어서 김성수와 송진우에 대한 추모의 글이 이어지고는 일제의 탄압을 거론하였다. 즉 "본보의 저항을 일제는 눈감고 방관하지는 않았읍니다. 숱한 수난과 가혹한 탄압이 뒤따랐읍니다. 정간 압수 발매금지 그리고 환문喚問[24] 고문 투옥 등 온갖 방법이 자행되었읍니다. 그러나 일제의 어떤 탄압도 「동아」의 의지를 누를 수 없었고 「동아」의 기개를 꺾지 못했읍니다"라고 하여 탄압에 굴하지 않고 맞서 싸웠다는 저항의 역사를 강조하였다.

17면에 게재한 창간 제2 특집 첫 면은 서울대 이용희 교수와 동아일보사의 천관우 이사가 '현대 한국과 동아일보'라는 주제로 대담을

24 소환하여 심문한다는 뜻이다.

하였다. 이 기사는 '「저항 민족주의」의 표상'이라는 세로 제목을 붙여 그 내용을 압축, 제시하고 있다. 〈동아일보〉가 창간 당시부터 표방한 주지를 중심으로 논의를 풀어간 이 대담에서 이용희는 〈동아일보〉의 저항성을 "해방 후의 동아일보사를 훑어보면 반드시 야적野的인 때만도 아닌 때도 있었는데 그러면서도 동아가 야적이라는 인상을 풍기는 것은 그 저항적인 자세가 때로는 강렬한 이미지 형성을 하는 탓인지도 몰라요. 해방전에 있었던 고귀한 민족주의적 저항사, 해방후의 반민주주의에 대한 저항같은 것이 국민 뇌리에 생생한 까닭에 동아와 저항을 한데 엮는지 모르겠읍니다"라고 주장하였다. 일제 강점기의 〈동아일보〉 역사를 바로 민족주의적 저항의 역사로 의미 부여한 것이다.

이어서 18면과 19면은 '줄기찬 저항 탄압의 자국'이라는 양면에 걸친 제목으로 자신들이 일제 강점기 탄압받았던 사례들을 제시하였다. 20면과 21면에는 초창기 외국에 파견되었던 특파원들의 취재 활동 사례들을 당사자들의 회고를 중심으로 정리하였다. 22면과 23면에는 자신들의 역사에서 빚어졌던 갖가지 일화들을 정리하면서 '민족의 표현기관 반세기 쌓인 일화'라고 제목을 달았다. 자신들이 스스로 표방했던 '민족의 표현기관'이라는 슬로건을 기정사실화하는 것이다.

7) 1970년대와 1980년의 창간 특집

1971년 이후로 창간 특집은 연중행사로 정례화되었다. 해마다 창간 기념일인 4월 1일이면 평소보다 증면한 12면을 발행하여 '창간 OO주년을 맞아'라는 제목으로 기념 사설과 함께 기념 특집을 발행하였다. 기념일이 휴간하는 일요일이면 그 전날 지면을 창간 특집으로 구성하였다. 거의 매번 비슷한 논리로 표현만을 바꿔 가며 자신들의 저항의 역

새時代 新聞讀者 그리고

뉴스 評價 歷史의 맥락서

오리엔트 아나로그의 초침은 어떤 경우에도 멈추지 않습니다

사진 4 김기창 화백의 그림을 컬러로 인쇄한 〈동아일보〉의 창간 60주년 기념호(1980. 4. 1, 13면)

사를 부각시키며 민족지 신화를 만들어 가는 데에 몰두하였다.

창간 60주년을 맞는 1980년 4월 1일에는 평소 발행 면수의 3배인 24면을 발행하여 1면부터 거의 전 지면에 관련 기사를 게재하며 창간을 기념하였다. 2면의 기념 사설에서는 '다시 한번 주지를 선명한다/창간60주년을 맞는 우리의 다짐'이라는 제목으로 자신들의 창간은 '우리 근대사상에 하나의 혁명적 사건이었다'고 하여 한 단계 톤을 더 높였다. 자신들의 창간사를 "3·1독립선언의 맥을 잇는 역사적 문헌이라고 규정짓지 않을 수 없다"며 창간사를 독립선언서와 같은 역사적 의미를 갖는다고 강변하며 구구절절 재론하였다. 사설은 이어서 "그로부터

60년 「동아」의 발걸음은 곧 민족의 발걸음이고, 「동아」의 고난은 민족의 고난이었으며 「동아」의 영광은 곧 민족의 영광"이라고 주장하였다. 자신들의 존재와 역사를 곧 민족과 시종일관 함께하였다는 주장이다.

6면에는 회장 김상만과 이동욱 사장의 회고담을 실었으며 해외 언론사 책임자들의 축하 메시지도 함께 게재하였다. 특히 일본 〈아사히신문〉 회장 히로오카 도모오廣岡知男의 기념 메시지에 '동아역사는 민족위한 투쟁'이라고 제목을 달아 투쟁의 역사를 부각시켰다. 7면에는 창간 기념으로 독자들에 대한 여론 조사 결과를 전면에 걸쳐 게재하였다.

13면에는 김기창 화백의 축하 그림을 컬러로 게재하였으며 시인 박두진의 축시도 실었다. 박두진은 '동아일보 겨레와 함께'라는 제목의 축시에서 다음과 같이 〈동아일보〉를 찬양하였다.

동아일보는 장했다
만 60년.
그 영욕 시련 고초
겨레와 함께 해 온

너 한번 일어나면 겨레도 따라 일어나고
너 한번 가라앉으면
겨레도 따라 가라앉았다.

동아일보
너는 바로
겨레의 눈 겨레의 귀

겨레의 입
겨레의 혀로서

민족의 대변지, 민주정의의 선구지
민족문화의 창조지로서

언제나 겨레
언제나 민중과 더불어
함께 했다.
(후략)

〈동아일보〉를 겨레의 눈과 귀, 혀로서 민족의 대변지 역할로 항상 겨레와 함께했다는 최상급의 찬양이었다. 17면에는 '민족과 함께 살아온 대변지'라는 제목으로 자신들의 역사를 정리하였다. 초창기는 '민족의 표현기관'이었다고 제목을 달았으며 그 이후 탄압받은 역사를 '일제 저항'이라는 제목으로 저항을 부각시켰다. 이 기사의 중앙에는 일장기가 말소된 손기정 선수의 사진을 크게 게재하고는 바로 옆에 '언론 항일의 상징 일장기 말소'라고 제목 붙여 자신들의 대표적 저항 사례로 의미 부여하였다.

8) 〈동아일보〉와 일장기 말소 사건

동아일보사는 이후 이 일장기 말소 사건을 '의거'로 격상시키려 시도하였다. 이 사건을 의거로 규정한 것은 편집국장 출신의 우승규가 최초였다. 1974년 7월 12일 〈동아일보〉 지면에 '나절로 만필'이라는 제목으로 연재한 언론계 회고의 제31회 분에서 우승규는 이 사건을 회고하며 의거라는 명칭을 사용하였다. 우승규는 이 글에서 "일제의 매서운 눈초리의 감시 속에서도 동아일보는 결사의 각오로 손선수의 가슴에 달았던 일국기를 '에라 꼴사납다 지워버리자'하고 골인 순간의 사진에서 말짱 지워버린 것은 역사에 길이 남을 '구국언론의 획기적 의거가 아니었던가"라고 회고하였다.

1980년 창간 60주년 기념 사설에서도 일장기 말소 사건을 언급하며 "세계를 제패한 손기정 선수의 가슴에서 일장기를 지어버린 의거도 서슴치 않았다"고 하여 사설을 통해서도 이 사건을 의거로 규정하기 시작하였다. 이는 개인적 차원이 아니라 동아일보사의 공식적인 의미 부여라는 점에서 주목된다. 그 이후로는 일장기 말소 사건을 의거라 규정한 사례는 〈동아일보〉의 지면에 여러 차례 등장한다(예컨대, 1996년 8월 31일자 33면, 1999년 8월 14일자 26면, 1999년 9월 3일자 38면 등). 올림픽 제패 70주년인 2006년에는 일장기 말소 사건을 의거로 특집으로 다루었다. 일장기 말소 사건의 70주년이 되는 그해 8월 25일자에서 특집면을 발행하며 면의 명칭을 '일장기 말소 의거 70주년'이라 달고 기사에는 '일장기 말소는 편집국의 집단 의거'라 제목을 붙였다. 기사를 통해 이 사건은 "여러 직원이 참여했으며 사내에 광범위한 공감대 없이 불가능했던 집단적 거사"였다고 규정하였다.

1993년에는 한국체육기자연맹이 이길용 기자의 생애를 정리한 전기를 출판하며 제목을 《일장기 말소 의거 기자 이길용》이라 하였다. 이 단체는 1989년부터 이길용 체육기자상을 수여하는 단체로서 대표 집필자인 임중빈은 책의 말미에 후기를 통해 다음과 같이 주장하였다(한국체육기자연맹, 1993: 296~297).

'일장기 말소 사건'이라는 왜정 때의 표현은 이제 와서 두 번 다시 쓰는 자독이 없어야 한다. '사건'을 일소하고 '의거'로 통일할 때 비로소 아我와 비아非我의 성스런 투쟁을 선포한 단재 명제는 자존심을 되찾아 역사적 자아의 승리를 기록할 수 있게 된다.

'일장기 말소 의거'는 그렇다 해서 이길용 기자만의 단독 전리품인 것이 아니며, 의거 당시 공동 보조를 취한 청전靑田 이상범 화백을 포함한 동아일보 기자들과 편집 진용 전반의 값진 승전보일 수밖에 없다.

'말소 사건'류의 잠재의식을 밑바닥에서부터 말소하라는 지상 명제로 한국체육기자연맹에서는 지난해 봄 저자에게 파하波荷 이길용 기자의 자료 수집과 아울러 일대기의 집필을 의뢰해 왔다.

민족주의적 관점을 부각시키며 이 사건을 의거로 격상시킬 것을 주장하고 있음을 알 수 있다. 당시 〈동아일보〉 명예회장 김상만은 축사를 통해 "일장기 말소 의거는 국권 침탈기에 신문사의 존폐마저 좌우하는 가장 심각한 타격과 시련을 안겨 주었으나, 결과적으로 항일 언론의 대표적인 금자탑을 쌓은 대수난 속 대영광의 결정체가 되었다"(한국체육기자연맹, 1993: 20)고 하여 이 사건의 의미를 극찬하였다.

이러한 입장은 다른 언론이나 언론학계에서는 계승되지 않았지만 체육학계에 의해서 뒷받침되었다. 선수 출신 체육학 교수들의 모임인 성화회는 1996년 8월 30일 손기정의 베를린 올림픽 마라톤 우승 60주년을 맞아 그 역사적 의의를 기리는 기념 세미나를 열며 그 주제를 '올림픽 마라톤 우승의 역사적 의의와 동아일보 일장기 말소 의거'라고 내세웠다(〈동아일보〉, 1996. 8. 26, 15면). 세미나에서 일장기 말소 사건에 대한 논문을 발표한 이화여대 이인숙 교수는 이 사건은 세계 언론사에 유례없는 저항 운동임에도 그동안 거의 연구가 되지 않았다면서 관련

자료 발굴에 힘을 기울여 일장기 말소 사건을 의거로 규정해야 한다고 주장하였다(〈동아일보〉, 1996. 8. 31, 33면).

체육학계의 안진규(2020) 교수는 최근 발표한 논문에서 그동안 별로 연구되지 못했던 〈조선중앙일보〉 류해붕 기자에 주목하는 논문을 발표하며 제목에서 이 사건을 '일장기 말소 의거'라 규정하였다. 그동안 〈조선중앙일보〉의 1936년 8월 13일자 일장기 말소의 주역인 류해붕에 대해서는 사실만 언급하고 깊이 있게 분석되지 못했다. 안진규의 이 논문은 류해붕 역시 양정고보 육상 선수 출신으로서 손기정의 선배가 되고 〈동아일보〉의 이길용과도 친분이 있다는 점에 주목하며 류해붕이 주도하여 이길용에게 권유하였다는 주장을 하며 이 사건을 의거로 규정하였다.

이처럼 〈동아일보〉의 일장기 말소 사건은 당시 주역들의 회고와 신문사의 지속적이고 다각적인 작업, 학계의 뒷받침이 어우러지면서 이를 의거로까지 격상시키려는 작업들이 이루어지고 있는 것이다.

2. 창간 기념호를 통한 〈조선일보〉의 민족지 신화 생성

1) 광복 이후 〈동아일보〉 및 〈조선일보〉의 상황과 민족지 신화

〈조선일보〉는 〈동아일보〉보다 조금 늦게 민족지 신화 생성에 나섰다. 시작은 늦었지만 그 내용이나 논조는 〈동아일보〉와 거의 차이가 없었다. 〈조선일보〉가 조금 뒤늦게 나섰던 이유는 당시 두 신문의 상황과 관련이 있을 것으로 보인다. 전술한 대로 〈동아일보〉는 1945년 말의 신탁통치 오보 사건에도 핵심 역할을 하였으며 반민특위 활동에 대해서도 명시적인 반대는 아니었지만 당시 정부의 반대 입장을 주로 대변하였다. 특히 반민특위 해산의 결정적 계기가 되는 국회 프락치 사건을 검찰의 수사보다도 앞서서 국회의원 김준연의 칼럼을 통해 문제 제기함으로써 반민특위 와해의 주요 계기를 제공하였다(채백, 2018). 이러한 〈동아일보〉는 반민특위가 해체되자 바로 다음 해부터 자신들의 역사를 왜곡하고 미화하는 작업에 발 벗고 나섰던 것이다. 현재로서는 그들이 왜 반민특위가 해산되자 마자 그렇게 적극적으로 나섰는지를 직접적으로 밝히기는 어려울 것이다. 단지 당시의 제반 사회적, 정치적 상황에서 몇 가지 추론만이 가능할 것이다.

잘 알려진 대로 〈동아일보〉는 미군정기 우익 세력의 핵심이던 한민당을 대변하였으며 당시 한민당은 이승만과도 밀착된 관계였다. 일제와 밀착된 관계를 유지하던 토착 지주 세력 중심의 한민당으로서는 친일 세력의 정당이라는 평가를 넘어설 필요가 절실하였다. 이를 위해 전면에 내세울 새로운 얼굴이 필요했을 것이다. 또한 이승만으로서는 국내에 기반이 취약했으므로 한민당의 조직과 자금이 절대적으로 필요했다. 이렇게 이해관계가 일치되면서 한민당과 이승만은 힘을 합치며 집권에 성공하였다.

당초 한민당 세력이 구상했던 새 정부는 내각 책임제였다. 거기서 대통령은 이승만이 맡고 국무총리는 김성수가 맡으려는 복안을 가지고 있었다. 대통령 이승만은 정부의 간판 역할에 그치고 김성수 중심의 내각이 국정 운영을 주도하려는 계획이었다. 하지만 이승만은 뒷방 영감이 되어서는 안 된다며 대통령 중심제를 고집하여 관철시켰다.

집권 이후에도 이승만은 한민당 세력을 철저히 배제하였다. 한민당 측은 그래도 김성수가 국무총리가 될 것을 기대하였지만 이승만은 우여곡절 끝에 이범석을 임명하였으며 김성수에게 재무장관을 제의하였을 뿐 한민당 인사는 국무위원에서도 모두 배제하였다. 이에 배신감을 느낀 한민당은 김성수의 입각을 거부하고 야당을 자처하게 된 것이다(이완범, 2009b: 56~61).

이승만은 세력 기반이 두터운 한민당이 자신의 권력 유지와 강화에 걸림돌이 될 것으로 보았으며, 이는 한민당이 지주와 친일 세력의 정당이라고 평가하는 당시의 여론 때문이었던 것으로 평가된다(이완범, 2009a). 이렇게 한민당이 야당이 되자 그 대변지 〈동아일보〉도 야당지의 길을 걷게 된 것이었다.

한민당이 집권 세력이 되어 든든한 후원군이 될 것으로 기대했던 〈동아일보〉로서는 당시의 치열한 신문 시장에서 살아남기 위해서는 특단의 대책이 필요했을 것이다. 반민특위가 해체되었고 자유당 정부가 친일 청산 문제에 부정적이었기에 눈앞의 고비를 넘기기는 했다. 하지만 친일의 문제는 언제든 폭발할 수 있는 화약고 같은 문제였기에 미리 안전장치를 갖출 필요성이 절실했을 것이다. 정부를 비판, 견제해야 하는 야당지로서는 자신들의 과거 역사에서 식민 지배에 맞서 싸워왔다고 역사를 미화하여 전면에 내세우는 것이 매우 도움이 된다고 판단했을 것이다. 특히 〈동아일보〉는 이미 신탁통치 오보 사건이나 반민특위 관련 보도 등의 경험으로 여론에 대한 신문의 영향력에 믿음을 가질 수 있었을 것이다. 또 당시 한민당이 제헌국회에서 제1당이 된 것도 이러한 믿음을 더 강화시켜 주었을 것이다.

반면 〈조선일보〉의 입장은 달랐다. 〈조선일보〉는 당초 남한만의 단독 선거에 가장 비판적이었던 김구 중심의 임시 정부 세력을 대변하였다. 그러나 분단국가가 되는 것을 막아 보려던 남북 협상이 결렬되자 〈조선일보〉도 단독 선거를 기정사실로 인정하는 논조로 바뀌었다.

당시의 상황에서 살아남기 위해서는 불가피한 선택이었다고 평가된다(박용규, 1988). 1949년에는 김구도 암살당하고 말았다. 이에 따라 당시 〈조선일보〉로서는 정치권의 후원 세력이 매우 취약한 상황이 되어 버렸다. 더구나 6·25 전쟁 기간 중 사주 방응모도 납치돼 내부의 구심점도 취약할 수밖에 없었을 것이다. 이러한 상황적 요인에 의해 〈조선일보〉는 〈동아일보〉에 비해 좀 더 소극적이고 조심스러울 수밖에 없었던 것으로 분석된다(채백, 2020).

2) 1955년 지령 1만 호 기념 특집

〈조선일보〉의 민족지 신화 생성은 1955년 3월 23일 지령 1만 호 특집이 출발점이 되었다. 당시 하루에 2면 혹은 4면으로 발행하였지만 이날은 기념 특집으로 8면을 발행하여 지면의 대부분을 특집으로 꾸몄다. 1면 상단에는 화가 영운穎雲 김용진金容鎭의 지령 1만 호 축하 그림을 통단으로 게재하였다. 김용진은 1882년생으로 안동 김씨 문중을 배경으로 20대 초반 수원군 군수 및 내부의 지방국장 등 관직을 역임하였으며 이후 작품 활동에 전념하였다. 1937년 중일 전쟁 후 일본군의 전쟁 승리를 기원하는 부채를 수차례 제작하여 기증하기도 했다. 이러한 친일 행위로 민족문제연구소가 정리한 《친일인명사전》 미술 분야에 수록된 인물이다(다음백과 '김용진' 항목).

이어서 1면에는 사장 방일영의 기념사에 이어 머리기사는 '지령 1만호의 본보'라는 제목으로 자신들의 약사를 소개하였다. 자신들의 창간을 "기미운동이 있은 다음해 4253년 3월 5일에 본보가 민간지의 첫 봉화를 들고 고고지성呱呱之聲을 울린 것이다. 이런 상태하에서 처음 출발을 하였으니 출발부터가 평탄지 못하였다"고 설명하고는 "기

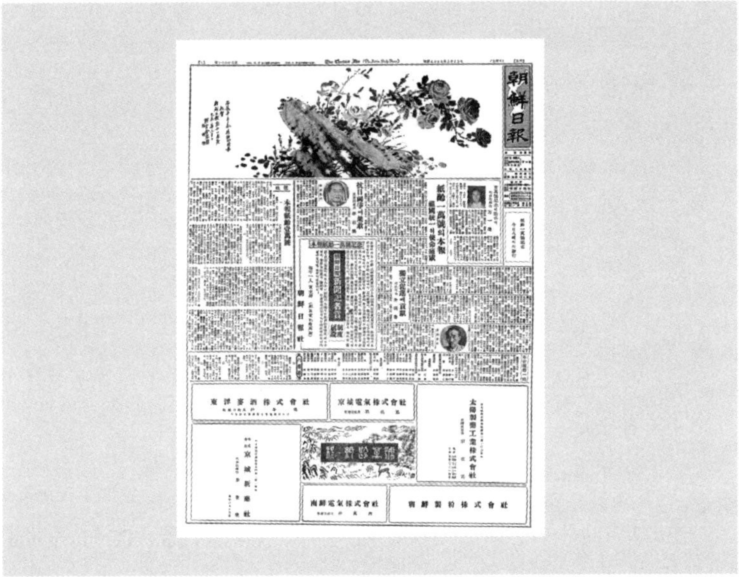
朝鮮日報

東洋麥酒株式會社

京城電氣株式會社

太陽製藥工業株式會社

南鮮電氣株式會社

朝鮮製粉株式會社

사진 5 〈조선일보〉의 지령 1만 호 기념 특집(1955. 3. 23)

구한 환경에 태어난 본보는 내외로부터 일어나는 항일운동에 발맞추어 나갈뿐 아니라 그 선봉이 되어야 하였고 또 되어 왔으니 왜정당국자 어찌 그대로 있을 것인가? 그 자들은 매일같이 삭제를 하고 정간을 하고 하여 승천지세로 일어나는 기개를 꺾으려 하였었다. 원래 재정난이 심한 터에 한번 장기간 정간을 당하고 나면 또다시 새로운 경영자를 맞지 않으면 안되게 되어 왜정치하 20년간만 하여도 수없이 발행인이 갈리고 사장이 갈리고 하였다"고 주장하였다. 이에 대해 일제는 가혹하게 탄압하였지만 자신들은 이에 맞서 싸워왔다면서 "세계에서 우리 신문들 같이 형극의 길을 걸어온 것은 없을 것이다"라고 주장하였다.

'본보 지령 1만호'라는 제목의 사설에서는 마찬가지로 자신들의 역사를 미화하는 작업에 나서 일제 강점기의 역사를 다음과 같이 주장하였다.

> 순조로이 나왔다고 하면 연중무휴로 쳐서 35년에 1만 2783호나 되어야 할 것인데 겨우 1만호를 산算하게 되었다는 데는 기구한 우리 겨레의 운명과 함께 본보 자체도 형극의 길을 걸었다는 것을 표시하는 것이다. 일정의 무단정치에서 문화정치로 전환한다 하여 그 표적으로서 탄생은 되었으나 이 신문에 대한 일제의 눈초리는 어느때고 매서워서 압수에 정간에 거의 영일寧日이 없는 형편이었다. 가혹한 탄압에 억눌려 그날 그날을 보내는 우리 겨레의 유일한 동반자이며 대변자라는 것이 본보에 부하된 사명이었기 때문에 **본보는 언제나 겨레의 복리와 발전을 위하여 옥쇄를 기하면서 반항하다가 압수를 당하고 투쟁하다가 정간을 달게 당하였던 것이다.** 창간 이래 일제의 압정으로 4273년 8월 10일 강제폐간을 당하기까지 압수를 당하기 몇 번이었고 정간을 당하기 몇 번이었던고? 세이려하여도 이루 세일 수 없을 지경이었다. 30유 5년간에 2780여호가 줄었다는 사실 이것 하나만 들어도 얼마나 본보가 걸어온 길이 험난하였던가를 입증하고도 남음이 있는 것이다. 이 험난한 길은 일제하에서 뿐아니라 해방 독립 후에도 6·25전란과 1·4후퇴 등으로 역시 더듬지 않으면 안되었던 것이었다. (강조는 인용자)

〈동아일보〉와 대동소이한 논리임을 알 수 있다. 일제 강점기에 총독부로부터 탄압받은 사례를 내세우며 이는 자신들이 민족을 위해 그 대변자로서의 역할을 한 때문이라고 주장하고 있다. 같은 1면에 실린 당시 민의원 의장 이기붕과 대법원장 김병로의 축하 메시지에는 각기 '항일투쟁에 과감,' '독립촉진에 공헌'이라고 제목을 붙여 〈조선일보〉의 과거 역사에 긍정적 의미를 부여하였다. 이기붕은 "조선일보는 일제 치하에 있어서 항일 민족투쟁에 과감한 논조를 전개하여 조국광복에 이바지한 바 컸었음"을 지적하며 축하의 메시지를 전했다. 김병로는 "창간된 이래 민족해방에 이르기까지 20개 성상을 일관하여 항일투쟁의 예봉으로 일정日政의 무도함을 중외에 선명하고 독립촉성의 기운으로 민족사상을 고취 앙양함에 영일이 없었던 것입니다. 그리하여 악법에 걸린 필화 사건이 빈발하여 압수 정간은 물론 책임자의 투옥도 누차 있었으며 내종乃終에는 폐간의 운명에 이르렀으며 이러한 난국에 처하여 이러한 위대한 사업을 계속함에 얼마나 비통과 고난이 중첩하였었다는 것은 누구나 상상하고 남음이 있을 것입니다"라고 조선일보사의 입장을 같은 논리로 미화하였다.

2면에서는 '본보 35주년의 약사'라는 제목으로 전면에 걸쳐 자신들의 역사를 사옥과 주요 인물들의 사진과 함께 게재하였다. 창간의 과정을 문화정치 이후 두 민간 신문을 허용했다고 잘못 서술하면서 "두 신문이란 조선일보 동아일보인바 조선일보는 대정친목회를 중심한 송병준씨 동아일보는 박영효씨 이름으로 각각 허가되었었다"고 설명하였다. 이것도 허가 명의는 잘못 서술된 것이다. 창간 허가를 받기는 〈동아일보〉는 이상협, 〈조선일보〉는 예종석 명의였다(《매일신보》, 1920. 1. 8, 2면). 여기서 〈조선일보〉는 창간의 주체인 대정친목회가 친일단체였다는 사실은 전혀 언급하지 않고 있다.

창간 직후의 논조에 대해서는 "내용에 있어서는 강우규의사의 사형사건, 의열단사건, 총독부 투탄사건 등등 중대 항일사건이 연발된 관계로 상당히 논평이나 보도가 활발"하였다며 이에 따라 "창간되던 해 8월 27일부터 9월 2일까지 1주간, 동년 9월 5일부터 12월 24일까지 110일간의 정간을 당하였었"다고 내세웠다. 특히 "두번째의

장기 정간은 '우열한 총독부 당국자는 하고로 우리 일보를 정간식혓나뇨'라는 사설이 말썽되었던 것을 생각해 보아도 그 시의 지면내용을 촌도忖度[25]할 수 있다 할 것이다"라고 주장하였다. 이 기사는 그 이후에는 경영진의 변화와 이에 따른 사내 인사와 편집의 변화를 중심으로 서술하였다.

6면에서는 '조선일보와 나'라는 제목으로 소설가와 화가, 음악가들의 회고를 통해 조선일보의 문화적 기여를 내세웠다. 7면도 특집 기사로 전면을 할애하였는데, 머리기사로 '불사신의 기백/겨레의 대변사명 실천'이라는 제목으로 일제 강점기의 역사를 미화하는 작업에 나섰다. 서두에서 "연달은 삭제에 압수에 정간에 왜정 당국의 끊임없는 박해와 탄압을 받으면서도 본보는 4253년 3월 5일 창간 이래 불사신의 기백을 가지고 20년간 민간지로서 우리 겨레의 대변자적 사명 실천에 일로매진하여 왔었다. 때로는 사개월여의 정간을 당하여 정신적으로 재정적으로 위기에 봉착한 일도 여러 차례 있었으나 동인들은 오직 이것을 살리고 보아야한다는 불요불굴의 신념하에 심혈을 경주하여 당국의 탄압과 그에 부수되어 발생하는 만난을 배제하여왔던 것"이라고 주장하였다.

이어 7면에는 소설가 박종화의 축시가 실렸다. '축 지령1만'이라는 제목의 이 시에서 박종화는 〈조선일보〉를 다음과 같이 칭송하였다.

> 기미년 만세소리 「임」이어 나오시다
> 불호령 첫소리를 상설霜雪속에 외치시니

25 '미루어 짐작'이라는 뜻이다.

잃었던 「조선의 얼」을 이때 다시 보았네.

씩씩한 정론正論으로 조찰[26]한 대의로써
이겨레 삼천만을 새벽마다 깨우쳤네
비바람 눈보라도 쉬일 줄이 없어라.

마침내 왜제倭帝의 칼 민족혼을 순지를 제[27]
비루[28]에 오른 것이 이땅의 「조선일보」
동인同人들 흩어지며 망국한을 울으니라.

(후략)

문인 노산 이은상의 '만자부萬字賦'라는 제목의 축하 글도 같은 7면에 게재되었다. 이은상은 〈조선일보〉의 지령 1만 호를 맞아 "그야말로 만감을 금禁키 어렵다"면서 '만'자의 다양한 의미를 중심으로 논하면서 〈조선일보〉에 축하를 보냈다.

1만 호를 기념하는 또다른 기획으로 3월 23일부터 4월 12일까지 13회에 걸쳐 언론학자 최준이 '우리 신문의 발자취'를 연재하였다. 3월 23일자에서는 근대 신문이 탄생하는 개화기의 신문 역사를 정리하였다. 4월 7일자 4면에 실린 이 기획의 10회분은 1920년 민간지의 등장을 논하면서 제목을 '3지 등장은 항쟁의 대가/발간 초부터 압수, 정간이 빈번'이라고 달아서 일제로부터 탄압받은 사실을 부각시켰다. 본문

26 잘잘못을 가려 상세히 살핀다는 말이다.
27 불필요한 순을 골라서 따 낸다는 뜻이다.
28 나는 것처럼 높이 세운 누각을 말한다.

에서는 1920년 세 민간지의 창간 허용을 언급하며 "여기에서도 총독부 당국의 교묘한 노력균형정책을 엿볼수 있다. 민족주의적인 배경을 가진 〈동아일보〉에 대하여 조일동화주의 단체인 대정친목회가 그 모체인 〈조선일보〉 그리고 신일본주의를 표방하는 국민협회를 배경으로 한 〈시사신문〉 등으로 2대 1의 비율로 친일계 신문의 우세를 확보하였다"라고 설명하였다. 〈조선일보〉의 창간이 친일 진영에 의한 것이었음을 사실대로 서술하였다.

최준의 이 글은 이어서 〈동아일보〉와 〈조선일보〉가 창간 초기 압수와 정간 등 탄압받은 사례를 4월 8일의 11회분까지 나열하였다. 4월 9일의 제12회에서는 1930년대의 민간지에 대해 "만주사변이란 일제의 지나대륙 침략을 계기한 언론탄압 정책은 우리 민간 3대지의 논조에 일대 변화를 가져왔다"고 간략하게 언급하는 데 그쳤다. 이 날짜에서는 이어서 그간의 서술을 정리하며 '신문사는 곧 민족투쟁사'라는 소제목으로 일제 강점기 언론의 역사에서 1920년대를 '정면투쟁 시대' 1930년대 후반은 보도주의 시대로 나눌 수 있다고 주장하였다. 4월 12일의 마지막 연재에서는 '피끓는 항일투쟁의 기록'이라는 제목으로 1940년의 폐간 조치를 언급하며 그간의 탄압 사례를 정리하였다. 최준의 이 연재는 학계의 인사가 민간지 지면에 등장하여 민족지 신화를 설파하는 최초의 사례라고 볼 수 있다.

1955년의 〈조선일보〉 지면에서는 전술한 대로 '민족지'라는 용어가 등장하였다. 그해 3월 18일자 사설은 당시 오식 사건으로 〈동아일보〉가 정간당한 사례를 비판하며 "삼십유오년간 항일 반공의 민족지로서 꾸준히 싸워 온 역사있는 동아일보"에 대한 조치는 더욱 유감이라고 비판하였다. 자신을 대상으로 한 것은 아니었지만 이 용어를 사용하기 시작한 것이다. 비슷한 때에 두 신문이 민족지라는 용어를 사용하기 시작한 것은 그해 3월 10일에 발행된 성준덕의 《한국신문사》와 무관하지 않을 것이다. 후술될 이 책에서 성준덕은 '민족지'라는 용어를 직접 사용하지는 않았지만 〈동아일보〉와 〈조선일보〉를 각기 '항일투쟁지,' '항일선봉지'라고 규정하였다. 이러한 외부의 평가가 두 신문에도 용기를 주었던 것으로 볼 수 있다.

3) 1960년 창간 40주년 기념 특집 발행

1955년의 지령 1만 호 기념 특집 이후 〈조선일보〉는 창간 기념일에도 관련 사설 없이 넘어갔으나 1960년 창간 40주년을 맞으면서 본격적으로 창간 기념 특집을 발행하는 데 나섰다. 1면을 '윤전기는 돌고돌아 본보 창간 40춘40추'라는 통단 제목으로 장식하고는 바로 그 아래 윤전기의 대형 사진을 게재하였다. 이어진 기사를 통해 신문 인쇄 기술의 발전 과정을 언급하며 자신을 "사십년간을 민족지로서 전세계에 이름을 떨친 조선일보는 이제 반세기의 무거운 호흡을 내쉬며 민족의 갈채 앞에 더욱 힘찬 발길을 내딛는 것이다"라고 서술하였다. 〈조선일보〉가 민족지라는 용어를 본격 사용하기 시작하였음을 알 수 있다.

이날 창간 특집은 전체 8면 중 8면을 제외한 모든 면에 특집 관련 기사들이 게재되었다. 1면의 기념 사설은 '창간40주년을 맞이하면서'라는 제목으로 자신들의 역사를 돌아보았다. 자신들의 창간에 대해 "3·1의 거화가 미족의 전로에 한줄기 광명을 던져 주었으며 정치 문화 산업 등 모든 면에 새로운 희망을 가지게 되었던 때인만치 우리 신문에 대한 사회의 기대와 성원도 컸으며 신문을 경영하고 제작하는 사람들의 자부심과 의욕도 이만저만한 것이 아니었다. 그러나 외外로는 총독정치의 탄압이 심했고 내內로는 경영이 곤란하게 되어 창간한지 얼

朝鮮日報

UNESCO KOREAN SURVEY

유네스코韓國總攬(英文版)

사진 6 〈조선일보〉 창간 40주년 기념 특집호 1면(1960. 3. 5)

마 아니해서 벌써 곤경에 부닥쳤었다. 경영자가 갈리고 제작자가 바뀌는 등의 파란곡절은 그칠 사이가 없었다"고 의미를 부여하면서도 지속적인 경영난을 언급하였다. 〈동아일보〉와 다르게 〈조선일보〉는 이 초창기의 경영난을 이후에도 지속적으로 내세웠다. 여러모로 어려운 고난의 시대를 극복해 왔다는 점을 강조하기 위해 일제의 탄압 외에도 경영의 어려움을 계속 강조했던 것이다.

이어 방응모의 인수 이후 경영은 안정을 찾았지만 "신문 제작에 대한 일정 당국의 탄압은 초창기에 비하여 더욱 심해졌다. 상시 정간, 압수 등의 위험을 각오치 않으면 안되게 되었으니 이 얼마나한 고통이었을가"라며 총독부의 탄압 강화를 지적하였다. 사설은 이어서 1930년대 후반의 상황에 대해 다음과 같이 술회하였다.

더욱이 1937년 소위 지나사변이 일어난 이후로는 정치관계나 전쟁 소식 등에 통제와 간섭이 강행함으로써 민족의식을 공공연히 고취할 수도 없는 형편이어서 제작자의 고통은 이만저만한 것이 아니었다. 민족정신을 잊어버리고 일제의 선전도구가 된다면 신문 자체의 존재가치를 부인하는 결과밖에 될 것이 없는 것이지만 그렇다고 해서 일제에 정면 저항을 한다는 것은 현실이 용인치 않았던 것이다. 지면의 어느 구석에 우리의 민족정신을 나타내야 하는가가 중대한 관심사이었던 것이다. 독자들도 암암리에 우리의 의도를 알아주게 될 때 우리는 일종의 자위를 느낄때도 있었다. 신문을 살려가면서 기회를 기다려본다는 것이 사장을 위시한 전동인들의 당면목표이었지만 이것도 오래 지속될 수가 없었다.

1930년대 후반 전시 체제로 들어가면서 언론 통제도 강화되는 상황에서 '정면 저항'을 할 수 없었으며 '일제의 선전 도구'가 된다는 것은 신문의 존재 가치를 부정하는 결과로 이어진다고 한계를 인정하면서도 자신들은 그렇게까지 되지는 않았다고 강변하고 있다. 같은 날 1면에 실린 사장 방일영의 '창간40년을 맞아'라는 제목의 기념사는 목소리를 더욱 높였다.

(전략) 이땅, 이 겨레들의 수난과 시련의 역정 속 거쳐온 지나간 40년은 실로 민족성장의 사적 변천에서 가장 격심한 파란을 겪어 왔었기에 「조선일보」가 오늘로써 40주년을 맞게 되었다는 것은 민족과 더불어 울고 웃어온 40춘, 40추의 연륜이며 민중의 후설喉舌로 조조모모朝朝暮暮 북을 울려온 고난의 40년이었음에 이날을 맞는 감회 자못 무량함을 금할 길이 없는 바입니다. 생각컨대 혹독한 일제의 채찍 밑에서 맥맥히 흐르는 민족의 혈조血潮가 그칠줄 모르는 항쟁의 불길을 드높였을 때 「조선일보」는

민중의 의사를 대변하여 창시하였던 것이며 민족 수난기를 통하여 질곡이 크면 클수록 강압이 세차면 세찰수록 질풍에도 꺾이지 않는 경초勁草로 자임하였으며 암야의 등탑으로 자부하여온 것은 오로지 겨레와 더불어 감고甘苦와 우락憂樂을 함께 하는 수많은 선배 지사들의 위무威武에 굴하지 않고 부귀에 음淫하지 않으며 세한고절歲寒高節을 굳게 빛내어 일관필一管筆에 심력을 경주하여 왔던 탓이며 (후략)

자신들의 40년을 민중의 목청과 혀로서 아침저녁으로 북을 울려왔다며 자신들의 과거사를 억센 풀이자 등불 같은 존재라고 미화하였다. 또한 1면에는 이승만 대통령의 축하 휘호를 비롯하여 3부 요인의 축사를 실었다. 민의원 의장 이기붕은 "조선일보가 일제의 탄압에 시달리며 걸어온 길은 눈물겨운 바가 많다"며 축하를 보냈고 부통령 장면도 "조선일보는 명실공히 민족의 대변지로써 잔혹한 일제의 식민지 정책을 규탄하고 동포의 억울함을 펴고 한편으로는 민중계발과 민력배양을 위하여 위대한 공헌을 하였으니 이야말로 우리의 근세사상 특기할만한 사실이 아닐 수 없다"고 추켜세웠다. 대법원장 조용순도 "백절불굴의 지조를 고수하여 고갈의 운명에 놓였던 민족의 정기를 북돋"았다고 찬양하였다.

2면에는 노산 이은상의 축시 '40년송'과 김용진 화백의 축하 그림과 휘호가 실렸다. 이은상은 〈조선일보〉 40주년을 맞아 '가슴이 벅차오르고 눈물이 솟아 목맨채 피 고인 노래'라며 "나라도 없고/자유도 없고/총도 칼도 다 없던 그날/한 줄기 전통/한 조각 심장/그걸로 진을 쳤었네/깃발에 「조선일보」라 쓰고/젊은 이들을 불렀네"라며 격한 감정을 시로 읊었다. 축시의 밀미는 "어허 벌써 40년이라네/노래 한 장 부르고 말고/민족혼의 포대를 쌓네/민주노선에 길을 닦네/하늘이 무너진대도/이 깃발만 바라보게"라고 끝맺었다. 〈조선일보〉의 40년을 '민족혼과 민주'에 비유한 것이다.

3면에는 '풍풍우우風風雨雨 40년/본보의 창생–수난–발전의 역로歷路'라는 제목으로 자신들의 40년 역사를 정리하였다. 이 기사에서는 자신들의 창간을 "대정친목회를 통하여 총독정치의 문화선봉에서 친일과 동포의 회유를 꾀하기 위한 방편이었던 것만은 숨길 수 없는 사실이었다"고 하여 자신들이 친일 세력에 의한 창간이었음을 인정하였다. 하지만 바로 이어서 "기미운동에서 보여진 독립정신은 맥맥히 살아있어 조선일보를 직접 제작하고 종사하는 사원들은 음으로 양으로 항일과 독립쟁취의 필봉과 기미를 발휘하였었다"고 주장하고는 자신들이 탄압받았던 사례들을 네 번의 정간 중심으로 제시하였다.

4면과 5면에는 〈조선일보〉를 거쳐 간 언론인, 즉 김을한, 이은상, 우승규, 최은희 등 11인의 회고담을 실었다. 대부분 사적인 회고였지만 제목을 '민족 항쟁의 보루'라 붙여 신화적 의미를 부여하였다. 또한 이화여대 이헌구 교수의 문학 40년사와 연세대 조의설 교수의 외래 문화 40년을 정리한 칼럼도 함께 게재되었다.

6면에는 연예와 유행의 40년을 정리한 칼럼과 폐간 당시를 회고한 최용진 부사장의 글을 게재하였으며 7면에는 창간 당시 배달부터 시작하여 당시까지 40년 동안 보급에 종사하고 있는 엄명섭 씨의 회고를 중심으로 한 기사가 '살아있는 창간호'라는 제목으로 게재되었다. 이처럼 〈조선일보〉도 자신들의 과거사 미화에 본격적으로 나서기 시작하였다.

4) 1963년 창간 43주년 특집

이렇게 창간 기념 특집을 통해 민족지 신화 생성에 나서기 시작한 〈조선일보〉는 1961년과 1962년에는 창간 기념일을 조용히 넘어가더니 1963년부터는 더욱 적극적이 되었다. 그해 3월 5일 창간 43주년 기념으로 평소 4면 발행의 두 배인 8면의 본지에서도 창간 관련 기사가 다수 게재되었으며 따로 4면의 부록을 발행하여 창간 특집 기사만으로 채웠다.

본지 1면에는 방일영 대표의 기념사가 게재되었다. '창간43주년을 맞으며'라는 제목의 이 글에서 방일영 사장은 일제 강점기의 탄압과 해방 후의 격동 속에서도 자신들은 "본래의 사명과 불굴의 의지를 견지하여 온 것은 그간의 역사가 증명하는 바"라며 이어 "거의 반세기를 바라보는 짧지 않은 역정에서 본보가 가진 신념과 불기不羈[29]의 사시는 민족정기의 앙양과 진리의 고수라는 것이었읍니다. 일제하의 탄압에 불굴했고 해방 후의 혼란속에 언론의 정도를 굽히지 않은 것도 그 때문입니다"라고 주장하였다.

2면에서는 '본보 창간43주년에 제하여'라는 제목의 사설에서 자신들의 창간을 "우리 자신의 의사를 표명할 수 있는 신문을 가지게 되었다는 것은 커다란 광명이 아닐 수 없다"며 이어서 뒤따르는 어려움을 언급하였다. 자신들은 "황무지에서 출발해야하는만큼 그 고난 또한 컸던 것이다. 경영의 곤란과 함께 일제의 탄압이 그칠 사이없이 가해졌기 때문이다. 따라서 본보 창간 초기의 고난은 이만저만한 것이 아니었다. 경영자는 한해가 멀다할만큼 바뀌었고 정간도 4차나 당했던 것이다"라고 설파하였다. 이어서 방응모의 인수로 경영의 안정을 찾으면서 "동아일보와 함께 민족의 대표적 신문임을 내외인이 다같이 인정하게

29 잡아맬 수 없다는 뜻이다.

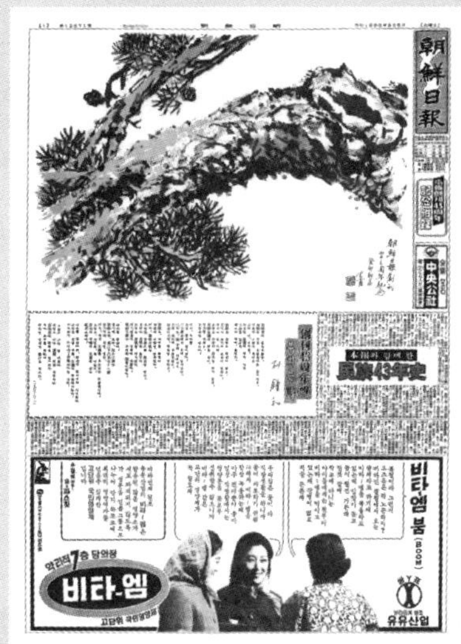

朝鮮日報

民族43年史

中央公論

비타-엠

비타-엠 붐

유유산업

사진 7 〈조선일보〉 창간 43주년 기념 특집(1963. 3. 5)의 부록 1면, 김기창 화백의 그림이 컬러로 실렸다.

되었다"고 주장하였다.

3면에서는 '독립과 자유쟁취의 역정'이라는 제목으로 자신들의 약사를 정리하였다. '창간43주년 조선일보사가 걸어온 길'이라는 제목으로 '창간과 발전상, 수난·재생'으로 나누어 자신들의 역사를 제시하며 중간의 가로 제목으로 '일제의 억압에 정면도전/정간·폐간 마다않고 꾸준한 성장/가장 오랜 역사통해 민족의 대변지로'라고 뽑아 저항의 역사를 부각시켰다. 특히 같은 1920년에 창간되었지만 한 달 정도 빨랐다는 사실에 기인하여 '가장 오랜 역사'를 내세우며 〈동아일보〉와의 차별화도 시도하였다. 같은 3면에는 '설립 취지서'와 '폐간사,' '속간사'의 원문을 게재하였으며 '사세 일람'을 통해 당시의 회사 실정을 홍보하였다.

부록 1면에는 김기창의 소나무 그림을 지면의 절반 가량 컬러로 게재하고 그 아래 일제 강점기 〈조선일보〉를 '겨레의 등불'이었다고 찬양한 박종화의 축시를 실었다. 박종화는 "악마도, 고개를 숙였다/사슬과 고랑을 늦추었다./이때, 조선일보는/우렁찬 울음으로 탄생을 했다/겨레는 광명을 보았다/비로소 공기를 마시었다./가시덤불에 딩굴며 싸웠다/조선일보는 겨레의 등불이었다"고 노래하였다. 〈조선일보〉를 겨레의 광명이자 등불이라 찬양하였다.

부록 2면에서는 '조선일보가 나오기까지'라는 제목으로 신문의 제작 과정을 그래픽과 함께 설명하였으며 본사의 취재와 보급망, 해외 취재망도 그래픽으로 설명하였다. 3면에는 열성 독자와 배달 종사자의 인터뷰와 함께 독자들의 간단한 설문을 게재하였다. 언론인 유광렬과 체육인 손기정부터 학자, 작가에서 일반 시민과 학생에 이르기까지 총 19명의 독자들에게 간단한 설문 결과를 '독자에게 묻는다'라는 제목으로 실었다. '겨레의 선봉장'이라는 제목으로 제시된 정당인 김수선 씨는 "일제의 탄압하에서도 꾸준히 끈기있게 싸워왔으며 민족의 선봉이 되어 민족혼의 혈투를 점철함에 있어서 목탁의 사명을 게을리 하지 않았다"고 응답하여 민족지 신화적 인식의 면모를 그대로 보여 준다.

5) 1964년 이후의 창간 특집

전술한 1963년 이후로는 해마다 창간 기념일에는 특집을 발행하여 자신들의 역사를 본격적으로 미화하기 시작하였다. 매번 사설을 통해 자신들의 역사를 투쟁의 역사로 내세우기에 여념이 없었다. 특히 1964년에서 창간 44주년을 맞아 기념 사설 외에도 부록을 발행하여 관련 특집 기사로 지면을 채웠다. 1964년의 부록은 1면에 김기창 화백의 축하 그림은 왼쪽 상단에 게재하고 남은 지면은 '매스콤의 내일/한국신문의 자세를 말한다'라는 제목으로 언론학자 최준과 오주환의 대담 기사로 채웠다.

부록 3면에서는 이날부터 '반세기의 증언/횃불은 흐른다'라는 제목으로 현대사의 주요 사건들을 다루는 장기 기획 연재를 시도하여 첫 번째로 3·1운동을 다루었다. 15번째인 6월 5일자 4면에서는 '마라톤 제패와 일장기 말소 사건'이라는 제목으로 일장기 말소 사건을 다루었다. 기사는 주권을 빼앗긴 통분에서 집단 의식에 눈뜨며 '우리들의 것'을 찾고자 용기를 가질 수 있었다며 이 사건은 "이러한 자연발생적인 의식이 행동으로 표시된 한가지 본보기"라며 사건의 경과를 상세하게 보도하였다. 이 기사는 〈동아일보〉가 주역이었던 일장기 말소 사건만을 다루지 않고, 당시 사회의 전반적인 경축 분위기를 전하며 〈조선일보〉가 벌인 환영과 기념 행사, 즉 환영회를 개최하여 금으로 만든 메달을 증정하였으며 체육관 건립 사업도 벌였으나 일제의 탄압으로 중지하였다는 사실도 함께 보도하였다. 같은 면에는 당시 사건의 주역 중 한 명인 이상범의 회고담을 박스 기사로 실었다. 이상범은 글을 통해 손기정의 영광은 "그대로 이 민족의 자랑"이었다며 "그러한 흥분이 최고조에 이르렀을 때 몇사람의 동료들과 더불어 분에 못이겨 일장기를 지워버렸다. 간단한 일이었다. 붓을 들고 희게 문질러 버리면 끝나는 일이었다"라고 회고하였다.

8월 23일자 4면에는 17번째로 '동아·조선 양대 민족지 탄압사건'이라는 제목으로 일제 강점기의 언론 탄압 실태를 다루며 제목에도 '민족지'라는 용어가 등장하였다. 기사의 본문에서도 민족지라는 용어가 여러 차례 사용되었다. 민족지라는 용어가 점차 확산, 정착되기 시작한 것이다. 기사는 1940년 폐간당하던 당시의 상황을 중심으로 서술하면서 가로 제목으로 '판금·삭제·압수 등 3천여회 상처입힌 끝에/40년 8월 1일에 폐간 처분/악랄한 올가미 — 항거도 역불급'이라고 부각시켜 자신들이 탄압받았던 사례들을 내세웠다. 같은 면의 왼쪽에는 〈동아일보〉와 〈조선일보〉의 부사장 겸 주필이던 고재욱과 유봉영의 회고를 통해 폐간 당시의 상황을 되돌아 보았다.

〈조선일보〉의 민족지 신화 창출 작업은 이후에도 지속되어 1965년 3월 5일의 창간 특집호는 3면에 '한국신문의 성격, 그 공과'라는 제목으로 당시 서울대 교수 이만갑의 시론을 게재하였다. 민족지 신화를 생성하는 작업에 외부 전문가를 동원하는 작업에도 본격적으로 나선 것이다. 이만갑은 이 글에서 일제 강점기 민간지의 역사를 다음과 같이 매우 긍정적으로 평가하였다.

> 일제시대에 한국인이 꾸민 신문들은 일제의 악랄한 식민주의에 반항하고 민족의 자주권을 되찾기 위해서 실력을 양성할 것을 음으로 양으로 국민에게 고취하였다. 그러므로 거기에는 민족주의에 바탕을 둔 뚜렷한 정의감과 희생을 무릅쓰고 항거하려는 기백이 넘쳐 흘렀었다. 신문사를 경영하는 사람도 애국투사요, 일선에서 취재하는 기자도 애국투사였다. 확실히 그 당시의 신문은 사립학교 그리고 종교단체와 더불어 이 나라 민족의 운명을 개척하려고 몸부림치는 가장 강한 거점이었다.

일제 강점기 신문들은 민족주의에 바탕하여 항거하였다며 언론인들을 애국 투사라고 의미 부여하고 있다. 이 해의 창간 특집도 여느 해와 마찬가지로 4면에서 톱기사로 '한국신문의 성쇠도'라는 제목으로 한국 신문의 주요 현황을 자료로 제시하였다. 이어 '불굴의 45년 전진의 역정/역풍 험로를 뚫고 정상이 눈앞에'라는 제목으로 자신들의 연혁을 탄압받은 사례 중심으로 정리하였다.

6) 1970년 창간 50주년 기념 특집

1970년 창간 50주년을 맞이해서는 총 24면을 발행하였다. 당시 신문들은 모두 하루 8면 발행하던 때라 본지 8면에 기념 특집 16면을 발행한 것이다. 본지 8면도 일부만을 제외하고는 창간 특집 기사들이 게재되어 이날의 신문은 24면 거의 대부분이 창간 특집으로 채워졌으며 특집 1면에는 컬러 인쇄까지 동원한 대대적인 특집이었다.

본지 1면 상단에 통단 박스로 처리한 '본보 창간 50주년사'에서 〈조선일보〉는 한층 더 목소리를 높여 자신들의 민족지 신화를 강화해 나갔다. '민중의 생명력을 상징한 반세기'라는 제목으로 일제 강점기 언론의 역사에 대해 "감개무량함을 아니 느낄 수 없다"며 다음과 같이 설파하였다.

> 「조선일보」사라는 한 기업체에서 만들어내는 신문이긴 하나 거기엔 이 민족의 지배 아래서 처음으로 깃발을 올린 **민족지로서의 긍지와 전통의 생명체로 약동**하고 있음을 우리는 자부하고 있기 때문이다. (중략) 더구나 「조선일보」는 빼앗긴 땅에서, 빼앗긴 민족의 얼을 되찾으려고 발족한 신문이다. 붓은 불을 뿜고 윤전기는 우렁차게 호응하여 찍어낸 50년전의 그 국사國士적 기개가 일제하 20년, 이 민족의 울분을 대변했었고 그들의 강압으로 사문社門을 닫는 날 피를 토하면서 울부짖은 민족의 파수였었다. (강조는 인용자)

여기서는 창간 당시 자신들의 성격과 한계를 조심스럽게 인정하던 몇 년 전의 모습을 찾아볼 수 없다. 자신들은 출발부터 민족지로서 전통을 지켜 민족을 대변한 파수꾼이었다고 주장하고 있는 것이다. 본지 2면과 3면에는 국내 각계의 요인들과 해외 주요 언론의 축하 메시지를 나열하였다.

이날의 창간 기념 특집은 2개의 섹션으로 나누어 발행하였다. 특집 1의 1면에는 창공을 나는 독수리의 모습을 담은 컬러 사진이 지면의 대부분을 차지하며 시인 김광섭의 축시도 함께 실렸다. 특집 2면과 3면에는 '자각의 기치들고 불굴의 전진 50년'이라는 제목으로 자사의 연혁을 시대별로 정리하였다. 이 기사에서도 '민족지로 출발 — 압수 수난 4호부터'라고 제목을 뽑아 자신들이 출발부터 '민족지'였다고 강변하였다. 특집 4면과 5면에는 일제 강점기에 압수당했던 논설과 기사의 일부를 압수 기사의 목록과 함께 수록하였다. '여기 「피흘린 항일」 「상처의 실증」이 있다'라고 양단에 걸친 제목을 붙여 투쟁의 역사로 자리매김하였다. 기사의 도입부에서는 이 "압수 기사들은 바로 민족의 입 구실을 한 조선일보 전통의 정수"라면서 이 기사들은 "민족지인 조선일보의 투쟁사"라고 주장하였다.

특집 1의 7면에는 자사 출신의 원로 언론인 4명의 좌담 기사를 거의 전면에 걸쳐 게재하였다. '압수돼도 쓰고 또 쓴 그때 그 열정'이라는 제목으로 일제 강점기의 경험담을 회고하면서 대부분 탄압받은 사례와 자사의 치적 중심의 내용이었다. 특집 2의 1면도 백두산 천지의 모습을 '"빛"은 바로 여기서 시작됐다'라는 제목과 함께 컬러로 인쇄하였으며 통일을 기원하는 이은상의 시도 게재하였다.

특집 2의 2면에는 당시 서울대 교수 고병익이 〈조선일보〉 50년을 조명하는 논문을 게재하였다. 고병익은 1958년부터 1961년까지 4년간 〈조선일보〉의 논설위원으로 근무한 경력이 있다(조선일보사, 1983: 171). '민족·문화운동에의 기여'라는 가로 제목 아래 '억압이겨낸 불굴의 표징/의연한 정론이 민주 수호'라고 제목을 붙여 저항의 측면을 부각시켰다.

고병익은 이 글에서 〈조선일보〉 창간은 "민족주의적인 경향이 훨씬 더 농후하던 발행자에게 허가된 동아일보와, 또 한편으로 노골적으로 친일 태도를 내보이던 시사신문과의 사이에 위치하는 신문으로 발족된 셈"이었다고 규정하였다. 그럼에도 "기자들의 기개는 오히려 드높았고, 경영진의 의사와는 관계없이 민족의 감정과 여론을 대변하고 기사에도 자연 격렬한 논조가 섞기게 되어, 마침내 창간 반년이 못가서 1920년 8월 정간이라는 가혹한 탄압을 받았다. 이것은 민간 신문들이 새로 생긴 이후 최초의 탄압이었으며, 이런 치명적인 타격에도 불구하고 1주간의 정간 후 속간하는 일자에 다시 '우열한 총독당국은 하고로 우리 일보를 정간시켰나뇨'라는 통렬한 항의 논설을 실어서 또다시 무기정간을 맞고 말았다"고 하여 창간 초기의 탄압상을 조명하였다. 고병익은 방응모의 인수 이후에 대해서도 "착실한 재정적 기반 위에다가 민족의 신문으로서의 역할을 힘차게 밀고 나갔다"고 하여 1930년대 중후반 민간지들의 친일상도 왜곡시키고 말았다. 고병익은 이어서 조선일보사가 벌인 문자 보급 운동과 여러 문화 사업 이벤트들을 거론하며 민족 문화에 커다란 기여를 하였다고 평가하였다.

특집 2의 7면에는 창간 50주년 기념으로 독자 50인의 목소리를 담았다. 50년간 구독하였다는 한글학자 최현배는 "조선일보가 우리 민족을 대변해 주는 점이 마음에 들었다"고 평하였으며 연세대 명예총장이던 백낙준도 43년간 보았다며 '민족지를 대표하는 신문'이라서 마음이 끌려 보게 되었다고 진술하였다. 함석헌도 40년을 구독하였다면서 "이 민족의 자유를 위한 투쟁에서 탄생됐고 자라온 조선일보"라고 평하며 최근의 〈조선일보〉는 "권력 앞에 무력해져 민중을 용감히 대변치 못한 아쉬움이 듭니다. 본래의 정신을 살려 민중의 자유를 짓밟는 악의 세력과 힘있게 싸워주기 바랍니다"라고 당부하였다.

7) 1970년대와 창간 60주년 기념 특집

1971년 이후로는 〈조선일보〉도 창간 기념일인 3월 5일에는 평소 8면보다 더 많은 12면을 발행하여 창간을 자축하였다. 당시 조간이던 〈조선일보〉는 기념일이 휴간일인 월요일이면 그 전날 기념 특집을 발행하였다. 1971년 3월 5일의 〈조선일보〉 3면에는 '한국 언론 진단'이라는 기획으로 당시 서울대 신문대학원장 김규환과 서울대 신문대학원의 정수경 연구원의 논문을 실었다. '우리의 사회적 발전과 신문'이라는 제목의 글을 통해 김규환은 일제 강점기의 두 민간지에 대해 다음과 같이 평가하였다.

> (전략) 1920년에 창간된 조선일보와 동아일보는 기본적으로는 초기 근대신문의 성격을 계승, 발전시켜 가면서 직접적 또는 간접적 방법으로 국권회복을 추구하는 민족의 대표 내지는 대변기관으로서 역경 속에서 고투하였던 것이다.
>
> 일제하의 이 **두개의 민족지가 일제에 대한 저항지, 독립운동의 중심체**였음은 이미 널리 알려진 사실이나 극단으로 표현의 자유가 제한된 정세 밑에 있어서 이 두개의 신문이 수행한 구체적이고 실질적인 역할은 민중교육 및 문화활동을 통한 대중의 윤리적, 지적 빌진의 향상과 국민석 자각심의 고취였던 것이다. 그리고 이것은 바로 근대화운동과 상통하는

것이라고 말할 수 있다. (후략) (강조는 인용자)

식민지 시기 민간지의 한계를 완화된 표현으로 지적하면서도 기본적으로 이 신문들이 민족지로서 독립운동의 중심체였음은 널리 알려진 사실이라 규정하고 있다. 그만큼 이 시대에는 민족지 신화의 기반이 확산되었음을 보여 준다.

1975년의 창간 55주년 기념호는 16면을 발행하여 1면에 '조선일보의 길/바람이 아니라 따스한 빛의 신문이고자'라는 제목의 기념 사설을 1면 상단에 통단으로 게재하였다. 사설의 주요 내용은 1930년대 방응모가 인수한 이후 정립한 사시를 다시 한번 천명하는 내용이었다. 사설은 사시를 되새기는 이유를 "우리는 겸허한 마음으로 우리 자신을 가다듬기 위하여 또한 조선일보를 지탱하고 있는 독자여러분에게 우리의 자세를 또한번 분명히 하기 위하여 조선일보의 사시를 설명코자 하는 바"라고 밝혔다. 이처럼 당시로서 이례적으로 완화된 논조의 사설을 게재한 것은 당시의 언론 상황과 무관하지 않았을 것이다. 당시는 박정희 정권의 독재 정치하에서 실종된 언론을 되살리려는 기자들의 언론자유수호운동과 정권의 광고 탄압에 독자들의 〈동아일보〉 격려 광고 운동이 진행되고 있던 때였다. 이러한 때에 예년처럼 자신들의 과거사를 미화하는 내용을 입버릇처럼 되풀이하기에는 스스로도 부적절하다고 보았을 것이다.

하지만 사설 외의 다른 특집 기사에서는 예의 민족지 신화를 되풀이하였다. 10면에는 '나는 왜 한평생 조선일보를 택했나'라는 기획으로 문인 박종화와 이은상의 회고담을 게재하였고, 11면에는 '조선일보 수난사'를 정리하여 일제 강점기 탄압받은 사례들을 다시금 부각시켰다. 12면과 13면에는 각계각층의 인사들 55명으로부터 '내가 기자라면'이라는 주제의 앙케트를 실시해 신문에 대한 독자들의 다양한 기대를 제시하였다. 13면에는 1932년 입사하여 사회부 차장을 지낸 이종모와 1938년 입사하여 당시 논설위원이던 송지영의 대담을 엮었다. 내용은 기자 생활에서 빚어졌던 다양한 뒷얘기와 에피소드 중심이었지만 좌담의 제목은 '지사기자를 말한다'라고 뽑았으며 이종모가 "총독부 경무국 도서과의 검열을 받아 삭제 압수당하면서도 쓸것은 다썼지"라고 했던 발언을 토대로 '압수당하면서도 쓸것은 다썼다'라고 제목을 달았다.

이후 1970년대 후반에도 〈조선일보〉는 해마다 창간 기념일이면 부록 형태의 특집을 따로 만들어 12면을 발행하며 창간을 기념하면서 자신들의 역사를 미화하는 작업을 지속하였다. 특히 이 시기에는 창간 기념 여론 조사를 실시하여 신문이나 혹은 사회 문제에 대한 조사 결과를 토대로 특집 지면을 구성하였다.

1979년 3월 4일 발행된 창간 59주년 기념일의 사설에서는 과거와는 조금 달라진 태도를 보여 주었다. 서두에서 창간 이래 자신들을 성원해 준 국민들에게 감사를 표명한 뒤 "우리가 이 기회에 표명코자 하는 것은 분수를 저버린 자기예찬이나 과공의 겸손이 아니며 본보가 전통적으로 지녀온 사시에 의하여 어떤 신문을 만들고 있는가 하는 신념의 재천명이다"라고 밝히고는 자신들의 사시를 그동안 최대한 지키려 노력해 왔다고 주장하였다. 이어서 사설의 후반부에서는 "때로 분명한 악의의 비방과 독기 있는 중상에 접하고도 거역반응을 일으키기 보다는 자성과 분발의 촉진제로 전화하는 지혜와 용기를 잊지 않은 것이다. 그것은 우리가 민족의 대도에서 사심없이 대국적인 안목으로 신념을 굽히지 않고 양심과 양식으로 일관하는 한, 끝내 악의도 선의로, 거역도 호응으로 돌릴 수 있을 것을 확신하였기 때문"이라며 "우리는 더욱 분발할 생각이다. 계속 준엄하면서도 따스한 눈으로 지켜주기 바란다"고 끝맺었다.

3면에 실린 서울대 교수 박유봉의 시론도 이와 비슷한 논조를 보여 준다. '민족과 민족사와 민족지'라는 주제목과 '끊임없는 자기 성찰로 현실 극복의 새도약을'이라는 부제목을 달은 이 글에서 박유봉은 "조선일보가 걸어온 족적을 살펴볼 때, 오늘의 경사에 걸맞는 휘황찬란한 영광만을 같이 해온 것은 아니라는 것을 알 수 있다. 그야말로 숱한 영욕이 간단없이 교차했으며, 많은 우여곡절과 마찰, 그리고 갈등을 쉼없이 겪으면서, 한편으로 가슴아픈 자기 굴절을 경험해 오기도 하였다"라고 평가하였다.

근원적인 변화까지는 아니더라도 과거처럼 일방적으로 자신들의 역사를 민족지라고 신화화하는 모습과는 다소 다른 논조임을 알 수 있다. 과거에 자신들이 해오던 '분수를 저버린 자기 예찬'을 반복하지는 않겠다는 입장을 표명한 것이다.

이러한 변화는 1975년의 경우처럼 당시의 언론 상황과 밀접한 관련이 있을 것으로 보인다. 당시 언론들이 박정희 독재 정권에 대한 감시와 비판을 전혀 하지 못하는 상황에 대한 독자들의 불만과 비판이 고조되는 가운데 1970년대 중반 기자들의 언론자유수호운동이 좌절되고 대량의 기자 해직 사태를 맞는 등의 변화가 직간접의 요인이 되었을 것이다. 또한 후술하겠지만 1978년 최민지[30]의 《일제하 민족언론사론》이 발간되면서 민간지들의 일제 말기 친일상이 폭로되었다는 사실

30 이 책의 저자는 최민지와 김민주의 공저로 표기되어 있다. 서문에 따르면 김민주는 최민지의 어린 딸로서 이 책의 집필 중 사고로 사망하였다고 한다. 딸의 죽음을 추모하고 기리기 위해 공저로 등록한 것이다. 여기서는 편의상 최민지의 저작으로 표기한다.

도 논조 변화의 중요한 요인이 되었을 것이다.

1980년 3월 5일, 창간 60주년을 맞은 〈조선일보〉는 다시 대대적인 특집을 기획하여 24면을 발행하였다. 이날의 특집도 자신들의 과거 역사를 정리하거나 회고하며 탄압받았고 이에 저항했다는 틀은 별다른 변화 없었다. 그러나 1면 상단에 통단으로 게재한 '겸허한 마음으로 돌이켜보고 다짐한다'는 제목의 기념 사설은 그 전해에 이어 다소 변화된 논조를 보여 주었다. 서두에서 식민 지배와 해방 후의 격동을 거치면서 "전통적인 민족지가 올바른 자세로 올바른 보도와 올바른 주장을 펴나가는 일이란 결코 용이한 일이 아니었"다며 이어서 "저력을 지닌 본보는 신념과 사명감과 긍지로써 꾸준히 노력한 보람 있어 오늘날 제일 역사가 길고 가장 독자가 많은 일간지로서 발전하였읍니다"라고 주장하였다. 나아가서 사설은 "찬찬히 지나온 60년의 역사를 더듬으며 새삼스러운 감회에 잠기는 것은 연속적인 어려운 상황에서 최선을 다하려고 피눈물나는 노력을 계속하여 왔다고 믿어지면서 십전十全하지는 못하였다는 아쉬움과 두려움"이라며 자신들의 한계를 인정하는 태도를 보여 주었다. 하지만 바로 뒤이어 "일보의 전진이 있었는가 하면 반보의 후퇴가 있었고 반보의 후퇴가 있었는가 하면 일보의 전진이 있었읍니다. 그렇게 일진일퇴하는 가운데 60년의 연륜은 상처투성이기는 하나 조선일보는 그 나름의 품격을 지닌 신문으로 성장하였읍니다"라고 주장하여 어려운 가운데서도 자신들은 최선을 다하였음을 강변하고 있다. 사설의 말미에서는 현실에 바탕을 두고 정확한 보도와 중용을 잃지 않는 주장을 통해 이상을 향해 조금씩 접근해 나가겠다는 결의를 밝히며 이 결의는 "조선일보는 역사가 있고 전통을 지닌 민족지이기 때문"이라고 주장하였다.

그러나 사설의 달라진 논조에도 불구하고 특집의 기사들은 변화의 모습을 찾아보기 어렵다. 4면과 5면에 걸쳐 '민족과 더불어 60년 역사밝힌 정론의 기수'라는 제목으로 자신들의 역사를 10년 단위로 정리한 기사에서는 과거의 논조를 그대로 반복하였다. 1930년대에 관한 서술을 보면 방응모가 인수하여 경영의 안정을 찾으면서 농촌 계몽 운동을 벌이고 잡지와 출판 등 사업 다각화한 사실을 거론하며 이 시대를 "한마디로 방응모 이후의 조선일보는 만주사변으로 거듭 악랄해져가는 일본의 탄압속에서 보다 본격적인 시설과 기구를 갖추고 민족의식의 고취, 민족문화의 구현 등 보다 장기적이고 근본적인 민중교육에 초첨을 맞춘 것으로 정리할 수 있다"고 매듭지었다. 6면과 7면에 게재한 '나의 조선일보 시절'이라는 제목의 회고담도 〈조선일보〉를 거쳐 간 주요 인사들의 재직 시절을 회상하는 내용인데, 제목으로 '구속될 줄 알면서도 쓰고 또 쓰고…'라고 뽑아서 탄압과 저항에 초점을 맞추는 신화적 인식의 자기 예찬을 되풀이하였다.

4장 민족지 신화의 확산과 정착

1. 일제 강점기 민간지 역사에 대한 언론학계의 논의

신화의 탄생은 당사자들의 주장만으로는 불가능하다. 〈동아일보〉와 〈조선일보〉가 자사의 지면이나 관계자들의 회고를 통하여 일제의 가혹한 탄압에 저항하며 민족의 이익을 위해 싸웠다고 외치는 것만으로 신화가 성립되지는 않는다. 외부의 지원과 동조가 필수적이다. 그중에서도 가장 큰 역할을 하는 것이 바로 관련 학계다. 언론학계의 각종 학술 활동을 통해 일제 강점기 민간지의 역사가 직접, 간접으로 다루어지면서 그 성격과 의의에 대한 평가가 대폭 객관화되는 모양새를 갖추며 신화의 확산과 정착에 결정적 기여를 하게 되는 것이다. 민간지 신화에 대한 언론학계의 논의는 크게 두 가지 차원, 즉 일제 강점기 언론 역사에 대한 평가와 주요 인물에 대한 평가로 나누어서 살펴보자.

1) 성준덕 편《한국신문사》

1955년에 신문학회[31] 명의로 발행된 성준덕 편의《한국신문사》가 그 선도 역할을 하였다. 근대 신문의 초창기부터 해방 이후의 실태까지 다루어 315쪽에 이르는 이 책은 한국 신문의 역사를 정리한 단행본으로는 최초라 평가할 수 있다. 편자인 성준덕은 1909년 서울 출생으로 와세다대학교 법대를 졸업하고(한국근현대 인물자료) 1930년대 후반에는 〈조선중앙일보〉 지국에서 기자 생활을 하였다. 1936년 8월 22일 〈조선중앙일보〉(1936. 8. 23, 7면 사고)의 경남京南[32] 지국장이 되었으며 1937년에는 경남기자단의 위원장이 되었다(〈동아일보〉, 1937. 7. 3, 4면). 광복 후에는 〈산업신문〉 편집국장으로 출발하여(〈동아일보〉, 1945. 12. 19, 1면) 〈대한독립신문〉 편집국장(〈동아일보〉, 1946. 11. 21, 1면)과 〈서울신보〉 편집국장(〈동아일보〉, 1947. 9. 16, 1면)을 거쳐 시사통신사 사장을 역임한 인물이다(〈동아일보〉, 1953. 3. 25, 2면).

책에는 저자에 대한 소개가 따로 없어 발간 시점의 소속이나 직위를 알 수는 없지만 책의 맨 앞에 외국의 독자들을 위해 자유롭게 번역 출판해도 좋다는 영문의 글에는 Society of Journalists의 Chairman

31 이는 1959년 창립된 한국신문학회(1985년 한국언론학회라 개칭. 한국언론학회, 2009)와는 다른 단체인 것으로 보이는데, 그 성격에 대해 확인이 불가능하다. 이 책의 맨 첫머리에는 '신문학회 발족에 제하여'라는 제목으로 학회 출범의 배경과 취지를 밝혔다. 맨 끝머리에 "신문학회는 항상 천하의 붓이 되기를 한 신조로 먼저 통일 한국에로 심혼을 퍼부으며 신문연구와 양서 간행으로써 민지계발에 주력하고저 한다"고 취지를 표명하였다. 신문학회는 성준덕의《한국신문사》외에 이승만 대통령의 전기《자유의 영도자》를 역시 성준덕 편으로 1955년 7월에 발간하였다(〈조선일보〉, 1955. 7. 17, 3면).

32 이는 경상남도가 아니라 경성의 남부를 말한다.

이라고 소개되어 있다. 이 단체는 1950년 12월 7일 창립된 한국신문기자협회로 보인다. 이 협회는 1964년 출범한 현재의 한국기자협회와는 다른 단체로서 6·25 전쟁 후 분산되었던 기자들의 조직을 다시 재건하기 위한 목적으로 출범하였다. 오종식이 첫 회장으로 선출되었으며 1953년 4월에 개최된 전국 대회를 계기로 위원장제로 바뀌었다. 이 단체에 성준덕은 처음부터 참여한 것으로 기록되어 있다(한국기자협회, 1994: 155). 그렇다면 성준덕은 바로 이 한국신문기자협회의 위원장으로 재직 중이었다는 말이 된다.

성준덕은 서문을 통해 이 책의 성격과 집필 의도를 밝혔다. 서문이 좀 길기는 하지만 한국 언론의 역사를 정리한 첫 문헌이라는 큰 의미를 지니기에 전문을 살펴보자.

> 지구 위에는 나라도 많고 신문도 많고 영웅과 열사도 많다 한다.
>
> 그러나 조국을 위하여 생명까지 바치기에는 아마도 우리나라 민족 외에는 둘도 없을게다.
>
> 이조 말엽의 부패한 국가적 실정 속에서 일본의 침략주의에 희생되어 반만년 역사 상에 전례없는 가혹한 압박과 유린을 당하면서 잃어버린 국권을 찾기에 원한에 사모친 많은 피와 목숨을 바처가며 싸우는 충성은 그 얼마나 위대하랴!
>
> 황야에 쓰러진 선열의 목숨과 사해에 뿌린 형제의 고귀한 피가 어느 나라 민족사가 이에 또 더하랴!
>
> 5천년 한등걸에 뻗어난 3천만 덩어리의 얼과 넋은 뭉치고 뭉처서 적수공권으로 저 무지한 일제에 반항하며 나아가 세계 식민지 정책에 반기를 들고 국치國恥민욕民辱을 회천回天하고저 세계의 양심을 놀래게 한 기미 독립운동이야말로 세계사에 찬연히 빛나고도 남음이 있다.

도라보건대 적치敵治 40년의 국난이란 우리나라 역사가 있은 뒤 가장 큰 더러운 고비였고 쓰라린 마디였다.

이렇든 거창하고도 위대한 한국 민족의 애국혈투사를 엮어가는 순간 편자 자신도 남모르게 펜이 떨리며 흥분한 때도 한두번이 아니었고 눈시울이 뜨거워서 펜을 멈춘 때도 그 몇 번이였든가 한다.

분주한 신문기자 생활에서 근 30여년이나 틈틈이 모아 두었든 모-든 자료란 6·25동란으로 대부분 소실이 되었으며 이에 대한 사료를 가졌든 동지들도 공산도배들에게 학살과 납치를 당하고 마렀으니 심통하기 필설로 다 할 수 없었다.

그러나 역사없는 국가가 어디 있고! 과거 없는 인생이 어디 있으냐!

이 거창하고도 위대한 신문사야말로 어떠한 형극의 길이 있드라도 선인들의 공훈 찬양과 후배들의 거울이 되여 조국 재건의 보탬이 되고저 다시 발분하여 4년이란 세월을 두고 때로는 전란으로 황폐한 조국 산촌을 더듬으며 간신히 이마만치래도 보렵捗獵[33]한 바이니 부끄럽기 짝이 없다.

다행히 사학계의 권위 육당 최남선씨를 비롯하여 한국 언론계의 원로 하몽 이상협 유광렬 고재욱 홍종인 제선배의 간독懇篤[34]한 지도와 최준씨의 애호로써 상재케 된 것을 충심으로 감사하는 바이다. (강조는 인용자)

한국 신문의 역사를 '눈시울이 뜨거워질 정도로 거창하고도 위대한 한국 민족의 애국혈투사'라고 규정하였다. 외부의 이러한 평가는 당시 해당 신문들도 조심스럽던 상황에서 자신감을 심어 주어 일제 강점기 민간지에 대한 신화적 인식의 장을 연 것으로 평가할 수 있다. 서문

33 거두어 들인다는 뜻이다.

34 정성스럽고 신실하다는 뜻이다.

은 이어서 책을 집필하는 데 여러 사람의 도움을 받았다며 여러 언론인들과 언론학자 최준[35]을 거명하였다. 초창기 한국 언론사 연구에 많은 업적을 남겼으며 민족지 신화의 생성에도 매우 커다란 역할을 했던 최준이 이 책에서 어느 정도 역할을 하였는지는 현재로서는 알 수 없다.

본문을 보면 서문에서 밝힌 대로 일제 강점기의 신문 역사를 '항일투쟁'이라는 제목으로 정리하면서 〈동아일보〉를 다룬 장의 제목을 '피로 점철된 항일투쟁지'라고 붙였다. 창간 과정을 설명하고는 네 차례 정간당했던 사례와 뒤이어 압수, 발매 금지, 삭제 등의 사례를 제시하며 "이만하면 동아지의 수난과 항일투쟁사를 알기에 넉넉할 것이다"(성준덕, 1955: 84)라고 주장하였다.

이어서 〈조선일보〉에 대해서는 '민지民智개발과 항일선봉지'라는 제목으로 경영진 및 간부진의 변화와 정간 사례를 중심으로 서술하고는 "이렇든 일증월장으로 발전하는 도중 정간 급 압수 또는 삭제 등은 헤일 수 없으면서도 민족 사상 고취에 날카로운 필봉은 꺽겨본 적이 없었다"(성준덕, 1955: 90)고 주장하였다. 이 책의 후반부는 호외를 발행하였던 대사건들을 정리하는데, 그중 하나로 일장기 말소 사건도 간략하게 사건의 개요만을 소개한다(성준덕, 1955: 121~122).

〈동아일보〉는 같은 해 2월 4일자의 '문화단신'난에 이 책의 출간 예정을 알리며 간략히 책의 개요를 소개하였다. 일제 강점기 민간지들의 역사에 대해서 "을사조약 이후 동아일보 조선일보 등 항일민족투쟁지들의 혈투사"를 정리하였다고 언급하였다. 이어서 〈경향신문〉도

35 최준이 홍익대학교 교수로 부임한 것이 1955년 4월 1일이며 이 책이 발간된 1955년 3월에는 서울중앙방송국 일본어 방송 촉탁의 신분이었다(최준 교수 정년기념논문집 간행회, 1979: 1).

같은 해 2월 6일 4면의 '문화소식' 기사에서 이 책이 '항일 민족지들의 숨가쁜 혈투사'를 낱낱이 수록하였다고 소개하며 '민족지'라는 용어를 사용하였다. 이 사례가 일제 강점기 민간지에 대해 인용의 형태이기는 하지만 '민족지'라는 개념을 적용한 첫 번째 사례로 보인다. 한편 〈조선일보〉는 책의 발간 이후인 그해 4월 7일자에서 박기준이라는 사람의 짤막한 서평 형식의 글을 소개하였다. "한국의 신문이 밟아 온 자취를 역사적 배경에서 요령있게 서술하여 재독 삼독의 흥미를 느끼게 한다"며 애독을 권하였다.

2) 김규환의 《일제의 대한언론·선전정책》

김규환의 이 책이 국내에 출판된 것은 1978년이지만 이 책의 내용은 필자가 1959년 일본 동경대에서 박사 학위를 수여받은 학위 논문을 번역한 것이다. 머리말에서도 학위 논문을 수정, 보완하였다는 언급이 없는 것으로 보아 이 책의 내용은 1959년에 작성된 것으로 보아야 할 것이다. 원문을 확인할 수 없어 용어 사용 등의 문제를 평가하기에 신중을 기할 필요는 있을 것이다.

이 책에서 김규환은 일제 강점기 민간지들이 처한 상황과 당시 사회 인식이나 비판 등도 포함하여 비교적 객관적으로 서술하고 있지만 일제에 의해 탄압받은 사실을 지적하며 '민족지 동아일보'라는 표현을 사용하고 있다(김규환, 1978: 224). 1930년까지 3회에 걸친 정간 사실을 언급하고는 "이처럼 창간 이래 10년간에 전후 3회, 일수로써 합계 280여 일에 걸친 발행정지 처분을 받는 외에 압수, 발매반포금지도 299회에 이르렀다. 이밖에 경고, 견책, 기사 삭제 등 유형 무형의 압박은 셀 수 없을 정도였다. 이러한 당국이 탄압에 의해 동아일보는 상상할 수 없는 심리적·재정적 타격을 받았다”(김규환, 1978: 228)고 주장하였다.

〈조선일보〉에 대해서는 “동아일보와 함께 유력한 민족지로써 제2기의 언론계에 등장하여 패권을 다툰” 신문이라고 규정하였다. 이어 초기의 경영난을 언급하고는 1924년 소유주가 바뀌면서 일대 혁신을 시도한 사실을 언급하면서 〈조선일보〉는 당시 사회주의적 색채를 지녀 1925년경에는 “동아일보를 압도하는 기세로 재등장하였다”고 평가하였다. 이어서 “민족주의의 동아일보와 또 하나의 민족지인 조선일보가 한국 민중의 이익을 옹호하려고 당국에 대해 항쟁”하였다고 주장하였다(김규환, 1978: 233~235).

김규환은 〈동아일보〉의 일장기 말소 사건에 대해서도 매우 긍정적으로 평가하였다. 1920년대 중반 이후부터 1930년대 중반까지 〈동아일보〉는 민중의 소리를 대변하는 것이 어렵게 되어 민족개량주의에 떨어졌다는 비난을 감수해야 했다고 지적하면서 “오랜 침체 후에 동아일보가 다시 민중의 환호와 박수를 받게 된 것은” 바로 일장기 말소 사건이었다고 평가하였다. 이어서 “이 사건에 의해 민중의 흥분은 바야흐로 끓어 올랐지만 한편 동아일보는 27일자로 당국에서 1930년 4월 1일 이래 6년 5개월 만에 발행 정지의 처분을 받게 되었다. 이 사건에 의해서 동지는 치명적인 희생을 치루었는데 동시에 민족의 저항 의식이 역시 뿌리 깊게 민중 속에 살아 있었다는 것을 보여주었다. 한국의 군사기지화를 서둘러 온 일본 지배자에게 이 사건은 바로 청천벽력의 느낌을 주었다”고 주장하였다(김규환, 1978: 290~291).

이처럼 김규환은 비교적 객관적인 시각에서 일제 강점기의 민간지 역사를 정리하였지만 민족지라는 개념을 사용하며 탄압받은 사실을 전면에 내세우는 신화적 인식을 보여 주었다.

3) 최준의《한국신문사》

민족지 신화의 생성에서 학계의 역할로는 최준의《한국신문사》가 매우 중요한 계기가 되었다. 1960년 발행된 이 책은 한국 언론의 역사를 본격적으로 정리한 책으로서 민족지라는 용어를 사용하지 않고 민간지라는 용어를 사용하며 객관적 시각에서 역사를 서술하고 있다. 하지만 초판 서문은 근대 이후 한국의 신문 역사를 다음과 같이 규정하였다(최준, 1960: 1~2).

> 근대적인 신문의 등장을 본 이후부터의 한국의 신문사는 한층 빛나는 것으로서 한 말로 표현하여 피비린내나는 투쟁의 역정이었다. 한국의 근대화운동은 신문의 등장으로 비로서 본격화되었다. 보수에 대한 혁신, 사대에 대한 자주, 이러한 대결은 신문을 발판으로 과감히 전개되었다. 이러한 때 새로 나타난 것이 군국 일본의 침략주의였다. 이것을 계기로 하여 한국의 신문계는 보수·혁신을 뛰어 넘어서, 침략주의에 용감히 도전하는 구국운동으로서 가열한 언론투쟁을 전개하였다.
>
> 이 당시의 **한국의 신문은 오로지 침략주의의 배격에 있었고, 신문기자는 모두 애국투사였다. 참으로 한국 신문의 구호는 애국과 독립 그것이었다.** 이렇듯 치열한 한국 신문계의 투쟁도 일한합병이란 군국 일본의 압도적인 군사행동에는 당할 도리가 없었다.
>
> 여기서 한국 신문계는 또다시 3전三轉하여 일본의 식민지 통치 속에서도 꾸준히 현대화에로의 돛을 달고 달음질을 치게 되었다. 신문 자체의 현대화는 말할 것도 없고, 식민지의 질곡 속에서 온갖 제약을 박차가면서, 한국의 현대화를 꾀한 신문이 업저은 찬연히 빛날 것이다.
>
> 그러므로 **한국의 신문사는 글자 그대로 민족의 투쟁사**요, 근대사로

부터 현대사를 꿰뚫은 민족 이면사이기도 하다. 또한 언론 자유를 비롯한 출판·집회 및 결사의 자유를 부르짖는 언론투쟁사였다. 실로 온갖 자유와 해방과 독립의 전취戰取기록임에 틀림이 없다. (강조는 인용자)

신문의 역사는 곧 피비린내나는 투쟁의 역사라는 화려한 수사를 구사한 서문은 한국 신문의 역사에 바치는 헌사와도 같다. 1920년대 후반과 1930년대 초반을 다룬 제16장은 '군국주의와 대결'이라는 제목으로 압수당하고 발행 정지당한 사례들과 기자들이 투옥된 사례들을 나열하였다. 제17장에서는 '민중계몽운동과 신문의 공적'이라는 제목으로 1930년대 민간지들이 전개한 문자보급운동을 정리하며 "양사의 적극적 진출로 말미암아 문맹타파와 한글 보급의 계몽운동은 급진적으로 전개되었다"(최준, 1960: 291)며 긍정적으로 평가하였다.

최준은 1930년대 이후의 민간지에 대해서는 '각지의 논조 점차 거세되어 가다'라는 제목으로 다소 비판적으로 다루었다. 1920년대에는 활발한 논조를 펼쳤지만 1930년대 들어서는 "당국의 간섭과 압력은 날로 심하여져서 민족주의적 색채는 물론 사회주의적 색채도 1931년 소위 만주사변 이후로는 꼬리를 감추지 않을 수 없게 되었다"고 지적하고는 "이는 각지가 당한 여러 차례의 정간의 쓰라린 경험과 극히 조밀한 기사 간섭으로 인한 것"(최준, 1960: 310~311)이라고 분석하였다.

언론인 출신 조용만은 〈아세아연구〉에 실린 최준의 책에 대한 서평(1960)을 통해 풍부한 자료를 바탕으로 저술된 이 책을 매우 긍정적으로 평가하였다. 이 글에서도 조용만은 "우리나라 신문은 어느 나라에서도 볼 수 없는 형극의 길을 걸어왔다. 국운이 쇠멸하여 가던 구한말의 신문의 기구한 운명, 일제 36년 동안의 민족운동으로서의 신문의 항쟁, 그리고 해방 후 오늘날에 이르기까지의 혼란 등, 우리나라 신문은 다른나라 신문에 비하여 그 역사가 짧음에 불구하고, 그 걸어온 길은 몹시 험난하였으며, 불의와 부정에 대한 항쟁으로 일관되어 왔다. 그러므로 불의부정에 대한 반항은 우리나라 신문의 뿌리깊은 전통적 정신인 것이다"라고 서술하였다(조용만, 1960: 179). 일제 강점기 민간지의 역사를 항쟁의 역사로 규정하며 이러한 저항 정신은 한국 신문의 뿌리 깊은 전통이라고 주장하고 있다.

당시 홍익대 신문학과 교수였던 최준의 이 책은 그 이후 개정을 거듭하며 오랫동안 언론사 분야의 교과서로서뿐만 아니라 일반 대중 교양서로도 널리 읽히며 한국 언론 역사의 지침서와도 같은 역할을 하였다. 전문 연구자에 의해 출판된 학술 저서에서 일제의 탄압에 맞서 싸운 민족지로 의미 부여되었다는 것은 민족지 신화의 생성 과정에서 매우 중요한 계기로 평가할 수 있다.

이후 신문들의 창간 기념호에는 관련 학계 인사들이 칼럼을 통해 민족지 신화를 강화하는 데 기여하였다. 특히 〈조선일보〉가 적극적이어서 전술한 이만갑(〈조선일보〉, 1965. 3. 5)과 고병익(〈조선일보〉, 1970. 3. 5) 외에도 김규환(〈조선일보〉, 1971. 3. 5) 등을 예로 들 수 있다. 당시 서울대 신문대학원장이던 김규환은 창간 기념호 3면의 '한국언론 진단' 특집에서 '우리의 사회적 발전과 신문'이라는 제목의 시론을 게재하였다. 한국 언론의 역사를 정리하며 "일제하의 이 두개의 민족지가 일제에 대한 저항지, 독립운동의 중심체였음은 이미 널리 알려진 사실"이라며 신화적 인식을 재확인하였다.

4) 정진석의 《일제하 한국언론투쟁사》

1975년 언론학자 정진석은 《일제하 한국언론투쟁사》라는 책을 발행하였다. 이 책은 당시 확산되어 가던 민족지 신화를 강화하는 데 중요한 역할을 하였다. 서문에서 저자는 일제 강점기 언론의 역사와 책의 집필 의도를 다음과 같이 주장하였다(정진석, 1975: 3).

> 어느 시대나 **언론이 얼마나 가열한 탄압을 받았던가 하는 것은, 언론이 탄압을 가하는 측에 대하여 얼마나 극력하게 투쟁했던가 하는 반증이 된다.**
>
> 저항을 포기하고, 권력의 시녀로 전락한 언론에 대해서는 탄압을 가할 필요가 없기 때문이다. 따라서 이민족의 지배하에서 우리의 민족지가 겪은 수난의 상처가 크고 많았다는 것은 오늘의 관점에서 보자면 장하고도 자랑스러운 일이 아닐 수 없다.
>
> 그런 의미에서, 구한말에서 시작하여 일제시日帝時, 그리고 해방 후 오늘에 이르기까지 **민족적 수난과 격동기에도 항일·민주 투쟁의 전통을 확립해 온 한국 언론의 진수는 일차적으로 탄압과 저항의 관점에서 파악하지 않으면 안 될 것이다.**
>
> 저자는 오늘의 어려운 언론현실을 몸소 겪는 언론인의 한 사람으로서 선배 언론인들의 발자취에서 무엇인가 교훈을 얻을 수 있기를 바랐다. 선배 언론인들이 겪었던 수난의 전모는 어떠했던가. 그리고 그들은 일제의 무자비한 탄압 속에서도 어떻게 독자-우리 민족의 울분을 대변하여 싸울 수 있었던가. 그러나 그에 대해 구체적인 사례를 가지고 다른 명쾌한 해답을 줄 만한 책이 지금까지는 없었던 것 같다. (강조는 인용자)

이와 같은 관점에서 정진석은 두 민간지가 탄압받았던 사례를 일제 강점기의 다양한 자료를 토대로 집대성하여 분석하였다. 정진석은 일제 강점기 언론의 역사를 탄압과 저항의 도식으로 체계화를 시도하였으며 이러한 관점이 민족지 신화의 토대를 형성하였다는 점에서 중요한 의미를 지닌다.

본문에서 정진석은 "일제시 민족지가 발간된 20년 동안 우리 신문과 신문인이 당한 수난의 형태"(정진석, 1975: 41)를 크게 행정 처분과 사법 처분으로 나누어 자료를 신문사별, 연도별, 통제 형태별로 체계적으로 분류하여 정리하였다. 당시 이미 〈동아일보〉와 〈조선일보〉 그리고 다른 학자들도 일제 강점기 언론을 논할 때면 으레 탄압받은 사례들을 제시하고는 했지만, 부정확하고 비체계적인 자료에 의존할 수밖에 없었다. 하지만 정진석이 총독부 측의 다양한 자료를 집대성하여 체계화하였다는 사실은 언론사 연구의 측면에서도 매우 큰 의미를 지니는 것으로, 이 자료들은 이후의 연구에 중요한 지침이 되며 즐겨 인용되었다.

하지만 이러한 학문적 의미에도 불구하고 정진석은 일제 강점기 언론에 대한 신화적 인식을 더욱 강화하여 공고화하는 역할을 하였다는 평가를 받을 수밖에 없을 것이다. 제3장은 일제 강점기 언론에 대한 사법적 탄압의 사례들을 정리하였다. 그 구체적 사례로는 〈개벽〉과 〈신천지〉·〈신생활〉 등 잡지의 사례들이 먼저 제시되고 있으며, 신문의 경우는 기사가 문제되어 명예훼손 소송에 연루된 사례들이 제시되었다.

이어서 신문들에 대한 사법 처분의 사례로는 3건이 제시된다. 먼저 1925년 9월 8일 〈조선일보〉의 사설 '조선과 노국과의 정치적 관계'가 문제되어 정간당하면서 집필자와 간부들이 구속되어 실형을 받았던 사례다. 〈동아일보〉의 경우는 1926년 2건의 사례가 제시되고 있다. 하나는 그해 3월 5일자 지면에 3·1운동 7주년을 맞아 국제농민본부가 보낸 축사를 실었다가 정간 처분과 함께 주필 송진우와 발행인 김철중이 실형을 받은 사례다. 이어 같은 해 8월 22일 '횡설수설' 코너의 기사가 문제되어 집필자 최원순과 발행인 김철중이 기소되었다. 책에서 정진석은 이 사건에 대한 판결 내용을 확인할 수 없다고 언급하였지만, 〈동아일보〉 1926년 11월 9일자 기사에 따르면 송진우는 징역 8개월, 김철중은 금고 4개월을 받았으며, 최원순은 징역 3개월을 선고받고 상소하였다가(〈동아일보〉, 1926. 12. 22) 다음 해 2월에 사면으로 풀려 나왔다(〈동아일보〉, 1927. 2. 9).

1930년대 후반의 언론에 대해서는 다음과 같이 서술하였다(정진석, 1975: 123~124).

> 36년에 들어서는 **총독부측의 민족지들에 대한 지면 요청으로 신년호 1면에다 총독의 연두사와 휘호를 싣는 지면 변화를 보였고,** 2월 11일에는 기원절 기사를 1면에 3단(동아일보 석간)으로 게재하게 되었다. (중략)
>
> 이렇게 되자 기사의 압수·삭제도 줄어들고 명예 훼손이라는 이유로 언론인을 걸어 고소하는 일도 드물어졌을 뿐 아니라, 그런 일이 있어도 그 전처럼 세밀하게 보도하지도 않게 되어 지면에 나타나는 언론 탄압도 줄어든 것처럼 보인 것이다. 그러나 그것은 **일제의 무자비한 탄압에 언론이 그전처럼 정면으로 대항하지 못했을 뿐이었지, 마음으로부터 굴복한 것은 아니었다.** (강조는 인용자)

1930년대 후반의 왜곡된 친일 언론상에 대해 매우 조심스럽게 언급하면서도 1937년부터 신년호 1면에 일왕의 사진과 동정 기사, 총독부 주요 인사들의 신년사로 채우던 모습까지는 언급하지 않았다. 그러면서도 이는 정면으로 대항하지 못했을 뿐이며, '마음으로부터 굴복한 것은 아니었다'고 애써 변호하며 합리화시켜 주고 있다.

제4장은 '언론단체의 항일투쟁'이라는 제목하에 서술한다. 하지만

실제 내용은 '항일 투쟁'과는 거리가 있어 보인다. 일제 강점기 무명회와 철필구락부 등 언론인 단체들이 언론계 현안에 대해 벌인 주요 활동을 중심으로 언론 자유의 신장을 결의하거나 신문지법의 개정을 촉구한 사례 등을 언급하였지만 이들은 선언적 의미만을 지닐 뿐 별다른 성과를 거두지는 못했던 것으로 평가되고 있다. 1924년 〈동아일보〉의 김성수와 송진우를 친일 단체의 두목 박춘금이 협박한 사건에 대해서도 이를 계기로 총독부 기관지 〈매일신보〉와 지상 논전을 벌이고 언론집회압박탄핵회를 시도한 것 등을 내세웠다. 하지만 이 탄핵회도 결의문을 채택하고 실행 사항을 결정하였지만 총독부 경찰의 탄압으로 끝나고 말았다. 이러한 내용들을 '항일투쟁'이라는 무리한 개념으로 엮으면서 민족지 신화의 강화를 도모하고 있는 것이다.

5) 정진석의 《역사와 언론인》

정진석은 2001년에 초창기 한국 언론의 역사에서 중요한 역할을 했던 인물을 평가한 《역사와 언론인》이라는 책을 발간하였다. 이 책은 김성수와 송진우에 대해서도 하나의 장으로 다루었다. 이 글을 통해 정진석은 두 사람의 〈동아일보〉와 관련된 행적을 사실 중심으로 차분하게 정리하고 있지만 서두에서 김성수와 송진우는 "우리나라 언론사에 우뚝 솟은 거봉"이라고 평가하였다. 김성수에 대해서는 그가 직접 기사를 쓴 기자는 아니었지만 "암흑의 일제 치하와 해방 이후의 혼란기를 거쳐 1950년대 중반에 이르기까지 35년간에 걸쳐 언론계의 견인차 역할을 수행하면서 언론의 후견인으로써 우리나라 언론 발전에 거대한 발자취를 남겼다"고 평가하였다. 이어서 김성수는 언론인으로서뿐만 아니라 교육, 기업, 정치 분야에서도 커다란 업적을 남겼다며 이 업적들은 "그가 한국 언론을 대표하는 〈동아일보〉를 육성하고 이끌어 온 언론인이었다는 공적 때문에 더욱 빛을 발할 수 있었다"(정진석, 2001: 223~224)고 주장하였다.

송진우에 대해서도 〈동아일보〉의 사장이나 주필직을 맡으면서 "식민지 치하의 어려운 상황에서 옥살이도 마다 않았으며, 민족 언론의 진로를 제시하면서 언론의 정도를 걸으려고 애썼다"(정진석, 2001: 224)고 평가하였다. 이 글의 말미에서 정진석은 〈동아일보〉와 김성수에 대한 학계와 시민 사회의 비판적 논의를 의식하여 "〈동아일보〉에 대해서는 긍정적인 평가와 함께 비판의 시각도 있었다"며 "비판받는 사실 자체야말로 〈동아일보〉가 우리나라 언론사의 주봉을 형성하는 큰 산맥이었기 때문"(정진석, 2001: 265)이라고 의미를 부여하였다.

2. 사사를 통한 민족지 신화의 강화

역사가 오랜 기업들은 대개 창립을 기념하며 사사社史를 발행하여 자신들의 역사를 정리하는 게 일반적이다. 〈조선일보〉와 〈동아일보〉도 마찬가지로 사사를 발행하여 자신들의 역사를 스스로 정리하였다. 이를 통해 〈동아일보〉와 〈조선일보〉는 민족지 신화의 강화를 시도하였다.

1) 〈조선일보〉

(1) 1970년 《조선일보50년사》의 발간

사사의 발행은 〈조선일보〉가 먼저였다. 1970년 창간 50주년을 맞아 〈조선일보〉는 최초로 사사를 발행하였다. 창간 기념일인 그해 3월 5일 발행한 《조선일보50년사》의 발간사에서 회장 방일영은 자신들의 역사와 50년사의 발간 의의를 다음과 같이 평가하였다(조선일보사, 1970: 1~3).

> 식민지 무단통치에 항거한 민족적 대봉기에 당황한 일제의 총독부가 통치방식을 소위 「문화정책」으로 바꾸어, 한민족의 불만을 다소라도 회유하려는 데서, 한국인에 의한 한국어 신문의 발행을 허가했다는 사실을 돌이켜볼 때 〈조선일보〉야말로 다름아닌 3·1운동의 피맺인 문화적 결정結晶이며, 이해 4월 1일에 창간된 〈동아일보〉와 함께 민족항쟁기를 수놓은 한민족의 얼이었다 해도 결코 지나친 표현은 아닐줄 자부하고 있읍니다.
>
> 우리 나라의 신문으로서는 1896년 4월 7일에 민간신문의 효시인 〈독립신문〉이 있었고, 〈대한매일신보〉, 〈황성신문〉 등 기울어져 가는 대한제국의 운명을 붙들고자 발버둥친 초창기의 역사가 있읍니다. 그러나 그마저도 1910년 망국한과 함께 가엾게 사라져 버렸고 암흑의 10년이 계속된 끝에 **〈조선〉, 〈동아〉의 두 신문이 투쟁의 쌍벽이 되어 이 민족의 울분을 대변**한 것입니다.
>
> 따라서 〈조선일보〉는 그 고고성부터가 외국의 신문들처럼 축복받는 가운데서의 민중지가 아니요, 탄압받고 감시받으며 애처로운 민족을 이끌어 나가는 수난과 희생의 터전 위에서 악착같은 생명력을 돋구어 왔던 것입니다.
>
> 그로부터 벌써 반세기가 흘렀읍니다. 백수십년의 전통을 자랑하는 구미 각국의 신문사에 비하면 아무 것도 아닐는지 모르겠읍니다만, 이민족의 통치하에서 싫게 자라나 거듭되는 정간·차압의 수난과 숱한 관헌의 박해에 견디어 내면서 민족의 애환을 점철해온 〈조선일보〉로서는 참으로 아득한 옛날 일인듯 감개무량함을 금치 못합니다. (강조는 인용자)

일제 강점기의 민간지들을 '민족항쟁기를 수놓은 한민족의 얼'이며 '투쟁의 쌍벽'으로서 '민족의 울분을 대변'하였다고 주장하는 것이다. 〈조선일보〉로서는 1955년 지령 1만 호 기념 특집에서 시작하여 1960년부터 해마다 창간 기념일이면 특집을 통해 자신들의 역사를 민족지로서 자리매김하는 작업에 자신감을 얻고는 이 사사를 통해 자신들이 민족지라는 신화적 인식을 더욱 공고히 하려는 시도로 볼 수 있다.

제1편의 총설은 한국 언론의 초창기부터 역사를 정리하였는데, 일제 강점기의 역사를 다룬 제4장은 '민족항쟁의 언론과 〈조선일보〉'라는 제목으로 저항의 역사를 강조하였다. 자신들의 창간 주체에 대해서는 그 성격을 언급하지 않고 '경제단체인 대정실업친목회'라고만 밝혔다. 이어서 1920년 8월에 당한 최초의 정간과 그에 이은 9월의 2차 정간을 언급하며 수난을 강조하였다. 1920년 8월 27일 민간지 최초의 정간 사례를 언급하며 "실로 민간지 재등장 후 최초의 강제 정간처분이요, 언론의 수난이었다"고 평가하였으며 이어진 9월 5일의 2차 정간은 "실로 꺾이지 않는 언론의 기개"(조선일보사, 1970: 30~31)라고 주장하였다. 방응모가 인수한 이후는 '조선일보의 비약'이라는 제목으로 기업적 성장과 함께 더욱 강화된 일제의 언론 통제를 언급하였다. 그러나 "이러한 가혹해가는 정세의 변화 속에서도 〈조선일보〉는 시설의 혁신과 더불어 지면의 쇄신을 거듭해가면서 여타 민간지에 앞장선 민족지의 구실을 다하였던 것"이라고 주장하였다(조선일보사, 1970: 53).

'지면을 통해본 반세기'라는 제3편에서는 제2장을 '민족지로서의 항쟁기'라는 제목하에 1924년부터 1930년대 초반까지의 역사를 정간과 압수당한 사례를 중심으로 정리하였다. 이 부분에서는 문자보급운동을 강조하였다. 전술한 대로 학계의 인사들이 이 점을 강조한 사례는 이전부터 있었지만 1929년 하계 방학부터 시작한 문자보급운동을 설명하며 "후일 민력양성운동의 대세를 주름잡던 농촌계몽운동을 불지른 역사적 거사로서 문맹퇴치와 일제의 한국 문화말살정책에 대한 저항에서 계획된 것"(조선일보사, 1970: 350)이라고 커다란 의미를 부여하였다.

1930년대 후반의 언론 상황에 대해서는 다음과 같이 서술하였다(조선일보사, 1970: 59).

> 한민족의 글과 말을 말살하고, 그 성명조차도 빼앗아 버림으로써 완전히 그들의 전쟁도구화하려 했던 총독부 정책의 횡포가, 그 글과 말로 민족의식을 고취하는 민간지에 가해지는 가혹한 탄압은 어쩌면 당연하다 할밖에 없겠으나, 이러한 정세 속에서 오직 두개만 남은 〈조선일보〉와 〈동아일보〉의 제작은 그야말로 불안과 긴장의 연속일 수밖에 없었던 것도 사실이다. 그것은 모처럼 거족적으로 전개된 3·1운동의 결실로 얻어진 양대 민간지의 생명을 아끼자 하는 데에서, 또한 활발한 언론 저항의 면모가 차차 압살을 당한다 해도 언젠가는 오고야 말 후일(해방)을 기해서 그 비약적으로 발전된 시설을 확보하자는 데에서도 그래질 수밖에 없었던 것이다.

전시 체제하에서 친일에 앞장선 왜곡된 민간지들의 모습을 전혀 언급하지는 않고 이를 살아남아서 후일을 기약하기 위한 불가피한 선택이었다고 추상적인 언급으로만 그치고 있다.

(2) 1980년 《조선일보60년사》 발간

이렇게 시작된 조선일보사의 사사 발행은 그 이후로 10년마다 지속적으로 이어졌다. 1980년의 창간 기념일에 발행한 《조선일보60년사》에서도 민족지 신화의 기조를 이어갔다. 사장 방우영은 간행사에서 "수없는 압수와 정간을 당한" 사실을 지적하며 온갖 어려움 속에서도 "민족지로서의 전통과 저력을 지닌 조선일보는 사명감과 긍지로 꾸준히 전사적인 노력을 기울임으로써, 오늘날 제일 역사가 길고 가장 독자가 많은 일간지로 발전하였읍니다"(조선일보사, 1980: 4~5)라고 자신들의 위상을 자평하였다. 민족지로서 전통과 저력을 지녀 가장 역사가 길고 독자도 제일 많다고 평가한 것이다.

간행사의 후반부에서는 "찬찬히, 지나온 60년의 역사를 더듬으며 새삼스러운 감회에 잠기는 것은 어떤 경우에도 그 상황에 있어서의 최선을 다하려고 노력하여왔다고 믿어지면서 십전하지는 못하였다는 아쉬움과 뉘우침입니다. 일보전진이 있었는가 하면 일보후퇴가 있었읍니다"라고 하여 자신들의 한계를 인정하는 모습을 보여 주기도 했다.

이 《조선일보60년사》는 10년 전의 《조선일보50년사》와 거의 같은 체제와 내용으로 일부 자료만이 보완되었다. 1970년대를 서술하는 '비약의 시대'라는 장이 하나 추가되어 전체 분량도 700여 페이지로 《조선일보50년사》에 비해 약 90페이지 가량 늘어난 정도였다. 일제 강점기 언론의 역사를 언급한 부분들도 거의 대동소이한 내용으로 구성되었다.

(3) 1990년 《조선일보70년사》 발간

1990년에 창간 70주년을 맞아 발간된 《조선일보70년사》는 전체 3권으로 나누어 자료와 서술 면에서 대폭 보완되었다. 하지만 내용 면에서는 일제 강점기 자신들의 역사를 탄압과 저항이라는 틀에서 서술하는 신화적 서술의 틀은 별다른 변화 없이 그대로 이어갔다. 《조선일보70년사》에서 보여 준 변화의 모습이라면 간행사에서 '민족지'라는 용어가 사라졌다는 점이다. 방우영 사장 명의의 간행사는 〈조선일보〉의 역사적 의의를 다음과 같이 정리하였다(조선일보사, 1990: 1-26~1-27).

> (전략) 식민정치에 항거한 피의 대가로서 우리들 손으로 신문을 만들 수 있게 된 사실史實은, 그 출발부터 외국의 신문들처럼 축복받는 가운데서 태어난 것이 아니라, 우리 **민족의 슬픔과 아픔을 대변하는 몸부림의 증언**이도록 하였습니다.
>
> 그러나 탄압과 감시, 수난과 희생을 감수하면서 이어오던 민족의 숨결이 그나마도 1940년에 이르러서는 아주 질식되고 말아서 5년 동안의 암흑기를 두 손을 놓고 지내야 했었습니다. 1945년 광복과 함께 다시 태어난 조선일보는, 6·25전쟁 등 온갖 역경을 불편부당의 사시로 극복하여 오면서, 마침내 우리나라 언론의 정상을 차지하였습니다.
>
> 조선일보50년사는 형극의 기록이었고, 조선일보60년사는 재기의 기록이었으며, 이번에 펴내는 조선일보70년사는 성장의 기록입니다. (중략)
>
> 조선일보70년사는 결코 조선일보의 역사만이 아니라, 우리나라 근대사의 다른 표현이기도 하여, 우리나라 정치사나 생활사라 하여도 과언이 아닙니다.
>
> 그만큼 우리 민족과 나라의 숨결과 일치하는 바가 크며, 그렇기 때문에 더욱 자괴와 자족의 감회가 깊지 않을 수 없습니다. (후략) (강조는 인용자)

그동안 기회만 있으면 입버릇처럼 반복하던 '민족지'라는 용어가 사라진 것을 알 수 있다. 또한 자신들의 역사를 한국 근대의 정치사, 생활사라고 확대 해석하면서 '자괴'를 언급한 것이 눈에 띈다. 어떤 면을 두고 이러한 평가를 한 것인지 분명치는 않지만 이전의 태도와는 달라진 면모임에는 틀림없는 것으로 보인다. 간행사에서는 '민족지'라는 용어를 사용하지 않았지만 이어진 본문에서는 여전히 반복 사용되었다.

서문에서는 "조선일보는 민족의 아픔을 가슴에 담아온 신문이라고 자부하고자 한다"면서 "1900년대 우리나라 역사가 아픔의 역사이었기에, 조선일보의 역사 또한 아픔의 기록이 아닐 수 없다. 일찍이 이런 아픔을 참아내는 것이 신문의 사명이라고 여겨 조선일보를 지켜온 선배 언론인들은, 역사를 밝히면서 민중을 길러 왔으며, 역사를 깨우면서 나라를 키워왔던 것이 아니었던가"라고 자평하였다. 자신들의 역사를 '아픔의 기록'이라 규정한 것이 눈에 띈다. 이러한 변화에도 불구하고 자신들이 민중을 길러왔고 나라를 키워왔다는 독선적인 인식을 드러내고 있다는 사실도 주목할 필요가 있다.

〈조선일보〉의 창간 주체에 대해서는 별다른 설명 없이 '경제단체인 대정실업친목회를 배경'으로 하였다고 서술하였다(조선일보사, 1990: 1~67). 이어진 본문의 내용은 일제의 탄압 조치와 이에 맞선 저항을 부각시켜 민족지로 의미를 부여하려는 기존의 서술 방식을 그대로 답습하였다.

《조선일보70년사》의 특징 중 하나로는 문자보급운동에 대한 서술을 대폭 강화하였다는 점을 지적할 수 있다. 이 운동은 자신들이 벌인 여러 사업 중 '가장 의의가 큰 계몽 사업'으로서 "역사적인 뜻이 담긴 이 운동은 조선일보의 연례 캠페인으로 전개되어 대단한 성과를 올린다"고 자평하였다. 이어서 1929년부터 1935년까지 진행된 전개 과정을 자세하게 설명하고는 "전국 방방 곡곡에 한글 보급을 꾀함으로써 민족의식을 고취하던 계몽운동은 조선일보의 어떤 사업보다도 뜻깊은 사업으로 기록되고 있다"고 평가하였다(조선일보사, 1990: 1-215~1-221).

1930년대 후반의 역사에 대해서도 《조선일보70년사》는 이전과 차이를 보여 주었다. 전술한 대로 《조선일보50년사》와 《조선일보60년사》는 당시의 왜곡된 친일의 양상을 '살아남아서 후일을 기약하기 위한 불가피한 선택'이었다고 주장하였지만 《조선일보70년사》에서는 이처럼 합리화시키는 언급이 사라졌다. 대신 1930년대 전쟁 분위기와 함께 날로 강화되는 언론 탄압의 방법과 그 양상을 자세히 서술하면서 "이런 국내 상황에서 신문 지면의 제1면을 포화 소리가 날만큼 전쟁 기사가 가득해지니, 어쩔 수 없이 문화와 산업에 치중하지 않을 수 없게 된다"고 주장하였다. 이 역시 궁색한 합리화라 볼 수밖에 없다. 당시 민간지들의 1면은 대부분 국제 및 전쟁 관련 뉴스 중심이었으며 이 주장대로 문화나 산업의 기사가 1면에 실린 경우는 거의 찾아보기 힘들다.

《조선일보70년사》는 또한 나중에 논란의 초점이 되는 1930년대 후반의 일왕 사진 게재에 대해서도 총독부의 강요 때문이었다고 주장하였다. 즉 "베를린 올림픽의 일장기말살 사건 이후로는, 「편집방침 불온당」이라는 것을 트집잡아 조선 동아의 두 민족지로 하여금 총독정치의 어용 여론을 펴도록하는 방침을 굳히고 일본 천황의 사진 게재를 강요하는데 그 강요의 협박 방법은 「폐간시키겠다」는 것이었다"라고 서술하였다. 총독부 당국이 폐간을 무기로 강요하고 협박하여 어쩔 수 없었다는 변명이다.

(4) 2000년 《조선일보80년사》 발간

2000년에는 《조선일보80년사》를 발간하였다. 《조선일보80년사》의 발간사는 다시 과거로 회귀하였다. 방상훈 사장은 발간사를 통해 자신들의 일제 강점기 역사를 다음과 같이 서술하였다(조선일보사, 2000, '발간사').

> 그러나 우리 민족은 10년을 견디지 않았습니다. 일거에 일어나 민족독립의 의지를 세계에 알렸고 피의 투쟁을 벌였습니다. 놀란 일제는 마지못해 조선의 민간 신문이라도 허가하지 않을 수 없었습니다. 이때 우리 민족의 힘으로 태어난 신문이 조선일보였고 암흑 속에 한 줄기 등불로 민족의

> 눈과 귀와 입이 된 첫 우리 신문이었습니다.
>
> 일제는 민간지들을 허용한 후에도 갖가지 탄압을 자행했습니다. 조선일보는 창간 첫 해 사장, 발행인, 편집인, 편집국장 모두 조선총독부의 압력으로 쫓겨나는 탄압을 겪으면서 창간 5개월여 만에 첫 정간을 당하는 수난을 견뎌야 했습니다.
>
> 조선일보는 좌절하지 않았습니다. 민족의 눈과 귀와 입의 역할을 포기할 수 없었습니다. 민족의 선각자들인 이상재 신석우 조만식 방응모가 온갖 어려움 속에서 일관되게 추구해 온 것은 조선일보를 이끌며 민족의 수난과 아픔을 대변하고 증언하려 했던 것입니다. 조선일보와 동업 동아일보는 조선 민중의 '마음 속의 정부 역할'을 하면서 4차 정간과 수많은 압수, 삭제, 어용여론을 강요받았습니다. 그러나 일제는 태평양 전쟁을 준비하던 1940년 8월 10일 마침내 본색을 드러내 조선일보와 동아일보를 강제 폐간했습니다. **민족지**들이 친일을 했다면 일제가 왜 폐간을 했겠습니까. (강조는 인용자)

'민족지'라는 용어가 간행사에서 다시 등장했다는 점이 주목할 만하다. 자신들의 존재를 민족의 눈과 귀와 입이 되어 일제의 탄압에도 맞서 수난과 아픔을 대변해 왔다며 종래의 민족지 신화적 인식을 다시금 되풀이하고 있는 것이다. 그러나 본문의 서술에서는 '민족지'라는 용어 대신 '민간지'가 주로 사용되었다. 1920년 신문의 창간 과정을 설명하는 제1장 2절의 제목을 '민간지 허용 배경'이라고 붙였으며, 계속 민간지라는 용어를 사용하여 세 신문의 창간을 설명하였다. 일제의 언론 통제를 서술한 제2장에서도 자신들의 첫 정간을 다룬 2절의 제목을 '민간지로 첫 정간'이라 붙였다. 1920년 8월 27일자의 논설 '자연의 화'가 7일간의 정간 조치를 당하고 9월 3일 속간되자 바로 이어 9월

5일자에서 '우열혼 총독부 당국자는 하고何故로 우리 일보를 정간식혓느뇨'라는 제목의 사설로 2차 무기 정간 조치당한 사실을 서술하였다. 특히 9월 5일자의 사설이 '미완'이라고 밝혔던 사실을 지적하며 "계속 총독부를 질타할 것임을 암시하고 있다. 정말 놀라운 필봉이다"(조선일보사, 2000: 162)라고 평가하였다.

《조선일보80년사》는 일제 강점기 후반의 자사 지면에 대해 달라진 서술을 보여 1937년 신년호부터 일왕의 사진을 게재하던 상황을 언급하였다. 1937년에 대해서는 다음과 같은 내용이다(조선일보사, 2000: 469).

> 1937년은 정축년丁丑年이었다. 1월 1일자는 석간으로 52면을 발행했다. 신년의 지면이지만 예년과 달리 등장인물이나 내용이 크게 달라졌다. 일제의 입김이 강하게 작용하고 있음이 그대로 드러나고 있는 것이다.
>
> 본지 제1면은 소나무 절지화를 2단 통 컷으로 장식했고 머릿기사는 '원단元旦 · 궁중의 어의御儀'로 "소화 성대盛代 12년…" 하며 일본 천황가의 신년 하례 행사와 함께 천황 부처(우측 천황 좌측 황비)의 사진을 4단으로 크게 다뤘다. 그 옆에는 남南총독의 연두사 '물심양면의 개척/관청의 시설만으로는 부족'을 총독 사진과 함께 3단 제목으로 처리했다. 남총독은 전년도 8월 5일 부임한 미나미 지로南次郎이다. 그뿐만이 아니다. 총독부 정무총감 오노 로쿠이치로大野綠一郎의 '연두소회'를 그의 사진과 함께 3단 제목으로 실었고 심지어 경무국장 미하시 고이치로三橋孝一郎의 '연두사'도 2단으로 1면에 처리했다. 제1면에는 온통 일본인 고관들의 사진과 글만이 실린 것이다.

후술하겠지만 1990년대부터 일제 말기 민간지 친일상의 상징처럼 거론되는 신년호 일왕의 사진을 게재한 지면 상태에 대해 자세하게 서술하고 있다. 하지만 그 배경은 여전히 "일제의 입김이 강하게 작용하고 있음이 그대로 드러나고 있"다고 하여 여전히 외부적 강제 때문인 것으로 주장하였다. 이어서 1938년에 대해서도 비슷한 서술을 반복하였다(조선일보사, 2000: 480).

> 무인년 신년호 제1면은 전년도 신년호 제1면과 똑같은 편집이었다. '원단·궁중의 어의御儀'를 머리로 일본 천황 부처의 사진을 한 해 전과 똑같은 4단 크기로 실었다. 단지 천황이 좌측, 황비가 우측으로 맞바꿔 자리를 옮겼을 뿐이다. 그 옆에 조선총독 남차랑南次郞의 연두사 '조선사명 중대/각오를 새롭게 하라'가 실렸다.
>
> 전년도에 없던 조선군사령관 소기국소小磯國昭의 연두사 '불퇴전의 기백으로/유종의 미를 거擧하라'가 새로 나왔고 '국제정국 장래에/대처할 준비가 필요'라는 정무총감 대야녹일랑大野綠一郞의 연두사도 들어있다. 지난 해의 경무국장 대신 조선군사령관이 제1면에 등장한 것이다. 한 해 전 신년호는 제호 아래 조선일보사 사원 일동이 독자들에게 보낸 '근하신년'이 들어 있었다. 새해에는 이 자리에 '황국신민의 서사'가 들어갔다. 새해 지면에 조선의 소리, 조선인의 소리가 사라지고 만 것이다.

자신들 신문의 신년호가 일왕을 비롯해 총독부 고위 인사들의 신년사로 채워진 현황을 자세하게 서술하고 있음을 알 수 있다. 사사는 뒤이어 당시 이러한 상황이 〈조선일보〉만의 문제가 아니었다며 '일제, 언론보국 강요'라는 소제목으로 다음과 같이 주장하였다(조선일보사, 2000: 481).

> 1937년부터 1940년까지의 신년호 제1면은 이같이 거의 똑같다. 조선일보

편집자가 편집을 한 것이 아니라 총독부가 직접 편집했다고 해도 과언이 아닐 정도로 4년 동안의 제1면은 똑같은 모양이었다. 유일한 조선문 동업지였던 **동아일보의 사정도 마찬가지였다. 제호만 가리면 어느 신문인지 구분하기조차 힘들 정도로 제1면은 제목 편집 모두가 같았다.**

일제는 이른바 지나사변, 중일전쟁을 일으킨 후 민족언론에 대한 탄압을 이렇게 강화했다. 일제는 조선총독부를 통해 '편집 방법 불온당'이라는 자의적인 트집을 잡아 지면을 유린하고 총독정치의 어용 여론을 펴도록 강요했다. 이른바 언론보국을 강요하고 나선 것이다. 관제 기사와 논설까지 게재토록 총독부는 요구했다. 이런 사실은 매일신보 조선일보 동아일보 등 조선문 신문들의 사설 제목이 똑같은 데서 찾을 수 있다. 1938년 3월 10, 11일자의 '육군기념일' 사설, 4월 26일자 '총후보국의 강조,' 5월 21일자 '徐州 함락'이 사설 제목과 머릿기사로 세 신문이 똑같다. 이런 사실을 분석한 '일제하 민족언론사론'(최민지 · 김민주 공저, pp.254~256)은 "1940년까지 민족지들이 총독부 기관지와 똑같은 논조로 민중들을 설득 강요하였다"면서 "차라리 강제 폐간이 오히려 우리 민중이나 한국신문사에 다행한 조처가 아니었나 하는 느낌마저 든다"고 극언할 정도로 일제 말기의 언론 상황은 심각했다.

1938년부터 민족지에 천황 사진이 게재된 것은 총독부의 이런 강요에 따른 결과였다. 총독부는 수시로 언론사 간부들을 불러 일본군을 아군이나 황군으로 쓰라는 등 신문 용어까지 강제로 통일해서 쓰도록 계속 요구했다.

조선총독 남차랑은 1938년 '내선융화'에서 '내선일체'라는 용어를 내걸고 징병 징용 공출 헌납 등 갖가지 방법으로 수탈을 자행하며 신사참배, 황국신민서사를 강요했다. (강조는 인용자)

1930년대 후반 민간지들의 친일적 모습은 일제의 강압에 의한 것으로서 자신들뿐만 아니라 〈동아일보〉도 마찬가지였음을 지적한 것이다. 특히 최민지·김민주의 저술까지 인용하며 당시 상황을 서술한 점이 눈길을 끈다. 이어서 1940년의 〈조선일보〉 신년호를 서술하는 대목에서는 일왕의 사진과 동정, 총독부 주요 인사들의 신년사에 그치지 않고 오른쪽 상단 제호 위에 일장기까지 등장한 사실도 언급하였다(조선일보사, 2000: 496).

> 1940년은 경진년, 용의 해였다. 전년과 같이 조석간 합쇄 20면을 1월 1일자 신년호로 발행했다. 제1면은 온통 일본인들이 차지했다. 군복 차림의 천황 부처 사진과 함께 일본 황실의 기원을 나타내는 '황기皇紀'와 일장기까지 등장했다. 경진년을 상징하는 용 그림을 2단 통컷으로 장식한 제1면은 '황기2천6백년'이라며 그 역사를 싣고 있다. 일장기와 황기가 제1면에 등장한 것은 1940년이 처음이었다. 그리고는 조선총독 남차랑南次郎, 군사령관 중촌효태랑中村孝太郎, 정무총감 대야녹일랑大野綠一郎, 국민정신총동원조선연맹 총재 촌도의지川島義之, 육군중장 칠전일랑七田一郎의 연두사가 전면을 채우고 있다. 조선일보 관련 기사는 '금일의 본지 부록 내용' 뿐이었다.

〈조선일보〉의 1940년 신년호는 그동안의 신년호와도 다르고 〈동아일보〉의 신년호와도 다르게 일장기를 제호 위에 붉은색으로 새겨 넣었으며 상단을 통째로 장식한 용 그림의 왼쪽 상단에 '황기 2천6백년'을 새겼다. 이 사실을 《조선일보80년사》에서 처음으로 시인한 것이다. 전술한 대로 이러한 지면이 나타나게 된 배경을 총독부의 엄혹한 탄압 탓으로 돌리기는 했지만 자신들의 과오를 인정한 모습을 보여 준 것이다.

그러나 〈조선일보〉가 인정한 일장기의 게재는 1940년 신년호만

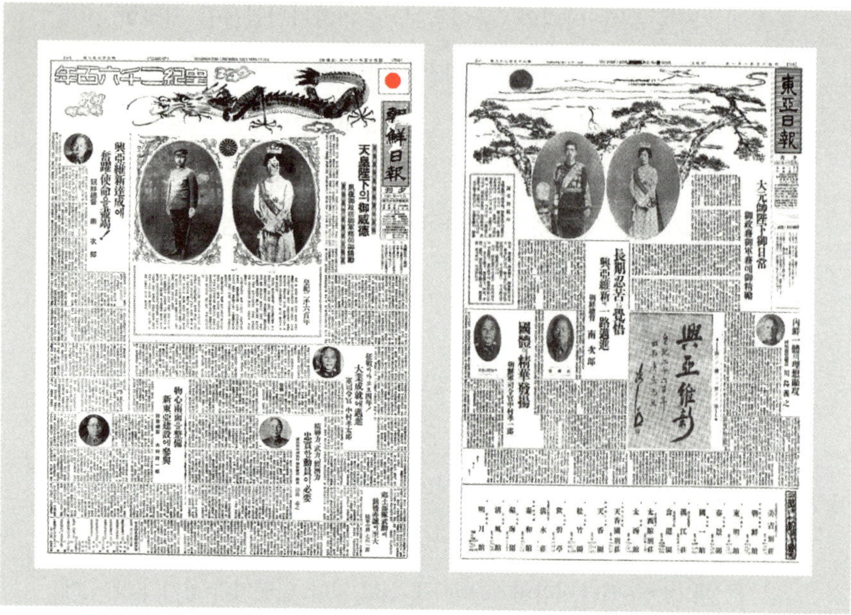

朝鮮日報

天皇陛下의 御威德

東亞日報

大元帥陛下의 御日常

興亞維新

사진 8 1940년 신년호 1면. 왼쪽 〈조선일보〉, 오른쪽 〈동아일보〉.

이 아니었다. 뉴스타파가 신문 원본을 대조해 가며 취재한 바에 따르면 총 11차례에 이르는 것으로 밝혀졌다(연출 김용진·박중석, 2020). 네이버 뉴스라이브러리에 올라 있는 조선일보DB만 보아도 1940년 신년호뿐만 아니라 1월 3일과 5일에도 일장기가 새겨졌으며 일본의 건국을 기념하는 기원절 2월 11일, 일왕의 생일인 천장절 4월 30일 등에도 제호 위에 일장기를 붉은색으로 넣고 기사를 통해 일본을 찬양하고 일왕의 만수무강을 기원하였다. 이러한 사실은 지적하지 않고 신년호만을 거론하며 일제의 가혹한 탄압에 의해 어쩔 수 없었다는 변명을 한 것이다.

《조선일보80년사》는 이어서 1940년의 폐간 과정을 언급하며 다음과 같이 평가하였다(조선일보사, 2000: 507).

> 일제하의 조선일보는 사라졌다. 일제는 왜 조선일보와 동아일보를 폐간 시켰을까. 친일지였다면 폐간을 시켰을까. 일제는 식민지 경영이나 전쟁 수행에 두 민족지가 장애라고 결론을 내리고 강제 폐간한 것이다.

일제 강점기 후반 자신들의 왜곡된 친일의 모습을 일부 인정하는 태도를 보이기도 하였지만 폐간을 서술하는 이 부분에서는 다시금 '민족지'라는 용어도 동원하여 기존의 민족지 신화적 인식을 반복함으로써 여전히 벗어나지 못했음을 보여 준다.

(5) 2010년 《조선일보90년사》 발간

2010년 창간 90주년을 맞은 조선일보사는 과거와 마찬가지로 창간 기념일인 3월 5일에 《조선일보90년사》를 발간하였다. 《조선일보90년사》의 서두에 실린 발간사에서 사장 방상훈은 자신들의 일제 강점기 역사를 다음과 같이 서술하였다.

> 2010년 3월 5일, 조선일보가 한국 신문 사상 최초로 창간 90주년을 맞았습니다.
>
> 한국 근·현대의 영광과 굴곡의 역사를 겨레와 함께 증언해온 조선일보는 이제 걸어온 90년 역사의 무게만큼 무거운 책임감으로, 한국 언론의 새 역사를 개척해가야 하는 출발점에 섰습니다.
>
> 조선일보가 지닌 이 무거운 책무는 어쩌면 조선일보가 태어나던 때부터 숙명이었습니다.
>
> 조선일보는 겨레와 함께해온 신문입니다. 일제 강점기 **우리 민족에게**

우리 글로 쓰인 조선일보는 삶이요, 꿈이요, 희망이었습니다. 민족의 눈과 귀와 입이었고, 나라 없는 겨레에게는 '마음 속의 정부'였습니다.

온 민족이 하나가 되어 광복의 등불을 밝힌 3·1운동이 조선일보의 모태였고, 3·1운동의 횃불이 조선일보로 열매 맺었습니다. 3·1운동의 만세소리가 일제로부터 조선일보를 허가하지 않을 수 없게 했고, 조선일보는 암흑 속의 한 줄기 불빛으로 민족의 앞길을 밝혔습니다.

조선일보의 역사는 시작부터 시련의 연속이었습니다. 창간 5개월여 만에 첫 발행정지를 당한 것에서 알 수 있듯 일제는 겨레의 눈과 귀를 막기 위해 사력을 다했습니다. 조선일보는 8만 8천건이 넘는 기사를 압수당했고, 471건의 기사가 삭제됐으며, 네 차례에 걸친 무기정간으로 신문을 발행하지 못한 날도 240일이나 됩니다. 창간 첫 해 사장, 발행인, 편집인, 편집국장이 모두 조선총독부의 압력으로 쫓겨나기도 했습니다.

조선일보가 1940년 8월 10일 일제에 의해 강제 폐간되기까지 버틸 수 있었던 힘은 바로 겨레의 앞날을 비춰야 한다는 책무였습니다.

조선일보는 1920년대 후반 항일운동의 핵심인 신간회의 기틀 역할을 했고, 생활개선운동·한글보급운동 등을 통해 민족의 앞길을 열어 나갔습니다. (후략) (강조는 인용자)

발간사에서 '민족지'라는 용어는 사용하지 않았지만, 그 신화적 인식은 여전함을 알 수 있다. 일제 강점기 자신들의 존재를 민족의 '삶이요, 꿈이요, 희망'이며 '눈과 귀와 입'이었고, '마음 속의 정부'였다고 여전히 주장하고 있다. 일제로부터 탄압받은 사례를 거론하는 것은 매번 빠지지 않았지만 그 자료가 점차 구체화되면서 압수와 삭제 건수도 구체적으로 제시하고 있다. 특히 신간회와 한글 보급 운동에서 〈조선일보〉가 했던 역할을 발간사에서 처음으로 언급하며 강조하였다. 이 내용들은 전술한 대로 《조선일보70년사》부터 보완된 것이지만 발간사에서까지 등장한 것은 이때가 처음이다.

《조선일보90년사》의 본문에서는 민간지라는 용어의 사용도 늘었지만 민족지라는 용어도 여전히 사용되었다. 1920년 8월 27일자의 사설 '자연의 화'가 문제되어 정간당한 사실은 제목도 '민간지로 첫 정간을 당하다'라고 달았으며 해당 부분의 서술에서도 '민간신문으로서는 최초의 정간이었다'고 서술하였다(조선일보사, 2010: 62~66). 하지만 1924년부터 1928년까지의 역사를 다룬 장의 제목은 '혁신과 민족지로서의 항쟁'이라고 붙여 자신들의 성격과 위상 변화를 부각시켰다. 이 장에서는 1924년 신석우가 인수하여 혁신을 시도한 사실과 1920년대 중반 이후 신간회를 주도했던 역할을 중심으로 서술하며 '민족지'라는 용어를 사용한 것이다.

일제로부터 탄압받았던 사실을 부각시키는 서술은 《조선일보90년사》에서도 변함없었다. 창간 직후의 논조를 설명하는 대목은 '경영난 속 철두철미「배일」「배일」'이라는 제목으로 자신들이 압수 등의 탄압받았던 사례들을 제시하였다. 특히 《조선일보90년사》는 창간 초기 지면의 오자까지도 자신들의 항일의 측면을 강조하는 데 동원하였다. 즉 1920년 3월 9일에 4면으로 발행된 제3호의 1면 머리에 발행 연월일을 당시 일본의 연호 '대정大正'으로 표기하면서 한자 표기의 '정' 자가 좌우가 바뀐 상태로 새겨진 사실을 지적하며 다음과 같이 장황하게 설명하였다(조선일보사, 2010: 47~48).

> (전략) 식자공의 단순 실수일 수도 있다.
>
> 그러나 1면 면머리의 글자들은 편집자와 교열기자, 담당 부장, 편집국장 등이 돌려가며 확인하고 또 확인하는 것이 제작 관행이다. 천황의 연호

중 한 글자가 뒤집힌 중대한 실수를 아무도 발견하지 못했다는 것은 납득하기 어렵다. 누군가가 처음부터 의도적으로 正자를 일부러 뒤집었든지, 아니면 실수로 뒤집힌 正자를 알면서도 눈감아 버림으로써 일본제국주의에 대한 반감을 표현한 의도적 행위일 가능성이 높다.

특히 1990년대 초반 발견된 조선일보 창간호 3, 4, 14, 15면의 훼손된 지면 중 3면 상단 대정 연호도 正자가 뒤집어져 있었다는 사실이 추가로 발견됐다. 천황 연호의 正자가 뒤집히는 일이 창간호부터 지령 3호까지 있었다면, 단순 실수가 아니라 편집진의 의도가 개입된 사건이었을 가능성이 매우 높아진다.

일제가 통치하던 당시 천황의 연호를 일부러 뒤집어 인쇄한다는 것은 거의 죽음을 각오한 행위였을 것이다. 그러나 본지가 창간 직후부터 일제를 비판하는 기사를 잇달아 실어 수난을 당했던 사실을 떠올리면, 당시 제작 주체들이 일제를 모욕하는 '천황 연호 글자 전복'도 능히 고의로 저지를 수 있었던 것으로 보인다. 진실이 무엇인지 명쾌하게 밝혀줄 더 이상의 자료는 없지만 창간 기념호 속 거꾸로 박힌 正자는, 창간 당시 조선일보 사원들의 민족의식을 생각하게 해 주는 '암호같은 글자'였다.

물론 위의 지적대로 당시 연호를 오기한 것은 민족의식의 발로일 가능성도 전면 부정할 수는 없다. 하지만 여러 단계의 교열과 교정을 거친다는 이유만으로 이 오자를 의도적으로 해석하는 것은 설득력을 지니기 어려울 것이다. 여러 단계의 교열과 교정을 거치는 것은 면머리의 발행 연월일 표기뿐만 아니라 지면에 실리는 모든 기사에도 적용되는 규칙이고 관행이다. 조선일보사 측의 설명대로라면 지면에 나타나는 모든 오탈자를 의도적인 산물로 봐야 한다는 말이 된다. 따라서 이는 지나치게 무리한 해석이라 할 수밖에 없을 것이다. 아마도 자신들의 창간 주체가 친일적 성격의 대정친목회였다는 사실이 이미 학계뿐만 아니라 일반 시민도 어렵지 않게 검색해 볼 수 있는 상황에서 창간 초기의 한계를 항일성으로 메워 보려는 의도에서 빗어진 무리로 볼 수 있다.

1930년대 후반 자사의 친일상을 인정하는 태도는 《조선일보90년사》에서도 이어졌다. 1937년부터 폐간까지의 시기에 대한 설명은 별도의 장으로서 '일제의 민족말살정책과 강제 폐간'이라는 제목으로 다루었다. 1937년을 설명하는 대목의 첫 번째 소제목은 '신년호 1면을 장식한 천황 부부'였다. 제목 그대로 1937년부터 〈조선일보〉가 신년호에서 일왕의 사진과 총독부 주요 인사들의 동정으로 1면을 가득채웠던 지면을 설명하였다. 이 부분의 도입부는 일제 말기의 상황을 다음과 같이 서술하였다(조선일보사, 2010: 387).

> 1937년 정축년 새해가 밝았다. 조선 민족에게는 일제가 일으킨 전쟁의 병참기지로, 또 가혹한 황국신민-민족말살 정책으로, 그 어느 때보다도 혹독한 시련의 해가 떠오른 것이다. 조선 언론계도 마찬가지였다. 지난해 베를린올림픽에서 손기정 선수가 마라톤 우승을 차지하면서 발생한 일장기 말소 사건으로 동아일보와 조선중앙일보가 모두 정간당한 상태에서 밝은 새해였다. 당시 조선의 3대 민간지 가운데 유일하게 조선일보만이 발행된 해였다. 유일하게 발행되는 신문에 대한 일제의 통제와 간섭이 어느 정도일지는 보지 않아도 짐작할 수 있다. 실제로 **이해부터 조선 언론계의 지면은 그야말로 '상전벽해' '치욕의 지면'**이었다. 그러나 그것도 1940년 8월 10일까지였다. '치욕'을 감수하고 3년 수개월여 동안 매일 조선 민족에게 보여준 한글과 곳곳에 '은유'로 전해줬던 조선 민족의 '얼'도 끊어지고 만다. (강조는 인용자)

일제의 가혹한 통제의 탓으로 돌리는 것은 여전하였지만 일제 말기의 자신들의 모습을 상전벽해, 치욕의 지면이라고까지 평가하는 것은 새로운 모습이라 할 수 있다. 《조선일보90년사》는 이어서 1937~1939년 신년호의 지면 구성을 연도별로 사진과 함께 자세하게 설명하였다. 또한 1940년 신년호에 대해서도 지면 사진을 제시하며 일왕 부부의 사진뿐만 아니라 황기와 일장기도 게재했던 사실을 인정하였다. 《조선일보80년사》에서와 마찬가지로 여기서도 일장기 부분을 컬러로 인쇄했던 사실은 언급하지 않았다. 함께 제시된 지면 사진도 흑백으로 처리되어 일장기의 색을 식별할 수 없는 상태였다.

(6) 2020년 《조선일보100년사》 발간

2020년 창간 100주년을 맞아 〈조선일보〉는 자신들의 100년 역사를 전체 4권으로 정리한 《조선일보100년사》를 발간하였다. 그 밖에도 이 내용을 요약하여 〈간추린 조선일보100년사〉라는 제목의 요약본도 함께 출간하였다. 100주년이 갖는 의미가 남다른 데다가 〈조선일보〉에 대한 각계의 비판이 폐간 운동으로까지 비화되고 있는 상황에서 발간되었기에 여느 때와 다르게 관심이 집중되며 주목될 수밖에 없었다. 하지만 《조선일보100년사》의 내용도 《조선일보70년사》부터 이어온 일부 과오 인정은 유지되었지만 큰 틀에서는 여전히 민족지 신화적 인식을 벗어나지 못했다.

발간사의 서두에서 사장 방상훈은 일제 강점기 자신들의 역사를 다음과 같이 언급하였다.

> 조선일보가 창간 100주년을 맞았습니다. 조선일보의 100년 역사는 한국 근현대사의 거울입니다.

> 조선일보는 일제가 우리 땅을 통치하기 시작한 지 10년이 지나서 우리말과 글을 가꾸고 민족혼을 일깨워 민족을 지키겠다는 일념으로 창간했습니다. 3·1운동의 열기가 가라앉지 않던 시절에 신문을 만들기 시작한 우리 선배들은 창간 초기부터 저항의식을 드러내 수많은 압수와 삭제, 정간의 고초를 겪었습니다. 조선일보는 최대 국내 항일운동단체 신간회의 구심점 역할을 했고, 문맹퇴치를 위한 한글보급운동을 지속적으로 벌였습니다. 또 이육사·백석·심훈·채만식·홍명희·한용운·김기림 등 당대 최고의 문인들이 조선일보 기자로 활동하거나 조선일보를 통해 한국문학사에 이정표가 된 작품을 발표했습니다. 신채호·문일평·장지영·홍기문·방종현 등 우리 역사와 말글을 지키는데 혼신의 힘을 기울였던 학자들의 활동 무대도 조선일보였습니다. 하지만 **중일전쟁 이후 전시체제로 몰아갔던 광적인 통제 과정에서 조선일보도 굴곡을 겪지 않을 수 없었습니다.** 점점 더 악화된 검열기준과 보도지침을 강요하는 총독부의 억압에 고통 받으면서 민족의식의 보루 역할을 하려고 애쓰다 강제폐간의 쓰라림을 안았습니다. (후략) (강조는 인용자)

앞서 지적한 대로 신화적 인식을 벗어나지는 않았지만 과거와 다른 모습도 드러난다. 그동안 즐겨 사용하던 탄압의 사례들은 간략하게 언급하는데 그쳤으며 대신 《조선일보90년사》와 마찬가지로 신간회의 중심이었다는 사실과 한글 보급 운동을 강조하였다. 특히 《조선일보100년사》의 발간사는 문인과 학자들의 활동을 처음으로 강조하였으며 1930년대 후반의 감추고 싶은 과거를 발간사에서도 인정하기에 이르렀다. 본문에서는 《조선일보70년사》부터 이러한 서술이 등장하였지만 책의 맨 앞에 실리는 사장의 발간사에서 1930년대 후반의 친일상을 '굴곡'이라는 우회적 표현이기는 하지만 인정하기 시작했음은 주목할 만하다.

《조선일보100년사》의 본문에서는 《조선일보90년사》와 마찬가지로 창간 초기 〈조선일보〉의 성격은 '민간지'로, 1924년 소유주가 바뀌며 여러 혁신을 시도했던 1920년대 중후반의 성격은 '민족지'라는 용어를 사용하였다. 창간 초기를 정리한 제1장에서는 민간지라는 용어를 사용하면서도 장의 제목은 '총독부 물어뜯은 '광적 신문''이라 붙였으며 첫 번째 정간을 서술한 제2절의 제목은 '철두철미 배일… 민간지 첫 정간'이라 하였다. 이 장에서는 첫 정간을 비롯해서 총독부로부터 압수, 삭제 등 탄압받은 사례들을 중심으로 서술하였다. 이 부분에서 《조선일보90년사》부터 등장했던 창간 초기 연호 표기 오류를 민족의식의 발로라고 해석하는 태도는 《조선일보100년사》에서도 그대로 반복되었다.

1924년에 벌어진 〈동아일보〉와 〈조선일보〉의 여러 변화를 설명하는 절은 제목을 '자치론 배격, 민족지로 부상하다'라고 붙여 위상의 변화를 강조하였다. 또한 1924년 신석우가 인수함으로써 전개된 인사 및 지면의 혁신부터 시작하여 1920년대 중후반의 신간회 운동과 후반부의 한글 보급 운동을 설명하는 장은 '민족 위기 속 말·글·혼 수호'라고 붙여 자신들이 주도적 역할을 하였다는 사실을 부각시켰다. 전술한 발간사에서도 신간회와 한글 보급 운동을 강조하였듯이 이 장에서도 이 내용은 '신간회·문자보급운동 주도하다'라는 제목으로 별도의 절로 다루며 106쪽에 이르는 분량으로 자세히 소개하였다.

1937년부터 나타난 신년호의 친일적 모습을 인정하는 태도는 《조선일보100년사》에서도 지속되었다. 전술한 대로 《조선일보90년사》는 연도별로 신년호의 지면 구성을 자세히 소개했지만 《조선일보100년사》에서는 1937년의 신년호 지면만을 소개하고 대신 자신들 지면에 대한 내외의 비판이 당시에도 고조되었다는 사실을 소개하였다. 여기서 비판의 초점은 신년호보다는 중일 전쟁 이후의 지면 변화와 관련된 내용들이었다. 1937년 7월 일제가 중일 전쟁을 벌이면서 언론에 대해서는 세부적인 용어까지 지정하는 등 통제의 강도를 높이면서 민간지 지면의 변화도 두드러지게 나타났던 사실에 대한 사내 및 외부의 비판적 분위기를 자세히 소개한 것이다. 이 내용에서 당시의 비판에 주된 공격의 대상이 되었던 주필 서춘은 1937년 11월 물러났다는 사실을 서술하였다(조선일보사, 2020: 400~405). 그러나 주필 서춘이 그만둔 이후에도 〈조선일보〉의 지면은 아무런 변화 없이 계속 노골적인 친일의 모습을 보여 주었다.

《조선일보100년사》는 1940년 폐간에 대해서도 자신들의 존재가 식민 지배에 걸림돌이 되기 때문에 총독부는 폐간을 결정하였다는 입장을 되풀이하였다. 1930년대 후반의 두 민간지 지면이 총독부 기관지 〈매일신보〉의 지면과 다를 바 없었다는 사실을 인정하면서도(조선일보사, 2020: 477) 자신들의 존재가 식민지 경영과 전쟁 수행에 걸림돌이 되었기에 폐간시켰다며 다음과 같이 주장하였다(조선일보사, 2020: 466).

> 조선일보와 동아일보는 1937년 이후 일제의 시책에 협조하는 모양새를 갖추면서 어떻게든 명맥을 유지하기 위해 발버둥쳤다. 조선의 글과 말을 지키기만 한다면 언젠가는 조선의 독립을 되찾을 수 있다는 믿음이 있었기 때문이었다. 그래서 일제가 지면에 강요하는온갖 요구를 치욕을 감수하면서 반영했다. 그럼에도 **일제는 조선·동아일보는 역시 식민지 경영과 전쟁 수행에 장애물이라는 결론을 내리고 강제폐간 조치를 취한 것**이었다. (강조는 인용자)

자신들이 원치 않았던 폐간이었기에 이를 통해 자신들의 존재 의미를 민족주의화하려는 의도가 여전함을 보여 준다. 다시 말해 민간지의 존재가 식민 지배에 걸림돌이 되었기에 폐간시켰다는 주장을 되풀이하고 있는 것이다.

2) 〈동아일보〉의 사사 발행

(1) 1975년 《동아일보사사 권1》 발행

한편 동아일보사는 1975년부터 시작하여 2005년까지 6권에 걸친 사사를 순차적으로 발행하였다. 일제 강점기의 역사를 정리한 제1권을 1975년에 간행하였으며 이어서 제2권을 1978년에, 제3권은 1985년에 발행하였으며 1990년대 이후의 역사를 정리한 제6권을 2005년에 간행하였다.

제1권의 간행사에서 김상만 사장은 자신들의 일제 강점기 역사를 다음과 같이 서술하였다(동아일보사, 1975: 6).

> 동아일보가 창건된지 55년, 그 발자취를 더듬고 선인들의 위대한 족적을 회억回憶하면서 이를 만세에 전하기 위하여 이에 사사를 간행하는 바이다.
>
> 지나간 반세기여에 걸친 동아일보의 고난과 영광은 그대로 우리 민족의 고난과 영광에 직결되었다. 이민족의 통치하에서 민족주의를 표방하고 발족한 언론기관의 길을 결코 순탄할수 없었고 가지가지 수난과 인욕忍辱, 좌절과 재기의 연속이었다. 세속적인 훼예포폄毁譽褒貶을 초월한 우리 선인들은 능히 이를 극복하고 민족의 대의를 앞세워 굴할줄을 몰랐다.
>
> **짓밟히고 쓰러졌다가도 다시 일어서는 불사조 동아일보의 모습에 실의의 민중은 암흑에서 광명을 보았고, 절망에서 희생希生을 찾았고 민족의 영원한 생명에 믿음을 가졌다.** 그리하여 억울한 자는 여기 호소하

였고, 지사들은 여기서 그 뜻을 폈고, 국내외 투사들은 이를 통하여 광복의 계획을 다져갔다. 그것은 완연히 정부없는 백성의 무형의 정부였다.

그리하여 무수한 정간 압수 삭제 등은 말할 것도 없고 옥문 출입은 다반사로 화化하였다. 진실로 이 시기의 **동아일보의 역사는 의인들의 수난의 기록**이었다. 당시 연소한 필자의 가슴에도 선친과 고하 선생을 중심으로 한 당로當路자들의 고난과 노심초사하던 모습은 잊을 수 없는 감명을 주었고 지금도 생생하게 뇌리에 남아 있다. (강조는 인용자)

화려한 문체를 동원하여 자신들의 역사를 탄압에도 굴하지 않고 지사와 투사들이 싸워나간 저항의 역사이고 자신들의 존재는 '무형의 정부'였다고 미화하고 있다. 본문에서는 〈동아일보〉의 창간을 "3·1운동의 거센 독립의지에 굴복한 일제가 민족의 핏값으로 보상한 것의 하나가 〈동아일보〉이다. 그러므로 〈동아일보〉는 어느 한 개인이 만든 것이 아니라 우리 민족이 쟁취한 민족의 대변지인 것이다"(동아일보사, 1975: 97)라면서 그렇기에 창간과 함께 표방한 주지의 첫 번째 '조선민중의 표현기관으로 자임하노라'라는 슬로건도 바로 이러한 맥락에서 나온 것이라 주장하였다. 이어서 사사는 창간사를 서술하며 "창간사가 전편을 통하여 강렬하게 풍기는 기조는 민족지임을 자부하고 있는 점"(동아일보사, 1975: 101)이라며 자신들의 역사적 위상을 출발부터 바로 민족지로 의미 부여하고 있다.

초창기의 〈동아일보〉 역사를 다룬 제2장은 1절에서 창간의 배경과 과정 등을 자세히 서술한 후 제2절로 '항일필봉과 필화'라는 제목으로 일제 당국의 탄압 사례들을 중점적으로 부각시켰다. 초창기 자신들의 논조를 거론하며 "자타가 모두 본보를 일컬어 '청년신문'이라고 한 것은 민심을 따라 그 논조나 제작 태도가 매우 의욕적이었고 전투적이었던데 귀인한다"고 주장하였다(동아일보사, 1975: 125). 이어서 창간 2주 후인 1920년 4월 15일에 평양의 만세 시위 사건을 다룬 기사 때문에 발매 반포 금지를 받은 것을 필두로 여러 차례 정간과 압수, 삭제 등 탄압받은 사례들을 제시하였다.

1924년 연초의 〈동아일보〉 사설 '민족적 경륜'으로 야기된 각계의 반발에 대해서는 이를 '사회주의 계열의 책동'으로 몰아갔다. 이 사건에 대한 서술의 소제목을 '사회주의계열의 책동'이라 붙이고는 본문에서 하나의 시련에 부닥쳤다며 "사설 「민족적 경륜」이 사회주의계열의 논란의 대상이 되어버린 일이었다"(동아일보사, 1975: 229)고 서술하고는 "사회주의계열에서는 표현상의 착오를 들어 공세를 폈던 것"이며 처음으로 규탄 성명을 발표했던 동경 유학생들의 모임도 '학우회의 좌경학생'들이었다고 몰아가면서 이 사설은 결국 '이광수의 사견'이라고(동아일보사, 1975: 230~231) 주장했다. 이 책이 발행되던 1975년 무렵은 박정희 정권의 유신 독재 정권이 권력의 유지를 위해 레드 콤플렉스를 매우 효과적으로 빈번하게 사용하던 때다. 이러한 때에 자신들의 역사에서 나타난 치명적인 과오를 사회주의 세력의 책동으로 몰아붙이고, 나아가서 연초에 5회에 걸쳐 연재한 사설을 집필자의 사견이라는 상식을 한참 벗어난 궤변으로 책임을 회피하려 함을 알 수 있다.

1930년대의 역사를 다룬 제3장에서는 제4절로 일장기 말소 사건을 다루며 사건의 의의를 다음과 같이 주장하였다(동아일보사, 1975: 364)

> 그 당시 손기정 선수의 마라톤 세계제패는 이겨본 일이 적은 우리 민족을 흥분케 했고, 이 승리의 영광을 우리의 것으로 가지지 못하고 일본의 것으로 주기에는 너무나 분통이 터지는 일이었던 것이다. 이런 민족의 아픈 가슴을 달래기 위하여 민족대변지를 자임해 온 본보 〈동아일보〉가 그냥

무심히 넘길 수 없었던 것은 누구의 지시도 아니요 명령도 아닌 거의 자연발생적인 본보의 체질에서 우러난 것이었다.

이 내용은 전술한 대로 사건의 당사자 이길용이 1948년 김사림이 펴낸 책에서 이 사건을 회고했던 내용과 대동소이한 것임을 알 수 있다. 일장기를 삭제한 것이 누구의 지시나 명령도 아니라 자신들의 체질에서 비롯되었다는 이 표현은 그 이후에도 이 사건을 평할 때면 거의 빠짐없이 사용되는 문구가 되었다. 동아일보사라는 언론 기관의 조직적 의사 결정에 의한 것이 아니라 몇몇 기자들 개인의 차원에서 이루어진 사건을 이렇게 의미 부여하고 있는 것이다.

이 사건이 자신들의 체질에서 비롯된 것이라고 강조하기 위해서인지 이 사사에서는 1932년 로스앤젤레스 올림픽 마라톤에서 김은배 선수가 6위로 입상하였을 때도 일장기를 말소했던 경험이 있다며 다음과 같이 서술하였다(동아일보사, 1975: 365).

이길용 체육부 기자가 조사부 소속 본보 전속 화가 이상범 기자에게 일장기 처리를 의논하였는데, 그때 둘이는 그저 빙그레 웃었을 뿐, 별다른 말을 나누지는 않았다. 이심전심, 내어민 자도 받은 자도 서로의 의사가 소통되었던 것이다. 일장기 말소는 이번에 비롯되는 일이 아니라 1932년 김은배 선수가 로스앤젤레스 올림픽 대회에서 마라톤 6위로 입상했을 때도 눈에 거슬리는 가슴의 일장기를 기술적으로 말소했던 일이 있었던 것이다. 그 당시 총독부 측의 트집 없이 넘어갔던 경험도 있어 그들의 의사가 이번 일장기 말소에 합의되었던 것이었다.

별다른 근거를 제시하지 않고 구체적으로 어느 날짜의 지면에 어떤 사진에서 말소가 되었는지도 적시하지 않은 채 그냥 김은배 선수 가슴의 일장기를 기술적으로 말소했다고 서술하고 있는 것이다. 하지만 당시 〈동아일보〉의 지면을 찾아봐도 1932년 8월 9일자 2면 톱기사로 입상 소식을 전하며 사진의 김은배 선수 가슴에는 출신 고교 양정을 의미하는 이니셜 Y자가 새겨진 유니폼만이 눈에 띈다. 일본의 르포 작가 가마다 다다요시鎌田忠良(1988: 356)는 일장기 말소 사건을 조사하여 1988년에 나온 저서 《일장기와 마라톤》에서 다음과 같이 주장하였다.

> 여기서 흥미로운 점은 동 지의 일장기 말소는 이때가 처음이 아니라고 이야기되고 있다는 사실이다. 〈동아일보사東亞日報史〉에 따르면, 4년 전 김은배 선수가 로스앤젤레스 올림픽에서 6위에 입상하였을 때도 '눈에 걸리는' 일장기를 기술적으로 말소하였다고 한다. 하지만 당시 조선총독부로부터는 아무런 제재도 없었다. 이러한 경험으로부터 이길용 기자와 이상범 화백 사이에는 오직 미소를 나누는 것만으로도 의지의 저어함이 없었다고 〈동아일보사〉는 기술하고 있다.
>
> 그래서 이 점을 확인하기 위해 당시의 〈동아일보〉 지면을 일일이 조사해 보았지만 틀림없이 **동지에 게재된 김은배 선수의 각종 사진에는 문제의 일장기는 보이지 않는다.** 다만 그 대신 사진은 모두 그의 모교인 양정보통학교의 이니셜 'Y' 마크가 들어간 것으로 통일되어 있는 것을 알았다. 동 사사를 읽어 보면 로스앤젤레스 올림픽 때도 이미 일장기를 말소한 사실이 있다고 말하는 듯한 인상을 받는다. 하지만 분명한 것은 이때는 일장기 부분을 'Y' 마크로 바꾸었거나 그렇지 않으면 로스앤젤레스 올림픽에서 실제로 사용된 유니폼 대신에 김은배 선수가 당시 사용한 'Y' 마크가 들어간 셔츠로 바꿔치기하는 조치를 취한 것으로 이해된다. (강조는 인용자)

가마다는 《동아일보사사》의 서술을 토대로 당시 지면을 살펴보았지만 일장기가 말소된 흔적은 찾을 수 없었고 대신 김은배의 출신 학교인 양정을 상징하는 Y자만이 보인다면서 일장기 마크를 Y자로 바꾸었거나 유니폼을 바꾸었을 것이라고 추정하였다. 이로써 가마다(1988: 356~357)는 "여기서 동 사사의 서술 내용 그대로는 아니더라도 결국 로스앤젤레스 올림픽 당시에도 이미 무언가 의도적 수정이 있었다고 판단해도 좋을 것"이라고 조심스럽게 결론짓고 있다. 당시의 신문 지면에 대해서는 사진작가 최인진(2006: 91~92)도 지면에서 김은배의 사진에 일장기가 지워진 흔적을 찾지 못했다.

그러나 당시의 언론 취재 현실이나 통신 사정을 고려하면 가마다의 이러한 추정도 그대로 받아들이기 어렵다. 당시 올림픽의 마라톤 경기는 한국 시간으로 8월 8일 오전 8시 30분에 개최되었으며 입상 소식을 보도한 〈동아일보〉의 그해 8월 9일자 석간은 당시 신문의 발행 관행상 그 전날인 8일 저녁에 발행되었다. 당시의 통신 여건상 올림픽 마라톤의 현장 사진이 바로 전송되기는 불가능했다. 문제의 1936년 8월 9일에 벌어진 베를린 올림픽 마라톤에서 손기정이 우승한 때도 시상 장면 사진이 보도된 것은 8월 13일에 〈조선중앙일보〉와 〈동아일보〉 지방판 조간에 1차 실렸고, 그 뒤 8월 25일 〈동아일보〉 지면에 다시 좀 더 선명한 사진을 실으며 말소 사건이 벌어졌던 것이다. 따라서 로스앤젤레스 올림픽 마라톤을 보도한 1932년 8월 9일자 기사에 실린 사진도 올림픽 현장의 사진이 아니라 김은배 선수의 연습 과정이나 다른 대회에서 찍은 자료 사진이었을 것이다. 이러한 내용을 당시 지면을 확인하지도 않고 출처를 제시하지도 않은 채 잘못된 주장을 한 것이다.

더구나 이러한 주장이 별다른 문제 제기나 비판도 없이 그 이후에도 그대로 되풀이되었다. 〈동아일보〉 2006년 8월 25일자의 '일장기 말소 의거 70주년'이라는 특집에서도 가마다 다다요시의 말을 인용해 다시 한번 주장하고 있다. 관련 부분은 다음과 같다.

> 일본의 스포츠 평론가 가마다 다다요시 씨는 저서 〈일장기와 마라톤—베를린 올림픽의 손기정〉에서 "〈동아일보〉의 일장기 말소는 1932년 로스앤젤레스 올림픽 때도 이뤄졌다."고 지적했다.

별다른 논거도 제시하지 않고 구체적인 육하원칙도 없이 단지 가마다의 말만을 다시 인용해 주장하고 있는 것이다.

1930년대 후반의 언론 통제에 대해서는 날로 엄혹해져 가는 상황을 구체적으로 열거하며 "이런 상황에서 신문을 제작한다는 것은 이미 고통을 넘어서 거의 질식 상태에 놓였다고 할 밖에 없었다"(동아일보사, 1975: 377)고 자평하였다. 당시의 신문 지면 실태에 대해서는 아무런 구체적 언급 없이 '질식 상태'라는 표현으로 대체하고 만 것이다.

(2) 2000년 《민족과 더불어 80년》 발행

제1권의 발행 이후로는 해방 이후를 다룬 제2권부터 시작해서 매 10년 가량의 역사를 1권으로 순차적으로 다루면서 2005년 제6권으로 1990년부터 2000년대까지의 역사를 정리하였다.

이와는 별개로 동아일보사는 창간 80주년을 맞아 2000년에 《민족과 더불어 80년》이라는 책을 발간하였다. 이 책은 사사의 내용을 간추린 형태라 볼 수 있다. 제목에서도 '민족과 더불어'를 강조하고 있다는 점에서도 잘 드러나지만 이 책도 자사의 역사를 정리하며 일제의 언론 탄압이 극심했으며 자신들은 이에 저항하여 민족의 이익을 대변했다는 주장을 반복하였다.

당시 사장 오명은 '책머리에'라는 제목의 서문에서 일제 강점기의 〈동아일보〉 역사를 다음과 같이 간추렸다(동아일보사, 2000).

> 동아일보가 올해로 창간 80주년을 맞았습니다. 민족의 표현기관을 자임하며 창간호를 내놓은 것이 1920년 4월 1일, 그로부터 동아일보는 민족·민주·문화주의의 창간정신을 앞에두고 외길을 걸어왔습니다.
>
> 지난 여든해 동안 동아일보는 영광과 고난을 민족과 함께 해왔습니다. 일제 식민통치 시절 독립의 꿈을 키우다 창간 반 년만에 첫 정간을 당한 것을 시작으로 4차례의 정간 처분을 받았고 판매금지 압수 삭제 구속 연행 등의 탄압은 이루 헤아릴 수 없을 정도였습니다. 1940년 8월에는 마침내 강제폐간을 당해야 했습니다. (중략)
>
> 그렇기에 동아일보 80년사는 수난의 기록이자 우리의 현대사와 맥을 같이 합니다. 일제의 질곡, 동족상잔의 전란, 그리고 반독재 민주화 투쟁에 이르기까지 동아일보는 항상 정의와 진실의 수호자가 되고자 최선을 다해 왔다고 감히 자부합니다. (후략)

자신들이 탄압받은 사실 위주로 간략히 서술하면서도 항상 민족과 함께하였다는 주장을 반복하고 있다. 본문에서는 자신들의 창간 과정을 서술한 제1장을 '식민지하 민족언론의 탄생'이라는 제목을 붙여 민족계의 대표 신문으로 창간되었음을 강조하였다. 창간의 의의에 대해 "3·1운동 당시의 지하신문 열기가 채 가시지 않은 조선백성들에게 민족계 신문의 색채를 갖추어가는, '동아일보'라는 미지의 신문은 10년간의 어두운 공백을 뚫고 1919년을 기점으로 터져나온 자신들의 신음과 함성을 대변하는 것이었다"(동아일보사, 2000: 108)고 민족의 대변자 역할이었음을 내세웠다.

제2장에서는 '가시밭길'이라는 제목으로 자신들은 항일의 필봉을 휘둘러 일제의 가혹한 탄압을 수없이 받아야 했다고 강조하였다. 창간 보름 만인 4월 15일자 평양의 만세 시위 보도 때문에 발매 반포 금지 조치를 받은 것을 시초로 창간 후 6개월 동안 24건의 발매 금지와 삭제 조치를 받았다는 사실을 지적하며 "그러나 제재 조치는 기름에 물을 붓는 격으로 오히려 편집진의 오기를 불러일으켜 더욱 강렬한 논조를 촉발했다. '압수 통보가 오면 만세를 부르고 한 닷새만 압수가 없으면 기자들의 안색이 불쾌해지는' 분위기였다"면서 "압수당하는 것을 장하게 여긴 욱일승천의 초창기였다"(동아일보사, 2000: 137)라고 주장하였다.

2000년의 이 책에서는 1924년의 사설 '민족적 경륜' 파동에 대해서는 1975년의 사사와는 다르게 서술하고 있다. 관련 부분의 핵심은 다음과 같다(동아일보사, 2000: 207).

> '민족적 경륜'이란 제목으로 이광수가 쓴 이 사설은 5회에 걸쳐 연재되면서 큰 파문을 일으켰다. 일제 치하의 조선 땅에서 조직적이고 지속적으로 저항하려면 일제 통치의 틀 안에서 합법적인 정치운동이라는 방법을 취하지 않을 수 없다고 촉구하는 이 글은 지금까지 해온 독립운동에 근본적인 전환이 필요하다는 뜻으로 비쳤다. 이는 **필자 이광수의 개인 의견을 넘어 동아일보 편집진의 현실 인식 또는 정치 노선으로 보이기에 충분한 내용**이었다. (강조는 인용자)

이광수의 '사견'이라고 치부해 버렸던 1975년 사사의 내용과 비교하면 진일보한 서술로 볼 수 있다. 이어서 이러한 입장은 안창호로부터 비롯되었다며 "안창호의 현실노선은 연정회 조직에 힘을 실어주었고 사설 '민족적 경륜'으로 표출된 것이다"(동아일보사, 2000: 208)라고 연정회와의 연관도 인정하기에 이르렀다. 국내외의 여러 세력들이 벌였던 이 사설에 대한 반발은 "도쿄 유학생 좌파들과 국내의 급진적 민족주의자들이 이 사설을 성토하고 나섰다"(동아일보사, 2000: 208)고 하여 1975년 사사의 서술과 다소 차이를 보이긴 했지만 좌파와 급진적 민족주의자 등 '일부 세력'의 반발이었다고 몰아세우는 태도는 여전하였다.

일장기 말소 사건을 언급하는 부분에서는 전술한 대로 《동아일보 사사》가 범한 오류를 그대로 반복하였다. 즉 1936년의 일장기 말소가 '처음은 아니'라며 1932년 로스앤젤레스 올림픽 마라톤에서 6위 입상한 김은배 선수의 사진에서도 일장기를 말소하였다는 주장을 되풀이한 것이다(동아일보사, 2000: 258).

동아일보사의 《민족과 더불어 80년》은 일장기 말소 사건의 사후처리를 논하면서 사실 관계도 오류를 범하였다. 이 책은 사건이 터지자 여러 명이 총독부 경찰에 연행되었으며 "이 가운데 이길용 이상범 백운선 서영호 신낙균 장용서 현진건 최승만은 구속됐다. 그리고 이길용 현진건 최승만 신낙균 서영호 등 5명은 동아일보를 떠나게 된다"고 서술하고는 이어서 김준연 주필과 설의식 편집국장, 이여성 조사부장, 박찬희 지방부장, 그리고 송진우 사장이 사임하였다고 덧붙였다(동아일보사, 2000: 259). 이때 총독부 경찰에 연행된 것은 이길용을 비롯해서 총 11명이었으며 이들은 이상범의 회고(〈동아일보〉, 1956. 8. 21, 4면)에 따르면 당시 구속이 아니라 구류 갱신으로 구금되어 33일간 고생하다 풀려났으며 신문사를 그만두게 된 것은 총 13명이었다(채백, 2008: 144). 후술하겠지만 이상범의 회고에 따르면 당시 이 관계자들은 회사를 그만두고 앞으로도 언론에 종사할 수 없게 되었지만 사법 처리되지는 않았던 것으로 알려져 있다.

1940년 폐간이 결정되는 과정을 서술하는 부분에서는 당시의 언론에 대해 "이 무렵 동아 조선 양대지의 논조와 색채는 이미 매일신보와 구별하기 힘들 정도로 상당히 퇴색해 있었다"(동아일보사, 2000: 262)고 설명하였다. 일제 말기의 친일적 모습을 직접적으로 서술하지는 않았지만 간략하게나마 자신들의 왜곡되었던 역사를 에둘러 인정하는 변화된 모습을 보여 주었다.

이처럼 〈동아일보〉도 1975년의 사사에서는 민족지 신화적 인식을 충실하게 드러냈지만, 2000년에 오면 다소 완화된 수준으로 변모하였음을 알 수 있다.

3. 언론인의 회고와 전기를 통한 민족지 신화의 강화

〈동아일보〉와 〈조선일보〉의 자체 지면과 사사, 그리고 학계의 활동을 통해 생성된 민족지 신화는 점차 다른 저술들에 의해 확산되며 강화되어 갔다. 가장 중요한 역할을 한 것은 언론인들의 회고와 전기 등이었다. 언론인들의 회고는 전술한 대로 광복 직후 오기영과 이길용, 백운선의 회고에서 시작하여 신문 지면을 통한 민족지 신화 창출보다 먼저였다. 이 밖에도 두 신문사나 다른 미디어의 지면을 통하거나 책 출판 등의 방법으로 언론인들이 과거 기자 생활을 회고하며 일제 강점기의 탄압과 저항을 부각시키는 데 진력하였다. 주로 1950년대부터 1970년대까지 언론인들의 회고를 통한 민족지 신화의 강화 과정을 시간 순서대로 살펴보자.

1) 이상범과 김팔봉의 회고

1956년 8월에는 일장기 말소 사건의 20주년을 맞아 〈동아일보〉는 사건 주역의 한 사람인 이상범의 회고를 17일부터 5회에 걸쳐 연재하였다. 사건의 경과를 비롯해서 총독부의 탄압 조치와 수사 과정을 서술한 이상범은 8월 21일자 4회분에서 당시의 언론 통제 상황을 다음과 같이 언급하였다.

> 그때는 마침 왜제倭帝가 만주를 침탄侵呑한 지 3년 후이고 장차 중일전쟁과 태평양대전을 꿈꾸고 있었을 무렵인지라, 우리의 '얼'을 말살하는 행동에는 실로 전민족이 전율하지 않을 수 없었다.
>
> 우리의 말國語을 없애고 우리의 글을 죽이고 심지어는 우리 성까지 갈게금 들복던 놈들이니, **민주주의를 지지하고 문화주의를 제창하고 2천만 민중의 대변자로 나선 〈동아일보〉**를 살려둘려고 할 리가 만무하였다.
>
> 더구나 그놈들 자신이 '동아일보사'를 '조선인의 정부'라고까지 지칭하였으니 동아일보가 어찌 그놈들의 '눈에가시'가 아니었으랴?
>
> 그 당시의 실정으로 말하면 우리 2천만 '겨레'는 거의 빈사 상태에 빠져서 넉넉히 할 수 있는 말조차 크게 못할 판이었는데 그놈들이 신주神主 같이 숭배하는 일장기에 이렇듯 통쾌하게 큰 모욕을 가하였으니 참말로 적고도 큰 사건이 아닐 수 없었다. (강조는 인용자)

일장기 말소 사건의 의의를 일제에 '큰 모욕'을 가한 '참말로 적고도 큰 사건'이라고 높게 평가하였다. 8월 22일 5회분에서는 "이렇듯 뼈저리던 우리 동지들의 수난 인고忍苦의 '힘'이 오늘에 기름진 거름(비료)이 되어 민족의 벗인 「동아일보」를 북돋아"준다고 마무리 지어 이 사건이 〈동아일보〉에 '기름진 거름'으로서 역할을 한다고 평가하였다. 이상범의 회고를 통해 이렇게 일장기 말소 사건의 의미를 강조하기 시작한 〈동아일보〉는 전술한 대로 1960년도의 창간 기념호부터는 본격적으로 이 사건을 일제 강점기 〈동아일보〉의 역사에서 대표적 저항으로 상징화하였다.

1959년에는 문인 기자 출신인 김팔봉(본명은 김기진)이 〈사상계〉에 '한국신문 수난사'라는 제목의 글을 6월호부터 3회에 걸쳐 연재하였다. 김팔봉은 우리나라 최초로 프로 문학의 이론을 내세웠으며 조선프롤레타리아예술가동맹(KAPF)의 실질적 지도자로 활동한 인물이다(다음백과 참조). 1924년 우연한 기회에 〈매일신보〉에 입사하여 기자 생활을 시작한 김팔봉은 이후 〈시대일보〉와 〈중외일보〉를 거쳐 1930년 〈조선일보〉 사회부장으로 전직하였으며 다시 〈매일신보〉로 옮겨 1935년까지 사회부장을 역임하였다(한국신문연구소 편, 1978: 209~223).

〈사상계〉에 실린 김팔봉의 글은 제목에서 드러나는 바와 같이 한국 언론의 역사 속에서 외부적 환경의 변화에 의해 좌우되어야 했던 측면을 간략하게 정리하였다. 일제 강점기에 대해서도 민간 신문들이 총독부에 의해 탄압받고 규제당한 사실들을 중심으로 서술하였다.

김팔봉은 〈동아일보〉를 "1920년 4월 1일에 처음으로 탄생된 신문"이라고 소개하였다. 반면 글의 후반부에서 〈조선일보〉는 "〈동아일보〉와 마찬가지로 1920년 창간된 민간지였다. 그러나 1924년 신석우·홍증식·이상협 등 여러분이 전 경영자로부터 매수하여 가지고 월남 이상재 선생을 사장으로 모신 뒤부터가 비로소 명실상부한 공정한 민간지인 것이다"라고 소개하였다(김팔봉, 1959: 153~155). 1924년 혁신 이후의 〈조선일보〉만이 '명실상부한 공정한 민간지'라고 규정한 것이다. 친일 단체 대정친목회나 친일파 송병준이 운영한 창간 초기에 대해서는 '공정한 민간지'가 아니라고 본 것이다.

이 글은 〈동아일보〉와 〈조선일보〉가 일제 강점기 각 네 차례 정간 당한 사례를 중심으로 '수난의 역사'를 정리하였다. 특히 〈동아일보〉의 일장기 말소 사건에 대해서도 비교적 자세하게 언급하였다. 이 사건을 서술하면서 김팔봉은 "다른 신문에는 손선수의 가슴에 일장기가 뚜렷하게 보이건만 〈동아일보〉와 〈조선중앙일보〉만은 손선수의 가슴에 일장기가 없는 것이었다"라고 하여 〈조선중앙일보〉도 일장기를 말소한 사진을 실었다는 사실을 언급하였다. 문제의 사진이 게재된 날짜나 전후 맥락에 대한 설명 없이 일장기가 말소된 사실만을 지적한 것이다. 이는 〈조선중앙일보〉의 일장기 말소 사건을 언급한 최초의 사례로 보인다. 전술한 대로 〈동아일보〉는 해방 직후부터 자사의 지면이나 당사자들의 회고를 통해 이 사건에 대해 이미 여러 차례 언급하였지만 〈조선중앙일보〉의 일장기 말소 사례는 그동안 전혀 알려지지 않았던 사실이다. 그동안 학계에서는 1960년에 초판이 출간된 최준의 《한국신문사》에서 처음으로 그 사실이 제시되었고 정진석(1975)에 의해 최초로 자세하게 규명된 것으로 알려졌었다(채백, 2008: 19~24).

김팔봉의 짤막한 이 글은 당시 학계에서도 한국의 언론 역사가 제대로 정리되지 못한 가운데 언론의 역사를 언급하며 '수난사'라는 제목에서도 드러나듯이 탄압받은 역사로 의미를 부여하였다는 점에서 주목할 만하다.

2) 김을한의 저술 활동

김을한이 1926년 〈조선일보〉에 '인생잡기'라는 제목의 원고를 투고한 것이 6회에 걸쳐 게재되었다. 이 투고가 당시 주필 안재홍의 눈에 띄면서 사회부 기자로 특채되면서(조선일보사, 2010c: 98) 언론계에 투신하였다. 이후 1930년 9월 매일신보사로 옮겨 1937년까지 사회부 기자로 근무한 김을한은 해방 이후 한국과 일본을 오가며 언론인 생활을 이어갔다. 현장을 떠난 뒤에는 여러 잡지에 다양한 주제로 연재를 하고 이를 모아서 책으로 출판하며 많은 저서를 남겼다. 1960년에 《사건과 기자》를 펴낸 것을 시작으로 《그리운 사람들》(1961), 《신문야화》(1971), 《인간 이은》(1971), 《한국신문사화》(1975), 《월남선생일화집》(1976), 《좌옹 윤치호전》(1978), 《천리구 김동성》(1981), 《인생잡기》(1989) 등 여러 종류의 회고록을 출간하였다(한국민족문화대백과사전 '김을한' 항목). 그중에는 일제 강점기 언론에서의 경험을 토대로 당시 역사에 대한 내용도 상당 부분 포함되었다.

김을한이 1956년에 첫 번째로 펴낸 책 《인생잡기》에서는 '인촌과 고하'라는 제목으로 김성수와 송진우에 대한 평이 실려 있다. 김성수의 사망 1주기가 되는 당시 이 글에서 김을한은 〈동아일보〉와 그 주역 두 사람에 대한 평가를 내린다. 즉 "기미 3·1운동 후에 창간된 **동아일보는 민족주의 신문으로 민중의 지지와 갈채**를 받았는데 이 신문이 발간되기까지에는 인촌과 고하의 비상한 노력이 있었던 것이다. 비록 합법적으로나마 민족의 핵심이 되고 항일의 선봉이 된 동아일보가 이 나라 이 민족을 위하여서 얼마나 큰 역할을 하였던가는 이에 다시 말할 필요도 없을 것이다"(김을한, 1956: 247)라고 언급하였다(강조는 인용자). 두 사람이 함께 만들어 간 〈동아일보〉는 민족주의 신문으로서 민족의 핵심이자 항일의 선봉으로서 국가와 민족에 커다란 역할을 하였다는 주장이다.

김을한이 〈연합신문〉을 중심으로 여러 신문에 연재했던 내용을 모아 1960년에 펴낸 《여기 참사람이 있다》에서는 한국 근현대사의 주요 인물들에 대한 평가를 담고 있다. 〈동아일보〉의 사장을 역임한 송진우를 평가하며 〈동아일보〉에 대한 역사적 평가도 언급하고 있다. "동아일보는 그가 가장 심혈을 경주해 온 것으로서 기미독립운동으로부터 8·15 해방이 되기까지 항일투쟁의 거점이 되었었다. 어둡고 침침하던 그 시대에 있어서 동아일보가 민족의 등불이 되고, 한국 굴지의 대 신문이 된 데에는 인촌의 재정적 뒷받침과 고하의 비상한 노력이 있었음을 잊어서는 안될 것이니 고하는 동아일보 하나만을 가지고도 가장 위대한 사업을 하였다고 할 수 있다"(김을한, 1960a: 98)고 함으로써 〈동아일보〉는 일제 강점기 '항일 투쟁의 거점이며 민족의 등불'로 규정하였다.

이 책에서 김을한은 일제 강점기 언론과 관련된 활동을 언급할 때면 거의 예외 없이 송진우의 경우처럼 언론 활동은 곧 저항의 역사라고 의미를 부여하였다. 민세 안재홍을 소개하는 대목에서 "조선일보 주필에 취임하여 예리한 필봉으로 일제에 항거"(김을한, 1960a: 108)하였다고 서술하였으며, 〈조선일보〉 편집국장을 역임한 한기악韓基岳에 대해서는 "조선일보사의 편집국장으로서 민족항쟁사에 불멸의 공적을 남긴 분"(김을한, 1960a: 185)이라고 평가하였다.

1960년에 출판한 또 하나의 책 《사건과 기자》도 〈연합신문〉에 연재한 내용을 중심으로 다른 신문과 잡지에 기고했던 내용을 함께 모은 책이다. 제목에서 알 수 있는 바와 같이 취재 현장에서 겪은 경험담에 초점을 맞추고 있다. 일제 강점기 민간지에 대한 신화적 인식은 두드러지게 나타나지는 않았지만 〈동아일보〉의 창간을 '민족신문의 탄생'이라는 소제목으로 창간 과정을 서술하며 "민족신문의 첫 봉화"를 들었다고 표현하였다(김을한, 1960b: 22~24). 〈조선일보〉에 대해서는 여러 차례 경영주가 바뀐 사실을 언급하며 "재정적 뒷받침이 빈약한 데다가 항일투쟁을 하느라고 걸핏하면 압수요, 정간을 당한 때문"(김을한, 1960b: 25)이라고 하였으며 1926년 자신이 입사하던 즈음의 〈조선일보〉는 "재정적 뒷받침은 빈약하였으나 민족주의 신문의 전통을 잘 살려나가려고 눈부신 활동을 하고 있었다"(김을한, 1960b: 35~36)고 하여 〈조선일보〉도 '민족주의 신문'으로 평가하였다.

〈조선일보〉의 창간 50주년을 맞아 〈주간조선〉에 연재했던 내용을 바탕으로 1971년에 출판한 《신문야화》는 일제 강점기 조선일보사에서 자신이 경험했던 사례들을 토대로 한다. 이 책에서 김을한은 일제 강점기 언론의 역사에 대한 신화적 인식을 더욱 전면에 내세우고 있다. 서문에서 김을한은 "조선일보는 동아일보와 함께 3·1운동의 혜택으로 탄생된 민족 신문인 바, 암흑하던 그 시대에 있어서 이 신문이 우리 민족, 우리 사회에 끼친 바 공적은 참으로 혁혁한 바가 있으며, 그 양대 산맥의 전통은 지금까지도 꾸준히 계승되어 내려오는 것"(김을한, 1971: 5)이라고 이 신문들이 우리 역사에 '혁혁한 공적'을 세웠다고 의미 부여하였다. 이어서 "이 책을 읽으면, 해방 전의 신문 경영이 얼마나 어려웠으며 신문인의 사명이 또 얼마나 중차대하였던가를 잘 알 수 있겠거니와, 필자는 그러한 시대에 **신문 기자가 되어 비록 미미한 존재이나마 민족전선의 첨병으로서 「레지스탕스」의 일익을 담당**하게 된 것을 매우 행복하게 생각한다"(김을한, 1971: 5)고 술회하였다(강조는 인용자). 자신을 '미미한 존재'라고 겸손한 표현을 사용하는 것 같지만, 자신의 행적은 '민족전선의 첨병'으로서 '저항 운동의 일익'을 담당하였다고 자화자찬하였다.

1920년의 민간지 창간 과정을 서술하면서 김을한은 〈동아일보〉의 창간 주역 김성수가 중앙학원과 고려대학, 경성방직을 세워 '교육과 언론과 산업계에 불멸의 공적을 남긴' 인사라며 다음과 같이 평하였다

(김을한, 1971: 38~39).

> 그러므로 인촌과 같은 좀처럼 보기 드문 지도자가 〈동아일보〉의 경영을 맡게 되었다는 것은 〈동아일보〉뿐만 아니라, 한국 언론계 전체를 위해서도 크나큰 행복이었다고 아니할 수 없으며, 〈동아일보〉가 춘풍추우 **50년 동안을 한결같이 「민족의 신문」**이라는 그 사시를 잘 지켜온 것은 인촌이라는 꾸꾸한 빽본支柱이 엄연하게 존재해 있었던 때문이라고 하여도 결코 망발은 아닐 것이다. (강조는 인용자)

김성수라는 개인을 극상의 표현을 동원하여 우상화하면서 아울러 〈동아일보〉도 "50년 동안을 한결같이 민족의 신문"이었다고 추켜세웠다.

〈조선일보〉에 대해서는 창간 당시 산업 신문을 표방하였지만 "근본이 친일파 신문이라는 낙인이 찍힌 관계로 민중 사이에 인기가 없어 경영이 부진"(김을한, 1971: 66)하였다고 초기의 특성과 어려움을 객관적인 시각에서 서술하였다. 그러나 1924년 이후의 〈조선일보〉 변화에 대해서는 '민중의 신문'으로 거듭나려 노력했다며 매우 긍정적인 시각에서 평가하였다. 소유주도 신석우로 바뀌고 편집진도 동아일보사에서 이직한 이상협 중심의 그룹과 사회주의자들 세력들로 구성된 사실을 지적하면서 "사장으로부터 평사원에 이르기까지 베스트 멤버로 참신하고도 강력한 진용을 편성한 하몽은 타도 동아라는 집념에만 온갖 정열을 경주하여 민족지인 〈동아일보〉에 대항해서 〈조선일보〉는 「민중의 신문」으로 만들겠다고 호통을 쳤다"(김을한, 1971: 74)고 혁신을 표방했던 1924년 〈조선일보〉의 변화를 호평하였다. 이어서 "제제다사濟濟多士한 인재를 망라하여 진용을 새롭게 한 〈조선일보〉는 무엇이고 새로운 일을 하여야만 되었다. 그리하여 「민중의 신문」답게 〈동아일보〉 보다 항상 한 걸음 앞서기에 노력하였"(김을한, 1971: 77)다고 매우 긍정적인 표현을 동원하여 여러 가지 새로운 시도들, 즉 1924년의 라디오 무선 시험 방송 실시와 만화 '멍텅구리' 연재 등을 소개하였다(김을한, 1971: 77~81).

일제 강점기 두 신문의 관계에 대해서도 김을한은 "지금 생각하여도 가장 유쾌한 것은 당시의 동아·조선의 두 신문은 신문의 지면을 제작하거나 신문 판매를 확장함에 있어서는 눈에서 불이 나도록 격렬한 경쟁을 하고 있으면서도, 일단 문제가 민족 전체에 미치는 일이 생겼을 때에는 경쟁 의식을 버리고 백년의 지기나 만난 듯이 동고동락 해왔던 것"이라고 평가하였다(김을한, 1971: 185). 기본적으로 치열한 경쟁 관계를 유지하면서도 민족 문제에서는 백년지기처럼 동고동락해 왔다고 특별한 의미를 부여하였다.

이 책의 말미에 가면 두 신문사의 역사에 대해 다음과 같이 정리하였다(김을한, 1971: 284~285).

> 서울의 한복판 세종로에는 동아일보사가 있고 거기서 조금 가면 조선일보사가 있다. 이 두 신문은 어둡고 침침하던 왜정 치하에서 유일한 민족의 등불이었으니, 과거의 역사를 잘 아는 사람이라면 누구나 지금도 깊은 애정과 향수를 느끼지 않을 수 없을 것이다.
>
> 그런데 동아일보는 처음부터 지금까지 김성수씨의 호남 재벌이 경영해 왔으므로 그다지 파란이 없었으나, 조선일보는 경제적 지반이 박약했던 탓으로 전기한 바와 같이 몇 번이나 주인이 바뀌이고 경영은 극도로 곤란해서 사원들의 봉급을 몇 달씩 주지 못하던 때도 많았었다.
>
> 그러던 것이 방응모씨가 사장이 되면서부터 비로소 신문사의 기초가

안정되어 오늘에 보는 바와 같은 대신문이 되었으니, 방응모씨야말로 조선 일보사를 기사회생시킨 은인이요, 또 김성수씨와 함께 한국 언론계의 큰 공로자라고 하지 않을 수 없다.

〈조선일보〉의 역사에서 창간 초기부터 1930년대 초반까지를 방응모 이후의 역사와 구분하고 있다. 전술한 대로 초창기 〈조선일보〉의 성격에 대해서는 산업 신문을 표방하였지만 실제로는 친일 세력의 신문이었다고 객관적으로 평가하였다고 지적한 바 있다. 그러나 객관적인 시각은 창간 초기에 한정될 뿐, 방응모 인수 이후의 조선일보에 대해서는 〈동아일보〉와 마찬가지로 민족지라는 신화적 평가에서 전혀 벗어남이 없었다. 두 신문의 현재 권력에 대해서는 긍정적 평가로 일관한 김을한은 책의 맨 마지막에서는 "조선·동아 두 신문에 영원한 영광이 있으라"(김을한, 1971: 286)는 축복으로 마무리 지었다.

3) 유광렬의 〈기자 반세기〉

일제 강점기와 해방 이후 여러 언론사에서 활약한 언론인 중 유광렬은 가장 왕성한 집필 활동을 벌인 언론인 중 한 명이다. 그는 1919년 총독부 기관지인 〈매일신보〉에 입사하며 기자 생활을 시작하여 1920년 2월부터 〈동아일보〉 기자 생활을 하였으며 이후 〈조선일보〉와 〈중외일보〉를 거쳐 다시 1933년 〈매일신보〉로 가서 편집국장을 역임한 인물이다(유광렬, 1969, 약력 참조). 일제 말기에는 조선임전보국단과 조선언론보국회에 가담하였고, 〈조광〉 등에서 친일 논설문을 작성하였다. 그는 민족문제연구소가 2008년 공개한 《친일인명사전》 언론/출판 분야에 수록되었으며 친일반민족행위진상규명위원회가 발표한 친일반민족행위자

중 언론 분야 친일 인사 명단에 포함되었다(친일반민족진상규명위원회, 2009).

해방 이후 〈자유신문〉을 거쳐 1954년부터 〈한국일보〉에 논설위원으로 근무하던 유광렬은 1960년경부터 〈사상계〉 등을 통해 일제 강점기 언론 역사에 대한 글을 발표하기 시작하였다. 1960년 1월에 발행된 〈사상계〉 제78호에 '「동아일보」가 창간되던 무렵'이라는 제목의 글을 통해 일제 강점기 민간지가 허용되는 상황을 기록하였다. 이때 세 신문이 허용된 것은 "3·1운동으로 피흘리어 전취한 것"이라며 당시를 다음과 같이 서술하였다(유광렬, 1960: 214).

> 그러나 그들은 매일신보 같은 관보 이외에 민간 신문을 허가하는 데도 상호 견제를 시키려는 음흉한 용의를 잊지 아니하였다.
>
> 민족주의를 강조하는 편으로 이상협씨의 이름으로 〈동아일보〉 실업단체인 「대정친목회」의 조진태씨 이름으로 〈조선일보〉 「신일본주의자」 민원식씨 이름으로 〈시사시문〉이 허가된 것이다.
>
> 그때 일적日敵의 생각으로는 「배일」에 〈동아일보〉, 「친일」에 〈시사신문〉 실업으로 중립에 〈조선일보〉라고 사고한 듯하다. (중략)
>
> 〈조선일보〉는 대정친목회의 조진태씨에게 허가되었으나 그때 한국인 실업계의 사람이요 정치적 색채는 현저하지는 아니하나 그 이름이 「대정친목회」인 것으로 보아 일본인과 타협하는 사람이요, 이 발행을 준비하던 예종석씨도 일본인과 타협하던 사람이니 민족의 반감이 민원식씨의 정치적 의도 같이 심한 것은 아니나 그때의 우리 국민으로는 논외로 생각하였던 것이다.
>
> 다만 동아일보만이 민족주의 편으로 기대를 걸었었다. 그 허가부터 난산이었다. 3·1운동이 일어나기까지 〈매일신보〉의 기자로 있던 이상협씨는 민간 신문을 하나 경영하여 보려는 생각으로 매일신보사를 그만두고

당시 역시 일적의 기관지인 〈서울푸레스〉 사장 야마가타 이소오山縣五十雄의 소개로 적괴敵魁 총독 사이토 마코토齊藤實을 만나게 되었다.

제등은 「귀하는 동아일보를 발행하여 조선 독립을 주장할 것인가?」

당시 27세의 청년이던 이상협씨는 「조선 독립을 주장하지 아니 하여도 조선인으로서 하고 싶은 말은 많이 있다」고 하였다. 제등은 잘 알았다고 하면서 헤어진 후 허가된 것이다.

1920년 일제가 민간지를 허용하여 〈동아일보〉와 〈조선일보〉, 〈시사신문〉이 창간되던 당시 상황을 비교적 자세하게 묘사하고 있다. 최근의 언론학계는 1920년 창간된 세 민간지를 일제가 민족진영에 〈동아일보〉를, 친일 진영에 〈조선일보〉와 〈시사신문〉을 허용한 것으로 평가하고 있다(채백, 2015; 강준만, 2019 등). 유광렬은 〈조선일보〉를 중립적 성격으로 평가하여 다소 차이를 보이지만 단체 이름에 당시 일본 천황의 시호로서 연호로 사용되던 대정을 사용하고 있다는 점을 지적하면서 사실상의 친일 진영에 허용한 신문인 것으로 평가하고 있다.

〈동아일보〉의 경우는 창간의 주역을 이상협으로 서술하고 있다. 이상협이 허가를 얻고는 재정 문제를 해결하기 위해 김성수를 끌어들였다는 것이다. 3·1운동 후 〈매일신보〉 편집국장을 그만두고 최남선의 신문관에서 일하던 이상협은 신문 허가는 받았지만 재정을 조달하는 것이 큰 문제여서 당시 중앙학교에서 교편을 잡고 있던 최남선의 동생 최두선의 소개로 김성수와 연결되어 재정 문제를 해결하였다고 서술하였다(유광렬, 1960: 215).

이에 대해 동아일보사는 다른 입장이다. 1975년에 발행한 《동아일보사사 권1》을 통해 이는 '기억의 착오'라 주장하였다. 김성수를 중심으로 신문 발행을 논의하기 시작한 것은 1919년 7월부터였다며 최두선의 중재로 이상협과 김성수가 연결되었다고 서술하였다(동아일보사, 1975: 69~70). 하지만 당시 민간지 발행 허가를 받은 것이 이상협 명의였던 것은 분명한 것으로 보인다. 〈매일신보〉 1920년 1월 8일자 2면의 '3신문 허가, 위선 시험적'이라는 제목의 기사는 당시 총독부가 세 민간지의 창간을 허용한 사실을 보도한다. 이 기사는 신문 창간의 허가를 "이상협씨의 명의의 출원인 동아일보, 이동우씨 명의의 출원인 시사신문(협성구락부파[36]), 예종석씨 명의의 출원인 조선일보(대정친목회파) 3종 신문을 허가ᄒᆞ기로 되야 거去 6일 경기도청 제3부로브터 각 출원자의게 허가증을 교부"하였다고 보도하였다. 기사를 통해 민간지 창간의 허가가 이상협 명의였던 것은 분명한 것으로 보인다. 다만 이상협과 김성수가 연결된 시점이 언제인지는 불확실하다.

이와 같이 일제 강점기 언론의 역사를 언급하기 시작한 유광렬은 1964년 4월부터는 〈사상계〉에 '기자 반세기'라는 코너를 매회 연재하며 기자 생활을 통해 직접, 간접으로 겪은 한국 근대사의 현장을 정리하기 시작하였다. 이 내용은 그다음에 〈기자협회보〉와 〈여원〉에 연재하였던 다른 기획과 함께 1969년 《기자 반세기》라는 책으로 간행되었다.

주로 3·1운동기부터 1920년대까지를 다룬 '기자 반세기' 연재를 통해 유광렬은 당시 언론의 역사에 대해서도 몇 차례 언급하였다. 그가 서술한 내용은 주로 총독부의 언론 탄압 중심이었는데, 이는 당시 언론들의 저항 때문이라고 주장하였다. 1920년 9월 25일의 〈동아일

36 1920년에 세 번째로 창간된 〈시사신문〉의 창간 주체는 친일 단체인 국민협회의 민원식으로 알려져 있다. 이 협성구락부는 그 전신으로서 1919년 8월에 설립되어 1920년에 국민협회로 개칭한 것이다(한국민족문화대백과사전 '협성구락부' 항목). 민원식이 대표였으며 이동우는 간사를 맡고 있던 인물이다(〈매일신보〉, 1919. 11. 19, 2면).

보〉 1차 정간을 지적하며 이는 기사 때문만은 아니었고 "창간 이래 사흘이 멀다고 압수 또는 삭제를 당하엿으니 이러한 사건이 쌓이어서 무기 정간이 된 것"(유광렬, 1969: 151)이라며 "창간 이래 민족 운동을 크게 보도하고 민족 정신을 고취하여온 때문에 연일 삭제와 압수를 당한 것이 쌓이고 쌓이어서 총독부의 미움을 산 때문이었다"(유광렬, 1969: 155)라고 설명하였다. 사흘이 멀다 하고 통제를 당했다는 것은 지나친 과장이지만 이를 통해 일제 강점기 언론 하면 총독부의 가혹한 탄압을 떠올리고 이는 곧 식민 통치에 저항했기 때문이라는 인식을 제시한 것이다. 이러한 인식은 곧 일제 강점기 언론에 대한 신화적 인식의 토대를 이루게 되는 것이다.

4) 고재욱의 화갑기념논총《민족과 자유와 언론》

1963년에는 김성수의 조카로서 동아일보사 부사장 겸 주필을 맡고 있던 고재욱의 화갑을 맞아 《민족과 자유와 언론》이라는 제목의 기념논총(고재욱선생 화갑기념논총편찬위원회, 1963)이 발간되었다. 언론계와 학계의 인사 다수가 필자로 참여한 이 논총의 서문에서 언론인 이관구李寬求는 "「동아」 40여년의 역정이 가시덤불이었던 것처럼, 동사의 주필 겸 부사장으로서의 심강心崗 형이 지나간 날 걸어온 노정도 굴곡이 심했다. 때로는 사직司直에 불려다니며, 또 때로는 짧은 시일이나마 옥고도 치르고 실로 기구한 신문계의 일생을 보내고 있다"고 하여 고난의 역정을 이겨냈다고 치켜세웠다. 이어 "〈동아일보〉가 마라톤왕 손기정 선수의 일장기 흉장 말살사건으로 장기 정간을 당했던 사실은 일제가 이 땅의 언론 탄압을 얼마나 혹심하게 했던가의 대표적인 일례지만, 다시 그 뒤 이른바 대동아전쟁 중에 〈조선일보〉와 함께 폐간을 당한 것은 이 나라 언론 말살의 산 증거였다"(고재욱선생 화갑기념논총편찬위원회, 1963: 6)고 언급하여 일제의 엄혹한 언론 탄압을 부각시켰다.

이 논총에는 두 신문사의 약사를 각기 정리한 글들이 실렸다. 〈조선일보〉의 역사는 당시 편집국장이던 유건호柳建浩가, 〈동아일보〉의 역사는 사사편찬부장이던 전영경全榮慶이 집필하였다. 유건호는 〈조선일보〉의 창간에 대하여 다음과 같이 주장하였다(고재욱선생 화갑기념논총편찬위원회, 1963: 252~253).

> 조선일보는 우리 나라 현존 민간지 중 가장 오랜 역사를 지니고 있는 신문으로 1920년 3월 5일 서울 관철동에서 창간되었다. 조선일보가 창간되기에 한 해 앞선 1919년에는 일제에 항거한 민족투쟁으로 3·1운동이 일어났고, 이에 당황한 일제는 하세가와長谷川 대신에 사이토齊藤을 총독으로 바꾸면서 무단정책을 소위 문화정책으로 전환하지 않을 수 없었던 것이니, 조선일보는 이러한 기운에서 창간된, 말하자면 **민족투쟁의 소산으로 얻어진 민족언론기관이었다**. 그렇다고 완전한 언론의 자유를 누릴 수는 물론 없었던 것이고, 식민지 조건하에서 오직 직접, 간접으로 민족을 계몽하고 민족의식을 고취하고 독립정신을 함양하는 길을 택할 수 밖에 없었던 것이니, 표면상 사회계몽과 문화운동에 주력하는 성격으로 출발하지 않을 수 없었던 것이다. (중략)
>
> 이로써 **조선일보는 명실공히 민족의 대표적 언론기관으로 등장**하여 1940년 8월 10일 일제에 의하여 강제폐간을 당하였으나 (후략) (강조는 인용자)

자신들의 창간을 민족 언론 기관으로 출발한 것으로 규정하면서도 사회 계몽과 문화 운동에 주력하는 성격으로 규정한 것이 눈길을 끈다. 창간 주체의 성격을 직접적으로 서술하지는 않으면서 그 한계를 에둘러 표현하고 있는 것이다. 이어 일제의 언론 탄압 정책이 날이 갈수록 강도를 높여 가는 상황을 언급하며 "이러한 가혹한 통제와 단속을 받으면서도 조선일보는 민족언론의 사명에 충실하고자 갖은 창의를 다하였다"고 자신들의 역사를 민족 언론의 역사로 부각시켰다. 또한 1930년대 각종 잡지의 창간이 이어진 사실을 지적하면서 이 잡지들은 "민족의식을 함양하는 데 있어 조선일보와 함께 길이 남을 공헌이라 할 수 있을 것"이라고 찬양하였다(고재욱선생 화갑기념논총편찬위원회, 1963: 263). 이어 〈동아일보〉의 역사를 정리한 전영경은 일제 강점기부터 자유당 정권에 이르기까지의 역사를 다음과 같이 정리하였다(고재욱선생 화갑기념논총편찬위원회, 1963: 371).

> 동아일보는 1920년 4월 1일 창간, 그로부터 1963년 4월 1일 현재 43주년을 맞이했다. 일제 20년간의 파란과 곡절, 검열과 삭제, 판매금지와 정간, 강제폐간, 그리고 8·15 해방 후의 좌익계열과의 투쟁, 6·25사변 후의 이정권 독재하의 투쟁은 실로 **민족의 대변지로서 필설로는 형용할 수 없는 투쟁사**이기도 하다"고 서술하였다. (강조는 인용자)

〈동아일보〉가 당했던 일제의 탄압 사례를 열거하며 이어서 "항일투쟁의 기사가 압도적이었고 총독부의 시책 등을 정면으로 비판하였다"(고재욱선생 화갑기념논총편찬위원회, 1963: 380)고 주장하였다. 결론에서는 "돌이켜 보건대 〈동아일보〉는 한 마디로 말해서 한국의 근대사요, 한국의 현대사이기도 하다. 또한 한국의 근대와 현대의 정치, 경제사요, 사회, 시민사이며 또한 문화사이기도 하다. 나아가서는 신문사인 것이다. 그러므로 동아일보의 역사는 이 민족이 걸어온 지난 날의 역사요 수난과 순교의 기록이요 이 민족의 파란 7전8기, 성장의 기록"(고재욱선생 화갑기념논총편찬위원회, 1963: 408~409)이라고 의미 부여하였다. 마치 〈동아일보〉의 역사가 한국 역사의 모든 측면을 포괄한다는 식의 과장된 인식을 보여 준다.

5) 우승규의 《나절로 만필》

일제 강점기 〈중앙일보〉와 〈조선일보〉를 거쳐 1938년부터 총독부 기관지 〈매일신보〉에서 기자 생활을 한 우승규는 해방 이후에도 〈경향신문〉, 〈서울신문〉, 〈조선일보〉 등을 거쳐(우승규, 1978: ii) 1956년부터 1966년까지 〈동아일보〉의 논설위원과 편집국장을 지냈으며 그 후 논설실장, 편집고문, 이사 등을 역임한(동아일보사, 1978: 347~348) 인물이다. 1919년 상해에 유학 가서 임시 정부에서 사료조사편찬회에 조역으로 참여하기도 했던 우승규가 1938년에 총독부 기관지 〈매일신보〉로 이직하여 1943년까지 근무한 것에 대해서 김영희·박용규(2011: 204~205)는 "당시에는 매신(〈매일신보〉의 줄임말)에 입사하는 것을 매신賣身한다고 보는 풍토까지 있었다"고 부정적인 평가를 하였다.

우승규는 1973년 12월 8일부터 1976년 12월 23일까지 3년여에 걸쳐 〈동아일보〉에 '나절로 만필'이라는 제목의 언론계 회고담을 156회에 걸쳐 연재하였으며 1978년에는 이 내용을 《나절로 만필》이라는 책으로 간행하였다. 이 회고를 통해 일제 강점기 언론인의 항일을 부각시켰다.

그는 자신이 언론인이 된 동기를 당시 "사람을 웃고 죽이는 고등형사들의 등쌀을 면하는 한편, 국내서 항일 항경抗警을 하는덴 신문기자 되는 것이 첩경이라고 새삼 느꼈다. 그러기에 그 무렵의 기자란 '무관의 제왕'이 아니던가"라고 술회하였다. 상해에 5년간 유학하고 귀국하자 형사들이 매일 호출하거나 찾아 오는 등 시달림을 받았다는 것이다(우승규, 1978: 76~77). 그러나 그가 기자가 되자 형사들의 태도가 돌변하였다고 한다. 그 이전 식료품점을 운영할 때 형사들이 외상했던 것들을 앞다투어 갚더라는 것이다. 이 사실을 지적하며 그는 "1920년부터 30년 전후의 신문기자란 이처럼 일인이나 일경에게도 외경의 대상이 됐다. 잔악무비한 언론 탄압은 했으면서도 기자의 권위·권능만은 무시못했다"면서 그 이유는 "우리 자신이 품위를 지켰고, 또 '저항정신'이 강했기 때문"(우승규, 1978: 82~83)이라고 술회하였다.

나아가서 우승규는 일제 강점기의 기자들을 독립운동에 앞장 선 지사로 규정하였다. 당시 기자들의 활약상을 "상해나 만주 등지에서 애국 독립투사들의 국내 잠입 사건에 치중, 각자 머리악을 쓰고[37] 모험적인 취재 경쟁을 했다. 그 밖의 여간 시시한 사건들은 거들떠 보지도 않았던 그 시절에 위풍당당했던 선배 기자들의 지사풍. 그들은 과연 독립운동의 '원외院外파적' 역할을 한 유공자였다"(우승규, 1978: 90~91)고 하여 일제 강점기 기자들의 활동을 독립운동에 기여하였다고 의미 부여하였다.

또한 우승규는 일장기 말소 사건을 부각시키는 작업에서도 중요한 몫을 담당하고 나섰다. '일제의 언론 탄압'이라는 제목으로 총독부의 언론 통제를 회고하며 일장기 말소 사건을 "초범인적인 하나의 역사적 의거요, 또 지상의 대일 선전포고"라고 주장하였다. 사건 관계자들에 대해서는 "결사적인 항일 기백이 새삼 우러러 보인다"며 다음과

37 기를 쓰다는 뜻이다.

같이 덧붙였다. "그들은 구속을 각오했다. 체형도 사양치 않았다. 그 당시의 언론인들은 항일이 없이는 언론 생명이 없었다. 애국의 정열이 불덩이처럼 온몸에서 끓어오르던 우리의 신문 선배들, 나 따위의 애송이 기자가 체험한 것쯤은 오히려 호강이었다 할까"(우승규, 1978: 102~103).

나아가서 '동아일보와 손기정군'이라는 제목으로 일장기 말소 사건을 다시 다루었다. 글을 통해 우승규는 "동아일보는 민족의 명예를 살리기 위한 일장기말살 사건을 과감무쌍하게 일으켰고, 또 그로 인해서 9개월간의 장기정간을 당했었다"면서 "이렇듯 일제의 매서운 눈초리의 감시 속에서도 동아일보는 결사의 각오로 손 선수의 가슴에 달았던 일 국기를 '에라 꼴사납다 지워버리자'하고 골인 순간의 사진에서 말짱 지워버린 것"이라고 사건을 요약하였다. 우승규는 문제의 기사가 실린 지면을 보지 않았는지, 시상식 장면을 골인 장면이라고 잘못 서술한다. 이어서 이 사건의 의미를 "역사에 길이 남을 「구국 언론」의 획기적 의거"라고 극단적 언사를 동원하여 치켜세웠다(우승규, 1978: 112~113). 이 사건을 '의거'라고 의미 부여한 것은 전술한 대로 이후 동아일보사도 즐겨 사용하는 표현이 되었다.

4. 민간지 주체들의 전기를 통한 민족지 신화의 강화

1970년대 이후로는 동아일보사와 조선일보사가 중심이 되고 학계와 언론계도 나서며 두 신문 발행의 주역들의 전기나 평전을 발행하면서 이를 통해 민족지 신화를 강화해 나아갔다. 이제 두 신문 핵심 관계자들의 전기와 평전에 나타난 신화적 인식을 살펴보기로 하자.

1) 동아일보사의 김성수와 송진우 전기류 발행

(1) 1976년 《인촌 김성수전》 발간

1955년 김성수가 사망하자 그의 유지를 받들고자 인촌기념사업회가 출범하였다. 이 사업회는 1965년 김성수의 사망 10주기를 기념하여 인촌기념회로 재편하면서 본격적인 활동에 나섰다. 이 기념회의 기본 목적은 인재 양성을 돕기 위한 장학 사업에 주안[38]을 두고 있지만 그와 함께 김성수를 기리는 각종 전기나 평전 등의 출판을 적극적으로 벌였다. 첫 번째 나온 전기가 1976년의 《인촌 김성수전》이다. 800여 쪽에 이르는 이 책은 김성수의 출생부터 사망까지의 행적을 자세하게 정리하고 있다.

발간사에서 당시 인촌기념회 이사장을 맡고 있던 고재욱은 김성수에 대해 다음과 같이 매우 긍정적으로 평하였다(인촌기념회, 1976: 6).

> 인촌 김성수 선생이 세상을 떠난지 만21년, 우리는 이 위대한 선각자의 족적을 엮어 이에 그 전기를 펴내는 바이다.
>
> 선생은 구한말에서 6·25전쟁 후까지 우리 근대사상 가장 암담하던 65년의 세월을 우리 민족과 함께 있었고, 함께 가시길을 헤쳤고, 광명의 터전을 닦았고, 모든 것을 이 겨레에 바치고 남음이 없었다. 우리는 선생으로 하여 애통 속에 위안을 구했고, 절망 속에 희망을 찾았고, 꺼지려는 생명의 등불을 이어 왔다. (후략)

38 인촌기념회. http://www.inchonmemorial.co.kr/

김성수를 '위대한 선각자'라고 평하며 이어진 내용에서도 '탁월한 경세가'이며 '관홍대도寬弘大度[39]의 거인,' '신의를 중히 여기는 의인,' '폭넓은 겸양지사,' '견결한 의지의 지성至誠인'이라는(인촌기념회, 1976: 6~7) 수사를 동원하여 극찬을 아끼지 않았다.

〈동아일보〉의 창간을 설명하는 대목에서는 3·1운동 직후의 사회 상황을 거론하며 "그러한 상황 속에서, 장차 그 발자취가 그대로 이 민족의 저항사, 수난사가 되고 이땅의 문화사가 되기도 하는 〈동아일보〉의 창간이 태동하기 시작한 것이다"(인촌기념회, 1976: 173)라고 규정하며 신화적 인식의 면모를 그대로 노정하였다. 이 책은 경쟁지 〈조선일보〉에 대해서도 긍정적으로 평가하였다. "조선일보는 경영진의 불투명한 방향에도 불구하고 창간 당년에 2차의 무기 정간을 받을 정도로 반일 논조를 폈고, 더욱이 1924년에 이상재, 신석우에게 경영권이 넘어가면서부터는 경영진, 제작진이 모두 명실을 갖춘 민족대변지로 일신하게 되었다"며 이때부터 "민간 3대지가 빠짐 없이 민족운동의 선봉에 서게 되는 것"(인촌기념회, 1976: 181)이라고 평가하였다. 〈조선일보〉와 〈시대일보〉에 대해서도 1924년 이후의 혁신을 매우 긍정적으로 평가한 것이다.

(2) 1982년 《인촌김성수의 애족사상과 그 실천》 발간

1982년 동아일보사는 권오기 편의 《인촌김성수의 애족사상과 그 실천》을 간행하였다. 그 전해에 김성수의 탄생 90주년을 맞아 개최한 학술대회에서 발표된 논문들을 중심으로 관련 글들을 모아 출판한 것이다. 일제 강점기 언론의 역사를 정리한 최준은 주로 1920년대 〈동아일

39 매우 너그럽고 도량이 넓다는 뜻이다.

보〉의 역사를 정리하면서 당시 사회에서 비판받고 불매 운동까지 벌어졌던 사실도 포함하여 비교적 담담하게 서술하였다. 하지만 결론 부분에서는 "글자 그대로 한국 민족의 표현기관으로 자타가 인정하는 전통과 역사가 있는 대언론기관으로 발돋움한 〈동아일보〉의 성장과정을 살펴볼 때, 수많은 동인들의 노고와 유지들의 투자를 또한 잊을 수가 없으며 그중에도 오늘날의 동보가 건재하게끔 이끌어온 인촌의 주주대표로서의 막중한 책무를 훌륭히 이룩한 공로를 높이 평가하지 않으면 아니 되겠다"(동아일보사, 1982: 199)고 매듭지음으로써 민족지 신화적 인식을 벗어나지 못했음을 보여 준다. '인촌과 민족언론'이라는 제목의 글을 기고한 천관우도 〈동아일보〉의 역사를 정의를 관철해 나가니 수난이 따를 수밖에 없었던 고난의 역사라 규정하여 신화적 인식을 보여 준다(동아일보사, 1982: 233~234).

(3) 1986년 《인촌 김성수: 인촌 김성수의 사상과 일화》 발간

동아일보사는 1986년에도 《인촌 김성수: 인촌 김성수의 사상과 일화》라는 제목의 전기를 간행하였다. 문하생을 대표하여 서문을 쓴 국어학자 이희승은 전기가 갖추어야 할 요건을 세 가지로 제시하였다. 즉 객관적 시각과 사실에 충실한 진실성, 그리고 독자에 대한 기여가 있어야 전기가 의미 있다고 전제하며 그러한 전제에 따르면 이 책은 "거의 완벽에 가까운 저술"이라고 극찬하였다(동아일보사, 1986: 2~3). 그는 서문에서도 밝힌 대로 중앙학교를 다니며 김성수의 가르침을 받았고 졸업 후 6~7년간 경성방직에 근무하며 김성수와의 인연을 이어갔다. 그 이후 경성제국대학을 다니고는 서울대 교수로 오래 재직하였다(한국민족문화대백과사전 참조). 따라서 김성수와의 그 이후 인연은 간접적이고 제한적일 수밖에 없었을 것이다. 그는 이 전기가 완벽에 가까운 것이라며 그 근거로서 다양하고 풍부한 자료를 바탕으로 했다는 점을 지적하면서 이 책의 초고를 통해 자신도 "과거에 모르던 것을 알게 되었고, 또 더욱 배우게 되었다"고 술회하였다(동아일보사, 1986: 3). 다시 말해 자신도 인촌의 전생애를 모두 잘 알아서 평가할 입장은 아니었음을 보여 주면서도 이 전기가 완벽에 가깝다는 무리를 범하고 있는 것이다.

본문에서 일제 강점기 〈동아일보〉와 관련된 내용은 민족지 신화적 인식을 그대로 되풀이하였다. 특히 김성수와 송진우의 주도적 역할을 강조하는 다음과 같은 내용이 눈길을 끈다(동아일보사, 1986: 172).

> 동아일보는 수지타산에 염려한 적이 없었다. 고하의 행동은 대담했다. 상상치도 못할 기사를 폐간 당할 걸 각오하고 자기의 정필正筆대로 썼다. 지금으로서는 향수처럼 느껴지는 일들이다. 신문의 용기, 고하의 용기는 인촌의 정신이 뒷받침된 것으로 본다. 인촌은 고하의 의견이라면 전부 찬동을 하고 뒤를 밀어 주었다. 고하가 앞장은 섰지만 인촌이 뒤에서 밀어준 것이다. 중요한 일은 두 분이서 몇 번이고 상의를 해서 행해졌다. 그 두분의 우정은 보기 드문 것이었다. 언쟁은 많이 해도 언제든지 인촌이 먼저 양보한다. 관포지교도 인촌과 고하의 우정보다는 더하지 못했을 것이다.

〈동아일보〉의 업적은 곧 고하의 것이고, 이는 인촌의 전적인 뒷받침이 있었기에 가능했다면서 두 사람의 관계를 관포지교를 능가하는 것이라고 주장한 것이다.

이 전기에서는 이광수의 행적에 대해 언급한 내용이 눈길을 끈다. 이 부분은 '앞장 서서 친일을 하다니'라는 소제목을 달아 이광수의 친일을 부각시켰다. 이광수가 1922년 잡지 〈개벽〉에 '민족개조론'을 발표하여 각계의 거센 비난을 받은 사실을 지적하였다. "민족성까지 모독하며 일제에게 동조한다 하여 물의가 일어나 개벽사는 부숴지고 숭삼동 춘원집은 돌팔매질을 당하여 유리창이 박살났다. 이 사건으로 춘원은 피신하여 두문불출하게 되었고 문필권에서도 제외되었을 뿐 아니라 거의 매장되다시피 했다"는 것이다. 이처럼 곤경에 처한 이광수를 구제한 것이 김성수로서 이광수의 단편 '가실嘉實'을 Y생이라는 필명으로 지면에 게재하여 독자들의 반응과 분위기를 살피고는 입사시켰다는 것이다. 입사 이후 나중에는 편집국장까지 지내며 생애 중 가장 바쁘고 보람 있는 기간을 보냈지만 다른 신문사로 옮겨 사람들로부터 '의리 없는 배신자'라고 비난받았다는 사실을 부각시켰다. 그럼에도 불구하고 인촌은 한번도 그를 탓하지 않았다며 인촌의 인간성을 강조하였다(동아일보사, 1986: 190).

이광수가 동아일보사에 객원 기자로 입사한 것은 1923년 5월로, 그는 전술한 대로 1924년 정초 〈동아일보〉 지면에 5회에 걸쳐 연재된 사설 '민족적 경륜'을 대표 집필하여 사회적으로 커다란 파문을 불러일으켰다. 1975년에 출간된 《동아일보사사 권1》에서는 이 사설을 이광수 개인의 의견으로 몰아가더니, 이 전기에서는 이 사설 사건에 대해서는 전혀 언급하지 않았다.

전기는 일제 말기 이광수의 친일 행위에 대해서도 다음과 같이 매우 비판적으로 서술하였다(동아일보사, 1986: 191).

> 39년 말경부터 춘원의 친일 행위는 보다 적극적인 양상을 띠었다. 그는 '가야마 미쓰로오香山光郞'로 창씨개명을 하여 총독부의 조선혼 말살정책에 맞장구 쳤으며, 집안에는 이른바 '가미다나神棚'[40]를 만들어 놓고 일본

40 일본 신도에서 집안에 꾸며 놓고 참배하는 작은 제단을 말한다(다음백과 참조).

의 승전을 기원하는 등 친일행위에 앞장섰다.

이광수가 일제 말기에도 여러 행태로 친일에 앞장섰던 것은 사실로 확인되고 있다(민족문제연구소, 2014). 하지만 일제 말기 자신들의 행위에 대한 성찰은 전혀 없이 이처럼 이광수 개인의 친일만을 부각시키며 그에 대비시켜 김성수의 인간성을 강조하는 모습은 설득력을 지니기 어려울 것이다.

(4) 1991년 《평전 인촌 김성수》 발간

1991년 동아일보사는 다시 《평전 인촌 김성수》를 발행하였다. 각 분야 전문 연구자의 논문을 모은 이 책은 김성수의 탄생 100주년을 기념하여 발간된 것이다. 필자를 대표하여 머리말을 쓴 고려대 철학 교수 신일철은 책 발간의 의미를 설명하며 일제 강점기의 김성수에 대해 다음과 같이 서술하였다(동아일보사, 1991: 5).

> 개화기 이후 근대국가의 형성 도상에서 우리 민족의 많은 선각자, 민족 지도자들이 낡은 왕조사를 극복하고 새로운 민주공화제의 새 조국을 건설하는 데서 민족사의 활로를 개척했다. 우리 민족이 자강국가로 거듭나는 길은 대한자강회의 이념인 식산과 교육으로 제시되고, 의암 손병희 선생의 언전言戰, 도전道戰, 재전財戰의 삼전론으로 제시되었다. 인촌은 우리 민족의 근대화를 위한 이 3대 과제를 실천한 선도자요, 만난을 극복하고 일을 성사시킨 실천자였다.
>
> 인촌선생은 일제 식민지의 악조건하에서도 회의와 실망을 넘어 민족교육으로 애국심을 계몽하고, 근대국가의 동량이 될 인재를 양성하고 경성방직을 만들어 식산입국의 길을 시범하였고, **민족언론 동아일보를 통**

해 광복운동기의 우리 민족에게 민족주의·민주주의·문화주의의 언론 창달을 통해 국권없는 어둠속에서도 좌절함이 없이 전진할 수 있는 민족적 비전을 우리 민족앞에 제시했다. 우리의 국권이 없는 식민지적 현실 속에서 동아일보는 이 '보이지 않는 민족주권의 소리'로 자라났고, 우리의 민족어와 국가에 민족얼을 보존하는데 공헌하였다. (강조는 인용자)

짤막한 서술을 통해 일제 강점기의 〈동아일보〉를 '민족언론'으로서 '민족주권의 소리'였다고 규정하는 신화적 인식을 여실히 보여 준다. 김성수의 언론 활동에 대해서는 정진석이 집필하였다. '언론인 인촌 김성수'라는 제목의 이 글에서 정진석은 다소 달라진 서술을 보여주었다. 과거와 같이 탄압과 저항의 도식으로 일제 강점기 민간지를 민족지라 평가하는 틀을 전면 부정한 것은 아니었지만 부분적으로 과거와는 다르게 서술이 이루어졌다. 정진석은 일제 강점기 〈동아일보〉의 역사를 다음과 같이 서술하였다(동아일보사, 1991: 310).

그의 언론인으로서의 업적은 하나의 언론기관을 육성하여 민족언론으로 기능할 수 있도록 하였다는 사실만을 가지고 평가하기에는 부족함이 있다.

그것은 인촌이 살고 있던 시대의 우리나라 현실이 동아일보를 여러 개의 신문 가운데 하나의 신문이라는 위치 이상의 역할을 수행하도록 하였기 때문이다. 일제 식민지 치하의 동아일보는 민족진영을 대표하는 표현기관이라는 책무를 짊어지고 있었다. 20년대 초반과 중반에는 일제의 언론탄압에 대응하면서 일제의 식민지 정책을 비판하였다. 그러나 **30년대의 동아일보는 한때 민족지라는 명칭을 붙이기에는 적절하지 못한 모습을 보이게 되었던 시기가 있었던 것도 사실이다**. 그렇지만 30년대로 넘어오면서도 문자 보급운동, 농촌 계몽운동과 같은 국민운동을 전개하

였으므로 민족정신을 고양하려는 노력을 완전히 포기하였다고 볼 수는 없다. (강조는 인용자)

정진석은 전술한 대로 민족지 신화의 생성기에 일제 강점기 언론의 역사를 탄압과 저항의 구도로 파악해야 한다는 주장을 하여 신화적 인식에 중요한 공헌을 했던 인물이다. 이 글에서도 김성수에 대한 평가는 단지 '동아일보의 김성수'를 초월하는 존재로 평가하면서도 1930년대의 굴절된 모습을 인정하는 모습을 보여 준 것이다. 이는 최민지의 저술 이후 특히 1990년대 들어서면서 시민 단체들에 의해 일제 말기 민간지들의 굴절된 친일상이 널리 폭로되었기에 나타난 변화로 볼 수 있다.

위 인용문에서도 드러나지만 이렇게 1930년대의 친일상을 부분 인정하면서도 그의 서술은, 특히 김성수에 대한 평가는 찬양 일변도의 모습을 보여 주었다. 정진석은 글의 말미에서 "인촌의 언론정신은 한마디로 '공선사후公先私後'라는 그의 좌우명을 통해서 이해될 수 있으며, 그가 우리나라 언론사에 커다란 족적을 남긴 거목이 되었던 것은 겸손한 가운데도 신의와 의지력을 지니고 있었기 때문이었다"(동아일보사, 1991: 335)고 매듭지었다.

(5) 2005년 추모집 《인촌을 생각한다》 발간

2005년 인촌 김성수 서거 50주기 추모집 간행위원회(이하 간행위라 줄임)는 김성수의 사망 50주기를 맞아 《인촌을 생각한다》라는 제목으로 추모집을 간행하였다. 간행사에서 간행위는 그동안 여러 차례 전기류의 책이 간행되었음에도 "이번에 추모집을 별도로 간행하는 것은 지인들의 생생한 회고에서 드러난 새로운 사실들을 바탕으로 인촌의 높은 뜻을 되새기고 각계 학자들의 심오한 학문적 분석을 토대로 인촌의 사상과 업적을 다시 정리해 보자는 뜻에서입니다"(인촌 김성수 서거 50주기 추모집 간행위원회, 2005: 4)라고 발간 의도를 밝혔다. 간행사는 이어서 "인촌의 철학과 업적은 일시적인 조류나 감정으로 재단할 수 없으며 그 평가에 대해서도 현재의 우리가 감히 용훼할 일은 아니라고 믿습니다. 그의 선각자적인 삶은 냉철하고 심오한 '역사의 눈'으로 정리하고 조명해 나가야 할 것"(인촌 김성수 서거 50주기 추모집 간행위원회, 2005: 5)이라고 강조하였다. 첫 번째 실린 김수환 당시 추기경의 글도 말미에서 정치적 편견으로 역사를 재단하는 오류를 범해서는 안 된다고 주장하였다. 그는 "오늘날 우리 사회는 아집과 독선으로 인해 사회공동체가 해체될 위기를 맞고 있습니다. 과거를 경험하지 않은 사람들이 오늘의 시각에서 정치적 편견을 갖고 함부로 역사를 재단하려 합니다. 이 때문에 갈등과 분열과 반목이 심화하고 있으며 경제는 더욱 어려운 지경에 빠져 있습니다"고 주장하였다(인촌 김성수 서거 50주기 추모집 간행위원회, 2005: 31).

이때 또다시 추모집을 간행하며 이와 같이 역사적 평가의 중요성을 강조한 이유는 당시의 배경과 밀접한 연관이 있는 것으로 보인다. 1990년대 이후 시민 언론 운동이 활성화되면서 일제 강점기 민간지에 대한 비판적 논의가 활성화되기 시작하였다. 이러한 맥락에서 민간단체 민족문제연구소가 2001년부터 《친일인명사전》 작업을 시작하여 2004년에는 국민 모금을 통해(다음백과 참조) 사회적 여론을 환기시키며 분위기를 조성하였다. 또한 노무현 정부는 2005년 친일반민족행위진상규명위원회를 출범시켰다. 이러한 흐름에서 일제 강점기 〈동아일보〉와 〈조선일보〉가 여론의 도마에 오르는 분위기였다. 동아일보사는 이에 대한 맞대응의 일환으로 마침 김성수의 사망 50주기를 맞아 이 책을 펴내며 신중한 역사적 평가가 필요하다고 강조한 것으로 볼 수 있다.

추모집에서 일제 강점기 〈동아일보〉를 주로 다룬 최정호는 "일제 치하에서 동아일보가 걸어 온 길을 한마디로 요약한다면 '정부 없는 신문'이 걸어야 했던 가시밭길, 바로 그것이다. 거기에는 비극적인 고통이 있었고 또한 비극적인 위대함이 있었다. 인촌의 동아일보는 말하자면 '정부 없는 신문'이었기에 여느 때 다른 곳에서라면 마땅히 정부가 해야 할 일의 태반을 정부 없는 백성을 위해 신문이 스스로 맡고 나섰던 것"(인촌 김성수 서거 50주기 추모집 간행위원회, 2005: 32)이라고 주장하였다. 앞에서도 살펴보았지만 식민 치하에서 정부의 역할을 대신했다는 말은 동아일보사 스스로가 창간 기념 특집 등 자신들의 지면을 통해 즐겨 사용했던 표현으로 여기서도 반복되고 있는 것이다.

이 추모집에서도 김성수의 언론 활동에 대해서는 정진석이 집필하였다. 글을 통해 정진석은 김성수를 거대한 발자취를 남긴 전문 언론 경영인으로 평가하면서 그의 언론 활동이 매우 커다란 역사적 의미를 지닌다고 주장하였다. 결론 부분에서는 "인촌과 동아일보에 대해서는 비판의 소리가 있었던 것도 사실"이라며 일제 강점기 〈동아일보〉가 일본의 광고에 주로 의존해서 당시 사회에서도 비판받았던 사실을 지적하면서 당시 조선의 산업 기반이 취약한 상태에서 불가피하였다고(인촌 김성수 서거 50주기 추모집 간행위원회, 2005: 197) 합리화시켜 주고 있다.

(6) 2011년 《인촌 김성수, 자립자강하여야 한다》 발간

동아일보사는 이어서 2011년에도 김성수의 탄생 120주년을 맞아 《인촌 김성수, 자립자강하여야 한다》라는 책을 출판하였다. 이 책은 그해 9월에 열린 인촌 탄생 120주년 기념 학술대회 '선각자 인촌을 재조명한다'에서 발표된 여러 학자들의 글과 여러 사람들의 증언 및 기록을 엮어 구성하였다. 책의 내용은 이전의 전기류와 거의 차이 없다. 김성수를 근대적인 신문 경영인일 뿐 아니라 기업가, 교육자, 정치인으로서 한국 근현대사에 커다란 족적을 남긴 거목으로 평가하고 있다.

이 책이 발간된 2011년이라는 시점의 맥락을 주목할 필요가 있다. 2005년 추모집이 발간된 배경을 앞에서 설명하였지만 이 책도 그 연장 선상에 있는 것으로 볼 수 있다. 2009년에는 민족문제연구소가 작업한 《친일인명사전》이 발간되었으며 같은 해 친일반민족행위진상규명위원회도 김성수를 조선일보사의 방응모와 함께 친일 명단에 포함하여 발표하였다. 이에 두 신문은 소송을 제기하고 지면을 통해 연일 정부를 공격하던 때였다. 대법원은 2017년 4월에는 김성수의 친일 행위를 인정하는 판결을 확정하였다(《한겨레》, 2017. 4. 13). 탄생 120주년 기념 저술이 발행된 2011년은 이처럼 김성수의 친일 행위가 인정되자 사법부로 넘어간 시점이었다. 이러한 배경에서 김성수에 대한 여론을 조금이라도 강화시켜 보려고 학계 인사를 동원한 것으로 볼 수 있다.

(7) 동아일보사의 송진우 전기류 발행

1990년 5월 동아일보사는 고하 송진우의 탄생 100주년을 기리기 위해 3종의 문헌을 동시에 발행하였다. 고하선생전기편찬위원회가 편한 《독립을 향한 집념》이라는 전기와 서울대 교수를 지낸 김학준이 쓴 《고하 송진우 평전: 민족민주주의 언론인·정치가의 생애》, 그리고 송진우 및 다른 사람의 글을 엮어 《거인의 숨결: 고하송진우관계자료문집》을 발행하였다.

전기의 간행사를 통해 당시 동아일보사 사장 김병관은 송진우에 대해 "선생은 중앙학교 교장으로서 3·1운동을 주도하였고 동아일보를 짊어지고 우리 민족사상 가장 어두웠던 일제 36년간 이 겨레를 지켰으며 해방 후의 혼란 속에서 대한민국 건국의 기초를 닦은 민족사의 거인이시다"(고하선생전기편찬위원회, 1990a: 1)라고 평가하였다. 잘 알려진 대로 3·1운동이나 일제 강점기 〈동아일보〉, 그리고 해방 직후의 정국에서 송진우가 중요한 역할을 한 것은 틀림없지만 그가 주도하고 짊어지고, 건국의 기초를 닦았다는 것은 지나친 과장이라 할 수밖에 없다.

평전을 집필한 김학준(1990: 1~2)은 서문에서 송진우의 삶을 "언론 활동을 통해 민족운동에 참여"하였다며 일제 강점기의 언론 활동은 "처음부터 민족운동의 일환일 수밖에 없었다"고 주장하였다. 송진우의 언론 활동뿐만 아니라 전체 생애를 비교적 담담하게 서술한 김학준은 결론에서 송진우의 언론 활동을 다음과 같이 평가하였다.

> 이것은 그가 다시 한번 의병투쟁적 항일운동가의 길 대신에 실력배양론적 자강운동가의 길에 들어선다는 뜻을 함축하는 것이었다. 실제로 그는 이 시기에 〈동아일보〉를 발판으로 삼아 동지들과 함께 민립대학 설립운동이나 물산장려운동과 같은 자강운동을 주도하기도 하며, 농촌계몽운동과 같이 문화적으로 민족을 계몽하는 일이라면 주저하지 않고 나선다. 한마디로 그는 문화적 민족주의의 길을 걷게 되고 이로써 합법적-우파적 입장을 분명하게 취하게 된다.

송진우의 언론 활동을 문화적 민족주의의 입장으로 해석하면서 그 특성과 한계를 평가하는 것이었다.

2) 조선일보사의 방응모 전기류 발간

(1) 1980년 《계초 방응모전》 발간

〈조선일보〉도 마찬가지로 일제 강점기 사장을 역임한 방응모의 전기와 평전을 각기 발행하였다. 1980년 창간 60주년이자 방응모가 납북된 지 30년이 되는 해를 기념하여 방응모의 전기 《계초 방응모전》을 출간하였다. 서문은 방응모의 업적을 1933년 "조선일보를 인수하여 민족지로서의 그 기반을 확고히" 하였으며 이어 "만일 계초 방응모 선생이 아니었다면 암흑기의 언론의 진로가 바뀌었을는지도 모른다는 후세의 평가는 조금도 과언이 아니다"(계초전기간행회, 1980: 2~3)라고 평가하였다.

분량도 213쪽에 불과한 이 책은 전기라고는 하였지만 방응모의 일생에 대한 깊이 있고 체계적인 저작이라기보다는 그의 생애에서 주요 계기마다 관련자들의 회고와 증언을 중심으로 구성되었다. 〈조선일보〉 사장으로서의 활동을 다룬 부분은 '조선일보의 기반 확립'이라는 제목의 제4장에서 제2절 '민족지로서의 기반 확립'이라는 제목으로 정리하고 있다. 방응모 사장 당시 기자 생활을 한 이홍식李鴻植의 회고를 통해 방응모 사장은 지극히 치밀한 성격과 근실하며 규모가 큰 분이어서 "조선일보를 민족지로 키우고 한국언론에 있어서 민족지로서의 기반을 확립시킨 공을 남길 수 있었다"면서 "원래 돈 있는 집안에서 민족지를 하는 것보다 그렇지 않은 경우에 보다 더 큰 뜻이 있는 것 아니랴"(계초전기간행회, 1980: 144~145)고 끝맺었다. 이어서 조선일보사에서 편집국장을 역임한 주요한은 "방응모 선생이 김성수씨를 앞지르려고 무던히 애쓰던 그 집념은 오늘의 조선일보의 밑거름이 되었을 것"이라며 방응모가 〈동아일보〉 정주 지국장 시절 부당한 대우를 받았던 사실을 지적하기도 했다(계초전기간행회, 1980: 147).

(2) 1996년 평전 《계초 방응모》 발간

방응모의 전기를 조촐하게 간행한 조선일보사는 1996년 방일영문화재단을 통해 방응모의 평전 《계초 방응모》를 출간하였다. 503쪽에 이르는 이 책은 분량면에서도 1980년의 전기와 대조를 이룬다. 당시 〈월간 조선〉 기자였던 평전의 저자 이동욱(1996: 22)은 방응모를 "고집투성이의 강단있는 노인"으로서 "1930년대 조선일보를 통해 민족의 각성을 촉구했고, 오늘날 대한민국의 정신을 받치는 초석을 마련"하였다고 평가하였다. 이 평전은 1930년대의 언론을 일제의 탄압 강화와 국력 팽창, 민족진영의 분열 등으로 "국내 민족지들이 제대로 존립할 수 없게" 된 상황이어서 "과거 저항 일변도를 치닫던 신문들은 우회 전략을 선택하게 되는데, 그것은 곧 상업주의를 지향하는 동시에 문화적 저항 운동체로서의 언론기관으로 변모하는 것을 의미했다. 즉 민간지의 상업화가 시작되는 때였던 것이다"라고 주장하였다. 이러한 전제에서 "1930년대에 조선일보를 인수해 상업적 민간지로 육성시키는 데 결정적인 역할을 했던 계초의 업적들은 실로 역사적 유산이 되는 셈"이라고 평가하였다(이동욱, 1996: 218~219).

1930년대 후반의 굴절된 모습에 대해서는 당시 총독부의 탄압이 더욱 강화되는 상황을 언급하며 다음과 같이 서술하였다(이동욱, 1996: 348).

> 이런 상태에서 발행된 당시 신문의 제1면은 포화 소리가 날 만큼 일제의 전쟁 기사로 가득 채워졌고, 이로써 민족지의 사명은 어쩔 수 없이 문화면과 사회면에 치중할 수밖에 없는 형국으로 변해갔다. 이렇게 정치면 대 사회면과 문화면의 언밸런스가 심화되기 시작한 것은 민족지라는 군함이 한쪽으로 기울어지기 시작함을 의미했다.

당시 사사에서도 인정한 바 있는 신년호의 일본색은 전혀 언급하지 않고 전쟁 기사로 가득 채워졌다고 언급하고 있다. 민족지적 성격은 사회면과 문화면으로 넘어갔다며 신화적 인식을 놓지 않고 있음을 알 수 있다. 조선일보사는 이후 방응모의 전기 작업을 더 이상 이어가지 않은 것으로 보인다.

3) 민간지 주체에 대한 학계의 평가

동아일보사가 중심이 되어 전기류의 발행을 통하여 김성수 생애의 긍정적 면을 부각시키려는 노력은 학계에 의해서도 뒷받침되었다. 김성수를 평가하는 평전류의 책들이 여러 종류 간행된 것이다.

(1) 1975년 한국신문연구소의 《한국언론인물지》

가장 먼저는 1981년 한국신문연구소에 의해서였다. 그해 연구소는 한국 근대 신문의 초창기부터 100년에 이르는 역사에서 중요한 역할을 한 것으로 평가되는 50인을 선정하여 인물에 대한 역사적 평가를 모아 《한국언론인물지》를 출판하였다. 각 인물에 대해서는 학계와 언론계의 인사들이 집필하여 그 이전 7년 동안 잡지 〈신문과 방송〉에 연재한 내용을 모은 것이다. 이 책에 일제 강점기 〈동아일보〉와 〈조선일보〉의 주역인 김성수와 송진우, 방응모에 대한 평가가 포함되었다.

일제 강점기에 〈동아일보〉 잡지부장을 거쳐 〈신동아〉 주간을 맡는 등 잡지 분야에서 주로 활약한(다음백과사전 참조) 언론인 최승만이 집필한 송진우에 대한 평가를 보면 민족지 신화적인 시각이 그대로 반영되고 있다. 그는 송진우를 "동아의 은인이요 동아의 공로자"라고 평가하면서 "가혹한 일제 치하에서 불의에 항거하고 조국의 광복을 위하여 불철주야 동분서주하던 그의 모습을 생각할 때 과연 열의있고 성실한 애국자라는 것을 느끼지 않을 수 없게 되는 바"(한국신문연구소, 1981: 151)

라고 평가하였다. 이어서 그는 "고하는 참으로 동아를 위하여 애를 많이 썼다. 창간 이래 1940년 강제 폐간될 때까지 4차례 무기정간을 당하였으며 판매금지도 63회, 압수 469회, 삭제 2,423회에 이르는 기록을 보아서도 얼마나 고생을 하였으리라는 것을 짐작할 수 있을 것이다"(한국신문연구소, 1981: 152)라고 일제 강점기 〈동아일보〉가 탄압받았던 사실을 전부 송진우의 공인 것처럼 강조하였다.

〈조선일보〉 출신의 유경환이 집필한 방응모에 대한 서술은 주로 방응모가 벌였던 금광, 조림, 간척 등 다른 사업 활동에 치중하였다. 1933년 방응모가 〈조선일보〉를 인수한 과정을 언급하며 "이렇게 해서 1930년대 조선일보·동아일보가 양대 민족지로서 두 기둥과 같이 암흑기의 민족 시련을 이겨 나가게 되었다"(한국신문연구소, 1981: 187)고 평가하여 신화적 인식을 그대로 반영하였다.

김성수에 대한 평가는 일제 강점기 조선어학회에 참여한 바 있는 국어학자 김선기金善琪가 집필하였다. 김선기는 〈동아일보〉를 "일제의 무도한 정치 밑에서 '가라겨레'(한민족)을 위하여 민족 정신을 고조하여 민족 정신을 불러일으켰다. 일본 사람들의 동화정책에 말려들지 않도록 날마다 싸운 것이 〈동아일보〉이었다"(한국신문연구소, 1981: 202)고 평가하였다. 이 글도 〈동아일보〉가 일제 강점기 네 차례 정간당한 사실을 자세히 기록하며 "위에 열거한 것을 보면 〈동아일보〉의 철저한 민족주의 사상을 엿볼 수가 있다"(한국신문연구소, 1981: 206)고 주장하였다. 탄압받은 사실만으로 식민 지배에 저항한 것으로 해석하는 것이다. 국어학자로서 김선기는 일제 강점기 〈동아일보〉가 벌였던 문자 보급 운동을 매우 높게 평가하였다. 즉 "인촌 선생과 고하 선생은 겨레의 넋을 지키는 억만년 성城은 가라말(한국어)에 있음을 깊이 깨닫고 조선어학회에 모였던 당시의 민족주의자들과 한마음 한뜻으로 국어운동을 펼쳤던 것이다"(한국신문연구소, 1981: 203)라고 주장하였다.

(2) 1998년 김중순의 《문화민족주의자 김성수》 번역 발간

미국 테네시대학의 인류학과 교수이던 김중순Kim Choong Soon은 1998년 *A Korean Nationalist Entrepreneur: A Life History of Kim Sŏngsu, 1891–1955*라는 제목의 김성수 전기를 출판하였다. 이 책은 곧 당시 연세대 교수이던 유석춘에 의해 번역되어 《문화민족주의자 김성수》라는 제목으로 같은 해에 번역, 출판되었다. 제목에서도 드러나는 바와 같이 이 책에서 김중순은 김성수를 문화민족주의자로 규정하였다. 서론에서 김중순은 김성수의 일제 강점기 삶을 다음과 같이 규정하였다 (Kim, 1998/1998: 3).

> 일제 지배기에 김성수는 일본 제국주의와 직접적으로 대결하는 것을 자제하고 장래 한국의 독립을 준비하기 위해 자강운동을 강조하는 온건 민족주의 노선을 주도하였다. 일제의 식민지배에 맞서 사회혁명을 꾀하며 직접적인 반일행동을 주장했던 급진 노선의 과격한 민족주의와 달리 온건 노선의 민족주의 운동은 교육의 중요성을 강조하고 근대적 산업의 설립과 대중교육의 장려를 위해 신문과 잡지 등의 출판을 주장했다. 역사학자인 마이클 로빈슨Michael E. Robinson은 자신의 저서 〈Cultural Nationalism in Colonial Korea, 1920～1925〉에서 온건하고 점진적인 운동의 목표를 가진 민족주의를 '문화민족주의cultural nationalism'라고 이름 짓고 김성수를 문화민족주의자로 분류한 바 있다. 김성수의 여러 가지 문화사업은 문화민족주의의 요체를 모두 포함하고 있었다.

위에서 언급한 대로 마이클 로빈슨의 문화민족주의라는 개념을 차용하여 김성수의 일제 강점기 활동을 규정하고 있다. 본문에서도 김중순은 김성수가 〈동아일보〉를 문화민족주의의 미디어로서 활용하였다면서 민립 대학 설립 운동과 물산 장려 운동을 설명하였다(Kim, 1998/1998: 133~141). 그는 결론 부분에서 일제 말기 김성수의 친일에 대해서도 언급하였다. 학병을 권유하는 〈매일신보〉의 글을 본인이 직접 쓰지 않았음에도 김성수의 이름으로 나가는 것을 막지 못했다고 지적하며 이에 대해 "중대한 실수를 범하기도 했다"고 평가하였다. 이어서 "한국의 젊은이들이 일본의 동원령에 동참할 것을 권유하는 글의 출간을 막았더라면 문화민족주의자로서의 그의 경력에 오점을 남기지 않았을 것"이라고 주장하였다. 또한 "하지만 이 예외적인 사건 하나로 김성수를 친일협력자라고 부르는 것도 적절하지 못하다"고 덧붙였다(Kim, 1998/1998: 255).

그러나 김성수가 일제 말기 조선 청년들에게 학병을 권유한 글을 실은 것은 한 번만이 아니다. 친일반민족행위진상규명위원회가 2009년 발표한 보고서에 따르면 교육 분야 친일 인사로 포함된 김성수의 언론 기고를 통한 문제 행위의 개요를 다음과 같이 정리한다(친일반민족행위진상규명위원회, 2009b: 47).

> 1942년 징병제도실시감사축하대회에 참석하고, 1943~1944년 〈매일신보〉, 〈춘추〉에 「문약의 고질을 버리고 상무기풍 조장하라」, 「인고단련의 기백」, 「대의에 죽을 때 황민 됨의 책무는 크다」, 「충용무쌍의 황병되라」 등의 글을 기고하여 징병을 선전, 선동함. 1943년 「학도진출좌담회」에 참여하고 〈매일신보〉, 〈경성일보〉에 「빛나는 전통을 살리라」, 「일각도 주저치 말자」, 「우리의 완승을 목표로 더욱 연락과 격려를」, 「이 시대 최고의 광영」 등의 글을 기고하여 학병의 취지를 고취시켜 학병 동원을 격려함.

이러한 기고 활동 외에도 그는 1941년 흥아보국단과 조선임전보국단에서 발기인과 감사로 활동하고 1937년에는 군용기 건조建造비로 300원을 헌납하는 등 친일 단체를 통한 활동 기록도 다수 발견되고 있다.

마이클 로빈슨은 문화민족주의를 논하면서 이것이 결과적으로 한국 민족 운동을 분열시키고, 그 이후 식민지 시대의 독립운동을 약화시킨 과정의 첫 시작이었다고 그 한계도 분명히 지적하였다(Robinson, 1988/1990: 25). 하지만 김중순은 이 책의 결론을 통해 김성수의 "문화민족주의 프로젝트는 20세기초 일제 지배 기간 동안 한국에 성공적으로 기여하였고, 그것은 앞으로도 그러할 것이다"(Kim, 1998/1998: 261)라고 긍정적인 결론으로 매듭지었다.

(3) 2009년 이현희의 《대한민국 부통령 인촌 김성수 연구》 발간

2009년에는 역사학자 이현희가 《대한민국 부통령 인촌 김성수 연구》라는 연구서를 출간하였다. 고려대 출신의 저자 이현희는 서문에서 "그분의 가없는 학덕을 입었다"면서 "얼마간이라도 학폐를 갚아야 한다는 생각"(이현희, 2009: 11)에서 이 작업을 하게 되었다고 밝혔다. 인촌의 전생애를 분석한 이 책에서 일제 강점기 〈동아일보〉의 역사에 대해서는 별도의 장으로 다루었다. 여기서 저자는 '인촌의 항일언론 항쟁 35년'이라는 소제목으로 김성수는 "〈동아일보〉를 창간한 이래 35년간 다른 업체 중 동아일보를 중심으로 언론 항일투쟁사와 민주화운동사를 가장 보람 있게 연속적으로 엮어갔다"고 전제하고는 일제 강점기 정간과 압수, 삭제 등 탄압당한 사실을 중심으로 서술하였다(이현희, 2009: 167~177). 특히 그는 일장기 말소 사건을 '의거'로 규정하였다(이현희, 2009: 267~272). 사건의 성격에 대한 별다른 논의 없이 의거라는 개념을 사용하고 있다.

(4) 2012년 백완기의 《인촌 김성수의 삶: 인간 자본의 표상》 발간

2012년에는 고려대 행정학과 교수 백완기가 《인촌 김성수의 삶: 인간 자본의 표상》이라는 책을 출간하였다. 그는 서문에서 전기식으로 시간적 순서에 따라 정리하기보다는 주제별로 나누어 분석하는 것이 더 효과적이라고 주장하였다. 이에 따라 김성수의 삶을 분석적으로 접근하기 위한 이론적 틀로 민족주의와 독립 사상, 국력 배양, 공존적 상생, 실용주의, 창조적 리더십, 자유민주주의, 그리고 인간 자본의 8개 틀에 맞추어 분석하였다. 서문은 이어서 인촌의 삶에 대해 "처음부터 인고와 고뇌 및 수난의 역정으로 예정되었다. 일제 치하의 서슬이 퍼렇고 암울한 상황에서 국력배양이라는 신앙적 목표를 가지고 살았기 때문에 이러한 고뇌의 멍에를 벗어날 길이 없었다. 특히 인촌이 추구한 국력배양 사업은 일제가 가장 싫어한 교육, 언론, 문화, 산업에 걸친 사업이었다. 일제의 법치 하에서 이러한 사업을 한다는 것은 살얼음을 걷는 인생 역정이었다"(백완기, 2012: 7)고 김성수의 일제 강점기 삶을 찬양하였다.

백완기는 일제 강점기 〈동아일보〉의 활동을 '국력의 배양'이라는 제목으로 4장에서 주로 다룬다. 전술한 김중순이 문화민족주의라는 개념으로 접근했던 것을 틀을 바꾸어서 서술한 것이다. 김성수의 일제 강점기 〈동아일보〉 창간에 대해서는 다음과 같이 서술한다(백완기, 2012: 101~103).

> 〈동아일보〉의 창간 목적은 한마디로 국민을 계몽시키고 민족의식을 배양하고 고취시키는 데 있었다. 아울러 물산장려운동을 펼치고 민립대학의

설치운동과 문화유산을 보존하는 운동도 함께 하였다. (중략)

인촌은 경성방직을 세울 때에도 개인기업이 아니라 민족의 기업으로 육성하고 싶어했는데 동아일보의 경우에는 이러한 공유정신이 더욱 강하였다. 신문이야말로 민족의 표현기관이기 때문에 개인이나 몇 사람의 소유가 아니라 전 민족의 소유가 되어야 한다는 것이 인촌의 생각이었다.

〈동아일보〉의 주식을 공개 모집하여 주식회사로 만들려 했다는 것을 전 민족의 신문으로 발행하려 했다고 별다른 근거를 제시하지도 않은 채 주장하고 있다. 초창기의 논조를 서술하면서 민족지 신화적 인식을 그대로 드러내고 있다. 〈동아일보〉의 초창기 논조에 대해서 "민족의식을 고취하는 일이나, 민족의 애환을 반영하는 기사나, 전근대적인 낡은 사상이나 제도의 타파에 앞장서는 운동으로 방향을 잡았다. 특히 독립운동에 관계되는 기사는 대서특필해서 상세하게 보도하였다"고 주장하였다(백완기, 2012: 105). 신문의 논조를 당시의 사회적 맥락이나 경쟁지와의 비교, 체계적인 지면 분석도 배제한 가운데, 몇몇 사례만 가지고 일반화시키면서 신화적 인식을 보여 주는 것이다.

이 책의 9장에서는 김성수의 친일 문제에 대한 논란을 정리하고 있다. 백완기는 〈매일신보〉에 실린 학병 권유 글을 유진오의 회고를 토대로 당시 〈매일신보〉 기자이던 김병규가 대필한 것이며 강연 등에 참여한 것은 총독부의 압력으로 마지 못해 참여한 것이라고 설명하였다. 그 외에 〈동아일보〉와 김성수에 대한 비판의 논점을 일본 광고에 의존한 점과 김성수가 총독부를 빈번하게 출입했다는 점, 일제 말기 친일단체에 참여한 사실과 경성방직이 일제의 보조금을 비롯한 지원을 받았던 사실로 정리하며 이를 들어 김성수를 친일이라고 비판하는 것은 친일의 의미도 모르고 하는 소리라고 목소리를 높였다. 개인의 이익을 위한 것이 아니라 강요에 의한 것이므로 친일일 수 없다는 주장이다(백완기, 2012: 303~312).

(5) 김성수 연구와 인촌상

이처럼 김성수 연구에 기여한 학자들은 대부분 인촌기념회가 1987년부터 해마다 수여하는 인촌상을 받았다. 김성수에 대한 평전 성격의 책을 출판한 김중순과 백완기는 각기 1998년과 2016년에 인촌상을 수상하였다. 서론에서 언급한 대로 1970년대 초반 일제 강점기 민간지에 대해 긍정적 평가를 한 바 있는 재야인사 함석헌도 1987년 제1회 인촌상 수상자로 선정되었다. 한국 언론사를 연구하며 일제 강점기 민족지 신화의 생성에서도 중요한 역할을 하였으며 인촌을 기리는 학술 사업에도 거의 빠지지 않고 참여한 정진석도 2008년 인촌상을 수상하였다.[41] 인촌에 대한 연구서를 출간한 학자 중 이현희만이 수상하지 못했다. 이현희는 책이 출판된 바로 다음 해인 2010년에 사망하였다는 사실도 그의 수상을 어렵게 만든 요인이었을 것이다.

물론 이들은 자기 분야에서 상당한 업적을 남겨 수상할 만한 자격을 충분히 갖추었기에 선정되었을 것이다. 그러나 김성수에 대해 긍정적인 평가를 했던 사람들이 거의 예외 없이 수상자로 선정된 것은 동아일보사와 인촌기념회의 의도를 잘 보여 준다. 이처럼 동아일보사는 사사의 발행은 1회에 그쳤지만 창간 주역 김성수에 대한 전기와 평전, 추모집 등을 여러 차례 반복적으로 시행하였으며 학계의 긍정적인 평가에 대해서도 적극적으로 대응하고 있음을 알 수 있다.

41 '인촌기념회,' http://www.inchonmemorial.co.kr/award_list.php

5. 다른 신문들에 나타난 일제 강점기 언론에 대한 인식

일제 강점기부터 존재한 두 민간지 〈조선일보〉와 〈동아일보〉가 이처럼 적극적으로 나서서 자신들의 역사를 미화하고 그것이 사회적으로 확산되면서 다른 신문들에서도 이러한 인식이 나타나기 시작하였다. 기타의 신문 중 검색이 비교적 용이한 〈경향신문〉과 〈중앙일보〉를 대상으로 지면에 나타난 민족지 신화적 인식의 모습을 정리해 보자.

1) 〈경향신문〉

앞에서도 지적한 바 있지만 해방 이후 한국 신문의 지면에서 일제 강점기 언론에 대해 '민족지'라는 용어가 처음 등장한 것은 바로 1955년 2월 〈경향신문〉이었다. 1955년 2월 성준덕의 《한국신문사》 출간 소식을 전하면서 〈경향신문〉은 6일자의 문화 단신 코너를 통해 이 책이 일제 강점기 '항일 민족지들의 숨가쁜 혈투사'를 정리하였다고 소개하였다. 이는 성준덕의 책에서 사용한 개념을 그대로 인용한 것이지만 한국 신문의 지면에서 일제 강점기 민간지들에 대해 '민족지'라고 표현한 최초의 사례다.

이후의 〈경향신문〉 지면에서도 일제 강점기 언론에 대해 민족지라는 개념을 사용한 사례는 어렵지 않게 찾아볼 수 있다. 1960년 8월 19일자 2면에서는 '올림픽과 우리 민족'이라는 제목으로 〈동아일보〉의 일장기 말소 사건에 대해 "당시 우리의 민족지였던 동아일보는 손선수의 가슴에 붙은 일장기를 말살 발행한 것이 일제 관리의 비위에 거슬려 정간을 당하였던 것"이라고 서술하였다. 1969년 3월 1일자 5면에서는 3·1절 관련 기사에서 이 운동을 계기로 총독부의 통치 정책이 바뀐 사실을 언급하며 "그해 9월 서서히 시정 방침을 바꾸기 시작하더니 이른바 문화정책이라는 것이 나왔고 1920년 동아일보, 조선일보 등 민족지가 창간되었다"고 서술하였다. 1980년 3월 5일자 사설은 '민족지 60년 조선일보 회갑을 축하한다'는 제목으로 "올해로써 일제하에서 본격적인 민간민족지로 태어났던 두 신문이 회갑을 맞게 된 것"이라면서 "돌이켜보면 조선 동아는 일제의 탄압과 싸우다가 그들에 의해 강제 폐간되는 수난을 겪어야 했고"라고 하여 저항의 역사를 부각시켰다.

〈경향신문〉 지면에 실린 언론인들의 회고에서도 민족지 개념은 빈번하게 등장하였다. 언론인 이서구가 1964년 9월 3일자에 게재한 회고에서 당시 정부가 야당지에 대한 구독 금지령을 내린 것을 비판하며 일제 강점기에도 총독부 당국이 민족지 독자의 명단을 조사한 적은 있었지만 읽지 말라고는 하지 않았다고 주장하였다. 1972년 3월 1일자 4면에 실린 여기자 출신 최은희의 회고는 '내가 겪은 20세기'라는 제목으로 일제 강점기 민간지의 창간에 대해 "동아는 민족지, 조선은 친일파로 기울어지던 때였다. 그러나 1924년 9월 신석우씨가 판권을 인수하고 이상재선생을 사장으로 모시면서 조선일보도 민족지를 표방하고 나섰다"고 주장하였다.

이렇듯 민족지 개념의 사용이 일상적이 되면서 반드시 일제 강점기 언론에 대해 언급하는 기사가 아니더라도 〈동아일보〉와 〈조선일보〉를 언급할 때는 이 표현이 즐겨 사용되었다. 〈경향신문〉 1964년 9월 3일자 1면의 기사는 당시 언론윤리위원회법 파동과 관련하여 국회에서 국무총리 해임 건의안이 제출되었다는 사실을 보도하는 기사에서 "민족지인 조선, 동아, 매일, 경향, 대한 등 5개 신문사에 대해 사상 유례없는 언론탄압조처를 취했으며 이는 정부가 그들의 비위에 거슬리는 전기 민족지들에 대해 국가권력을 사유물처럼 남용하는 반민주적 보복 조처"를 취했다고 주장하였다.

2) 〈중앙일보〉

1965년 창간된 〈중앙일보〉도 당시 확산되기 시작한 민족지 신화를 받아들이며 지면에서 어렵지 않게 찾아볼 수 있게 되었다. 1967년 4월 5일자 4면에 실린 신상초의 칼럼은 당시 중앙 일간지들의 카르텔을 비판하며 "일제말엽 서울에서 발간되던 민족지가 최악의 조건하에서도 1일 8~10면을 내던 것"을 상기시켰다. 같은 해 7월 29일 3면에 실린 연재 기획물 '역사의 고향'에서 일제 강점기 경성도서관이 운영난으로 폐관되는 상황에 대해 〈동아일보〉의 기사를 인용하며 '이때 민족지인 D일보'라고 소개하였다.

1970년 3월 6일자는 7면에서 〈조선일보〉 창간 50주년 소식을 전하는 단신 기사에서 "3·1운동 이듬해 창간된 조선일보사는 민족지로서 항일에 앞장서 40년 8월 10일 일제에 의해 강제폐간당"하였다고 소개하였다. 〈중앙일보〉 1972년 12월 8일자 5면에 게재된 연속 기획은 '조선어학회 사건'을 회고하면서 당시 조선어 강습회에 "동아일보 조선일보 등 민족지가 적극 후원을 했으며 신문에 광고를 내어 강습회원을 모아주기도 했다"고 평가하였다.

이 밖에도 〈중앙일보〉 지면에서 일제 강점기 두 민간지를 민족지라 평가한 사례는 여러 건이 검색된다. 〈경향신문〉의 경우처럼 본격적으로 일제 강점기 언론의 성격을 논한 기사는 찾아보기 어렵지만 관련 사실을 서술하며 이 '민족지'라는 용어가 사용된 사례는 제법 많다. 예를 들면 1967년 9월 22일자의 '중앙일보 사시에 붙인다'라는 제목의 칼럼에서 당시의 언론 현실을 논하며 "30여년 전 일제하 민족지도 매

일 12면 이상의 지면을 공급했거늘"이라고 언급하였다.[42]

1971년 3월 6일자 5면에 실린 '양식 반세기-제7화'와 1973년 3월 6자 5면에 실린 '내가 아는 박헌영(19),' 그리고 1980년 9월 11일 5면에 실린 '제70회 야구에 살다(14) | 「전조선 야구대회」' 기사에서 찾아볼 수 있다. 또한 1976년 2월 9일자에서 한국신문연구소가 편찬한 자료집 《한국신문백년》의 출간을 알리는 기사에서도 민족지라는 용어가 등장한다.

이와 같이 〈중앙일보〉의 지면에서도 일제 강점기 민간지에 대한 신화적 인식의 단면이 많이 나타나고 있음을 알 수 있다. 이처럼 해당 신문 외의 다른 신문 지면에 나타나는 민족지 신화의 사례는 독자들에게 이러한 인식을 기정사실로 받아들이게 하는 데 기여하는 것으로 평가할 수 있다.

6. 각급 학교 교과서를 통한 민족지 신화의 정착

동아일보사와 조선일보사, 그리고 학계와 언론계에 의해 생성되고 강화된 민족지 신화는 각급 학교의 교과서에 실리게 되었다. 이로써 민족지 신화는 한국 사회에 일단 정착되었다고 말할 수 있다. 교과서는 당시 사회의 지배적 가치와 인식을 담아내기 때문이다. 해당 신문사들과 언론인들, 관련 연구자들에 의해 창출된 민족지 신화는 각급 학교의 국사 관련 교과서에 반영되었다.

---

42 〈중앙일보〉, 1967. 9. 22. https://www.joongang.co.kr/article/1135315#home

1948년 정부 수립 이후 1949년에 교육법이 공포되어 교육의 체계를 갖추려 하였으나 바로 뒤이은 한국 전쟁으로 휴전 직후인 1954년에야 교육법의 교육 목적을 달성하기 위한 교육 과정이 마련되었다. 이후 교육 과정은 사회와 정권의 변화에 따라 여러 차례 개편되어 총 8차례 개정되었다(위키백과 참조). 여기서는 그 단계별로 일제 강점기 민간지 역사에 대한 서술이 어떻게 반영되었는지를 정리, 분석해 보려 한다. 분석 자료는 국사편찬위원회 우리역사넷(http://contents.history.go.kr/front/ta/main.do)에 수록된 초, 중, 고등학교 국사 교과서를 중심으로 하고 최근의 교과서 일부와 대학의 국사 관련 교과서를 포함하였다. 각 교과서에 실린 일제 강점기 언론에 대한 서술을 대상으로 분석하였다.

1) 제1차(1954~1963) 및 제2차(1963~1973) 교육 과정

1954년에 간행된 제1차 교육 과정의 중학교 국사 교과서는 일제 강점기 우리말 신문의 창간과 폐간 사실만을 간략하게 언급하였다. 즉 일제의 통치 정책의 변화와 함께 "몇 개의 신문을 우리 글로 발행하는 것을 인정"하였다고 서술하였다.

《고등학교 국사》는 제IX장 '현대 문화와 우리의 사명' 중 제2절 '민족문화의 위기'에서 우리말 신문의 창간과 폐간 사실만을 간략히 언급하였다. "3월 1일 운동을 계기로 총독 정치의 방침을 바꾸어 조선·동아의 두 개의 우리말 신문 발간을 허가하고(1920)"라고 민간지의 창간 사실만을 언급하였다.

하지만 1963년에 시작된 제2차 교육 과정 중 1970년에 발행된 《고등학교 국사》 교과서는 '제6장 민주 대한의 발달'에서 제1절 '일본의 침략 정치'를 다루며 다음과 같이 민간지의 허용과 이어진 검열을 서술하였다.

> 일제는 일시적 방편으로 우리 민족을 회유하고자 이른바 문화 정치를 내세웠다. 헌병 경찰제를 폐지하고 일반 경찰제를 취하였으며, 관리와 교원의 제복과 대검을 철폐하였다. 그리고, 한글로 된 몇 가지 신문의 발행을 허가하고, 소수 인사를 말단 관리로 등용하였다. 그러나, 경찰의 수는 오히려 늘어났고 감옥은 넓혀졌으며, 신문에 대해서는 엄중한 검열을 실시하였다.

같은 책 제6장 1절에서 일제 강점기의 독립운동을 다룬 '민족의 피어린 문화 운동'의 부분에서는 '언론 문화 운동'이라는 소제목으로 일제 강점기 민간지에 대해 다음과 같이 비교적 소상하게 서술하였다.[43]

> 문화 운동에 있어서 **민족 항쟁의 선봉에 선 것은 언론 운동**이었다. 3·1 운동 이후 이른바 일제의 문화 정치에 따라 1920년 동아 일보, 조선 일보 및 시사 신문의 세 민간지가 발행 허가를 얻었다. 이들 민간지는 악명 높은 일제의 검열 제도와 항쟁하면서 민족 사상의 고취, 민족 의사의 대변, 민족 문화의 발전이라는 투쟁 목표를 가지고 당시의 대표적 지성인을 동원하여 **근대 민족주의의 선도자로, 총독 정치에 대한 항쟁자로서의 활동**을 폈다. 이러한 언론 기관의 투쟁에 대한 일제의 탄압은 이들 신문이 1940년에 폐간당할 때까지, 동아 일보, 조선 일보는 각각 수백 회에 걸친 압수 처분을 받았고, 전자는 5회, 후자는 4회나 정간 처분을 받았음을 보

43 http://contents.history.go.kr/front/ta/view.do?levelId=ta_h21_0070_0010

아도 그 정도를 알 수 있다. (강조는 인용자)

일제 강점기 언론을 문화 운동을 통한 민족 항쟁의 선봉이라고 평가하였다. 나아가서 이 민간지들이 일제의 검열 제도에 항쟁하였다며 근대 민족주의의 선도자이자 총독 정치에 대한 항쟁자라고 매우 긍정적으로 평가하였다. 또한 '검열을 받아 만신창이가 된 동아 일보'라는 설명과 함께 일장기 말소 사건의 〈동아일보〉 지면 사진도 함께 게재하였다.

이 책의 '교육과 종교 운동' 항목에서는 "언론 활동과 국학의 연구가 적극적이고 표면적인 반항이라면 교육과 종교 운동은 점진적이고 이면적인 반항 운동이었다"고 하여 언론 활동을 적극적이고 표면적인 저항으로 평가하였다.

이는 전술한 대로 1950년대부터 시작하여 1960년대 본격화된 민족지 신화의 생성 작업이 중고등학교 국사 교과서에 그대로 반영된 결과로 볼 수 있다. 1960년대 말과 1970년대 초중반은 대학생과 지식인, 일반 시민도 민족지 신화를 신봉하던 때이니 교과서에 반영된 것도 당시로서는 자연스러운 일이었을 것이다.

2) 제3차(1973~1981) 및 제4차 교육 과정(1981~1987)

1973년 발행된 제3차 교육 과정 교과서에서는 제2차의 1970년 고등 국사 교과서의 내용이 중학교 교과서에 거의 그대로 등장하였다. 일제 강점기 독립운동의 하위 항목으로 문화 운동을 다루면서 "민족 독립 투쟁의 선봉에 선 것은 언론 운동이었다. 일본의 회유 정책에 따라 언론, 출판이 허용되어 조선일보, 동아일보 등이 창간되었다. 이들 민간 신문은 일제의 악명 높은 검열 제도와 항쟁하면서 민족 사상의 고취, 민족 의사의 대변, 민족 문화의 계승, 재난 동포의 구호 등의 운동을 폈다. 특히, 한글의 보급, 문맹 퇴치 등의 계몽 운동을 전개하여 국민을 선도하였다"고 서술하였다. 또한 "검열로 삭제된 신문. 일본은 가혹한 언론 탄압을 감행하여 기사를 삭제하였다"는 설명과 함께 〈동아일보〉의 일장기 말소 사건의 지면을 사진으로 소개하였다.[44]

한편 제3차 교육 과정에서는 초등학교 국사 교과서에도 언론에 대한 신화적 인식이 반영되었다. 1972년 11월 저술되어 1976년에 발행된 6학년 국사 교과서는 6장 '근대화에의 길'에서 '일제하의 독립투쟁'을 다루면서 일제 강점기 언론에 대하여 "신문과 잡지에서는 한결같이 민족 정신을 불어넣어 주기 위하여 앞장 섰다"고 서술하고는 같은 6장의 '근대 문화의 자라남'이라는 절에서는 다음과 같이 서술하였다.[45]

> 쇠사슬에 묶인 생활 속에서도 민족의 혼을 키워 나가려는 운동은 그치지 않았다. 3 · 1 운동이 무자비한 탄압으로 꺾이게 되자, 민족 문화 운동이 곧 독립 운동이라는 생각으로 여러 가지 활동을 펴 나가기 시작하였다. 민족을 계몽하기 위하여 한글로 된 신문과 잡지를 만들어 냈다. 이 신문과 잡지들은 일본의 침략을 몰아 내자는 민족의 울분을 여러 사람에게 서로 알려 주었다.

일제 강점기 언론이 민족의 울분을 달래 주고 민족 정신을 고취하는 데 앞장섰다는 내용이다.

---

44 http://contents.history.go.kr/front/ta/view.do?levelId=ta_m31_0110_0040

45 http://contents.history.go.kr/front/ta/view.do?levelId=ta_e32_0070_0050_0020

반면 이 시기의 고등학교 국사 교과서는 서술의 양이나 논조가 축소되었다. 일제 강점기의 민족 운동을 다루면서 "동아일보와 조선일보 등의 민족계 신문의 간행을 허가"하였다고 서술하며 이 신문들이 당시의 잡지들과 함께 "민족의 성원 속에 근대적 저어널리즘을 일으켜 근대 의식을 크게 성장시켰다"[46]고 평가하였다. 신화적 서술은 중학교 교과서로 옮아가고 고등학교 교과서는 포괄적인 긍정 평가로 바뀌었다. 신화적 서술을 중학교 단계로 낮춘 것은 민족지 신화의 저변을 더욱 확대하는 효과를 가져올 것이다.

이러한 기조는 제4차 교육 과정(1981~1987) 교과서에도 거의 그대로 이어졌다. 1982년에 펴낸 초등학교 6학년 사회 교과서는 제4장 '20세기의 한국'의 제1절 '고난 속의 발전'에서 "우리 민족은 종교, 학문, 언론, 예술, 교육 등의 여러 활동을 통하여 민족의 문화를 지키고자 애썼다. 일본인들이 한글과 한국어를 못 쓰게 하였으나, 뜻있는 사람들은 한글로 된 신문과 잡지를 만들어 내려는 노력을 그치지 않았다"[47]고 하였다.

1983년에 발행된 《중학교 국사 교과서(하)》는 제3장 '일제 침략과 독립 투쟁'의 제5절 '민족의 문화 투쟁'에서 "뜻있는 민족 지도자들은 국학, 언론, 교육, 종교, 문학, 예술 활동 등을 통하여 주체 의식과 민족 문화에 대한 긍지를 살리는 데 힘썼다. 민족 언론 기관은 민중을 계몽하여 독립 의식을 고취시켰고, 교육가들은 민족의 장래를 위하여 민족 교육 운동에 힘썼다"며 이어서 다음과 같이 서술하였다.[48]

46 http://contents.history.go.kr/front/ta/view.do?levelId=ta_h31_0070_0020_0030

47 http://contents.history.go.kr/front/ta/view.do?levelId=ta_e42_0050_0010

48 http://contents.history.go.kr/front/ta/view.do?levelId=ta_m42_0050_0050

민족 독립 투쟁으로서 문화 운동의 선봉에 선 것은 언론이었다. 3·1 운동 직후, 일제의 회유 정책에 따라 어느 정도의 언론, 출판 활동이 허용되어 한글로 된 조선 일보, 동아 일보 등이 창간되었다.

이들 **민간 신문은 일제의 악명 높은 검열 제도에 저항하면서, 민족 사상의 고취, 민족 의사의 대변, 민족 문화의 계승, 재난 동포의 구호 등의 운동을 폈다. 특히, 한글의 보급, 문맹 퇴치 등의 계몽 운동을 펴서 민족을 이끌어 나갔다**.

그러므로, 이들 언론 기관은 자연히 탄압을 받게 되었으니, 기사의 삭제, 신문의 압수, 언론인의 구속, 정간 등을 계속 당해야 했다. 그러다가, 마침내 1940년경에는 모든 우리말 신문과 잡지가 폐간당하고 말았다. (강조는 인용자)

제2차 교육 과정부터 등장한 신화적 인식, 즉 탄압받았으나 저항하며 민족 문화 운동의 중요한 역할을 하였다는 도식이 거의 대동소이한 내용으로 반복되고 있다. 여기서부터 한글 보급과 문맹 퇴치 운동이 언급되기 시작하였다는 점이 특징이다.

제4차 교육 과정에서도 고등학교 국사 교과서는 간략하게 서술되었다. 1983년 발행된 《고등학교 국사(하)》는 제2장 '근대 사회의 성장'의 제4절 '독립운동의 새 단계와 민족 문화의 수호'에서 '민족계 신문의 발행'이 허가되었으나 "검열이 철저하게 강화되어 삭제, 압수, 정간을 마음대로 하였다"고 서술하였다.[49]

49 http://contents.history.go.kr/front/ta/view.do?levelId=ta_h42_0040_0040_0010

3) 제5차(1987~1992) 교육 과정

1994년 발행된(초판은 1990년) 《중학교 국사(하)》는 제3장 '민족 독립 운동의 전개'의 제4절 '민족 문화 수호 운동'에서 '언론 활동'이라는 소제목으로 다음과 같이 서술하였다.[50]

> 언론 활동 역시 민족 운동에 이바지하였다. 3·1 운동 직후, 일제의 회유 정책에 따라 어느 정도의 언론, 출판 활동이 허용되어 조선 일보, 동아 일보 등이 창간되었다.
>
> 이들 민간 신문은 일제의 악명 높은 검열 제도에 저항하면서, 민족 사상의 고취, 민족 의사의 대변, 민족 문화의 계승, 재난 동포 구호 등의 운동을 폈다. 특히, 한글의 보급, 문맹 퇴치 등의 계몽 운동을 펴 나갔다. 그러나 이들 언론 기관은 일제로부터 기사 삭제, 신문 압수, 언론인 구속, 발간 정지 등의 탄압을 계속 당해야 했다. 그러다가 마침내 1940년경에는 모든 우리말 신문과 잡지가 폐간되고 말았다.

서술의 강도는 조금 약화되었지만 신화적 인식은 여전히 지속되고 있음을 알 수 있다. 이 부분에서는 '검열로 삭제된 신문'이라는 설명과 함께 기사가 삭제된 두 민간지의 지면을 사진으로 게재하였다.

1990년에 발행된 제5차 교육 과정의 《고등학교 국사(하)》 교과서에서는 제3장 '민족의 독립 운동'의 하위 항목으로 3절 '경제·사회적 저항 운동'을 논하면서 일제 강점기 두 신문의 문자 보급 운동을 비중 있

50 http://contents.history.go.kr/front/ta/view.do?levelId=ta_m52_0050_0040

게 다루었다.[51]

> 문맹 퇴치 운동에 앞장을 선 것은 조선 일보, 동아 일보 등 **민족 언론**이었다. 조선 일보는 민중 문화의 향상을 위한 문자 보급 운동을 시작하였다. 당시, 조선 일보와 귀향 학생들에 의하여 추진된 이 운동은, 농촌 계몽과 문맹 퇴치에 커다란 성과를 거두었다. 동아 일보는 브나로드 운동을 전개하였는데, 이 운동은 2천만 국민 중 80%에 가까운 1600만 명이 문맹자라는 심각한 현실을 타개하기 위하여 이들에게 우리글을 가르치면서, 한편으로는 미신 타파, 구습 제거, 근검 절약 등 생활 개선을 꾀하려는 것이었다. 그러나 이와 같은 언론 기관에 의한 농촌 계몽과 문맹 퇴치 운동도 일제의 탄압이 가중되면서 끝을 맺게 되었다. (강조는 인용자)

문자 보급을 통해 문맹 퇴치에 앞장섰다는 이전 교과서의 서술에 비해 자세하고 비중 있게 다루고 있음을 알 수 있다. 이 부분에도 '브나로드 운동의 보도(동아 일보)'라는 캡션으로 관련 지면 사진을 함께 게재하였다.

이어 같은 3장의 4절은 '민족 문화 수호 운동'을 다루면서 "3·1 운동 이후 이른바 문화 통치에 의해 조선 일보, 동아 일보의 발행이 허가되기도 하였다. 그러나 이들 민족지들은 일제에 의해 기사가 삭제되거나, 정간, 폐간되고 언론인들이 구속을 당하는 등 온갖 박해를 받았다"고 서술하였다.[52] 2차 교육 과정부터 나타난 신화적 서술은 약화되었지만 용어 면에서는 그 이전 '민족계 신문'에서 '민족 언론,' '민족지'

51 http://contents.history.go.kr/front/ta/view.do?levelId=ta_h52_0050_0030_0030

52 http://contents.history.go.kr/front/ta/view.do?levelId=ta_h52_0050_0040_0010

사진 9 1994년 중학교 교과서에 실린 삭제된 신문 지면 사진.

로 바뀌었다는 점이 주목할 만하다.

4) 제6차(1992~1997) 교육 과정

1997년 발행된 제6차 교육 과정의 《중학교 국사(하)》는 제6장 '민족의 독립 운동' 제4절 '국내의 독립 운동'에서 '민족 실력 양성 운동'이라는 소제목으로 다음과 같이 서술하였다.[53]

> 민족 교육을 통한 실력 양성 운동이 전개되었다. 일제의 한국인에 대한 차별 교육에 대항하여 한국인의 힘으로 대학을 설립하려는 민립 대학 설립 운동이 일어나, 전국적으로 모금 운동을 벌이기도 하였다. 그리고 청년 학생들이 앞장 서서 농촌 계몽에 나서거나 야학을 세워 문맹 퇴치 운

53 http://contents.history.go.kr/front/ta/view.do?levelId=ta_m62_0070_0040

동을 전개하였다.

민족 신문인 조선 일보와 동아 일보는 민족 실력 양성 운동에 앞장섰다. 물산 장려 운동을 홍보하고 모금 운동에 앞장 섰으며, 여러 가지 행사를 주관하여 사회·문화 발전에 큰 공헌을 하였다. 이들 언론의 활동에 대하여 일제는 기사의 검열과 삭제, 휴간 및 정간 등의 갖은 탄압을 가하였다. (강조는 인용자)

이처럼 일제 강점기 두 민간지가 민족 실력 양성 운동에 앞장섬으로써 큰 공헌을 하였다고 평가하면서 '동아일보의 브나로드 운동 기사'와 '조선일보의 문맹 퇴치 운동 기사'라는 설명과 함께 각 신문 지면의 관련 기사를 사진으로 게재하였다. 일제 강점기 두 민간지의 문자 보급 운동을 실력 양성 운동이라는 개념으로 설명하기 시작하였다는 점이 특징적이다. 1990년대 이후 실력 양성 운동이라는 개념을 중심으로 한 논의가 활발해지면서 중학교 교과서에도 등장한 것이다. 이어서 같은 제6장의 5절 '민족 문화 수호 운동'에서는 '언론 활동'이라는 소제목으로 다음과 같이 서술하였다.[54]

조선 일보와 동아 일보는 일제의 검열 제도에 대항하면서, 민족 사상의 고취, 민족 의사의 대변, 민족 문화의 계승, 재난 동포의 구호 등 민족을 위한 활동을 계속하였다. 또, 이들 신문은 조선어 학회에서 제정한 한글 맞춤법 통일안을 보급하는 데 앞장 섰으며, 문맹 퇴치 등의 계몽 운동을 이끌기도 하였다.

54 http://contents.history.go.kr/front/ta/view.do?levelId=ta_m62_0070_0050

> 특히, 1936년 베를린 올림픽에 참가한 손기정 선수가 마라톤에서 우승하자, 동아 일보는 손기정 선수의 가슴에 붙은 일장기를 삭제한 사진을 보도하였다. 이는 마라톤의 우승자가 일본인이 아니라 한국인임을 내세운 것으로서, 당시 언론 기관의 민족의식을 잘 나타낸 것이었다.

일제의 탄압과 그에 맞선 저항을 강조하는 신화적 인식의 전형을 보여 준다. 특히 〈동아일보〉의 일장기 말소 사건에 대해 별개의 단락으로 당시 〈동아일보〉 지면에 게재된 일장기가 삭제된 사진까지 게재하며 '언론 기관의 민족의식'을 잘 보여 주는 사례라고 설명하고 있다. 이 부분에는 '검열로 삭제된 채 발간된 신문'이라는 설명과 함께 사진도 실렸다.

1996년에 발행된 《고등학교 국사(하)》는 제3장 '민족의 독립 운동' 중 제2절 '민족의 시련'에서 '국권의 피탈과 민족의 수난'을 다루면서 '식민지 지배 정책의 변화'라는 소제목으로 항목에서 기만적인 문화 통치에 의해 '우리 민족의 신문'이 허용되었지만 검열과 정간 등 지속적인 탄압을 받아야 했다고 서술하였다. 뒤이어 같은 3장의 5절 '민족 문화 수호 운동' 중 (3) 교육 운동과 종교 활동에서 '문맹 퇴치 운동'이라는 소제목으로 다음과 같이 서술하였다.[55]

> 우리 민족은 한글 보급을 통한 문맹 퇴치 운동을 언론사를 중심으로 전개하였다. 앞장 서서 문자 보급 운동을 전개한 신문사는 조선 일보였다. "아는 것이 힘, 배워야 산다."라는 표어를 내걸고 방학 중에 귀향하는 중

55 http://contents.history.go.kr/front/ta/view.do?levelId=ta_h62_0040_0050_0030

> 등 이상의 남녀 학생을 동원하여 전국 각지에서 문맹 퇴치에 힘쓰도록 하였다.
>
> 한편, 동아 일보는 계몽 운동인 '브 나로드'운동을 전개하였다. 브 나로드 운동은, 당시 2천만 국민 중 80%에 가까운 1600만 명이 문맹자라는 심각한 현실을 타개하기 위하여 이들에게 글을 가르치면서, 한편으로는 미신 타파, 구습 제거, 근검 절약 등 생활 개선을 꾀하려는 것이었다.
>
> 이와 같이 언론사의 활동이 활발해지자, 조선어 학회도 이 운동에 적극 참여하여 협조를 아끼지 않았다. 문자 보급 운동에 사용될 교재를 만들었으며, 대부분 사립 학교 교원으로 있던 조선어 학회 회원들은 솔선하여 전국을 순회하면서 한글 강습회를 열었다.
>
> 그러나 이 운동이 전국적인 민족 운동으로 확대되어 가자 조선 총독부의 탄압이 가혹해졌고, 결국에는 대규모의 순회 강습이나 문맹 퇴치 운동도 금지한다는 명령이 내려져, 민족 교육 운동으로서의 문맹 퇴치 운동은 막을 내리지 않을 수 없게 되었다.

과거에 비해 더욱 자세하면서도 긍정적으로 설명하고 있음을 알 수 있다.

5) 제7차 교육 과정(1997~2009)과 그 이후

제7차 교육 과정의 교과서에서도 이러한 서술은 큰 변화 없이 유지되었다. 일제의 언론 탄압을 지적하면서 두 신문의 문자 보급과 브나로드 운동을 비중 있게 다루었다. 2004년 발행된 《초등학교 사회 6-1》은 제3장 '대한 민국의 발전' '(1) 나라를 되찾기 위한 노력' '[2] 대한 독립 만세, 한국 광복군 만세'에서 '국내에서의 독립 운동'을 다루면서 "일제의 식민지 정책 때문에 우리 민족은 교육을 제대로 받지 못했다. 따라서, 글을 읽고 쓰지 못하는 사람이 늘어 가자 신문사를 중심으로 한글을 보급하기 위한 운동이 벌어졌다"고 언론들의 문맹 퇴치 운동을 소개하였다.[56]

국사편찬위원회 1종 도서편찬위원회가 2002년에 발간한 《중학교 국사》는 제9장 '민족의 독립 운동'의 4절 '국내의 민족 운동'에서 민족 실력 양성 운동을 다루면서 '교육과 언론 활동'이라는 소제목으로 다음과 같이 소개하였다(국사편찬위원회 1종 도서편찬위원회, 2002: 284~285).

> 민족 실력 양성 운동에는 언론 기관도 적극적으로 참여하였다. 조선 일보사는 문자 보급 운동을 주도하고, 동아 일보사는 문맹 퇴치 운동을 주도하였다. 이들 언론 기관은 물산 장려 운동을 홍보하고 모금 운동에 앞장서는 등 여러 가지 행사를 주관하기도 하였다. 이러한 우리 언론의 활동에 대하여 일제는 검열, 기사 삭제, 휴간 및 정간 등 많은 탄압을 가하였다.

동전의 양면과도 같은 문자 보급과 문맹 퇴치 운동을 구분해서 두 신문사가 각기 주도한 것으로 설명하고 있다는 점이 특색이다.

2002년에 나온 《고등학교 국사》는 제6장 '민족 문화의 발달' 5절 '근·현대의 문화'에서 '일제의 식민지 문화 정책과 국학 운동의 전개'를 논하면서 '일제의 민족 말살 정책'이라는 소제목으로 개괄적으로 서술하였다. 즉 1920년에 민간 신문을 허용하였으나 통제를 계속하다가 1940년 폐간시켰다는 사실만을 간략하게 언급하였다.[57]

56 http://contents.history.go.kr/front/ta/view.do?levelId=ta_e71_0030_0010_0020_0020

57 http://contents.history.go.kr/front/ta/view.do?levelId=ta_h71_0070_0050_0020_0010

2003년 두산에서 발행한 《고등학교 한국 근·현대사》는 제3장 '민족 독립 운동의 전개'의 4절 '사회·경제적 민족 운동'에서 민족 실력 양성 운동의 일환으로 한글 보급 운동을 다루면서 다음과 같이 자세하게 소개하였다(김광남 외, 2003: 213).

> 1920년대 후반부터 조선 일보, 동아 일보 등 언론 기관이 적극적으로 민족 문화 향상을 목적으로 문자 보급 운동을 시작하였다. 즉 1929년 '아는 것이 힘, 배워야 산다'는 표어를 내세우고 조선 일보와 귀향한 학생들은 농촌 계몽 운동과 더불어 문자 보급 운동을 전개하였다(1929).
>
> 조선 일보사는 일제의 중지 명령으로 이 운동을 중단하였으나(1935), 한글 교재 10만부를 발행하여 이를 농촌 지방에 골고루 배부함으로써 큰 성과를 거두었다.
>
> 동아 일보에서는 1931년부터 브나로드 운동을 전개하였다. 동아 일보의 브나로드 운동은 학생 계몽대, 학생 강연대, 학생 기자대의 세 분야로 나뉘어 진행되었는데, 이 운동도 역시 조선 총독부에 의하여 금지당하였다(1935).

이어서 같은 3장의 5절 '민족 문화 수호 운동'에서 '1. 일제의 식민지 문화 정책'을 다루면서 '언론 정책'을 설명하며 총독부의 언론 통제를 다음과 같이 자세하게 서술하였다(김광남 외, 2003: 226~227).

> 일제의 언론에 대한 탄압은 극심하여 총독부에 의한 엄격한 검열제가 실시되었다.
>
> 언론에 대한 사전 탄압에는 법규 사항이 아니라 행정 수단에 의한 것으로 주의, 경고, 금지 등이 있었고, 사후 탄압에는 기사의 삭제, 발매 중

지, 압수, 발행 정지, 폐간 등이 있었다.

조선·동아 일보가 1940년 폐간될 때까지 발행 정지된 경우는 각 4회였다. 그러나 신문 기사의 검열에서 기사가 삭제된 경우는 부지기수였다. 사법 처분은 행정 처분과 병행하여 내려지는 것인데 행정 처분 없이 사법 처분이 내려지는 경우도 있었다.

사법 처분에는 안녕 질서 방해와 명예 훼손이 주된 이유가 되었는데, 안녕 질서 방해는 독립 사상과 공산주의 사상에 관련된 것으로 치안 유지법, 보안법이 적용되었고, 명예 훼손은 총독부 관리나 지방 말단 경찰관이 언론인을 고소하여 발생되는 것으로 형법이 적용되었다.

1931년 만주 사변을 일으켜 대륙 침략 전쟁을 개시한 이후 중·일 전쟁, 태평양 전쟁에 이르기까지 일제의 언론 탄압 강도는 점차 높아져 민족 언론은 숱한 수난을 겪었으며 많은 언론인이 체포, 투옥되었다. 그 대표적인 사건이 손기정의 마라톤 우승 사진에서 일본 국기를 지우고 보도한 동아 일보에 대한 탄압이었다.

결국 일제는 1940년 8월에 조선·동아 일보의 폐간을 강요함으로써 두 신문이 자진 폐간의 형식으로 문을 닫게 하였다.

민족 언론이라는 용어를 사용하여 신화적 인식을 그대로 반영하고 있음을 알 수 있다. 이 서술에는 사진도 첨부되어 '검열로 기사가 삭제된 신문'과 '일장기 삭제 사건'의 사진도 게재되었다.

2004년에 출판된 김종수 외의 《고등학교 한국 근·현대사》도 제3장 '민족 독립 운동의 전개'의 1절 '일제의 침략과 민족의 수난' 3항 '민족의 수난'에서 '1920년대의 문화 통치'를 다루며 "조선 일보, 동아 일보 등 우리 민족의 신문 발행을 허가"한 사실을 언급하고 뒤이어 "일제는 언론에 대한 검열을 강화하여 삭제, 압수, 벌금, 정간 등을 일

삼았"다고 서술하였다(김종수 외, 2004: 148).

같은 3장의 4절 '사회·경제적 민족 운동'에서는 2항 '민족 실력 양성 운동의 추진'에서 '문맹 퇴치 운동'을 다루며 일제가 야학을 탄압하자 "언론 기관 중심으로 문맹 퇴치 운동이 일어났다"고 서술하였다(김종수 외, 2004: 203). 바로 이어서 '문자 보급 운동과 브 나로드 운동'이라는 별개의 제목으로 앞에서 인용한 김광남 외(2003)의 서술과 거의 대동소이한 내용으로 설명하였다.

2007년에 나온 한철호 외의 《고등학교 한국 근·현대사》는 역사적 사건의 개요를 제시하고 학생들의 토론 주제를 제시하는 식으로 구성되었다. 제3장 '민족 독립 운동의 전개'의 4절 사회·경제적 민족 운동에서 2항으로 '실력을 길러 독립을'이라는 제목으로 '동아 일보의 브 나로드 운동'과 '조선 일보의 문자 보급 운동'을 다루었다. 두 운동에 대해 간략한 설명을 제시하고는 '열린 과제'라는 항목에서 이 운동에 대해서는 "비판적 시각도 있다"며 토론의 방향과 개요를 다음과 같이 제시한다.

> 일현　　일제의 우민화 정책 때문에 국민 대다수가 문맹인 상태에서 이를 극복하여 민족의 힘을 기르려고 하는 것은 아주 당연한 일이라고 생각해.
>
> 성해　　그렇지 않아. 이 운동은 당시 합법적인 운동으로 전개되었어. 일제의 가혹한 수탈로 민중의 생활이 갈수록 어려워지는 상황에서 **이러한 운동을 통해 과연 독립을 이룰 수 있었을까?**
>
> 일현　　식민 통치에 위협이 되지 않는다면 일제가 왜 금지시켰겠니?
>
> 성해　　처음부터 금지한 것은 아니야. **이 운동을 주장하였던 사람들과 신문이 그 후로 어떠 했는지 아니?** (강조는 인용자)

실력 양성 운동의 한계도 지적하고 1930년대 후반의 언론과 언론인의 변절된 모습을 직접적 서술은 아니지만 담당 교사의 설명을 유도하는 내용도 포함되었다는 사실이 주목된다. 이는 이 책이 출판된 시점에는 학계의 비판적 연구 성과도 많이 나오고 시민 언론 단체들의 활동도 활발해졌으며 특히 정치권까지 언론 개혁에 나서는 등 변화된 사회 분위기를 반영하여 나타난 것으로 볼 수 있다.

6) 대학의 한국사 관련 개설서

그렇다면 대학에서 한국사 관련 교양 과목의 교재로 많이 사용되는 주요 국사 개설서들은 일제 강점기 언론을 어떻게 서술하였을까? 한국사 관련 개설서는 매우 많은 종류가 발행되었지만 그중 대표적인 책들을 중심으로 살펴보기로 하자.

(1) 이병도의 《국사대관》

먼저 해방 이후 한국 국사학계의 태두로 평가되는 이병도의 《국사대관》이다. 이 책의 초판은 1948년에 나왔지만 이를 확인하기는 어렵다. 1953년에 나온 수정 9판을 보면 일제 강점기 언론에 대해서 3·1운동 이후 식민 정책이 바뀌며 일부 개혁의 일환으로 "신문의 발행 허가 등 약간 어루만지려는 듯이 보였으나 근본적으로 그 악착스러운 식민지 정책은 변함이 없었다"(이병도, 1953: 496)고 창간 사실을 언급하였다. 이어서 일제 말기 전쟁 체제로 가면서 "우리 말의 신문잡지를 폐지"(이병도, 1953: 498)시킨 사실만을 서술하였다. 이병도가 1957년 보문각에서 펴낸 《신수 국사대관》에서도 일제 강점기 언론에 대한 서술은 1953년판과 동일한 내용이 수록되었다(이병도, 1957: 581, 583).

(2) 이기백의 《한국사신론》

다음으로 이기백의 《한국사신론》을 보면 초판은 1967년 나왔지만 확인이 어렵고 1977년의 개정 중판에서 1920년 민간지가 창간된 사실을 서술하였다. 즉 "〈동아일보〉, 〈조선일보〉, 〈시대일보〉 등 한국인이 경영하는 한글로 된 신문이 창간되었다. 그러나 이것은 언론을 통제하기 위한 하나의 수단에 지나지 않았다. 그러므로 그들의 검열은 엄격하였고, 삭제·압수·과료 처분·폐간 등이 연속적으로 일어나서 매월 평균 5·6건에 이르렀다"고 하며 총독부의 언론 통제를 강조하였다(이기백, 1977: 407~408). 1920년 허용된 제3의 신문 〈시사신문〉을 〈시대일보〉라고 서술한 오류도 보인다.

민족 자본을 논하는 부분에서 김성수에 대해 "〈동아일보〉를 운영하여 민족의 여론을 대변하기도 하였다"고 언급하였다(이기백, 1977: 417). 일제 강점기 민간지들의 농촌 계몽 운동에 대해서는 "하기 방학을 이용한 학생들의 농촌 계몽 운동도 농민들의 문맹을 퇴치하고 생활을 개선해 나가는 데 도움을 주었다. 이에는 〈조선일보〉, 〈동아일보〉 등 신문사의 역할이 컸다"(이기백, 1977: 432~433)고 평가했다.

이기백의 이 책은 그 이후 수정을 거듭하며 최근까지 개정판을 거듭 내고 있다. 하지만 일제 강점기 언론에 관한 내용은 거의 수정되지 않고 그대로 반복되고 있다(이기백, 1990; 이기백, 2009).

(3) 변태섭의 《한국사통론》

많이 이용된 또다른 국사 교과서로 변태섭의 《한국사통론》이 있다. 초판이 1986년에 발간된 이 책의 1989년도판은 일제 강점기 민간지에 대해서 "한글 신문으로 1920년에 〈조선일보〉와 〈동아일보〉가 창간되어 민족의식의 고취와 민족문화의 창달에 노력하였으나 일제의 극심한 언론통제에 의해서 삭제·압수·정간·폐간 등이 계속해서 일어났다"(변태섭, 1989: 488~489)고 서술하였다. 신화적 인식의 전형을 보여 준다. 이어서 일제 강점기 문자 보급 운동과 일장기 말소 사건에 대해서 다음과 같이 서술하였다(변태섭, 1989: 495).

> 한국인이 경영하고 한글로 간행한 **「동아일보」와 「조선일보」 등 일간지는 언론을 통하여 국민교육과 민중계몽에 앞장섰다.** '아는 것이 힘, 배워야 산다'라는 표어를 내세우고 문맹퇴치운동을 전개하였으며, 민립대학 설립운동과 물산장려운동 등을 적극적으로 추진하였고, 각종 문화·체육 행사를 주최하여 사회·문회의 발전에 큰 공헌을 하였다. 이들 **민족지**는 1933년에 조선어학회가 제정한 한글 맞춤법 통일안을 국민들에게 홍보하여 한글보급에도 앞장섰다. 1936년에 「동아일보」가 베를린 올림픽의 마라톤에서 우승한 손기정의 사진에서 일장기를 말살하여 보도한 사건은 당시의 언론기관의 민족적 항일자세를 엿보게 하는 것이었다. (강조는 인용자)

일제 강점기 언론에 대해 '민족지'라는 용어를 사용하며 국민교육과 민중계몽에 앞장섰고 일장기 말소 사건은 당시 언론의 항일성을 보여 주는 대표적 사례라고 의미 부여한다. 이 책은 이어서 두 민간지가 벌인 문자 보급 운동에 대해 "1929년부터 조선일보사에서 주관한 문맹퇴치운동과 1931년 동아일보사의 브·나로드 운동(계몽운동)은 문맹퇴치와 농촌계몽에서 큰 성과를 거두었다"고 그 의의를 높게 평가하였다(변태섭, 1989: 496).

변태섭의 이 책은 판을 거듭하며 수정되었음에도 일제 강점기 언론에 대한 이러한 서술은 수정 없이 그대로 유지되었다. 1996년에 출간된 4판의 28쇄인 2009년도 판도 역시 마찬가지였다.

이상에서 살펴본 바와 같이 1960년대 이후 〈동아일보〉와 〈조선일보〉를 중심으로 한 민족지 신화의 생성이 본격화되면서 제2차 교육 과정의 고등학교 교과서부터 신화적 인식이 반영되기 시작하여 제3차 교육 과정에서는 그 내용이 중학교 교과서로 옮겨 가고 초등학교 교과서에도 언급되면서 학생들에게 신화적 인식을 심어 주는 데 중요한 역할을 한 것으로 평가할 수 있다. 그러나 1980년대 후반의 제5차 교육 과정 교과서부터는 탄압과 저항의 역사를 강조하는 서술은 큰 틀에서는 유지되면서도 세부적 서술은 약화되고 실력 양성 운동을 강조하는 서술로 변모하였다. 이러한 변화는 후술하겠지만 두 신문의 역사에 대한 비판적 연구들이 이루어지면서 나타난 변화로 해석할 수 있다.

7. 일반인의 일제 강점기 언론에 대한 인식

앞에서 살펴본 대로 1960년대부터 〈동아일보〉와 〈조선일보〉, 즉 일제 강점기 언론의 당사자들의 주도로 자사의 신문 지면과 사사, 전기, 학계의 연구 활동 그리고 언론인의 회고 등을 통하여 생성되고 확산된 민족지 신화는 각급 학교 교과서에도 반영되면서 1970년대 지배적 인식으로 정착되었다. 이에 따라 일반인들의 인식도 여기서 벗어나기는 어려운 법이다.

이제부터는 1960년대 이후 일반인들의 일제 강점기 언론에 대한 인식을 살펴보고자 한다. 지나간 과거를 대상으로 일반인들의 인식을 알기는 쉽지 않다. 자료가 제한되기 때문이다. 여기서는 두 신문을 포함하여 다른 신문에 실린 독자 투고 등을 중심으로 일반인들이 가지고 있던 인식의 단면을 분석해 보기로 한다.

잘 알려진 대로 신문의 독자 투고는 편집진에 의해 걸러지는 게이트키핑 과정을 거친 결과다. 따라서 독자들의 다양한 시각을 분석하기에 한계가 있는 것은 분명하다. 하지만 신문 등 매스 미디어에 실리는 내용은 대부분 수용자들에게 다수의 의견인 것으로 받아들여지는 게 일반적이다. 게이트키핑을 거친 자료라 하더라도 신문 지면에 실리면 독자에게 다수의 의견으로 받아들여지면서 지배적 인식으로 자리 잡게 되는 것이다. 따라서 제한되지만 신문의 독자 투고 자료를 기본으로 할 수밖에 없다. 나아가 다른 신문 지면에 실린 독자 투고도 분석함으로써 그러한 한계를 조금이나마 넘어서려 시도해 볼 것이다.

앞에서 우리는 〈동아일보〉와 〈조선일보〉가 창간 기념일에 발행한 특집이 신화 생성에 핵심적 역할을 하였음을 살펴보았다. 창간 기념사를 비롯하여 사설과 특집 기사 등을 중심으로 분석하였는데, 그 외에도 창간 기념호에는 독자들의 투고나 앙케트 등을 통한 참여가 상당히 많았다. 두 신문의 과거 역사에 대한 독자들의 인식을 보여 주는 투고도 대부분 창간 기념 특집에 실렸다. 이제 두 신문별로 창간 기념호에 나타난 독자들의 인식을 살펴보기로 하자.

1) 〈조선일보〉 창간 기념호에 나타난 일반 독자의 민족지 인식

신문 독자가 지면을 통해 '민족지'를 언급한 것은 1965년 3월 5일 〈조선일보〉 창간 기념호에 게재된 애독자 탐방기가 최초였다. 이는 '반려 30년 장기애독자 탐방기'라는 제목으로 31년간 〈조선일보〉를 구독하였다는 김천만 옹을 인터뷰한 기사였다. 그에 따르면 〈조선일보〉는 "창간 당시부터 당당한 민족지"로, 〈조선일보〉의 발전은 "자라는 아들처럼 대견스럽고 믿음직하다"며 "신문하면 조선일보," "조선일보는 온 국민의 신문"이라고 표현하였다(〈조선일보〉, 1965. 3. 5, 11면).

> "조선일보를 보기 시작한 것이 31년 전이야" 김노인이 그해를 뚜렷이 기억할 수 있는 것은 바로 그해 둘째 아들(순환 31 한전 직원)이 태어났기 때문이라 했다. "조선일보는 **창간 당시부터 당당한 민족지**였지요. 이 신문이 자라는 모습은 꼭 둘째 녀석이 자라는 것 같이 대견스럽고 믿음직했어." 하얀 수염 사이로 그의 목소리는 아직 쟁쟁했다. 그는 신문이며 정치며 역사를 줄줄 얘기한다. 조선일보를 보게 된 동기에 대해서는 "동기가 무슨 동기야. 신문하면 조선일보밖에 더 있나?" 조선일보의 애독자임을 크게 자랑했다. (중략) 그는 신문이나 더욱 잘 만들어달라고 부탁하는 것을 잊지 않았다. 김 노인은 특히 조선일보는 온 국민의 신문임을 자각하라고 타이르다시피 말했다. (강조는 인용자)

창간 당시부터 당당한 민족지였다고 힘주어 말하고 있다. 이후에 게재된 독자들의 '민족지 〈조선일보〉'라는 언급은 1970년 3월 5일, 1972년 3월 5일, 1974년 3월 5일, 1975년 3월 5일, 1985년 3월 6일 등 창간일인 3월 5일을 전후하여 다수 등장하였다. 주로 〈조선일보〉를 민족지라고 높게 평가하며 그동안의 역할을 치하하고 앞으로 변함없이 민족지로서의 역할을 다해 줄 것을 당부하는 내용들이다. 독자의 목소리를 빌린 이들 기사는 이전부터 꾸준하게 다양한 형태로 민족지 신화를 창출해 왔던 〈조선일보〉의 작업의 연장선으로 볼 수 있다.

특히 1970년 창간 50주년을 맞아 '창간 50돌에 보내는 독자 50인의 목소리'라는 제목이 기사에는 특히 각계 지명인사들부터 일반 시민의 목소리까지를 담고 있는데 다수의 코멘트에서 '민족지'가 언급되고 있다. 그중 구독 연수가 일제 강점기부터 지속된 대표 인사의 사례 몇 가지만 인용해 보기로 하자(《조선일보》, 1970. 3. 5, 23면).

'**민족지**로서의 위치 견지를' 최문환(55, 40년[58]) 서울대 총장
일제의 압제 밑에서 민족정기를 지니며 찬연히 자라온 조선, 동아의 역사에 비추어볼 때 오히려 조선일보를 보지 않는 동기를 묻는 편이 자연스럽지 않을까 생각된다. 엄정중립, 정의옹호, 문화창달에 더욱 힘써 **민족지**로서의 위치를 굳혀나가기 바란다.

'계속 **민족의 대변지**로 김봉진'(54, 32년) 대한상의부회장
내가 조선일보를 읽기 시작한 것은 1938년부터였다. 그때 풋내기 기자였던 직업적인 이유도 있었지만 가장 큰 이유는 **민족항쟁의 대변지**라는 역사적 성격 때문이었다.

'중립적 태도가 마음에 들어' 임의선(51, 32년) 연세대 부속 세브란스 병원장
왜정 때부터 **민족지**를 골라보려니 자연히 조선일보를 읽게 됐다. 지금도 논조가 점잖고 중립적 태도가 마음에 들어 계속 구독하고 있다.

'안보면 마음이 허전할 정도' 강원룡(53, 32년) 경동교회 목사
민족적 애국심과 권력에의 저항으로 굳힌 이미지를 손상하지 않도록 전통을 살려 권력과 타협하지 말고 국민의 여론을 성실히 반영해 주길 바란

58 괄호 안의 앞의 수치는 나이, 뒤의 것은 구독 연수를 말한다.

다. (강조는 인용자)

위의 사람들은 대부분 사회 지도층 인사라고 할 수 있다. 그러나 언론에 대한 비전문가라는 차원에서 일반인들의 인식으로 포함할 수 있을 것이다. 일제 강점기 후반부터 신문을 보아 왔다는 지식층 인사들도 대부분 〈조선일보〉를 민족지라고 평가하는 것을 보면 당시 이러한 인식이 지배적이었던 것으로 볼 수 있다.

1974년 3월 5일자의 창간 특집에서도 4면에 '이래서 조선일보를 본다'라는 제목으로 일반 독자를 포함해 정치인 등 21명의 독자 인터뷰를 싣고 있다. 이 내용 중에도 특히 "민족지로서의 독특한 분위기," "민족지로서의 전통" 등이 언급된 아래 두 국회의원의 인터뷰 내용이 이러한 맥락으로 해석 가능하다(〈조선일보〉, 1974. 3. 5, 4면).

> 이중재 씨(49 국회의원, 신민). 국민학교 5학년 때(36년 전)부터 구독. 어릴 때부터 정치에 관심이 많아 신문을 열심히 읽는 편이었는데 **민족지**로서의 독특한 분위기에다 정치적으로 한쪽에 치우치지 않아 좋았다. 한마디로 '우리신문'이라는 느낌을 주는 신문이다.

> 문태준 씨(46 국회의원, 공화) 대학예과 때부터 근 30년간 구독. **민족지**로서의 전통도 전통이려니와 보도에 정확성이 있고 공정성을 잃지 않으려고 애쓰는 흔적이 있다. 따라서 신문을 펴들 때 자극적인 맛은 없지만 계속 읽다보면 끊기 어려운 감칠맛이 있다. (강조는 인용자)

물론 창간일에 게재된 독자의 목소리라 하더라도 칭찬 일색만은 아니었다. 가령 1972년 3월 5일 '주부의 기대'라는 제목으로 게재된 주부

朝鮮日報에 바란다

보다 더 積極的·独創的으로

伝統살려 中立紙의 긍지를

토코페롤 (비타민E) 效果와
活性비타민效果의 相乗作用!!

健康의 基本條件을 調節!

토코라민

사진 10 창간 50주년 특집에 실린 독자들의 '조선일보에 바란다'(1970. 3. 5, 23면)

진혜숙의 독자 기고에는 민족지 〈조선일보〉를 인정하면서 민족지로서의 역할과 사명을 다해 줄 것을 주문하고 있다(《조선일보》, 1972. 3. 5, 6면).

> 요즘 조선일보는 반세기를 우리 **민족의 갖가지 애환과 함께 걸어온 민족지**의 그 기백과 정열이 약해진 듯 아쉽다. 개성이 없는 신문, 방향감각을 상실한 사회의 목탁으로서 사회를 고발하고 진실을 말할 수 있고 보도할 수 있는, 신문의 그 본래의 사명을 저버린다면 생명 없는 물체와 다를 바 무엇이겠는가. 국가의 이익에 위배되지 않는 범위 내에서 언론은 언론대로의 소신을 지켜나가는 양심의 용기가 아쉬워진다. (강조는 인용자)

이는 당시 박정희 정권이 장기 독재로 접어들며 언론의 통제가 강화되었으나 언론은 이에 대해 비판을 찾아보기는 어렵고 순응하며 나아가서 협조하던 상황에서 나온 발언이다. 당시의 언론 상황에 대해 비판적 인식을 가지고 있는 주부도 일제 강점기 언론에 대해서는 '민족지의 기백과 정열'을 언급하는 신화적 인식을 보여 준다. 이처럼 당시 언론을 비판하며 이에 대비시켜 일제 강점기 언론을 거론하는 논법은 독자들의 인식에서도 매우 자주 사용되었다. 〈조선일보〉 1988년 11월 19일자 12면에 실린 충남 천안의 김창식 씨는 '권력횡포 방치는 우리 모두의 책임'이라는 제목의 투고에서 당시 이슈가 됐던 5공 비리를 언급하며 다음과 같이 주장하였다.

> 5공 비리의 책임은 절대 권력을 휘두른 권력층에만 있다고 생각지 않는다. 권력층과 국회 언론 국민이 다 같이 책임을 져야 한다. 국회는 행정부의 견제기능을 다하지 못한 책임이 있고, 언론은 더 비굴하다. 일제 때 **일본의 총칼 앞에서도 굴하지 않았던 민족지**를 생각해보라. 현실에 안주하려는 지금의 언론인의 자세를 보면 지하에 있는 선배언론인들은 무어라 할 것인가 (강조는 인용자)

이와 같은 신화적 인식은 1990년대 이후의 언론 개혁 국면에서도 이어졌다. 당시 특히 〈조선일보〉에 대한 비판과 반대가 안티 조선 운동으로 확산되고 있는 시점에서도 일부 독자들은 과거의 영광을 끌어들여 〈조선일보〉를 옹호하였다. 이들은 '안티 조선일보' 운동을 일제에 저항한 민족지에 대한 '협박'이며, '과거 조작'이라고 주장하기도 했다. 2003년 〈조선일보〉 지면에 실린 다음의 독자 투고 두 사례는 이러한 측면을 잘 보여 준다.

[의견] 정도 언론에 '안티'라니

하필이면 어찌 안티조선일까. **일제에 항거했던 민족지로서 지금도 그 숭고한 정신으로 정도正道를 걷고 있는 언론**에 박해를 가하다니. 정도는 외길일 뿐이다. 사도邪道인 옆길로 가라는 것인가. 이는 아무래도 이성과 오성의 착란증 행위일 것이다. 그렇다고 민족지를 협박 매도한다는 것은 '안티 민족주의'가 아니고서는 있을 수 없는 일이다. 안티조선인은 순수한 이성으로 되돌아가서 안티anti 대신 프로pro 조선으로 전환하기를 애국심으로써 호소하며 부디 자성과 맹성 있기를 촉구한다.

김병곤金炳坤 90 · 시인 · 전주시 완산구[59]

[내 생각은] 민족지 조선일보 헐뜯지 마시오.

모진 일제하에서 민족신문으로 싸워왔고, 광복 후 역대 독재군사정권도 어떻게 하지 못했던 '조선일보'가 좌경부패 무능정권 시대에 와서 세금 공세에 시달리다 고소 사태를 맞았다. '조선일보 안보기 운동'을 벌여봤지만 박해가 심할수록 국민의 신망과 동정심이 높아지자 이제 새로운 전술을 펴는 것 같다. '조선일보'의 과거를 조작하여 일제 강점기를 겪지 못한 애독자들의 불신을 키워 구독을 끊어보려는 전술이다.

손점용 · 75 · 작가 · 대동장학회장 · 부산 해운대구[60] (강조는 인용자)

---

59 〈조선일보〉, 2003. 2. 19, https://www.chosun.com/site/data/html_dir/2003/02/19/2003021970534.html

60 〈조선일보〉, 2003. 9. 8, https://www.chosun.com/site/data/html_dir/2003/09/08/2003090870263.html

2) 〈동아일보〉 창간 기념호에 나타난 일반 독자의 민족지 인식

〈동아일보〉의 지면에서도 일제 강점기 언론을 '민족지'라 평가하는 독자들의 인식은 1960년대 후반부터 나타나기 시작하였다. 1967년 4월 5일 신문 주간을 맞아 '신문에 바란다'라는 제목으로 독자들의 신문관을 다룬 3면 기사에서 전남 광주에 사는 김종호 씨를 탐방, 취재하였다. 이 기사에서 김종호는 일제 강점기 언론에 대해 다음과 같이 서술하였다.

> **우리 민족지들**은 일제 아래서도 굽힘이 없이 나라 잃은 겨레의 혼을 일깨워 왔고 자유당 때는 부정과 불의에 과감하게 싸워 이긴 전통을 갖고 있지 않습니까. 한데 요즘은 어쩐지 기백이 모자라는 것 같아 아쉬울 때가 있읍니다. (강조는 인용자)

일제의 식민 지배에 저항해 왔다며 민족지라는 용어를 사용하며 당시의 신문에 대해 비판적 견해까지 표명하고 있다. 1969년의 4월 1일 창간 특집의 10면에서는 피아니스트 신수정 양을 1일 기자로 하여 〈동아일보〉의 당시 현황과 제작 과정을 취재한 '한 자루 붓대 동아… 자라서 오늘은 거목'이라는 제목의 기사에서도 일제 강점기 신문에 대한 신화적 인식이 드러난다. 즉 "동아일보가 일제와 항쟁한 민족지로서 국민들의 가슴속에 그 의지가 살아있고 또 우리나라에서 발행부수가 가장 많다고 하는 것은 그만큼 국민의 신뢰를 알고 있다는 증좌인 듯 싶기도 하다"고 언급하고 있는 것이다.

〈동아일보〉의 지면에 독자가 직접 작성한 내용에서 '민족지'라는 용어가 최초로 언급된 것은 1974년 4월 1일 〈동아일보〉의 창간일에 게재되었다. '해외에서 본 동아일보 미주에서'라는 제목의 메릴랜드대 물리학부 김호길 교수의 칼럼은 첫머리에서 〈동아일보〉에 대해 "창간 반세기 동안 어려움 속에서도 꾸준히 민중의 생각을 대변하고 민족의 고락을 함께한 역사로 인하여 민족지"로 불리고 있다고 평가하였다.

1974년 말부터 시작된 〈동아일보〉 광고 사태는 1975년에 접어들며 독자들의 적극적인 격려 광고 운동으로 전개되었다. 정권의 탄압으로 극심한 어려움을 겪는 〈동아일보〉를 격려하고 돕기 위해 독자들이 적극 나섰다. 1월 6일자 6면에 게재된 독자 투고에서 전남 광산에 사는 강재환은 "온 국민은 민족지의 존립을 위해 무엇인가 해야 한다"고 주장하였으며 익명의 한 여고생은 "54년의 전통을 자랑하는 동아일보, 일제 말기에는 폐간까지 당한 동아일보, 우리의 역사를 말해 주는 이 신문에 저는 경건히 그리고 엄숙한 마음으로 경의를 표합니다"라며 격려하였다. 그다음 날인 7일부터는 독자들이 광고 지면을 사서 의견 광고를 게재하기 시작하였다. 8면의 광고란에 게재된 3건은 모두 워싱턴의 교포들이 보낸 것이었는데 모두 민족지 혹은 민족 대변지라는 용어를 사용하여 〈동아일보〉를 지키자고 호소하였다.

이를 계기로 독자들의 의견 광고가 연일 광고란을 메우면서 시민언론 운동으로 확산되어 갔다. 당시 독자들이 제시한 광고 문안의 거의 대부분은 〈동아일보〉에 대한 민족지 신화적 인식이 다양한 표현으로 빈번하게 등장하였다. 앞의 서론에서도 몇 가지 사례를 인용하였지만 신화적 인식을 보여 주는 대표적 사례를 몇 가지만 살펴보자.

동아일보 만세(홍원길, 〈동아일보〉, 1975. 1. 8, 4면 광고).

삼천만의 횃불이 되라(조흥분, 〈동아일보〉, 1975. 1. 9, 4면 광고).

민족지 동아일보의 건투를 빕니다(一일본인 여행자, 〈동아일보〉, 1975. 1. 10,

4면).

반세기 수난속에 횃불 밝힌 동아여!(성수탁, 〈동아일보〉 1975. 1. 11, 4면).

동아는 민족의 빛!(연희 · 명자 · 윤영, 〈동아일보〉, 1975. 1. 16, 4면).

민족지 민주수호지 동아일보의 발전을 축원합니다(동아돕기회, 〈동아일보〉, 1975. 2. 8, 5면 광고).

동아는 민족지이며 독립지이다(김병관, 〈동아일보〉, 1975. 2. 11, 3면 광고).

동아일보는 민족의 대변지/민족지 동아를 지켜야한다(중앙시장 1상인, 〈동아일보〉, 1975. 3. 21, 4면 광고).

동아가 보여주는 불멸의 투지 우리 민족의 위대한 표상이어라(오봉진, 〈동아일보〉, 1975. 3. 21, 4면 광고).

이러한 사례들로부터 우리는 당시 〈동아일보〉에 대한 신화적 인식이 상당히 보편적이었음을 알 수 있다. 1970년대 중반이면 전술한 대로 이미 각급 학교 교과서뿐만 아니라 다른 신문들에도 신화적 인식이 반영되었기 때문에 당시의 독자들 대부분은 그 영향을 벗어나기 어려웠을 것이다.

1976년 4월 1일의 창간 기념 특집은 10면에 '내가 본 동아일보'라는 제목의 기획에서 세대별 독자들과 해외 교포들의 평가를 게재하였다. 20대를 대표한 고려대 2학년의 방세도 씨는 "동아는 항상 강자보다는 약자의 편에 서서 그들의 힘이 되어주고 희망과 용기를 불어넣어주는 원천으로서의 역할에 게으름이 없었다"며 "앞으로도 꾸준히 민족의 대변자로서의 역할을 충실히 행할 수 있었으면 바라는 마음 간절하다"고 표명하였다. 〈동아일보〉를 '민족의 대변자'로 평가하는 것이다. 30대의 여성 이양숙 씨도 "「민족 민주 문화」에 바탕을 두고 겨레와 더불어 싸우고 생각하고 고민해 온 동아일보"라고 하여 신화적 인식

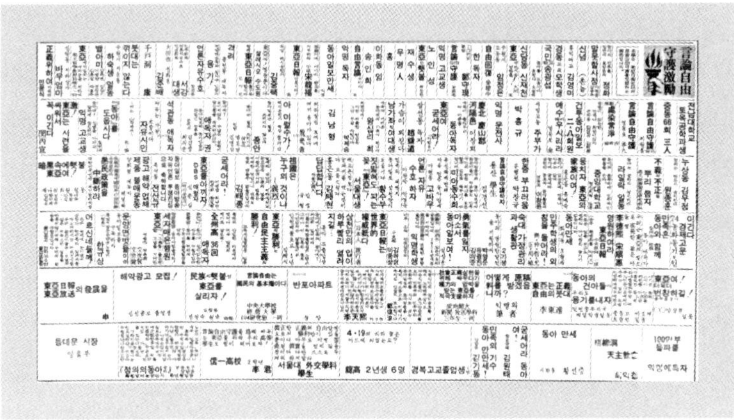

사진 11 광고 탄압을 받던 〈동아일보〉를 격려하는 독자들의 광고(1975. 1. 13, 4면).

을 그대로 드러낸다. 런던 교민회 회장 강철수 씨도 "지난 56년간 동아일보는 민중의 산 역사, 일본제국주의와 항쟁해서 민족의 대변지"였다고 평가하였다. 박철 민주공화당 대변인은 "민족지 동아는 진정 일제치하에서는 민족계도지로 겨레의 자유와 조국의 독립을 위해 선도적 소임을 다해왔"고 평가하였다. 그 외에도 전체 13명의 독자들 의견은 대부분 대동소이한 인식을 보여 주었다.

독자들의 직접 투고를 통한 평가는 대체로 당시의 언론이나 지면에 대해 비판하고 부족한 점을 지적하면서 일제 강점기의 과거 역사를 대비시키는 형태가 많았다. 〈동아일보〉 1982년 3월 30일자 9면에 실린 서울 강서구의 김해동 씨는 "귀지는 평소 우리의 민족지로서 온갖 고충과 박해 속에서도 꾸준히 이에 굴하지 않고 그늘지고 슬프고 외롭고 어두운 곳을 비추고 밝게 파헤치고 하여 온 국민으로부터 존경과 신뢰를 받아 발전하는 유일의 민족지인데 최근 부산에서 일어난 미문화원 방화사건의 보도에 있어 그 적극성을 잃고 있다"고 비판을 덧붙였다.

민족지라는 평가는 일제에 항거한 신문에 붙여지는 '영광의 월계관'이라는 표현도 등장하였다. 〈동아일보〉 1995년 4월 1일의 창간 기념 특집 38면에 기재된 황유성의 글은 "36년 일장기 말소사건을 비롯해 네 차례의 무기정간, 5백 12번의 행정처분을 거쳐 40년 폐간에 이르기까지 동아일보가 걸어왔던 가시밭길은 일제가 민족지에 씌어준 영광의 월계관이었다"고 주장하였다. 1997년의 창간 특집 47면에서는 부산의 보수동 1가에 사는 우정렬이 "민족지로서 역사와 전통을 자랑하면서 꿋꿋하게 성장과 발전을 거듭해온 데 대해 찬사를 보낸다"며 창간을 축하하였다. 부산에 사는 교사로 알려진(《동아일보》, 1994. 4. 1, 19면) 이 우정렬은 바로 다음 해인 1998년의 창간 특집에서도 '역사와 전통을 자랑하는 민족지' 〈동아일보〉가 앞으로도 민족정론지로서 역할을 다해 주길 바란다고 투고하였다.

〈동아일보〉가 일제 강점기 저항의 대표적 사건으로 우선시하는 일장기 말소 사건에 대해서도 투고나 좌담 등을 통해 독자들의 인식이 반영되었다. 1981년 4월 1일자 13면의 '미래의 한국여성과 동아일보'라는 제목의 좌담에서 정충량 숙명여고 교장은 "일장기 말소사건으로 폐간됐을때 울던 기억"이 새롭다면서 "아무튼 동아일보하면 민족지"라고 언급하기도 했다.

1983년에는 1968년부터 1972년까지 2대 주한 일본대사를 역임하였으며 당시 국제관계공동연구소 소장이던 가네야마 마사히데金山政英는 동아일보사의 창간을 축하하는 원고를 기고하였다. '내가 보는 동아일보'라는 제목으로 외국 저명인사 기고의 일환으로 18면에 게재된 이 글에서 가네야마는 "민족지로 일관한 63년에 감명 받아 동아일보를 15년째 구독하고 있다"고 밝혔다. 이어서 "1936년 베를린 올림픽 때의 손기정 선수에 대한 일장기 말소사건에서 보여준 동아의 항일 투쟁정신은 한국의 언론사에서도 영원히 남는 기록"이 되고 있다고 언급하였다. 가네야마는 대사 재임 당시 한국의 제철 등 산업 발전에도 기여한 바가 컸던 대표적인 친한 인사로, 1997년 사망 후 그의 유언에 따라 묘지도 한국의 파주에 조성할 정도였다.[61]

일반 독자를 직접 취재한 기사에서 일장기 말소 사건이 언급된 사례는 1990년 4월 1일 창간 특집 31면에서 찾아볼 수 있다. '동아일보 없으면 못살아요'라는 제목으로 장기 구독자 4명의 사례를 인터뷰한 기사다. 창간 때부터 구독하여 '창간사를 줄줄 외운다'는 이인섭 옹은 "일장기 말살 사건은 민족의 혼을 되살린 쾌거였다"고 주장하였다. 52년 독자로 인터뷰한 홍중섭 씨는 "해방 전 기억에 남는 것은 베를린 올림픽 때 손기정 선수가 마라톤에서 우승한 것을 보도하면서 일장기를 삭제한 사건이지요. 그때부터 해방되기까지 동아일보가 다섯 차례 무기정간과 강제폐간을 당하지 않았습니까. 그때마다 가슴이 쓰라렸습니다"고 회고하였다.

이와 같은 여러 사례들은 〈동아일보〉와 〈조선일보〉가 자사 지면과 사사 등 여러 수단을 동원하여 조성한 신화적 인식이 일반 독자들의 뇌리에도 커다란 영향을 미쳤음을 보여 준다. 다시 말해 일제 강점기 언론에 대한 신화적 인식은 정착되었다고 평가할 수 있다.

---

61 〈월간 조선〉, 2020. 8. http://monthly.chosun.com/client/news/viw.asp?ctcd=A&nNewsNumb=202008100042

5장 민족지 신화에 대한 비판

널리 확산되며 공고해져 가던 민족지 신화에도 굴절이 생기기 시작하였다. 1978년에 출간된 신문평론가 최민지의 저서 《일제하 민족언론사론》이 중요한 계기가 되었다. 이 책의 출판 이후 그동안 일제 강점기 언론에 대해 당연히 민족지라고 평가하고 받아들이던 신화적 인식은 서서히 비판에 직면하기 시작하였다. 이 책의 뒤를 이어 학계의 비판적 연구 성과들이 발표되기 시작하면서 민족지 신화에 균열이 생기게 된 것이다.

1. 최민지의 《일제하 민족언론사론》

1) 출간 배경

(1) 1970년대 중반의 언론 상황

1970년대 후반 최민지의 비판적 논저가 출간된 배경은 당시 한국 언론의 상황에서 찾을 수 있다. 박정희 정권기의 한국 언론은 권력에 대한 비판과 견제의 기능은 철저히 외면하며 기업적 성장에만 매몰되어 있었다. 권력은 독재화되면서 장기 집권을 획책하는데 이를 비판, 견제해야 할 언론은 주어진 책무는 외면한 채 성장의 단물에만 빠져 있었던 것이다. 이러한 언론에 대해 권력의 시녀, 나팔수라며 독자의 불만과 비판은 높아만 가서 결국 1971년에는 대학생들에 의해 언론 화형식까지 치러질 정도였다.

이러한 일련의 사태가 현장의 기자들에게는 커다란 충격으로 받아들여지며 1971년 4월 〈동아일보〉 기자들부터 시작되어 많은 언론사들이 동참하면서 언론자유수호운동으로 전개되었다. 이에 대해 당시 박정희 정권은 1971년 위수령과 국가비상사태 선포, 1972년 10월 계엄령 및 유신 선포 등 강경책으로 일관하였다. 이어 1973년에는 〈경향신문〉부터 시작해서 기자들의 제2차 언론자유수호운동이 전개되어 많은 언론사들이 이에 동참하였다. 당시 정부는 이 운동에 대해 〈동아일보〉의 광고주를 탄압함으로써 광고 사태로 이어지며 1974년 12월 말부터 백지 광고가 나오기에 이르렀다. 하지만 이 백지 광고면이 1975년 연초부터 독자들의 격려를 담은 의견 광고로 채워지기 시작하여 전국의 많은 독자가 참여하였다. 그러나 권력에 굴복한 사주들은 기자들을 대량 해고함으로써 사태는 일단락되었다(채백, 2015).

이와 같은 사태 전개를 지켜보며 많은 독자들은 커다란 실망을 느낄 수밖에 없었을 것이다. 그럼에도 불구하고 〈동아일보〉는 그즈음인 1975년 창간 기념일 4월 1일자에도 창간 특집을 발행하며 자신들의 과거사를 미화하며 민족지 신화의 목소리를 높이기에 여념이 없었다. 특히 그 날짜 1면 최상단에 게재한 기념사는 '역사의 도전과 자유언론의 창달'이라는 제목으로 당시의 사태에 대해 다음과 같이 주장하였다.

> 「동아」의 55년사가 실의의 역사요 좌절의 역사에 틀림없지만 그러나 오늘 「동아」가 당하고 있는 고통과 화난禍難은 전무 후무한 것이라고 믿어진다. 일제하의 저 모진 폭정하에서도 지금 우리가 맞고 있는 「광고탄압」처럼 악랄한 것을 겪은 적이 없었기 때문이다. 그리고 이와 때를 같이하여 다수 사원들의 집단적이고도 조직적인 하극상적 질서 파괴행위가 함께 몰아친 것도 일찌기 경험하지 못했기 때문이다.
>
> 우리는 지금 복배腹背로 적을 맞고 있는 것이다. 글자 그대로 외우 내환의 누란의 위기 속에서 외우와 싸우면서 동시에 내우도 퇴치하지 않을 수 없게 된 것이다. 이 난국과 싸우기에는 우리의 힘은 너무나 연약한 것을 통감하지 않을 수 없다. 우리의 지혜는 너무나 달리고 우리의 용기 역시 불퇴전의 것은 못되며 우리의 인내력도 바닥이 두텁지 못한 것을 새삼 한탄하지 않을 수 없다.

박정희 정권의 광고 탄압은 일제 치하에서도 없었던 '악랄'한 것이라면서도 이에 대한 더 이상의 비판이나 대책은 찾아보기 어렵다. 오히려 권력의 유례없는 탄압에 저항하는 기자들의 몸부림을 '하극상적 질서 파괴 행위'라고 극단적인 언사로 몰아붙였다.

이처럼 굴욕적인 언론의 모습에 독자들의 신뢰를 기대하기는 어려울 것이다. 이와 같은 상황에서 당시 언론의 문제점을 근본부터 되돌아보고 성찰해 보자는 움직임이 싹튼 것이다. 최민지는 두 민간지가 자유 언론 실천을 요구하는 기자들을 대거 해고한 사태를 목격한 뒤 책의 집필에 들어갔다고 술회하였다(《한겨레신문》, 1992. 2. 14, 20면). 자신의 책 서문에서도 당시의 언론이 비판 정신을 잃어버렸다고 지적하며 그 원인 중 하나는 "일제 이래 지금까지의 우리 언론에 대한 냉철하고도 본격적인 비판이 지금껏 있어 본 일이 없었다는 데에 한가닥의 원인이 있다"(최민지, 1978: xvii)고 집필 의도를 밝혔다.

3년에 걸쳐 작업한 원고를 출판하려고 몇몇 출판사에 타진해 보았으나 모두 난색을 표명하여 하는 수 없이 일월서각이라는 출판사를 직접 등록하고 첫 상품으로 이 책을 발간한 것이라고 한다(《한겨레신문》, 1992. 2. 14, 20면). 당시 기존 출판사들로서는 아마도 국내의 대표적 두 언론사의 감추고 싶은 과거의 치욕을 폭로하면 그 후환이 필연적으로 따를 것을 두려워한 때문일 것이다.

(2) 일부 언론인들의 참회

또한 1970년대 중후반 일제 강점기 기자 출신 중에는 자신의 활동을 반성하고 참회하는 인사들도 등장하였다. 당시 한국신문연구소가 발행하던 잡지 〈신문과 방송〉에 1973년부터 '나의 기자 시절'이라는 코너를 연재하여 매회 언론계 원로 기자들의 회고담을 게재하였다. 이 연재를 묶어 한국신문연구소는 1978년 《언론비화 50편》이라는 책으로 발간하였다. 이 회고담을 통해 주로 일제 강점기에 총독부 기관지 〈매일신보〉와 〈경성일보〉에 근무했던 몇몇 언론인들이 자신의 경력을 참회한 것이다.

제7대 국회의원을 역임한 〈매일신보〉 출신 이원영李元榮은 자신의 언론인 생활을 가능하면 숨기려 했다면서 그 이유를 "나는 우리 민족의 해방 운동에서 이탈하여 단지 생활을 위해 조선총독부의 어용신문 기자로서 일본 제국주의 정책의 한 보도자로 일해 온 결과를 가져와 달리 변명의 여지가 없는 때문"(한국신문연구소, 1978: 91)이라고 밝혔다. 역시 〈매일신보〉 출신으로 해방 이후 〈한국일보〉 논설위원을 역임한 언론인 조풍연趙豐衍도 "이제 와서 돌이켜보면, 매신이 한민족에게 지은 죄는 이루 헤아릴 수도 없는 것이었다"(한국신문연구소, 1978: 289)고 참회하였다. 중앙대 교수를 역임한 백철白鐵도 자신의 〈매일신보〉 경력을 일컬어 "일본 총독부의 신문기자였으니 자기의 의사든 아니든간에 부정한 세월과 타협을 한 기자생활"(한국신문연구소, 1978: 352)이었다고 술회하였다.

일제 강점기에 〈경성일보〉 기자였던 김형균金衡均은 자신의 기자 시절을 "일제의 한국에 대한 침략정책의 대변지라는데서 낯이 간지럽고 숨통이 막혀 견딜 수가 없었다"(한국신문연구소, 1978: 407)고 회고하였다. 〈매일신보〉 출신의 최금동崔琴桐도 "그 신문이 총독부 기관지라는 부끄러움 같은 것이 항상 내가슴 한구석을 어둡게 짓누르고 있었"(한국신문연구소, 1978: 738)다고 고백하였다. 일제 강점기 〈경성일보〉의 기자 생활을 하였으며 해방 정국에서 공산주의 활동을 했던 고영민은 수기를 통해 해방을 맞아 혁명 운동에 몸담기로 결정하면서 자신의 지난 행적으로 인해 불안을 느낀다며 다음과 같이 참회하였다(고영민, 1987: 17).

> 나는 한국의 민족해방운동의 혁명전선에서 이탈하여, 생존을 위해 조선총독부의 어용 신문기자로서 일본제국주의의 침략전쟁을 지지하였기 때문에, 과거의 동지들로부터 소외되어 혁명전선에 참가하지 못하게 되는 것은 아닌가 하는 생각이 들었기 때문이었다. 나는 이때만큼 혁명적 사상을 갖고 있으면서도 혁명적 실천 활동으로부터 이탈하였던 자의 부끄

러움과 비참함을 느꼈던 적이 없었다. 그것은 마치 내장을 끊어내는 듯한 아픔이었다.

나는 **일본제국주의의 '똥통'**에 빠져 있으면서도 생활감정만큼은 그들에 철저히 저항하면서 생활하려고 하였다. 그러나 **객관적으로 나는 일본제국주의의 침략전쟁을 도운, 일본제국주의에 굴복한 인간에 지나지 않았던 것**이다.

나는 한국인 사회에서 가장 증오의 대상이 되었던 **'친일협력자'로 낙인찍히더라도 변명의 여지가 없었다.** 나는 일본제국주의에 굴복한, 떳떳하지 못한 자였음을 통감하여 살아가지 않을 수 없었던 것이다. (강조는 인용자)

뼈저린 참회의 심정을 격한 어조로 표현하고 있다. 이처럼 자신의 과거를 참회하는 모습을 보여 준 것은 대부분 〈매일신보〉와 〈경성일보〉 출신들뿐이었다. 이들에 대해서는 일제 강점기 당시 사회에서도 비판적인 시선을 받아야 했다. 〈매일신보〉 출신의 조용만에 따르면 당시 대부분 호구지책을 위해 '매신,' 즉 매일신보사에 입사하게 되는데 "이것을 세상에서는 매신每申에 「매신賣身」했다고 비웃었다"는 것이다. 즉 〈매일신보〉에 몸을 팔았다는 비판을 들어야 했다는 말이다. 일제 강점기 당시에도 비판적인 세평이 존재했음을 알 수 있다.

반면 일제 강점기 민간지 출신들은 이처럼 참회하는 모습을 찾아보기 어렵다. 하지만 총독부 기관지 출신 언론인들의 이러한 참회도 해방 이후 오랫동안 제대로 표면화되지 않다가 이때에야 드러난 것이다. 이러한 모습들도 박정희 정권기의 언론을 되돌아볼 필요성을 일깨우는 데 간접적이나마 도움이 되었을 것이다.

2) 일제 말기 민간지에 대한 초창기 학계의 평가

(1) 김규환의 주장

최민지의 책보다 앞서 학계 일부에서는 일제 말기 언론에 대해 비판적 논의가 전혀 없었던 것은 아니다. 대표적인 것은 김규환과 최준, 송건호의 사례다. 김규환(1978)은 1959년에 발표한 박사 학위 논문에서 1930년대 민간지에 대해 비판적 평가를 한 바 있다. 전술한 대로 '민족지'라는 개념을 사용하여 일제에 의해 탄압받은 사실을 정리한 김규환은 일장기 말소 사건을 매우 긍정적으로 평가하고는 그 이후의 언론에 대해 다음과 같이 평가하였다.

> 일장기 말소사건에 의해서 다시 불 붙을 기세를 보인 민족의식은, 그러나 구체적인 행동으로 조직되지 않은 채 중일전쟁의 발발과 남총독의 내선일체 정책에 의해 사라지고 말았다. 또 이 사건을 계기로 하여 민족지 폐지론이 지배층 사이에 번져갔다. 더욱이 그 이유로서는 동아일보나 조선일보의 존재를 허용하는 것은 국어 상용의 방침에 반한다고 하는 것이 주된 것이며, **민족지란 이름 뿐이며 중일전쟁 후 재간된 동아일보는 조선일보와 함께 이미 완전히 저항지로서의 성격을 잃고 있었다.** 이 시기의 양지를 민족지라고 부른다면 그것은 단지 한국인에 의해서 발행되어 한국어에 의해서 쓰여졌다는 이유에 불과한 것이다. 1940년 8월에 이르러 양지는 언론기관통제의 대상이 되어 폐간되어 20년간에 걸친 고투의 막을 내렸다. (강조는 인용자)

1930년대 후반의 굴절된 두 민간지의 양태를 매우 비판적으로 평가한 것이다. 김규환의 이 논의는 일제 말기 두 민간지의 친일 논조에 대한 최초의 지적이라고 평가되고 있다(박용규, 2021: 298). 하지만 이 책이 번역되어 국내에 소개된 것은 1978년이어서 학계나 언론의 주목을 받지는 못했다.

(2) 최준의 주장

민간지들의 일제 말기 논조에 대해서는 최준도 비판적으로 언급한 바 있다. 전술한 대로 최준의 《한국신문사》는 민족지 신화 생성에서 중요한 계기가 된 저작임에 틀림없다. 하지만 최준도 일제 말기의 민간지를 다루는 부분은 '각지의 논조 거세되어 가다'라는 소제목으로 통제와 검열이 한층 강화되어 가는 당시의 상황을 언급하고는 "신문을 경영 유지하는 이상 그 검열 표준을 무시할 수 없었던 것으로 검열표준선이 시국과 더불어 일층, 가혹하게 되어 감에 따라 민간 3지도 한걸음 두 걸음씩 이에 위축되어 왕년과 같은 활발한 논조를 발견할 수 없게 되었다. 그후 1940년대 민간지 폐간 직전의 **양지의 논조와 색채는 총독부 기관지 매일신보와 별다른 차이를 볼 수 없게쯤** 되었다"(최준, 1960: 310~312. 강조는 인용자)고 평가한 바 있다.

(3) 송건호의 주장

또한 〈동아일보〉의 편집국장을 지낸 송건호도 1977년에 발표한 글(42~43)을 통해 일제 강점기 민간지의 1930년대 친일적 지면을 다음과 같이 구체적으로 비판하였다.

> 민간신문이 창간된 지 5, 6년간은 그럭저럭 민족언론의 구실을 했다. 그러나 정간이란 경제적으로 타격이 컸기 때문에 정간을 당할 때마다 지면의 약화가 눈에 띄었다. 그나마 29년 광주학생운동을 계기로 지면은 벽돌

신문으로 변했고 민족언론으로서의 구실이 점점 약화되어 갔다.

30년 이후는 저항의 흔적이 거의 나타나 있지 않다. 나타나 있지 않았다기 보다 나타나지 못했다고 보는 것이 옳을 것이다.

30년대 7, 8년간은 비협력을 특징으로 하고 있다. 저항은 못하나 그렇다고 협력은 않겠다는 저항 아닌 저항을 한 시대였다고 할까.

그러나 이런 비협력 시대도 오래가지 못했다. 37년 중일전쟁이 터진 이후 지면은 점점 변해 갔다. **「일군日軍」이라는 표현이 어느덧 「황군皇軍」으로 변하고 「총후銃後」라는 말이 나오고 「애국」이라는 낱말도 하루가 다르게 자주 등장한다.** 지면만 보아도 긴박한 정세의 압력이 눈에 띄는 듯하다. 바로 이때부터 신문은 증언자로서 기록자로서의 구실을 잃어가기 시작하고 있다.

매일같이 「황군」의 승리가 대문짝 같이 보도되고 「총후의 결의」가 어떻고 「반도인」의 옳바른 시국인식이 강조되고 있다. 「1억 1심」이라는 구호가 눈에 띈다. (강조는 인용자)

1930년대 후반 민간지의 지면에 나타난 친일상을 세부적으로 비판하고 있다. 최준과 김규환이 포괄적으로만 주장한 내용을 송건호는 지면에 나타난 구체적 변화를 토대로 논하는 것이다. 이처럼 김규환과 최준, 송건호는 일찌감치부터 일제 말기의 왜곡된 친일 언론상을 지적하였지만 이 주장들은 두 신문사의 선전 공세에 파묻혀 크게 주목받지 못했다(박용규, 2021: 299).

3) 최민지의 《일제하 민족언론사론》 출간

(1) 집필 의도

일부의 비판적 논의는 전혀 주목받지 못하고 민족지 신화가 지배적이던 상황에서 1978년 최민지의 《일제하 민족언론사론》이 나오게 된 것이다. 책의 서문에서 최민지(1978: xvii~xviii)는 그 집필 의도를 다음과 같이 밝힌다.

> 오늘날 우리 언론이 비판정신을 잃고 있다는 것은 누구나가 가슴 아프게 생각하는 바인데 그 원인 중의 하나는 일제 이래 지금까지의 우리 언론에 대한 냉철하고도 본격적인 비판이 지금껏 있어 본 일이 없었다는 데에 한 가닥의 원인이 있다고 생각된다.
>
> 응당 한국언론이 걸어 온 과거를 되돌아 보고 시비곡직을 가리고 잘한 것은 발전시키고 잘못한 것은 반성하고 바로 잡았어야 했다. 그러나 지난날의 치부를 가리고 과거를 위장하며 허장성세로 일관해 왔다 하면 지나친 말일까? (중략)
>
> 나는 신문에 대한 본격적인 비판이 없었던 것은 신문인 스스로 자기의 책무를 다하지 못한 것이라 규정하고 미운 자식 밥으로 키우고 고운 자식 매로 키운다는 속담처럼 신문에 대한 비판작업이 한국언론의 발전에 공헌하리라는 신념밑에서 비판작업에 나선 것이다.

앞에서 살펴본 대로 해방 이후 복간된 〈동아일보〉와 〈조선일보〉는 과거에 대한 비판이나 반성은 전혀 없이 언론인의 개인적 회고에서부터 시작하여 지면을 본격적으로 동원하고 학계의 지원을 받으면서 민족지 신화를 만들어 내는 데 여념이 없었다. 더구나 이 책이 나

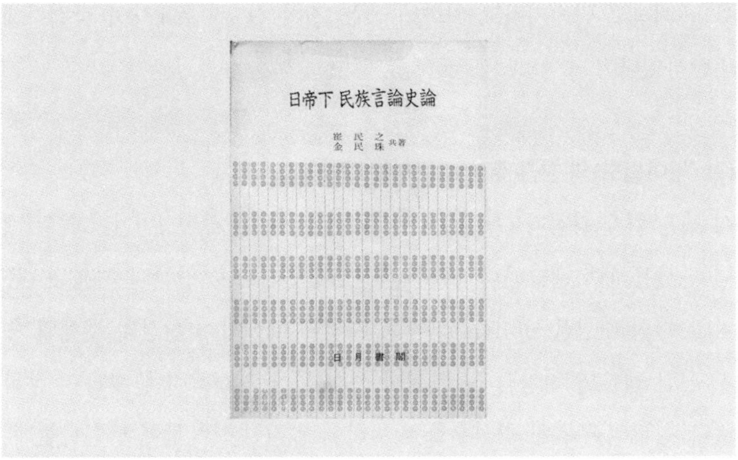

사진 12 1978년 출간된 최민지의《일제하 민족언론사론》표지. 원고 집필 중 불의의 사고로 숨진 필자의 딸 김민주를 추모하기 위해 공저자로 올렸다.

오던 당시는 박정희 정권의 유신 시대로서 언론의 본질인 비판과 견제는 찾아볼 수 없고 권력의 시녀, 나팔수라는 불명예스러운 평가까지 받던 상황이었다. 이러한 때에 언론의 모습을 바로 잡기 위한 작업의 일환으로 과거 역사에 대한 재평가 작업에 최민지는 나섰던 것이다.

최민지의 서문은 이어서 일제 강점기 두 신문의 역할을 모두 부정하는 것은 아니지만 "식민 정치권력에 아부 굴종하여, 통치권력의 시녀로서 심지어는 억압 통치체제에 편입되어 이 민족의 노예적 고통을 강요하였던 죄과가 은폐될 수 있는 것인가에 의문을 제기"하였다. 이러한 죄과가 "언론 생존 방식으로 일반화하고 권력의 시녀가 되는 것이 마치 당연할 뿐만 아니라 오히려 미화되는 그릇된 언론 생존의 논리를 제공하고 정착시킨 것에 더 큰 죄과가 있다"고 주장하였다(최민지, 1978: xviii~xix). 일제 말기의 친일적 언론의 행태도 문제이지만 광복 이후 이를 은폐하고 민족지라고 미화해 가는 것이 더 큰 문제라며 강력하게 비판하였다.

(2) 〈동아일보〉의 창간 주체와 주지에 대한 비판

이 책은 일제 강점기 〈동아일보〉와 〈조선일보〉를 주로 '민간지'라는 개념을 사용하여 서술한다. 특히 민족계의 신문으로 창간이 허용된 〈동아일보〉의 허상을 벗기는 데 많은 지면을 할애하여 창간의 주체와 초기 편집 진용의 친일적 및 타협적 성격 등을 지적하며 한계를 주장하였다. 창간의 주역인 김성수를 비롯하여 발기인으로 참여한 인사들 대부분이 토착 지주와 자본가들로 구성되어 일제의 통제에 취약할 수밖에 없었다는 주장이었다. 초대 사장이던 박영효는 개화기부터 일본과 밀착되었으며 합방과 함께 후작을 수여받고 추밀원 고문을 지냈으며 자치론을 주장하기도 한 친일 세력의 거두였다. 총독부 기관지 〈매일신보〉에 근무하던 이상협이 편집국장을 맡은 것을 비롯해서 장덕준, 진학문, 서승효, 유광렬 등이 〈매일신보〉나 일본 신문에 근무했던 경력이 있던 인물들이었다. 최민지(1978: 58~63)는 이러한 사실을 지적하며 민족계의 몫으로 기대를 안고 출발했지만 창간 당시부터 여러 가지 한계를 지닐 수밖에 없었음을 주장하였다.

이어서 최민지는 〈동아일보〉가 창간과 함께 제시한 3대 주지에 대해서도 강도 높게 비판하였다. 거의 모든 신문들의 창간사가 긍정적이고 바람직한 언어들을 나열하는 것처럼 〈동아일보〉도 창간호에서 '주지를 선명하노라'라는 제목으로 제시한 주지는 세 가지였다. 즉 조선 민중의 표현기관으로 자임하노라, 민주주의를 지지하노라, 문화주의를 제창하노라의 세 가지를 〈동아일보〉가 지향하는 목표이자 사시로 제시한 것이다. 최민지는 이 주지에 대해서도 당시의 맥락과 결부시켜

보면 많은 문제를 내포하고 있다고 강도 높게 비판하였다(최민지, 1978: 51~58).

첫 번째 주지는 민족주의를 지향하는 것으로 보이지만 이는 단일 민족의 민족주의가 아니라 두 번째 주지에서 제시한 연맹주의와 결부시켜 볼 때 세계 민족주의의 성격을 지니게 된다고 비판하였다. 이는 "민족해방을 열망하는 민중들의 기대를 악용한 기업적 구호일 뿐 실상은 식민 종속국의 의무를 강조하는 반민족주의를 자임한 것"이라고 비판하였다.

두 번째의 민주주의를 지지한다는 〈동아일보〉의 주지는 세부적으로 국내 정치에서는 자유주의, 국제 정치는 연맹주의, 사회생활에서는 평등주의, 경제 조직에서는 협조주의라고 선언하였다. 최민지는 당시 일본은 군국주의로 가는 과도기로서 결코 자유로운 분위기가 아니었기에 일본의 어떤 언론도 민주주의를 표방한 데가 없는 가운데 식민지의 언론이 민주주의를 표방한 것은 결국 일본을 인정하는 논리일 수밖에 없다고 비판하였다.

세 번째의 문화주의는 3·1운동 이후 총독부가 통치 정책에 변화를 기하면서 새롭게 표방한 정책 목표를 반영하는 것이다. 즉 당시 총독부의 시정 방침을 그대로 따른 것이다. 〈동아일보〉가 제시한 문화주의의 핵심은 '민족적으로 생활 충실을 기하는 것'으로서 소시민으로 안주시키려는 일제의 정치적 의도를 대변한 것이라고 비판하였다.

〈동아일보〉의 이 창간 주지는 앞에서 살펴본 대로 〈동아일보〉가 창간 기념일이면 지면을 통해 자신들의 역사를 미화하는 데 즐겨 사용된 소재다. 보편적 가치를 지니는 언어들로 구성되어 있지만 최민지는 당시의 역사적 맥락과 결부시켜 여러 가지 한계를 스스로 드러내는 것이라고 비판한 것이다.

(3) 일제의 언론 통제의 이면

일제 강점기 언론 하면 바로 일제의 가혹한 탄압과 이에 맞서 저항했다는 논리는 민족지 신화의 기본 토대를 이루는 것이다. 최민지는 자신의 책을 통해 이러한 일제의 통제에 대해서도 단순하고 기계적으로만 볼 것이 아니라 그 맥락에 새겨진 의미를 볼 필요가 있다고 주장하였다. 이와 같은 단순 논리에 따르면 일제의 통제는 친일계 신문이 〈조선일보〉보다 민족계 신문 〈동아일보〉가 훨씬 더 가혹하게 받아야 마땅할 것이다. 그러나 실제 자료를 보면 그렇지만은 않다는 사실을 어렵지 않게 확인할 수 있다.

창간 직후 총독부에 압수 처분을 당한 사례는 〈동아일보〉가 먼저였다. 창간 보름 후인 4월 15일자 3면 하단에 실린 '평양에서 만세소요'라는 제목의 2단 기사가 문제되어 발매 금지 조치를 당했다. 〈조선일보〉는 4월 28일자에 실린 영친왕과 약혼했다 파혼당한 민 규수 탐방 기사로 처음 압수당하였다. 하지만 압수 처분을 당한 사례는 〈조선일보〉가 오히려 더 많았다. 다음 표에서 보는 바와 같이 〈동아일보〉는 1920년 19건인 반면 〈조선일보〉는 32건으로 더 많았으며 이러한 관계는 창간 초기라 할 1923년도까지 유지되었다(정진석 편, 1998: 16).

두 신문사가 자신들의 역사를 민족지로서 저항한 역사라고 미화하면서 그 증거처럼 항상 내세우는 것은 바로 이 총독부로부터 탄압받은 사례들이다. 물론 이는 총독부의 언론 통제가 극심했음을 말해 주는 자료임에는 틀림없다. 하지만 이 자료만으로 그들이 식민 지배에 저항한 증거라고 보기는 어렵다. 이러한 통제 사례는 총독부 기관지들이나 일본인이 발행한 신문들에 대해서도 이루어졌다. 통감부 시절인 1907년 일제는 대한제국 정부로 하여금 신문지법을 제정케 하여 한국인들이 발행하는 신문을 통제하였으며 1908년에는 신문지규칙을 공

표 신문에 대한 압수 처분 건수

연도	동아	조선	연도	동아	조선
1920	19	32	1930	31	20
1921	16	26	1931	17	9
1922	16	14	1932	7	8
1923	16	23	1933	6	10
1924	68	59	1934	12	4
1925	67	66	1935	3	3
1926	35	58	1936	9	13
1927	46	62	1937	1	1
1928	28	28	1938	5	7
1929	28	23	1939	8	5
			합계	437	471

* 출처: 정진석 편, 1998: 16.

포하여 조선 내에서 조선인 외의 사람들이 발행하는 신문을 통제하였다. 일본인이 발행하는 신문들도 신문지규칙을 통해 통제하여 한국 신문들보다는 통제 사례가 적었지만 치안 방해나 풍속괴란 등의 사유로 통제하였던 것이다(영신아카데미 한국학연구소, 1974).

또한 정간당한 사례도 〈조선일보〉가 먼저였다. 〈동아일보〉의 첫 정간은 1920년 9월 25일이지만 〈조선일보〉는 이때 이미 두 번째 정간 당하여 신문이 발행되지 못하고 있었다. 그해 8월 27일자 '자연의 화化'라는 제목의 사설에서 당시 극동을 시찰 중이던 미국 의원단의 방한에 대한 환영을 탄압하는 경찰 당국을 비난했다는 사유로 1주일 발행 정지 처분을 당하였다. 이어 속간 3일째인 9월 5일자 사설에서는

'우열한 총독부 당국자는 하고何故로 우리 일보를 정간식혓나뇨'라는 제목으로 총독부의 정간 조치를 강도 높게 비판하며 총독부가 부여한 배일排日 신문이라는 역할에 철두철미하겠다고 공언함으로써 또다시 정간을 당하여 두 달간 신문 발행이 중지되었다(채백, 2015: 171~172). 그 얼마 후 〈동아일보〉는 9월 25일자의 '제사문제를 재론하노라'라는 제목의 사설에서 일본이 신성시하는 3종 신기神器를 우상 숭배의 표본이라고 서술한 대목이 문제가 되며 정간당하였다.

최민지(1978: 64~67)는 이때 〈동아일보〉가 정간당한 것은 〈조선일보〉가 먼저 두 차례나 정간을 당하자 당시 사회의 인식과 평가를 고려하여 정간을 의도적으로 유발한 것이라고 해석하였다. 정간 조치 이후 당시 총독부 경무국장 마루야마 쓰루키치丸山鶴吉는 동아일보사의 김성수를 불러 "김선생은 우리 황실의 상징인 신기를 그렇게 모독해도 무사할 줄 알았소?"라고 묻자 김성수는 "무사하지 못해서 무기정간을 당한 것이 아니요?"라고 대답하였다고 한다. 이는 어느 정도 총독부의 반응을 예상하고 한 행동임을 말해 준다. 친일 인사들에 의해 창간된 〈조선일보〉가 먼저 두 차례나 정간당하자 이른바 민족진영의 대표 신문이라는 〈동아일보〉로서는 이미지에 타격을 우려할 상황이 된 것이다. 이런 우려를 불식하기 위해 당시 〈동아일보〉는 일본이 신성시하는 3종 신기를 비판적으로 다루면 정간 조치를 당하리라는 것을 예상하면서도 대외적인 이미지를 위해 감행했다는 것이다.

그렇다면 당초 친일계의 신문으로 창간된 〈조선일보〉가 총독부로부터 정간도 먼저 당하고 압수 사례도 더 많았던 것은 어떻게 해석해야 할까? 이에 대해 최민지(1978: 64)는 당시 〈동아일보〉는 민족적 기대를 한몸에 받으며 출범하였고 총독부 기관지 〈매일신보〉는 확고한 기반을 가지고 있기에 조일동화주의를 표방하던 단체 대정친목회가 창간한 〈조선일보〉로서는 이 신문들에 대항하여 기반을 확보하기가 쉽지 않던 상황이었다. 이에 따라 〈조선일보〉는 고심 끝에 '〈동아일보〉보다 선명한 민족지'로 보이도록 하는 전략을 취한 것으로 해석하였다. 이러한 방침에 의해 〈조선일보〉가 〈동아일보〉보다 정간도 먼저 당하고 압수 사례도 더 많았던 것이다.

(4) 1930년대 후반 민간지들의 친일상

최민지의 책은 제6장에서 '친일보국시대의 언론'이라는 제목으로 1930년대 후반 민간지들의 친일상을 폭로하고 비판하는 데 많은 지면을 할애하였다. 그동안 학계에서도 일부 논자들에 의해 지적된 바 있었지만 최민지는 그 책을 통하여 당시 지면에 실린 구체적인 기사들을 인용하면서 친일에 앞장섰던 민간지들의 모습을 강도 높게 비판하였다. 1930년대 후반의 언론들의 친일상에 대해 최민지(1978: 225)는 다음과 같이 주장하였다.

> 1936년부터 시작하여 1937년에 이르러 나타난 친일 언론보국에의 행렬은 공식적으로 태도를 표명한 「동아」와 「조선」이 폐간때까지 서로 경쟁적으로 이어진다. 이 변질의 일제의 압력 강요에 못이긴 굴종이라 하더라도 민족을 부인하고 일제의 편에 서서 민족의 억압, 수탈을 합리화하는 **역사적 범죄**는 저지를 수 없는 것이다. 이런 점에서 **1936년부터 폐간되는 1940년까지의 5년간은 한국 언론사에서 지워질 수 없는 오욕과 모멸의 시대**라고 봐야 할 것이다. (강조는 인용자)

위에서 보듯이 최민지는 이 시기를 오욕과 모멸의 시대로서 '역사적 범죄'라고까지 강도 높게 비판하였다. 이러한 변화의 주요 계기로 최민지는 일장기 말소 사건을 꼽았다. 즉 "우리 민족언론이 공식적으로 민족지임을 부정하고 친일을 서약하게 한 일장기 말소 사건"이라고 규정하면서 이를 계기로 두 민간지는 친일에 노골적으로 앞장서게 되었다는 것이다. 이 책은 사건의 경과보다는 속간을 허용받으면서 속간호인 1937년 6월 3일자 석간 1면에 공지한 다음의 사고에 주목하였다.

> 낭자曩者[62] 본보에서 일장기 마크 말소사건을 야기하여 당국의 기휘忌諱[63]에 촉觸하게 된 것은 실로 공축불감恐縮不堪[64]하는 바이다.
>
> 이제 당국으로부터 발행 정지 해제의 관대한 처분을 받아 금후부터 일층 근신하여 경更히 여사如斯한 불상사를 야기치 않도록 주의할 것은 물론이어니와 지면을 쇄신하고 대일본제국의 언론기관으로서 공정한 사명을 다하야써 조선 통치의 익찬翼贊[65]을 기하려 하오니 독자제위께서는 특히 조량照亮하시와 배전倍前[66] 애호하여 주시기를 바라나이다.

창간 이후 많은 우여곡절 속에서도 유지하던 '민족 언론의 간판'을 내리고 스스로 '대일본제국의 언론기관으로서 사명을 다하여 조선 통치에 도움이 되도록 하겠다'고 선언하기에 이르렀던 것이다. 그동안 〈동아일보〉는 이 사건을 자신들의 역사에서 일제에 저항하였음을 보여 주는 대표적 사례로 기회 있을 때마다 홍보하고는 했다. 하지만 이 사건으로 9개월에 걸친 장기 정간 이후 속간되면서 총독부 당국과 타

62 지난번이라는 뜻이다.
63 꺼리고 싫어한다는 뜻이다.
64 극히 송구스러움을 견딜 수 없다는 뜻이다.
65 도움이 된다는 뜻이다.
66 이전보다 더욱이라는 뜻이다.

협했던 사실은 전혀 언급하지 않았다.[67]

또한 최민지의 책은 1937년 1월 1일자 신년호 1면에 일왕 부부의 사진과 동정 기사를 실은 사실을 지적하였다. 또한 그 이후에는 해마다 두 신문이 신년호에 일왕의 사진으로 1면을 장식하였으며 일왕의 생일인 천장절 4월 29일의 지면에도 마찬가지로 일왕의 사진을 실은 사실을 처음으로 제시하였다(최민지, 1978: 225, 281, 301).

이어서 이 책은 일본의 명치절이나 천장절 등 명절이면 사설 등을 통하여 온갖 미사여구를 동원하며 축원하는 두 신문의 모습을 구체적으로 제시하였다. 1938년 지원병 제도가 실시되자 〈동아일보〉는 그해 4월 3일의 사설을 통해 이를 '조선 통치상 획시기적 제도'라고 극찬하였다. 특히 이날은 일본 신무神武 천황의 제일祭日이고 조선교육령도 실시되는 날이어서 총독부는 성대한 기념 행사를 벌였다. 이 행사의 의의를 "민중으로 하여금 거국일치의 정신을 체득시키는 동시에 양 제도의 진수眞髓를 정해正解시키려는 것"이라고 목소리를 높였다. 〈조선일보〉도 1938년 6월 지원병 훈련소 개소를 맞아 6월 15일자 사설을 통해 지원병 제도를 "조선 통치사상에 한 「에포크 메이킹」이요 남총독의 일대 영단 정책"이라고 최상급의 언사를 구사하며 찬양하였다.

1939년 지원병 최초로 이인석이 전사하자 〈동아일보〉는 7월 8일자 석간의 기사를 통해 이를 조선 지원병의 '최초의 영예스러운 전사'라고 그의 죽음을 미화하였다. 〈조선일보〉도 같은 날짜 조간 2면에서

67 당시 총독부는 이 정간을 계기로 〈동아일보〉에서 김성수와 송진우를 배제하려고 여러 조건을 제시하였지만 동아일보사로서는 이를 받아들이기 어려워 정간이 오래갔던 것이다. 결국에는 총독부가 제시하는 여러 조건들을 받아들여 속간하게 된 것이다. 당시 상황에 대해서는 채백(2008)을 참조하기 바란다.

'지원병 이인석군 최초로 영예의 전사/장렬! 적진중으로 돌입 분투'라는 제목으로 전사 사실을 미화하였다. 특히 〈동아일보〉는 7월 9일자 조간에서 '영예의 전사한 이인석 가정방문기/전사는 남자의 당연사'라는 제목으로 이인석의 부인이 "'전선에서 도라가섯다는 소식을 드럿습니다마는 남자의 당연한 일이오니 슬픈 것은 조금도 없습니다'하고 부군에 못지 않은 굳은 뜻을 보이었다"고 보도하였다. 전사자의 가정을 직접 방문하여 그의 부인을 인터뷰한 내용을 인용하며 그 죽음은 국가를 위해 당연한 것이라고 미화하고 있다.

그러나 이는 사실과 전혀 다른 것으로 밝혀졌다. 1997년 8월 14일 문화방송이 8·15 특집으로 방영한 다큐멘터리 〈반도의 영예, 이인석〉에 따르면 방영 당시 생존하던 이인석의 부인은 기자가 찾아온 적도 없으며 자기 남편이 죽었는데 당연한 일이라 할 사람이 어디 있겠냐고 진술하였다. 당시 신문들은 사실을 왜곡해 가며 친일에 앞장섰음을 보여 준다.

최민지는 책에서 이러한 친일 언론의 모습을 총독부 기관지 〈매일신보〉의 기사와 비교해 가면서 "신문 제호를 가려 놓으면 이미 그 논조에서는 어느 것이 민족지고 어느 것이 총독부 기관지인지 구별할 수조차 없게 되었고 2천만 신민의 애국충정을 호소하고 있는 점에서는 상호 경쟁적"(최민지, 1978: 234)이라고 주장하였다. 총독부 기관지와 아무런 차별성이 없을 지경에까지 이르렀음을 비판한다.

이 책의 7장에서는 '폐간 그 후, 언론인들의 인맥과 행태'라는 제목으로 폐간 이후 주요 언론인들의 활동을 다루었다. 그 내용은 김성수와 방응모를 비롯하여 송진우, 장덕수, 주요한, 서춘, 유광렬 등 일제강점기 언론계의 대표적 인사들이 폐간 이후 친일 단체에 참여하여 활동하거나 잡지 등에 기고, 강연 활동을 통해 친일에 앞장섰던 사실을 비판하였다.

최민지의 이 책은 지금까지 살펴본 대로 두 신문의 과거사를 구체적으로 돌아보면서 강도 높게 비판하고 있다. 이를 통해 우리는 일제 강점기 민간지들의 실상이 그들 스스로가 앞장서서 만들어 온 민족지 신화와는 전혀 다른 면을 확인할 수 있다.

(5) 최민지의 책에 대한 반응

최민지의 책은 출판되자마자 바로 그 의의를 높게 평가받았다. 두 신문사를 비롯하여 일간지들은 책의 출간 소식도 전혀 보도하지 않았다. 하지만 한국사 연구자 배영순은 〈창작과 비평〉에 실린 서평을 통해 책의 의의를 다음과 같이 평하였다(배영순, 1978: 366~367).

> 일제하 민족언론사의 주류를 이루는 〈동아일보〉〈조선일보〉의 역사적 실체 속에서 과연 민족언론의 가치전제가 관철되고 있었는가에 대한 비판적 분석을 제기한다. 그러한 분석을 통해서 저자는 양지가 식민지하 언론의 역사적 사명을 수행할 수 있는 민족지로서의 구성요건 — 자본구성의 성격, 발행자의 운동노선, 창간취지 — 에서부터 배반하고 있었고 결국 민족여론을 분열시키는 방향으로 기능함으로써, **민족언론사가 투쟁과 저항의 역사가 아니라 오늘의 반민족적 역기능 언론의 전사前史로서 파악되어야 한다**는 것을 사실史實에 의해 논증하는 것이다. (강조는 인용자)

위에서 보는 바와 같이 배영순은 일제 강점기 언론에 대해서는 민족지 신화가 아니라 반민족적 역기능 언론으로 보아야 한다는 주장을 한 것이다. 나아가서 최민지의 책은 '민족지라는 허구적 통념에 대한 도전'이라며 언론사뿐만 아니라 일제 강점기 역사 연구에 커다란 의미를 갖는다고 평가하였다.

2. 학계의 비판적 연구 활성화

1) 1980년대 후반의 연구 성과

(1) 1980년대 비판적 연구의 배경

최민지의 저술은 일제 강점기 언론에 대한 새로운 인식의 지평을 여는 전환점이 되었다. 이 책이 제시한 새로운 시각에 입각하여 1980년대부터 〈동아일보〉와 〈조선일보〉에 대한 비판적 연구들이 뒤를 이었다. 민족지 신화에 입각하여 탄압과 저항의 구도로 파악하는 종래의 시각을 넘어 이 신문들이 갖는 복합적 성격과 의미에 대해 비판적 탐구가 이루어지기 시작한 것이다.

먼저 두 신문이 창간 60주년을 맞게 되는 1980년 3월 4일 〈경향신문〉에 실린 당시 서울대 교수 박유봉은 '민간지 60년의 반성'이라는 제목의 칼럼을 게재하였다. 당시 회자되던 '민족지'라는 용어 대신 '민간지'라는 개념을 사용하고 있는 사실이 주목된다. 이 칼럼에서 박유봉은 한국 언론의 역사를 비교적 담담하게 정리하며 일제 강점기 언론에 대해 "1936년 일장기말소사건을 계기로 동아·조선 양지는 그 논조가 현저히 위축되어 오히려 일제의 정책을 스스로 찬양하고 한민족의 존재를 부인하는 태도로까지 타락했다는 비판도 있다"고 조심스럽게 주장하였다. 당시 일반적이던 민족지 신화에 대해 비판적 견해를 소개하고 있는 것이다.

뒤를 이어 1980년대부터는 소장 연구자들을 중심으로 최민지의 시각을 이어받은 비판적 연구들이 이루어지기 시작하였다. 이때 이와 같은 새로운 시각의 연구들이 이루어지게 된 것은 최민지의 영향만이 아니라 당시의 국내 사회과학의 경향과도 밀접한 관련이 있다. 1980년대부터 한국의 사회과학은 소장 연구자들을 중심으로 서구의 마르크스 레닌주의와 종속 이론 등 비판적 경향의 이론들을 집중적으로 받아들이며 새로운 비판적 학문 경향을 이루었다. 이러한 흐름 속에서 언론학 분야에서도 비판 커뮤니케이션 이론들이 도입되면서 이 이론들에 입각하여 한국의 언론을 구체적으로 분석하는 작업들이 이루어지기 시작한 것이다.

(2) 〈동아일보〉와 〈조선일보〉의 계급적 성격에 대한 연구

이 시기 일제 강점기 언론과 관련한 주요 논문들의 개요를 살펴보기로 하자. 이경숙의 논문(1982)은 일제 강점기 민간지 자본의 성격을 분석하였다. 〈동아일보〉는 토지 자본과 산업 자본에 기반하였으나 반봉건적 지주제를 바탕으로 부를 축적하였으며 일제의 자금 지원을 받음으로써 점차 예속적인 성향을 드러냈다고 분석하였다. 〈조선일보〉는 소유주가 여러 차례 바뀌었지만 방응모는 금광을 일본의 자본가에게 매도한 전근대적 상업 자본가로서 일제와 원만한 유대 관계를 지속하였다고 주장하였다.

1988년에 나온 배진한의 논문은 〈동아일보〉와 〈조선일보〉의 사회경제적 성격을 분석하였다. 이를 위해 두 민간지 소유주의 계급적 성격 및 논조의 특성을 분석하였다. 논문에서 배진한은 두 신문 모두 창간 주체 세력은 지주 혹은 지주 자본을 근대적 산업 부문으로 전환시킨 자본가들로서 차이는 단지 외면적으로 표방한 정치적 자세뿐이었다고 주장하였다. 나아가서 이러한 발행 주체들의 계급적 성격과 초기의 경영 상태는 지면의 논조에도 영향을 미쳤다고 분석하였다. 예컨대 〈동아일보〉가 물산 장려 운동을 전개하였지만 이는 소유주 김성수가 경성방직을 함께 운영하고 있던 사실과도 밀접한 연관이 있으며 〈조선일보〉는 경영의 어려움을 항일 논조로 독자 확보를 통하여 타개해 보려는 의도가 있었다고 분석하였다.

(3) 일제 강점기 민간지의 역사적 의미에 대한 연구

김현대의 논문(1987)은 〈동아일보〉를 민족운동사의 관점에서 비판하였다. 이 논문은 식민지 내의 합법적 기구로 존재하던 〈동아일보〉는 당위론적 목표 설정과 심각한 자기모순의 심화 과정을 겪을 수밖에 없었다고 주장한다. 지주 세력들로 구성된 창간의 주체들도 경성방직이 일제의 지원을 받게 되고 신문의 광고 수입은 대부분 일본에 의존할 수밖에 없는 상황에서 일제에 타협적일 수밖에 없다는 것이다. 1924년의 사설 '민족적 경륜' 파동을 계기로 〈동아일보〉는 타협적 민족주의 우파만을 대변하게 되었다고 주장하고, 1920년대 후반부터 전개한 실력 양성 운동도 자치론으로 전락하며 민족 운동의 지도 이념의 위치를 상실하고 민중 계몽의 차원에 머물게 되었다고 주장하였다.

강양욱(1988)은 〈동아일보〉를 중심으로 일제 강점기 언론의 광고를 분석하였다. 분석 결과 〈동아일보〉의 광고는 창간 초기를 제외하고는 일본 광고가 전체 광고의 약 70%를 차지하고 있으며 그 대부분은 상품 광고로 구성되어 있다고 밝혔다. 따라서 일제 강점기 〈동아일보〉는 일본 독점 자본의 광고주가 미치는 영향으로부터 자유로울 수 없는 상황이었다고 주장하였다. 이러한 사실을 바탕으로 강양욱은 "조선민중의 대표기관임을 선언한 동아일보는 일본 제국주의의 식민지라는 조선의 특수성 속에서 신문의 사회적 역할과 책임을 무시하고 이윤 추구라는 언론기업의 경제적 논리에 종속당하고 있다"고 결론지었다.

2) 1990년대 이후의 비판적 연구 성과

(1) 1990년대의 친일 연구

친일 문제 전반에 대한 한국 사회의 논의가 활기를 띠기 시작한 것은 1990년대 이후다(이준식, 2005). 최민지의 저술 이전에는 친일파 문제에 고군분투하며 천착했던 임종국의 성과가 주목된다. 1966년 출판된 《친일문학론》을 비롯하여 1980년대에도 임종국의 《일제침략과 친일파》(1982)가 발간되었다. 이어서 임종국은 1987년에는 《친일논설선집》이라는 제목으로 개화기 이래 친일파들의 글들을 엮었으나 대부분 〈매일신보〉와 잡지에 실린 글 중심이었다. 그의 이러한 작업은 당시 사회의 두터운 기득권의 벽에 막혀 사회적 관심사로 부각되지 못했다(채백, 2016). 친일 문제가 사회적 관심사로 부상하게 된 것은 1990년대 이후다. 1990년대 들어 임종국의 《실록 친일파》(1991)를 비롯하여 반민족문제연구소(1993, 1994), 김삼웅(1995), 정운현(1993, 1999b) 등이 출판되며 공개적인 논의의 장이 열리기 시작하였다. 특히 정운현(1993)은 언론계의 친일 인사들을 분석하여 주목받았다. 그는 그동안의 친일 논의에서 언론계는 별로 주목받지 못했다고 지적하면서 일제 강점기 〈동아일보〉와 〈조선일보〉에 근무했던 대표적 친일 언론인으로 이상협을 비롯하여 주요한, 서춘, 유광렬, 이광수, 최남선, 김성수, 방응모의 친일 행각을 정리하였다.

(2) 일제 강점기 민간지의 폐간에 대한 연구

이러한 분위기 속에서 학계에서도 언론의 친일 문제를 깊이 있게 다루는 작업들이 조금씩 이루어지기 시작하였다. 언론학과 국사학계는 먼저 1930년대의 민간지 논조와 결부시켜 민간지의 폐간 문제에 주목하였다. 최유리(1993)는 1940년 두 민간지의 폐간은 일제 당국으로서는 조선어 신문이 지니는 '민족지'로서의 상징성이 조선인들을 황국신민화하는 데 장애물이 된다고 판단한 때문이라고 주장하였다.

최영태(2004)는 1940년 〈조선일보〉가 폐간된 배경을 중심으로 1930년대 후반 친일 언론의 모습을 제시하였다. 두 신문사는 그동안 일제 강점기에 자신들이 1940년 폐간된 것은 앞에서도 설명하였듯이 두 신문이 항일에 앞장섰기 때문에 강제로 폐간되었다고 기회 있을 때마다 주장해 왔다. 대표적인 사례로 《조선일보80년사》(조선일보사, 2000: 507)는 1940년의 폐간을 언급하며 "일제는 왜 조선일보와 동아일보를 폐간시켰을까. 친일지였다면 폐간을 시켰을까. 일제는 식민지 경영이나 전쟁 수행에 두 민족지가 장애라고 결론을 내리고 강제 폐간한 것이다"라고 주장하였다.

최영태는 이 논문에서 1930년대 후반 〈조선일보〉의 지면은 온통 친일적인 기사로 채워졌다며 상대적으로 통제가 덜한 경제 기사에서도 친일적 논조를 보인 것이 폐간의 직접적 배경이 되었다고 주장하였다. 총독부 기관지와 아무런 차별성이 없는 신문이었기에 전쟁에 집중하기 위한 물자 절약 차원에서 폐간이 결정되었다는 것이다. 이러한 주장은 〈조선일보〉에만 해당되는 것이 아니라 〈동아일보〉 역시 마찬가지였다.

성주현(2009)도 1930년대 이후 두 신문은 일제 식민 통치에 협조하였으나 폐간된 것은 자진이냐 강제냐라는 이분법을 떠나 당시 일제의 언론통제안에 의한 것이었다고 주장하였다. 두 신문의 폐간 이후 임원을 포함한 언론인들은 지배 체제에 계속 협력하였으며 특히 〈조선일보〉는 폐간 이후에도 잡지 〈조광〉 등으로 1930년대 후반의 신문 논조를 그대로 이어받은 것으로 분석하였다.

장신(2016)은 일제 강점기 두 민간지의 폐간에 관한 논의를 총정리하면서 〈조선일보〉는 폐간 이후에 조광사朝光社를 출판사업체로 분사시키고 동방문화학원 설립을 인가받아 폐간 이후를 도모할 수 있었던 반면에 왜 〈동아일보〉에게는 아무것도 남지 않았었는지에 주목하였다. 이 점에 대해 장신의 연구는 〈조선일보〉가 〈동아일보〉보다 적극적으로 일제의 지배 정책에 순응하였으며, 이러한 인식을 불식시키기 위해 〈동아일보〉와 동시에 폐간되기를 희망했다는 성주현의 주장(2009)을 뒷받침하였다.

(3) 1930년대 민간지들의 친일 논조에 대한 연구

또한 1930년대의 민간지 논조에 대한 연구들도 이루어졌다. 장신(2005)은 1930년대 상업화의 길을 걷던 민간지들이 1937년 이후 일제 통치에 협력한 것은 스스로의 선택이었다고 주장하였다. 강화되는 언론 통제 속에서 폐간하지 않고 살아남으려면 이러한 편집 방침의 변화가 필요했다는 것이다. 전술한 대로 〈동아일보〉는 일장기 말소 사건으로 인한 장기 정간에서 1937년 속간하면서 총독부가 요구한 조건을 받아들여 서약서를 쓰고 대일본제국의 언론기관으로서 맡은 바 소임을 다하겠다고 맹세하였다. 이 논문은 총독부가 〈조선일보〉에 대해서도 결단을 요구하여 조선일보사는 '싸우다 죽는 길보다 미리 순응하여 피해를 덜 입는 방식을 선택'한 것이라고 주장하였다. 다시 말해 1930년대 후반의 친일을 조선일보사의 사사 등을 통해 일부 인정하면서도 일제의 무자비한 강요에 의해 어쩔 수 없는 결과였다고 그동안 주장해 왔지만 장신은 이것이 외부적 강제가 아니라 자신들이 선택한 결과라는 주장이다.

박용규(2005)는 1930년대 후반 두 민간지의 사설을 통해 당시 일제의 지배 정책에 어떻게 대응했는지를 분석하였다. 분석 결과 두 신문은 당시의 전쟁 수행이나 지원병, 황국신민화, 내선일체 등을 적극 보도하였으며 나아가서 일본 정신을 기반으로 한 국가주의 및 전체주의적 동원 체제를 강력히 주장하기에 이르렀다. 이러한 논조는 외부적 강제뿐만 아니라 언론인의 의식 전환도 부인할 수 없는 것으로서 결국 일제의 지배 방식에 순응해 독자들에게 내선일체와 전쟁 협력을 강요했다는 평가를 면할 수 없다고 결론지었다.

(4) 일제 강점기 민간지의 실력 양성 운동에 대한 연구

1920년대 후반부터 민간지들이 주력했던 실력 양성 운동에 대해서도 학계의 연구들이 이루어졌다. 박찬승(1990)은 일제 강점기의 실력 양성 운동을 주제로 한 박사 학위 논문에서 그 역사적 의미를 깊이 있게 분석하며 비판하였다. 박찬승에 따르면 실력양성론은 3·1운동이 주장한 '즉각 독립'으로부터 일보 후퇴하여 먼저 실력을 기른 연후에 독립운동을 전개하자는 주장으로서 이는 민족 운동의 수준을 한 단계 낮춘 것이었다고 평가하였다. 다시 말해 '실력 양성이라는 개량적 방법을 통한 독립운동'을 내세웠지만 결국 '개량주의적 운동'으로 전락하고 말았다고 비판하였다. 당시 자치론자들이 '실력양성 우선론' 혹은 '단계적 운동론'의 명분으로 자치 운동을 합리화했지만, 이는 독립운동으로부터 일보 후퇴한 자치 운동의 타협성을 은폐하려는 명분에 지나지 않는다고 주장하였다.

조규태(2009)는 1930년대 민간지들의 문화운동론을 분석한 논문에서 1930년대 우리의 역사와 사상을 강조하여 민족 정신을 고취하려는 시도가 있었지만 1930년대 후반에 오면 이러한 내용은 거의 사라지고 국민주의와 국민정신에 관한 글이 다수 실렸다고 분석하였다. 또한 민간지들의 민족문화발전론은 일제로서도 결코 용인할 수 없는 것은 아니었다며 조선 민족의 양성된 실력은 일본 체제를 무너뜨릴 힘이 될 수도 있지만 일본제국주의 체제를 강화시키는 요소가 될 수도 있기 때문이었다고 주장하였다.

(5) 김성수의 친일에 대한 연구

또한 장신(2009)은 〈동아일보〉 김성수의 친일 행적을 본격적으로 다루었다. 이 논문은 일제 말기 김성수의 친일 행적에 대해 그동안 동아일보사 측이나 유진오(2019) 등 관련 인사들이 주장해 온 대필설, 즉 기고의 경우 김성수가 직접 쓴 것이 아니라 〈매일신보〉 기자가 직접 쓰고 명의만을 김성수로 했다는 주장과 인터뷰 기사는 조작되었다는 등의 주장을 조목조목 사실에 근거하여 논리적, 사실적 오류를 지적하였다. 이러한 분석을 바탕으로 장신은 김성수가 적극적으로 나서서 친일한 것은 아니지만 자신이 벌인 사업들을 지켜 나가기 위해 피동적이나마 친일의 길을 걷게 된 것이라고 주장하였다.

이완범(2009a)은 김성수의 일제 강점기 행적에 대해 중일 전쟁 이전에는 계몽 운동적인 교육-언론 사업 등을 통해 협력적 저항을 하다가 1943년 전후로는 저항적 협력을 한 것으로 평가하였다. 신운용(2012)은 김성수의 친일에 대한 논문을 통해 그동안 김성수에 대한 긍정적 평가는 김성수와 특수 관계에 있는 세력을 중심으로 이루어진 것으로서 이는 그에 대한 객관적 평가를 가로막는 한계로 작용하였다고 주장하였다. 또한 그의 사업 자금은 소작농 착취와 일제 협력으로 축적된 것이었기에 그를 민족 자본가라 볼 수 없다고 평가하였다.

(6) 친일 문제에 대한 두 신문의 논조 연구

해방 이후 언론의 친일 논의를 다룬 연구들도 나왔다. 채백(2016)은 친일 청산이라는 문제가 시대적 과제로 부상하였던 광복 직후의 상황에서 〈동아일보〉와 〈조선일보〉가 이 문제에 대해 어떠한 보도 태도를 보였는지를 실증적으로 분석하였다. 분석 결과 1945년 후반에 복간한 두 신문은 친일 청산 문제에 대해 전반적으로 소극적인 것으로 밝혀졌다. 과거의 친일도 중요하지만 현재의 반민족이 더 중대하며 친일을 청산하려면 그 대상 설정도 매우 어렵고 인재의 공백이 우려되어 당면 목표인 독립 국가 건설에 장애가 될 터이니 정부 수립 이후로 연기하자는 것이 두 신문의 주된 논지였다.

이어서 채백은 정부 수립 직후 친일 청산이라는 시대적 과제를 안고 출범한 반민특위에 대해서는 〈동아일보〉와 〈조선일보〉 두 신문이 어떠한 태도로 보도하였는지를 규명하였다(채백, 2018). 분석 결과 반민특위에 대해서 〈조선일보〉가 더 적극적·긍정적으로 보도하여 사설로도 여러 번 다루었다. 반면 〈동아일보〉는 명시적 반대는 아니지만 반민법이 갖는 특별법으로서의 문제를 지적하거나 정부의 반대 입장을 간접적으로 뒷받침하였다. 이러한 보도 태도의 차이는 두 신문의 정치적 입장, 즉 〈동아일보〉는 친일 세력 중심의 한민당을, 〈조선일보〉는 당시 친일 청산에 가장 적극적이던 김구 중심의 임시 정부 세력을 지지했다는 데 그 원인이 있다고 분석되었다. 또한 〈동아일보〉는 반민특위 해산의 결정적 계기가 되는 국회 프락치 사건을 검찰의 수사보다도 앞서서 국회의원 김준연의 칼럼을 통해 보도함으로써 반민특위 실패의 주요 계기를 제공한 것으로 주장하였다. 즉 〈동아일보〉 1949년 5월 9일자 1면에 실린 당시 국회의원 김준연의 '헌정 단상의 1년 회고'라는 칼럼은 곧이어 국회 프락치 사건으로 이어지며 엄청난 파문을 몰고 와서 결국 반민특위가 아무런 성과도 없이 공중분해되는 데도 중요한 계기가 되었던 것이다.

최근에 발표된 박용규의 저작(2021)도 친일 언론 연구에 매우 중요한 성과라 할 수 있다. 이 책은 현대 한국 언론의 부정적 측면들의 근원은 친일 언론의 유산에 기인하는 바가 크다는 인식에서 출발하였다. 개화기인 1906년 친일 단체 일진회의 기관지로 창간된 〈국민신보〉에서 시작하여 일제 강점기까지 친일 언론의 역사를 정리하고 이를 바탕으로 해방 이후 친일의 잔재와 영향까지 정리하였다. 일제 강점기의 친일 언론이 해방 후 한국 언론에 미친 영향에 대해서도 다각적으로 분석한 이 책은 민족지 신화에 대해서도 별개의 장으로 깊이 있게 분석하였다.

이처럼 일제 강점기 민간지의 친일 행적에 대해서 학계의 연구가 활성화되고 있음을 알 수 있다. 이러한 연구들이 민족지 신화에 균열을 가져오며 굴절시키는 주요 요인이 되고 있다.

6장 민족지 신화의 굴절

1. 1985년의 '민족지' 논쟁

1) 논쟁의 배경

일제 강점기 언론에 대한 민족지 신화의 전개 과정에서 1985년은 또다른 의미에서 중요하게 기록될 것이다. 그동안 경쟁적으로 자신들의 역사를 미화하여 신화화하는 데 몰두해 온 두 신문이 이때 자신들의 일제 강점기 역사를 두고 지면을 통해 서로 상대방을 치열하게 공격하는 뜻밖의 사건이 벌어진 것이다.

사건의 직접적인 발단은 그해의 창간 특집에서 비롯되었다. 그해 3월 5일 〈조선일보〉는 창간 65주년을 맞아 예년과 같이 대대적인 특집 기념호를 발행하였다. 당시 하루 12면 발행하였지만 이날은 24면을 발행하여 창간을 기념하였다. 1면 상단에 실은 '화풍난양에 언로를 회복코자… : 창간 65주년에 다짐하는 우리의 길'이라는 제목의 사설에서 자신들의 과거사를 다음과 같이 서술하였다.

> 1920년 3월 5일 조선일보는 「민족의 신문」으로서 처음으로 나라잃은 민족 앞에 서게 되었다. 이후로 동아일보가 탄생되고 이어서 시대일보 등이 창간되었다. 그로부터 예순 다섯해동안, **최초의 민족지 조선일보**가 걸어온 길은 형극과 파란의 역사였다. 일제하에서는 동업 동아일보와 함께 1940년 8월 10일 강제폐간을 당하기까지 모진 수난을 감내하여야만했다. 숱한 기사삭제, 압수, 그리고 정간의 쓰라림을 네차례나 겪었다. (강조는 인용자)

앞에서도 살펴본 바와 같이 이 내용은 새로울 것도 없는 내용이다. 민족지 신화 생성의 초창기라 할 1963년의 창간 43주년 기념호에서부터 이미 자신들이 '가장 오랜 역사'를 지녔다고 주장하여 차별화를 시도한 바 있다. 1963년 3월 5일자 창간 기념호 3면에 '독립과 자유쟁취의 역정'이라는 제목으로 자신들의 약사를 정리하며 중간의 가로제목 중 '가장 오랜 역사통해 민족의 대변지로'라고 하여 자신들이 한 달 가량 앞서 창간된 사실을 내세우며 차별화를 시도하였다. 또한 '민족지'라는 용어를 사용하지는 않았지만 '민족의 대변지'라고 하여 거의 대등한 의미를 부여하였다. 하지만 이때보다는 65주년 기념호의 '최초의 민족지 조선일보'라는 표현이 〈동아일보〉 입장에서는 더 심기에 거슬리기는 했을 것이다.

1985년도 창간 특집뿐만 아니라 그 몇 해 전부터 〈조선일보〉의 창간 특집이 〈동아일보〉의 심기를 불편하게 했을 것으로 보인다. 1982년 3월 5일의 〈조선일보〉 창간 기념 사설은 '민족지와 정론의 길/국민과 함께 만들고 걸어온 조선일보 62년'이라는 제목으로 자신들을 '최초의 민간지,' 즉 '나라 잃은 「민족의 신문」으로서 첫 등장한 조선일보'라고 소개하였다. 또한 "그로부터 가장 긴 언론사史와 가장 많은 독자를 갖는 전통을 간직하면서 오늘에 이르렀다"고 주장하였다. 이어서 "흔히 조선일보를 '민족지'라는 대명사로써 부른다"면서 "민족지라는 대명사가 우연의 소산일 수는 없다. 창간 당시 및 그 이후의 시대적 배경과 그 시대가 조선일보에 부여한 사명과, 그 사명에 충실하고자 한 피나는 노력의 자취가 얻어낸 값진 지칭일 것임이 틀림없는 것이다"라고 주장하였다.

1983년의 창간 특집에서도 '의로운 언론의 사명'이라는 제목의 사설을 통해 자신들은 "일제의 탄압속에 용솟음 친 민족자결의 기운을 타고 조선일보는 이나라 최초의 민족지로 태어났다"고 주장하여 〈조선일보〉를 '최초의 민족지'라고 평가하였다. 이러한 논조는 1984년 3월 4일[68]의 창간 64주년 기념호에서도 마찬가지였다. 자신들은 "우리나라에 현존하는 언론기관 중에서 가장 역사가 긴 조선일보의 지나온 발자취만을 돌이켜보아도 세계에 유례없는 형극의 길을 걸어 왔음을 쉽사리 알 수 있다"라고 하여 가장 역사가 길고 가장 독자가 많은 신문이라고 자화자찬하였다. 이러한 맥락에서 1985년 3월 5일의 65주년 창간 특집 사설에도 '최초의 민족지 조선일보'라는 표현이 등장하자 〈동아일보〉가 이에 맞대응하고 나섰던 것이다.

반면 〈동아일보〉는 1980년대 초반 〈조선일보〉와는 대조적인 모습을 보였다. 이때도 해마다 창간 기념일이면 특집을 발행하기는 하였지만 과거처럼 창간 기념사나 기념 사설 없이 다른 내용으로 특집을 구

68 이 해는 3월 5일이 월요일로서 휴간일이라 창간 특집을 하루 앞당겨 발행하였다.

성하였다.

2) 논쟁의 발단

1985년의 〈조선일보〉 창간 특집에 대해 당시 〈동아일보〉 편집국은 격앙했다고 한다. 당시 편집국장이던 이채주는 이를 '역사의 왜곡'이라며 그냥 바라보고만 있을 수 없어 자신들의 정통성을 주장하게 되었다는 것이다(이채주, 2003: 205). 이에 따라 그해 4월 1일자 〈동아일보〉의 창간 65주년 기념 특집호는 2면의 사설에서 '정통지의 자부와 다짐'이라는 제목으로 첫머리에 "이땅의 유일한 민족지 정론지 정통지로 탄생한 본보는 오늘로서 창간 65주년을 맞는다"고 주장하였다. 자신들만이 정통성을 지니는 유일한 민족지라고 내세워 상대 〈조선일보〉를 자극한 것이다. 이보다 더 직접적 자극이 된 것은 조용만의 글이었다. 이날 3면에는 일제 강점기 〈매일신보〉의 학예부장을 역임하고 당시 고려대 명예 교수이던 조용만의 글이 게재되었다. 이 글은 1920년 민간지의 창간 과정을 재조명하며 〈조선일보〉를 직접적으로 자극한 것이다. '동아일보 민족혼 일깨운 탄생/본보 창간의 시대적 배경'이라는 제목으로 조용만은 창간 당시의 과정을 다음과 같이 주장하였다.

> 총독부 당국은 신중히 고려한 끝에 민족진영 측으로 동아일보를 허가하고, 다음으로 실업신문을 내겠다고 하는 대정실업친목회에 조선일보를 허가하고, 끝으로 신일본주의를 표방하는 국민협회측에 시사신문을 허가하였다. 이렇게해서 민족주의를 표방하는 신문 하나, 실업신문 하나, 친일신문 하나를 허가해서 균형을 잡히게 하였다고 발표했지만 실상은 다른 속셈이 있었던 것이다.

즉, 총독정치에 비판적일 동아일보의 허가에 대해서는 자기네들속에서도 이론異論이 많았었지만 **실업신문임을 위장한 친일신문**과 진짜 친일신문인 시사신문이 합작하면 2대1로 그까짓 민족진영의 동아일보쯤은 누르지 못하겠느냐는 판단 아래에서 동아일보를 허가한 것이었다. 그리고 또하나 회유적인 문화정치를 한다면서 반일민족주의의 신문하나쯤 허가하지 못한다면 자기네 체면이 서지 않지 않느냐는 것도 동아일보의 발행을 허가한 이유의 하나로 볼 수 있다. (강조는 인용자)

〈조선일보〉의 성격을 '실업 신문임을 위장한 친일 신문'이라고 직접적으로 공격하였다. 이 내용은 사실 새로울 것도 없는 내용으로서 그동안 학계의 논의나 언론인들의 개별 회고에서 이미 여러 차례 언급되어 거의 정설처럼 받아들여지던 것이다. 그러나 같은 내용이라도 신문이라는 대중을 상대로 하는 매스 미디어의 지면에 실린다는 것은 그 의미가 다르긴 하다. 또한 두 신문이 그동안 자신들이 민족지로서 일제의 탄압에도 굴하지 않고 민족의 이익을 위해 싸워 왔다고 목소리 높여 주장해 왔기에, 같은 지면에서 자신들을 공격하는 내용은 상대를 자극하기에 충분했다고 할 수 있다.

뒤이어 4월 12일에는 일본 우익 단체가 발행하던 〈동아일일신문〉의 1940년 2월 20일 지면이 발견된 사실을 6면에 보도하였다. '"동아는 일의 국적國賊 — 폐간시켜라"'라는 제목의 이 기사를 보면 "동아일보가 반일적 정치책모의 소굴이었고 반도인에 의해 경영되는 불온신문이며 반도독립의 음모를 꾀해온 신문이므로 내선일체의 대승적 융합정신을 꾀하기 위해서는 조속 폐간시켜 뿌리를 제거해야 한다"고 주장했다는 것이다. 또한 〈동아일보〉는 기사의 말미에서 "불온한 동아일보가 조선일보와의 합판을 강력히 거부하고 총독부의 시책에 항거하고 있다"는 〈동아일일신문〉의 기사 내용을 덧붙임으로써 자신들은 총독부에 항거하였지만 〈조선일보〉는 추종하는 것으로 받아들여지며 자극하였다.

그러나 이 기사는 당시 총독부가 민간지의 폐간 방침을 종하고 종용하자 송진우가 일본에 가서 폐간을 막아보려고 로비를 벌이던 상황을 일본 우익이 비판하며 나온 기사로 알려지고 있다(박용규, 2021: 318). 그러한 맥락은 배제하고 기사의 내용만을 보도함으로써 이것도 〈조선일보〉의 심기를 불편하게 만들었던 것이다.

3) 〈조선일보〉의 대응

이에 〈조선일보〉가 정면으로 맞대응하며 나섰다. 4월 14일 당시 논설고문이던 선우휘가 3면에 게재된 칼럼을 통해 '동아일보 사장에게 드린다'라는 제목으로 〈동아일보〉를 공격하였다. 서두에서 〈동아일보〉의 해당 기사에 대해 "월초 귀지 창간 65주년호를 특별한 관심을 가지고 보다가 처음에는 영문을 알수없어 얼떨떨해 하다가, 차차 어이가 없고 기가 차면서 나중에는 아연실색하고 말았으니, 축하고 뭐고 드릴 마음이 싹 가시고 말았읍니다"라고 '근래에 드문 하나의 충격'이라고 강도 높게 목소리를 높였다. 이어서 "도대체 동아일보가 어떻게 된 일입니까. 사람을 시켜서 동아일보만이 진정한 민족지이지, 조선일보는 친일지다… 하여 훤전喧傳[69]한 까닭이 무엇일까요. 그렇게까지 하지 않으면 안될 무슨 어려운 사정이 있는 것입니까?"라고 힐난하였다.

69 여러 사람의 입으로 퍼져서 왁자하게 됨을 뜻한다.

선우휘는 이어서 조용만의 글이 그즈음 〈월간 조선〉에 실었던 글에서는 언급했던 1924년 이후 〈조선일보〉의 혁신에 대해서는 전혀 언급하지 않은 사실을 문제 삼았다. 원래 원고에 그 내용이 없었다면 조용만이 '곡학아세의 썩은 선비라는 비난을 면치 못할 것'이며 편집진이 그 대목을 빼버렸다면 '동아일보 제작진은 명백한 언론적 범죄를 저지른 일이 되는 것'이라고 목소리를 높였다. 나아가서 선우휘는 민간지 창간의 과정과 배경에 대해 다음과 같이 주장하였다.

> 조선일보를 친일실업인들에게, 동아일보를 민족주의자에게 허가했다는 것은 단순화된 후일담에 지나지 않습니다. 정확히 말하면 일제 위정당국은 조선일보를 대정실업친목회를 대표한 예종석에게, 동아일보는 박영효에게 허락해 준것입니다. 당시 박영효가 어떤 경력의 어떤 정치적 성향의 인물로서 일제 당국으로부터 굳건한 신뢰를 얻고 있었다는 것은 가히 짐작이 가고도 남는 일입니다. 그러니까 동아일보가 당시 민족주의자로 인정받아 민족주의 신문을 만들라고 허가받았다고 자랑하는 것은 웃지못할 난센스에 지나지 않은 것입니다.
>
> 오히려 오늘날 우리가 주목해야할 사실은, 창간후 조선일보가 재빨리 옳은 주장과 바른 기사를 써서 사흘이 멀다하며 밥먹듯이 압수와 정간을 당했다는 사실입니다. (중략)
>
> 「유일한 민족지요, 유일한 정통지」라고 기념사설에서 자랑한 동아일보는 동아일보 외에는 모두 반민족지요, 비정통지처럼 몰아붙인 꼴입니다만, 지금 동아일보에 필요한 것은 「유일한 민족지」로 출발했노라는 동아일보가 그후 어느 정도 진정한 민족의 발전을 위하여 이바지했는가 하는 반성일 것입니다.

〈동아일보〉의 초대 사장 박영효가 개화기 이래 친일 세력의 대표적 정치인이었고 합병 당시 작위를 받은 사실 등에 의거해 직접 공격하며 〈동아일보〉가 '민족주의 신문'으로 허가받았다는 것은 '난센스'라고 호된 비판을 가하였다. 이어서 이러한 반일-친일 논쟁이 격화되면 "궁극적으로 인촌선생까지도 욕보이는 결과가 된다고 생각지 않으십니까"라고까지 언성을 높였다. 칼럼의 말미에서 선우휘는 "「동아일보의 악의」가 납득할만큼 해결되지 않는한 저는 물러가지 않고 독선, 아니 위선과 싸움을 계속 할 생각입니다"라고 결전의 의지를 불태웠다.

4) 이후의 논쟁 전개

〈조선일보〉의 공격에 대해 〈동아일보〉는 4월 17일자 3면 하단에 5단 통 광고로 대응하였다. '애독자 제현에게 알려드립니다/조선·동아 창간과 「민족지」시비에 대하여'라는 제목으로 서두에서 지난번의 〈조선일보〉 글로 "애독자 여러분으로부터 빗발치는 문의와 개탄의 소리를 접하였읍니다. 그 경위와 본사의 입장을 알려드리고자 합니다"라고 글의 의도를 밝혔다. 본문에서 〈동아일보〉는 자신들이 "3·1운동의 피의 댓가로 선 최초의 민족지로서 고향이 엄숙하고 뿌리가 선명함에 늘 역사적 소명감과 자부를 간직하고 있읍니다"라고 천명하였다. 이어서 "창간의 주체, 주지, 체제, 품격, 국민의 호응 등 그 어느 면으로도 우리가 이해하는 민족지의 창간으로서는 본보가 유일했던 것이라고 생각합니다"라며 자신들이 유일하게 민족지로 창간되었다고 주장을 굽히지 않았다.

후반부에서는 〈조선일보〉의 이후 변화에 대해서도 인정하는 입장이었다. 즉 "65년을 통틀어보면 잠깐에 불과한 창간 무렵의 경위야 어떻든 조선일보도 월남과 고당과 계초가 이끈 대부분의 시기는 동아와 더불어 자부할 수 있는 민족지임은 다 아는 사실입니다"라고 표명한 것이다. 말미에서는 "우리는 양지가 65년전의 기록 시비로 지면을 더 이상 소비하고 자제를 잃을 경우 역사에 흠을 남기고 사회적 안정을 해칠 것을 걱정합니다"라고 하여 논쟁의 종결을 희망한다는 입장을 밝혔다. 요약하면 적어도 창간 당시에는 〈동아일보〉가 유일한 민족지였으니 더 이상 논란을 하지 말자는 것이었다.

〈동아일보〉의 글은 형식상 독자들을 대상으로 하고 있지만 그 내용이 〈조선일보〉로서는 선뜻 받아들이기 어려웠던 것으로 보인다. 이틀 뒤인 4월 19일 〈조선일보〉는 3면에 회사 명의로 '우리의 입장/동아일보의 본보 비방에 붙여'라는 제목으로 장문의 글을 게재하였다. 〈동아일보〉 사장에게 드리는 글이었던 4월 14일자와는 달리 이번에는 "동아일보가 거듭해서 조선일보를 비방 중상한 사실을 가슴아프게 생각하면서 역사의 오도를 바로잡아 진실을 밝히기 위해 이글을 국민여러분께 드립니다"라고 하여 형식상 독자들을 대상으로 하였다. 〈조선일보〉는 〈동아일보〉의 4월 17일자 글에 대해 "종래의 주장을 되풀이 나열하는 형식의, 해명 비슷한 광고성 기사"라고 혹평하며 "사실이 사실대로 규명되는 것이 차제에 왜곡됐던 민족언론사의 뿌리를 바로잡는데 기여할 것이라는 사명의식을 갖게" 되었다고 천명하였다. 이러한 입장에서 이 글은 창간 당시 〈동아일보〉 주체들의 출신이나 경력 등 한계를 지적하고 일본 〈동아일일신문〉이 '흑색 선전지'로서 사실 관계의 오류들을 지적하였다. 이어서 창간 초에도 먼저 정간당하고 탄압받은 사례들을 내세웠다.

〈조선일보〉는 이 글의 결론으로 왜곡된 민족사를 바로잡는 데 동참하자고 제언하였다. 그동안 민족사 서술이 '특정 계파의 일방적 자기

미화의 논리로 잘못 기술'되어 일제하의 친일이 해방 후의 지배 세력으로, 그리고 반민족적 반민주적 세력이 민족 세력으로 둔갑하는 오류를 반복해왔다며 "조선일보는 차제에 동아일보를 포함, 각계각층이 민족의 정통과 이단의 옥석을 가리는 작업에 동참할 것을 제창"한 것이다. 이어서 그 명제 앞에 독선이나 아집을 버리고 "우리 모두가 겸허하고 객관적이어야 한다는 것을 강조"하였다. 또한 〈동아일보〉가 야기한 이 사태로 "수많은 언론인들의 자기 헌신과 공든탑이 여지 없이 훼손당하고 있다는 사실을 동아일보는 분명히 인식하고 책임져야 한다는 것"을 주장하였다.

〈조선일보〉의 제안에도 불구하고 이른바 '민족지 논쟁'은 더 이어지지 않고 여기서 종결되었다. 양사 사장의 구두 화해로 종결된 것으로 알려졌다(〈경향신문〉, 1988. 12. 23, 4면). 더 이상 확산되면 양 신문 모두 그동안 장기간에 걸쳐 공들여 차곡차곡 쌓아온 민족지 신화가 깨지면서 자신들에게 이로울 것이 없다고 판단했을 것이다. 그러나 이 논쟁은 두 신문의 독자들을 중심으로 한국 사회에 매우 커다란 영향을 주었다. 그동안 두 신문의 지면을 중심으로 교과서에까지 민족지라고 서술되기만 했을 뿐 그 신문들의 이면에 대해서는 학계의 일부 논의를 제외하고는 찾아보기 어려운 상태였다. 이 논쟁은 그와 같은 독자들의 인식에 적지 않은 충격으로 받아들여졌을 것이다.

2. 6월 항쟁 직후의 민족지 신화 비판

1) 1988년 언론청문회와 민족지 신화

민족지 신화의 균열은 1988년 10월부터 열린 언론 청문회에서 다시금 증폭되었다. 4대 중앙 일간지의 대표가 출석하여 TV로 전국에 생중계된 청문회에서 당시 야당의 이철 의원은 1985년의 민족지 논쟁을 거론하며 “양사가 우리 민족의 가장 불행했던 시기에 권력에 굴종했던 그 역사가 우리 언론사의 하나의 치부로 남아” 있다고 발언하였다. 이에 〈조선일보〉 사장 방우영은 발끈하며 다음과 같이 대답하였다(박용규, 2021: 322~323).

> 조선 동아가 일제 때 그래 왜놈한테 굴종하고 앞잡이 노릇했다는 것입니까? 말씀 삼가주시면 감사하겠습니다. 그렇다면 모든 역사를 뒤집어야 합니다. 어떻게 조선일보하고 동아일보가 왜놈한테 붙어가지고 친일파를 했다는 말씀을 하십니까? 저는 여기에서 분명히 말씀드리지만 조선이나 동아나 68년의 역사를 가지고 있고, 저희들의 선인 선배들이 그 혹독한 조선총독부 밑에서 피흘리고 고문당하고 옥사를 하면서까지 그래도 겨레를 위하고 민족의 존립을 위해서 끝까지 목숨으로 싸우다가 조선 동아는 끝내 폐간되었다고 믿고 있습니다. 만약 조선일보 동아일보가 친일을 했다고 하면… 어떻게 그러한 근거를 가지고 말씀하십니까? 역사는 모든 것이 뒤집어져야 한다고 저는 생각을 하고 있습니다.

방우영의 이 말은 그야말로 민족지 신화에 투철한 신념을 그대로 드러내고 있다. 이러한 내용이 전파를 타고 생중계되면서 많은 시청자들에게 전달되었다. 또한 당시에는 다른 신문들도 이 사실을 보도하면서 그 효과는 더욱 확산될 수 있었다. 그해 5월에 창간된 〈한겨레신문〉은 1988년 12월 15일자 사설을 통해 〈조선일보〉와 〈동아일보〉를 거세게 비판하였다. '김상만·방우영씨와 역사의 거울/친일에서 군사독재와의 밀월까지'라는 제목으로 두 신문의 사주가 1975년의 대량 해직에 대해 거짓된 증언으로 일관하였다고 비판하였다. 위에 인용한 방우영에 대해서는 "자기 회사의 조사부에 보관되어 있는 신문철도 보지 않았는가?"라고 되묻고는 일제 말기 두 신문 지면과 사주들의 친일상을 호되게 비판하였다.

〈경향신문〉도 1988년 12월 23일자 4면에 실린 '심층해부 5공언론'이라는 연속 기획물에서 1985년의 민족지 논쟁을 소개하며 비판하였다. 이 기사는 이처럼 "케케묵은 민족지 논쟁"은 "도토리키재기 경쟁의 이전투구"라고 목소리를 높였다. 조선일보사에서 해직된 기자들의 모임 조선자유언론수호투쟁위원회(1993: 443)도 1989년 6월 〈기자협회보〉에 기고한 글을 통해 방우영 사장을 강도 높게 비판하였다. '방우영 사장에게 보내는 공개서한'이라는 제목의 이 글은 "귀하의 공공연한 위증을 국민들과 함께 지켜보면서 분노한 우리는 귀하에게 걸었던 마지막 희망을 버리고 절망하였습니다"라고 토로하였다.

《일제하 민족언론사론》의 저자 최민지는 〈한겨레신문〉 1988년 12월 23일자 6면에 '동아·조선의 친일행각'이라는 칼럼을 기고하여 "방우영 사장이야말로 역사를 다시 쓰자는 얘긴가"라고 되묻고는 "10여년 전에 일제하 민족언론사를 정리하면서 그때의 그 지면 곳곳에서 발견한 친일 논설·기사에 경악과 울분을 금치 못하였다"고 강도 높게 비판하였다.

이처럼 일제 강점기 민간지의 평가를 둘러싸고 벌어진 논쟁은 그동안 각종 미디어나 교육을 통해 민족지로서 탄압에 저항해 왔다는 것으로 알고 있던 독자들에게는 상당한 충격으로 받아들여졌다. 〈한겨레신문〉 1988년 12월 24일자 6면에 실린 대구의 독자가 보낸 투고는 '동아·조선 친일에 충격/이젠 민족지 강변말길'이라는 제목으로 다음과 같이 술회하고 있다.

> 얼마전 언론청문회에서 언론사주들의 증언을 들었다. 나는 75년도에 동아일보가 광고탄압을 겪을 때 돈이 없어 격려광고는 못했지만 동아일보에 위로의 말이라도 드리려고 독자투고란 '조류'에 "민족지 동아일보의 광고탄압은 이 민족을 탄압하는 것이나 마찬가지"라고 글을 쓴 일이 있다.
>
> 그런데 민족 지도자라고 알려진 김성수씨가 "학도여 성전에 나서라, 대의에 죽을 때 황민됨의 의무는 크다"라는 연설로써 조선의 젊은이들을 일제의 총알받이로 내몬 연설을 한 친일파였다는 사실을 알게 되었을 때 기가 막혔다.
>
> 한편 조선일보가 친일신문이었다는 것은 동아일보와의 민족지 논쟁에서가 아니더라도 다른 서적을 통해서 몇번인가 읽은 적이 있다. 그런데 방우영 사장은 의원의 신문에 말을 삼가라면서 진실을 왜곡하여 강변하는 것을 보고 어이가 없었다.
>
> 신문하는 의원도 언론의 힘에 질려서인지 슬그머니 물러서는 대목에서 안타깝기 짝이 없었다. 그러나 역사에 기록되어 있는 진실이 화를 낸다고 해서, 그리고 신문장사를 위해 아무리 강변한다고 해도 왜곡되는 것은 결코 아니다.

김성수의 친일 행각에 충격을 받았다는 이 독자는 언론 역사에 관한 책 등을 통해 일제 강점기 언론사에 대해 어느 정도는 알고 있었던 것으로 보인다. 본인의 말대로 이 대구의 독자는 〈동아일보〉 광고 사태가 대량 해직으로 일단락되고 난 뒤인 1975년 5월 7일자 6면의 독자 투고란 '조류'에 기고한 사실이 확인된다. 본인의 말대로 국론 통일이 중요한 이때에 광고 탄압은 국론 분열을 가중시킨다고 우려를 표명하고는 말미에서 "민족지 동아일보가 하루 빨리 정상 제작되길 바라마지 않는다"라고 끝맺었다. 1975년에는 〈동아일보〉를 민족지라고 알고 있던 독자가 1988년에는 친일 행태를 알게 되면서 기존의 평가와 인식이 흔들리고 있음을 알 수 있다.

역시 〈한겨레신문〉 1988년 12월 29일자에 실린 대구의 신문방송학과 학생도 독자 투고에서 "언론청문회에 출석한 증인들의 왜곡된 언론관에 분노"를 느낀다며 비판하였다. 그는 "조선·동아는 일제때부터 68년간 민족지의 모습으로 의연히 행동해왔다"는 증인들의 말에 대해 '참으로 기가 막힌 논리'라며 "일제 치하, 유신 그리고 5공화국의 어두운 시절 '민족지'와 '국민의 대변자'를 자처하는 언론이 어떻게 통치자를 편들고 민족과 국민을 조정하며 그위에 올라앉아 유지하여 왔던가는 연구자들의 작업과 우리들 자신의 경험으로 알고 있다"고 주장하였다.

이러한 사례들은 그동안 기정사실로 받아들여지던 민족지 신화가 균열, 그 균열의 점차 확산을 의미한다.

2) 〈한겨레신문〉과 민족지 신화

1980년대 후반부터 일제 강점기 민간지들의 친일 행적과 관련된 논의가 사회적으로 확산되며 민족지 신화가 균열되는 데는 1988년 5월에 새롭게 장간된 〈한겨레신문〉이 중요한 역할을 하였다. 그동안 다른 일

한겨레신문

창간사

국민 대변하는 참된 신문 다짐

"가치가 다르고, 만족도 다릅니다."

우성아파트타운

사진 13 민족지 신화 비판에 앞장 선 〈한겨레신문〉 창간호(1988. 5. 15)

간지들은 〈동아일보〉와 〈조선일보〉가 민족지 신화를 구축해 가는 과정에서나 1980년대 이후 이에 대한 비판이 이루어지며 신화가 균열되는 과정에서도 거의 방관하는 입장이었다. 하지만 〈조선일보〉와 〈동아일보〉의 해직 기자들이 중심이 되어 국민주라는 형태로 국민의 성원 속에 출발한 〈한겨레신문〉은 전혀 다른 입장이었다.

〈한겨레신문〉은 1988년 5월 15일의 창간호 특집에서도 25면에 실린 '한국 언론, 국민의 대변자인가, 카멜레온인가?'라는 제목의 기사에서 한국의 언론을 되돌아보며 일제 강점기 언론에 대한 비판적 시각을 천명하였다. 일제 강점기 경성방송에서 자신들 역사의 뿌리를 찾는 KBS와 〈동아일보〉, 〈조선일보〉의 반민족성과 비자주성을 비판하고는 "우리 사회의 저변에 깔려 있는 비뚤어진 역사의식은 일제 잔재를 청산하지 못한 역사적 과오의 부산물일 뿐이다"라고 선언하였다. 이러한 방향성은 이후의 지면에서도 어렵지 않게 찾아볼 수 있다.

전술한 대로 1988년의 언론청문회 당시에도 사설과 칼럼, 독자 투고 등을 통해서 비판적 의견을 게재하였다. 특히 1990년 〈조선일보〉 창간 70주년을 맞으면서 '조선일보 70년과 조선투위 15주년'이라는 제목의 사설을 통해 언론사가 부도덕한 짓이나 명백한 범죄를 저질러도 외면하는 관행을 국민에 대한 배임이자 기만이라며 이어서 다음과 같이 주장하였다.

> 우리는 지난 5일 창간 70주년 기념식을 치른 조선일보사에 대해 진심으로 축하의 뜻을 전하지 못하는 것을 가슴 아프게 생각한다. 그 까닭은 이렇다. 현존의 신문 가운데 가장 오랜 역사를 가진 〈조선일보〉가 민족공동체를 위해 바른 길을 걸어왔다면 마땅히 '고희'에 덕담을 보내야겠지만, 그리고 그 신문이 잘못된 길을 걸어왔다고 하더라도 지난날의 과오를 진심으로 반성하고 새로운 자세로 언론을 운영하겠다는 다짐을 한다면 언론민주화의 길을 함께 가자고 약속할 수도 있지만, 〈조선일보〉는 창간 70주년을 맞아 1면 머리에 크게 실은 '사설'에서 어느 때나 다름없이 다시 독자들을 속이려 들고 있기 때문에 안타깝다는 생각이 든다.
>
> "3·1민족운동의 피가 덜 마르고 그 함성이 덜 사라진 때 태어나 민족말살의 시퍼런 칼날 밑에서 민족을 대변, 일제당국으로부터 5백여회의 신문 압수와 네 차례의 정간을 당하고 끝내는 폐간을 당하고 말았던 〈조선일보〉.
>
> 그래서 '총독부를 개처럼 물어뜯는 신문'으로 총독부가 발간한 문서에 적혀 있기까지 하다."
>
> 창간 기념사설의 이런 주장에는 일면의 진실이 있다. 그러나 그 많은

정간과 압수는 민족의 독립을 위해 언론계로 진출한 기자들의 투쟁의 산물이었지 일본군에 고사포를 바치면서 친일에 앞장선 조선일보사 경영주의 공적은 아니었다. 그리고 〈조선일보〉는 친일파 예종석이 창간했다는 사실 때문에도 '3·1운동의 피'를 말할 자격이 없다. 또 사설과 기사로 '천황 폐하의 만수무강'을 빌고 일제의 동아시아 침략을 '거룩한 전쟁'으로 미화하던 신문이 어떻게 '민족을 대변했다'고 주장할 수 있는가? 이런 점은 비슷한 길을 걸어온 〈동아일보〉도 마찬가지지만 〈조선일보〉는 참으로 끈질기게도 독자들을 기만하고 있다.

〈조선일보〉뿐만 아니라 〈동아일보〉도 함께 독자들을 속이려 한다고 비판하고 있다. 사설은 이어서 조선일보사의 해직 기자들을 복직시킨다는 약속을 배신한 것을 강도 높게 비판하며 "민중은 가까운 장래에 조선일보사와 동아일보사의 배신과 기만행각에 대해 준엄한 심판을 내릴 것이다. 지금이라도 해직언론인들을 원상회복시키는 것만이 두 신문사가 역사와 민중 앞에 사죄하는 유일한 길이다"라고 목소리 높여 주장하였다.

또한 〈한겨레신문〉은 1990년부터 뜻깊은 책을 소개하는 기획 연재 코너 '책 이야기'의 54번째로 1992년 2월 14일자에서 최민지의 《일제하 민족언론사론》을 소개하였다. 제목을 '두 민족지 빛나는 전통에 첫 칼날'이라고 뽑은 이 기사는 최민지의 책에 대해 "흔히 일장기 말소 사건으로 상징되는 이른바 '양대 민족지'들의 빛나는 전통에 처음으로 비판의 칼날을 들이댄" 저작으로 평가하였다. 이는 최민지의 책이 중앙 일간지에 소개된 최초의 기사인 것으로 보인다. 출간된 지 14년 만에야 일간지에 소개된 것이다.

이처럼 〈한겨레신문〉은 6월 항쟁 이후 한국 사회에 활성화된 공론

장의 영역에서 일제 강점기 언론의 문제를 쟁점으로 부상시키는 데 적지 않게 기여하였다. 나아가 2000년대 이후 민족지 신화를 둘러싼 논쟁이 역사적 및 정치적 이슈로 논의되는 과정에서도 중요한 역할을 담당하였다. 이 점에 대해서는 뒤에서 자세히 살펴볼 것이다.

3) 위기봉의 〈동아일보〉 공격

1989년 월간 〈말〉 3월호에는 동아일보사의 소유권에 대해 충격적인 내용을 담은 글이 발표되었다. 기사는 "김성수 일가 동아일보 가로챘다"라는 쇼킹한 제목으로 발표되었다. 저자는 1975년 광고 사태 당시 동아일보사 광고 영업 차장으로 근무하다가 미국으로 이민가서 〈대한민보〉라는 교포 신문을 발행하며 발행인과 주필을 맡고 있던 위기봉이었다. 그가 자신이 발행하는 신문에 게재했던 글을 옮겨 실은 것이었다.

동아일보사에서 해직된 이후 위기봉은 동아일보사의 소유권 문제에 대해 방대한 자료를 수집하고, 증언을 채취하여 1,600매에 이르는 원고를 작성하였다. 그러나 이민을 결심한 위기봉은 이 원고를 그대로 발표했다가는 출국 정지가 될 것을 우려하여 원고를 중앙일보사에 800만 원에 넘겼다고 한다(위기봉, 1989: 34~35). 그러나 중앙일보사가 이 글을 그대로 방치하자 이민 후 〈대한민보〉 지면에 게재하였으며 이를 다시 〈말〉지에 전재한 것이다.

이 글의 핵심적 주장은 동아일보사가 김성수 일가의 소유로 되어 있지만 이는 사실과 다르다는 것이다. 글의 서두에서 위기봉은 해방 이후 42년 동안 친일 청산에 가장 큰 장애가 된 것은 보수 정치 세력과 더불어 '이른바 민족지를 자처해온 〈동아일보〉, 〈조선일보〉 등 보수 언론의 존재였다'면서 해방 이후에도 '언론 횡포'를 일삼아 온 〈동아일보〉를 공격하는 이유를 밝혔다. 그에 따르면 동아일보사는 창간을 준비하며 당초 전국의 유지들로부터 100만 원을 모금할 예정이었으나 여의치 않아 70만 원으로 축소하여 전국의 412명이 주주로 참여하였다. 그중 김성수 계열의 인사, 즉 김성수와 송진우, 장덕수, 김기중, 현준호, 양원모 등의 출자금은 모두 합해도 전체의 30% 미만이었다고 한다. 그러던 것이 1940년 폐간되었다가 해방 이후 복간하고는 몇 차례 자본 증자 등의 방법을 통해 김씨 일가의 지분을 계속 늘려왔다는 것이다.

이 과정에 대해 위기봉은 법원의 등기부를 비롯하여 결산 공고, 《농업통계연감》, 《동아일보사사》, 전기 등 공개된 자료를 통해 추적하였다. 먼저 1946년 11월 11일 김성수는 자신과 측근의 소유 주식을 제외한 400여 주주들의 주권을 상법 규정에 의해 무효라고 선언하였다. 1947년에는 430만 원을 증자하며 기존의 주주에게도 6대 1의 비율로 새 주식을 배당하였다. 이 증자를 통해 주식의 85% 이상이 김씨 일가의 소유가 되었다는 것이다. 이후에도 화폐 개혁 직후인 1954년 1월과 1958년 4월 두 차례 증자를 실시하여 주식을 김씨 일가의 100% 소유로 만들었다는 주장이다.

위기봉의 글이 발표되자 〈한겨레신문〉은 1989년 3월 17일자 6면에서 글의 핵심 내용을 요약, 보도하였다. 이 기사에 따르면 〈한겨레신문〉은 동아일보사에 이 내용에 대한 코멘트를 요청하였다고 한다. 이에 대해 3월 13일 '동아일보사 비서부' 명의로 회신하기를, 법적 대응을 준비하고 있다며 〈한겨레신문〉에게도 〈말〉지 기사의 일부라도 전재를 삼가달라고 당부하였다고 한다.

이와 같은 내용을 핵심으로 한 위기봉의 원고가 1991년 2월 도서출판 녹진에서 책으로 간행되었다. 서문에서 위기봉은 "일제하의 전기간은 동아일보가 민족언론으로서의 체통을 지키면서 살아남을 수 있는 조건이 못되었다. 특히 1930년에 들어서서는 더욱 그러했다"면서 "오욕으로 점철된 발자취를 감추기 위해 해방 이후에는 또다른 무리를 저지르는 악순환을 거듭"했다고 주장하였다.

이 책에는 특이하게도 저자 서문에 이어 편집자도 서문을 통해 책의 발간 과정과 소회를 밝히고 있다. 원고를 처음 받고는 "왠지 떨리는 가슴을 누를 길이 없었다"면서 상당한 고민과 용기를 필요했다고 털어놓았다. "조그만 출판사가 동아일보사, 김성수 일가와 싸운다는 것은 계란으로 바위를 치는 격"이라면서도 이 책이 나름대로 합리적인 근거를 제시하고 있다고 판단되어 왜곡된 역사를 바로잡으려는 의도에서 출판한다고 밝혔다.

충격적인 내용으로 이루어졌음에도 불구하고 이 책은 당시 사회에 별다른 반향을 불러일으키지 못했다. 〈한겨레신문〉이 출판 소식만을 전하는 간략한 신간 안내(1991. 3. 16, 10면)를 하였을 뿐 다른 언론들은 모두 외면하였다. 학계에서도 별다른 반응이 없었다. 이는 그 내용이 너무나 충격적이라서 이를 학문적으로 접근하기에는 많은 부담이 따르기 때문이었을 것이다.

4) 1990년대의 친일 청산 움직임

학계의 비판적 연구 성과들이 속속 발표되고 〈한겨레〉[70]를 비롯한 지면을 통해 기사화되면서 친일 청산의 필요성에 대한 사회적 관심은 높아만 갔다. 이에 따라 이를 실현하기 위한 움직임들이 구체화되기 시작

70 〈한겨레신문〉은 1996년 10월 14일부터 제호를 〈한겨레〉로 바꾸었다.

하였다.

먼저 친일 문제에 집중하는 반민족문제연구소가 1991년 2월 창립되었다. 순수 민간을 기반으로 한 이 연구소는 1993년 《친일파 99인》을 세 권으로 발행한 데 이어 1994년에는 《청산하지 못한 역사》를 역시 세 권으로 발행하여 언론인의 친일 행위도 포함하였다. 1995년에는 민족문제연구소라고 명칭을 변경하고는 그 전해부터 추진해 온 《친일인명사전》 편찬 작업에 착수하였다. 그러나 재원 마련이 여의치 않자 연구소는 2004년부터 국민 모금을 시작하여 기금을 마련하였다. 그러나 보수 시민 단체와 후손 등이 소송을 제기하는 등 문제 제기가 이어지면 편찬 작업은 2009년에야 세 권을 발행할 수 있었다. 2012년에는 그 내용을 스마트폰으로 검색하여 볼 수 있는 앱(https://www.minjok.or.kr/)으로도 출시하기에 이르렀다. 이 사전에도 언론 분야의 친일 인사로 교육 분야의 김성수와 장덕수를 비롯해서 언론 분야에 총 44명의 언론인이 그 활동 기록과 함께 등재되었다(민족문제연구소, 2012).

1993년 12월에는 국회에서 '민족정통성회복특별법안'이 의원 167명의 서명으로 제출되었다. 이는 당시 이완용을 비롯한 친일파의 후손들이 재산 찾기 활동을 벌인다는 사실이 알려지며 이에 대한 비판 여론이 들끓자 이를 차단하고 이 기회에 민족 정통성을 다시 회복하자는 의도에서 제출된 특별법이었다. 그러나 국회 논의 과정에서 많은 반대에 직면해야 했다. 당시 반대의 주요 논거는 소급 입법은 위헌 소지가 있다는 이유였다. 논란 끝에 이 법안은 법안심사소위원회로 넘겨졌으나 제대로 논의되지도 못하고 14대 국회의 임기 만료와 함께 폐기되고 말았다. 실패로 끝나고 말았지만 이 시도는 반민특위의 실패 이후 44년 만에 다시 국회가 친일 청산을 위한 입법을 시도한 것으로 중요한 의미를 지닌다.

이 논의 과정에서 정부의 서훈을 받은 독립유공자 중에도 친일 행적을 보인 인사가 있다는 사실이 문제가 되어 서훈을 취소해야 한다는 주장이 제기되었다. 1993년 국가보훈처 자료에 따르면 총 8명이 이에 해당되는데, 이 중에 언론인으로는 김성수와 서춘이 포함되었다. 그러나 보수 신문들과 유족들의 반발로 시간을 끌다가 1996년 서춘의 서훈이 취소되었다(박용규, 2021: 333~334). 김성수의 경우는 후술하겠지만 친일반민족행위진상규명위원회의 판정 결과가 나오고, 이에 따른 소송도 진행되어 대법원의 최종 판결이 나온 후에 취소되었다.

3. 시민 사회의 활성화와 민족지 신화의 굴절

1) 6월 항쟁 이후 시민 사회의 활성화

민족지 신화의 굴절이 확산되며 기반을 넓힌 것은 6월 항쟁 이후 활성화된 시민 언론 단체들의 활동에 의해서였다. 6월 항쟁 이후의 한국 사회는 시민 사회가 성숙하면서 언론 노조 운동뿐만 아니라 시민들 중심의 수용자 운동도 활기를 띠게 되었다. 언론 민주화를 지향하는 시민 단체들이 생겨나면서 이 단체들을 중심으로 시민 언론 운동이 조직적으로 전개되었다.

6월 항쟁 이후 정치권력의 직접적 규제는 대폭 줄어들고 언론의 자유는 대폭 확대되며 그 영향력도 증대되었다. 그러나 과거 군부 독재 시절 언론이 권력에 굴종하며 그 반대급부에만 매몰되는 모습을 보아온 시민들은 그러한 과거가 되풀이되지 않도록 언론을 감시하고 견제해야 한다는 인식이 증대되기 시작하였다. 당시 언론 시장의 경쟁이 치열해지면서 언론의 여러 부정적인 역기능도 심화되어 갔다. 이러한 국면에서 언론도 감시하고 비판해야 한다는 사회적 필요가 제기되기 시작하였다.

이와 같은 바탕 위에서 다수의 시민 언론 단체들이 전국적으로 생겨나게 되었다. 언론을 비판, 견제하려는 목적에서 구성된 이 단체들은 한국 언론 시장을 지배하는 보수적 신문들, 이른바 조중동 비판에 주력하였다. 이에 따라 〈동아일보〉와 〈조선일보〉의 일제 강점기 친일 행적을 비판하고 확산시키는 데도 많은 기여를 하였다.

시민 언론 운동은 1991년 중요한 계기를 맞으며 활성화, 조직화되었다. 해직 언론인들로 구성된 민주언론운동협의회가 시민 언론 단체로 전환하게 된 것이다. 당초 이 단체는 1975년 〈동아일보〉와 〈조선일보〉에서 해직된 언론인들과 1980년의 언론인 대량 해직과 언론 통폐합으로 해직된 언론인들이 중심이 되었다. 이 단체는 기관지 〈말〉지를 발행하며 5공 정권의 보도 지침을 폭로하는 등 언론 운동의 구심점이었다. 그러나 이 단체의 주축 멤버들이 1988년 5월 〈한겨레신문〉의 창간을 주도하고 그 기자로 대거 빠져나감으로써 언론인 운동 단체로서의 성격이 약화될 수밖에 없었다.

1991년 11월에는 민주언론운동협의회가 일반 시민을 대상으로 언론학교를 개설하면서 시민 언론 운동 단체로서 활동을 시작하였다. 1992년부터는 지방에도 시민 언론 운동 단체들이 생겨나기 시작하여 광주를 필두로 여러 지역에서 단체들이 출범하였다. 이들은 대부분 시민 대상의 언론 학교를 운영하고 모니터를 통해 언론을 감시, 비판하는 역할을 하였다.

1998년부터는 이 단체들이 모여서 언론개혁시민연대라는 상설적인 연대 기구를 만들었다. 그동안 시민 단체들의 지속적인 노력에도 불구하고 언론의 가시적인 변화는 나타나지 않은 가운데 상업적, 정파적 부작용은 더욱 심화되어 가자 개별 시민 단체로서는 한계를 느껴 연대를 통해 대응력을 높여 보려는 시도로 볼 수 있다.[71]

2) 1998년 〈조선일보〉의 최장집 보도 사건

1990년대 후반부터의 시민 언론 운동에서는 〈조선일보〉가 주된 타깃으로 부상하였다. 여기에는 1998년 〈조선일보〉와 자매지 〈월간 조선〉이 당시 대통령 자문 정책기획위원장이던 고려대 최장집 교수에 대한 왜곡 보도가 중요한 계기가 되었다. 그해에 발간된 〈월간 조선〉 11월호는 '대통령 자문 정책기획위원장 최장집교수의 충격적 6·25전쟁관 연구/6.25는 김일성의 역사적 결단/「제2의 건국」 추진과 더불어 주목되는 최장집의 한국현대사 시각'이라는 제목으로 우종창 기자가 쓴 글이 문제였다.

정치학자 최장집의 논문을 대상으로 한 이 글은 논문의 문맥과 논지를 배제하고 특정 표현들만을 부각시키며 최장집을 친북으로 몰아갔다. 예를 들면 "6·25 전쟁은 김일성의 역사적 결단"이라는 문구였다. 이는 중립적인 의미에서 '김일성은 역사에 큰 영향을 끼친 결정을 내렸다'란 의미로 사용한 것인데 〈월간 조선〉은 마치 최장집이 '김일성의 역사상 위대한 거사'라고 서술한 것처럼 왜곡한 것이다. 또한 "한국전쟁은 북한이 믿었던 바의 민족해방전쟁"이라는 구절을 가지고 이는 최장집이 김일성을 찬양하며 한국 전쟁을 민족 해방 전쟁이라고 미화

71 이상의 내용은 채백(2015: 501~503)을 참조하였다.

한 것이라고 몰아갔다. 최장집의 논문은 당시 북한 정권의 내부 상황을 토대로 '그들은 한국 전쟁을 민족 해방 전쟁으로 인식했다'라는 내용이었다(나무위키 최장집 항목 참조).

이에 대해 최장집은 즉각 대응에 나서 10월 23일 명예훼손 소송에 들어가고 배포 금지 가처분 신청을 제출했다. 그러자 〈조선일보〉까지 나서 지면을 동원하여 최장집 죽이기에 적극 나섰다. 10월 26일자에서 사설과 기사를 통해 〈월간 조선〉에서 주장한 내용을 되풀이하였다. 이날의 사설은 '최장집 「건국사관」 규명해야'라는 제목으로 최장집을 민족의 정통성을 부정하는 수정주의자로서 정부의 중책을 맡는 것은 부당하다고 비판하였다. 이 사설이 '건국사관'을 제목으로 부각시킨 것은 당시 김대중 정부가 출범하면서 IMF라는 국난을 극복하기 위해서는 제2의 건국이 필요하다는 시정 방침을 겨냥한 것이었다. 같은 날짜 4면에서도 최장집의 한국 전쟁 관련 논문 내용을 발췌하며 '미군과 한국군의 38선 돌파/"공격적 팽창주의의 발로"'라는 제목으로 주요 항목별로 문제될 법한 표현만을 발췌하였다. 기사의 중간 제목으로는 "김일성은 열렬한 민족주의자/민족통일의 사명감 가졌다," "마치 북의 공격 기다린 듯/미, 전광석화처럼 개입"이라 뽑아 최장집을 친북주의자로 몰아갔다.

이렇게 〈조선일보〉 진영이 최장집을 마녀사냥하듯 일방적으로 몰아붙이자 학계와 언론계, 시민 단체들이 즉각 반발하고 나섰다. 여러 학자들과 지식인들이 〈한겨레〉와 〈한겨레21〉, 〈시사저널〉 등의 미디어를 통해 〈조선일보〉의 보도를 비판하였으며 수십 개의 시민 단체들이 참여하여 '최장집사건 공동대책위원회'를 구성하였다. 여기에 참여한 단체들은 〈조선일보〉에 보도 자료를 보내지 않기로 결의하였다. 이 사건은 얼마 가지 않아 봉합되고 말았다. 〈조선일보〉는 최장집 비판을 멈추기로 했고 최장집 역시 조선일보사를 대상으로 한 손해배상 청구

소송을 취하하였다(한윤형, 2010: 90~92).

하지만 이 파문은 〈조선일보〉에 대한 반대 운동, 즉 안티조선 운동을 확산시키는 계기가 되었다. 다양한 시민 단체들과 지식인들이 나서 〈조선일보〉를 강도 높게 공격하며 그 과거 행적을 집중 비판하기 시작하였다.

3) 안티조선 운동의 활성화

〈조선일보〉에 대해 집중적인 공격을 시작한 것은 언론학자 강준만이었다. 1995년 《김대중 죽이기》라는 논쟁적인 저술을 통해 〈조선일보〉의 문제를 집중 거론하기 시작하였다. 6월 항쟁 이후 언론 자유가 확대되면서 언론의 영향력이 더욱 커졌고, 이를 바탕으로 언론들이 실제 정치 과정에 영향력을 행사하기 시작하며 권력화가 두드러졌다. 그중에 가장 대표적인 언론이 바로 〈조선일보〉로서 시민 사회의 불만과 비판의 초점이 되어 왔다. 그런 맥락에서 전술한 최장집 보도 사건이 터지면서 〈조선일보〉의 문제가 전면에 부상하게 된 것이다.

강준만은 1997년 1월부터 〈인물과 사상〉이라는 제목의 저널룩, 즉 저널리즘과 북의 합성어로서 출판의 언론화를 지향하는 언론 운동을 시작하여 1998년 5월부터는 이를 월간화하였다. 최장집 사건이 무마된 직후인 1999년 1월호 〈인물과 사상〉 제10호의 머리말을 통해 '조선일보 제 몫 찾아 주기 운동'을 선언하였다. 그는 이 운동이 한국 사회에서 "정권 교체만큼이나 중요하고 의미있는 일"이라며 힘의 논리만을 믿고 있는 〈조선일보〉는 오만을 버리고 변화해야 한다고 주장하였다. 〈조선일보〉가 변화할 뜻이 없다면 제 몫만 누리게 하자는 것이 이 운동의 근본 취지라고 밝혔다. 이를 위해 진보적·자유주의적 지식인들은 앞으로

〈조선일보〉에 절대 기고하지 말아 줄 것은 당부하였다.

이러한 강준만의 행보에 최장집 보도 사건을 계기로 여러 지식인과 시민 단체들이 〈조선일보〉 규탄 대열에 동참하기 시작하였다. 1998년 11월 19일에는 민주언론운동시민연합을 비롯한 40개 단체가 모여 '조선일보 허위·왜곡보도 공동대책위원회'를 구성하였다. 이 위원회는 출범에 즈음한 선언문에서 〈조선일보〉의 비민주적 행태를 강력하게 규탄하며 "작금의 언론폭력과 사상적 마녀사냥에 대해 조선일보사가 반성하고 사죄하지 않는다면 범국민적으로 조선일보 반대 운동을 전개할 것"을 선언하였다(조선일보 허위·왜곡보도 공동대책위원회, 1999: 237~239).

〈조선일보〉 반대 운동에 적극 참여하는 지식인과 시민 단체가 중심이 되어 1999년 12월 '안티조선 우리모두' 사이트가 생기면서 〈조선일보〉 반대 운동이 진영을 갖추게 되었다. 2000년에는 〈조선일보〉를 거부한다는 지식인 선언이 8월과 9월에 이루어지며 9월에는 〈조선일보〉 반대 운동을 더욱 조직화하기 위해 41개 단체가 참여한 가운데 '조선일보반대 시민연대'가 출범하였다. 이들은 〈조선일보〉 취재 거부는 물론 안티조선 시민 강좌, 〈조선일보〉 허위·왜곡보도 전시회, 〈조선일보〉 내 수구 언론인 퇴진 운동 등의 활동을 벌일 계획이라고 선언하였다. 또한 같은 해 충북 옥천 주민들은 '조선일보 바로보기 옥천시민모임(조선바보)'을 결성하고 '물총닷컴'이라는 인터넷 사이트도 개설하였다(한윤형, 2010: 제6~7장). 이는 신문지를 가장 효과적으로 무력화시키는 것이 '물'이라는 발상에서 나온 명칭이었다.[72]

그즈음 〈말〉은 1998년 12월호에서 '최장집 교수 사상검증한 조선

72 한겨레온, 2020. 2. 11. http://www.hanion.co.kr/news/articleView.html?idxno=11107

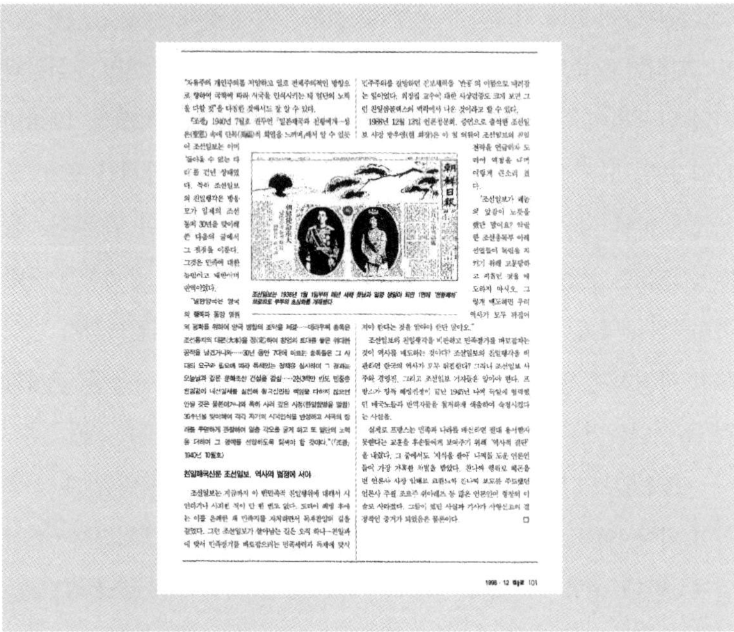

사진 14 월간 〈말〉(1998년 12월호)에 실린 〈조선일보〉 1938년 신년호 사진. 일왕의 사진이 게재된 지면이 최초로 공개되었다.

일보를 검증한다'는 기사에서 〈조선일보〉의 일제 강점기 친일상을 집중적으로 다루었다. "한일합방은 조선의 행복을 위한 조약"이라는 제목으로 지면에 나타난 친일상을 분석하면서 1937년부터 신년호에 일본 왕 부부의 사진을 1면에 크게 실었던 사진을 공개하였다. 기사에서 정지환은 〈조선일보〉를 역사의 법정에 세워야 한다고 주장하였다(정지환, 1998).[73]

73 이 기사는 〈조선일보〉의 해당 지면을 소개하면서 날짜를 1936년 1월 1일부터 일왕이 사진을 게재하였다고 소개하지만 실제로는 1937년부터다.

일제 강점기 민간지들이 1930년대 후반 신년호에서 일왕의 사진을 크게 실었던 사실은 앞서 최민지의 저술(1978)에서 처음으로 지적되었지만 이미지는 제시되지 않았었다. 〈말〉지에 폭로된 이후 여러 시민 단체들이 〈조선일보〉의 친일 행적을 비판하며 이 이미지 자료들을 널리 확산시켜 나갔다(예컨대 조선일보 허위·왜곡보도 공동대책위원회, 1999나 조선일보 반민족 반통일 행위에 대한 민간법정 추진위원회, 2002). 이후 인터넷의 보급이 늘어나고 각종 문헌들이 디지털화되어 온라인으로 공개되면서 1930년대 후반 두 신문이 일왕의 사진을 1면에 크게 실었던 지면이 온라인 공간을 통해 누구라도 손쉽게 검색해서 볼 수 있게 되었다.

〈조선일보〉의 부끄러운 역사를 알리기 위한 출판 작업도 활발하게 이루어졌다. 김민웅 외(1999)를 필두로 강준만 외(1999), 김동민(2001) 등이 연이어 출판되며 〈조선일보〉의 역사 알리기가 활기를 띠게 되었다. 이러한 움직임에도 〈조선일보〉는 아무런 반응이 없이 여전하자 급기야 이들은 〈조선일보〉를 민간법정에 회부하였다.

'조선일보 반민족·반통일 행위에 대한 민간법정'이라는 명칭의 이 법정은 2001년 10월에 조선일보반대 시민연대와 통일연대가 그 필요성에 공감하면서 '민주사회를 위한 변호사 모임' 소속 변호사들과 함께 추진하기로 하여 11월에 추진위를 구성하였다. 추진위는 전국의 언론 관련 시민 단체를 비롯하여 총 65개 단체가 참여하여 상임대표만 7명에 이르고 1,211명이 추진위원으로 참여하였다.

기소장은 〈조선일보〉의 일제 강점기 친일 행위를 대상으로 한 반민족적 행위뿐만 아니라 해방 이후의 반민주, 반통일까지 포함하여 증거 자료도 포함하여 방대한 분량으로 구성되었다. 2002년 1월 30일 서울 프레스센터에서 개최된 민간법정은 기소된 세 가지 언론 행위 모두에 대해서 유죄라고 판결하였다. 이에 따라 문제의 기사들을 적시하고 사죄하며, 관련 임직원을 징계하고, 재발을 막기 위해 소유와 경영을 분리하고 편집권 독립에 필요한 조치를 하라고 주문하였다.

이날 법정에는 방응모의 친아들 방재선이 증인으로 참석해 눈길을 끌었다. 해방 이후 조선일보사의 경영을 맡게 된 방일영, 방우영 형제의 삼촌이 되는 방재선은 조선일보사의 상속권을 둘러싸고 재산권 분쟁을 벌이고 있던 중이었다. 그는 〈조선일보〉의 기소 내용에 대해 "국가와 민족과 사회와 독자와 현재 여기 나와 계신 방청객 여러분께 진심으로 머리를 숙여서 사과드립니다"라고 입장을 밝혔다(조선일보 반민족 반통일 행위에 대한 민간법정 추진위원회, 2002: 157).

이에 대해 〈조선일보〉 측은 "기소장에서 밝힌 반민족, 반통일 운운하는 내용을 인정할 수 없는 데다 그들의 주장 또한 과거와 크게 달라진 게 없어 재판결과에 관계없이 별도의 대응은 생각하지 않고 있다"고 밝혔다(〈경향신문〉, 2002. 1. 30). 그럼에도 불구하고 이 이벤트는 많은 시민 단체들이 참여하였으며 〈한겨레〉와 〈경향신문〉, 〈시민의 신문〉, 〈미디어 오늘〉 등의 미디어에 보도되면서 〈조선일보〉 반대 운동의 기반을 넓히는 데 중요한 기여를 하였다.

4) 언론 개혁 논쟁

(1) 김대중 정부의 언론사 세무 조사

이렇게 시민 운동 차원에서 전개되던 언론 비판과 견제는 개혁적 정권이 들어서면서 언론 개혁으로 확대되며 정치적 이슈로 비화되었다. 당시 김대중 대통령은 2001년 연두 기자 회견에서 투명하고 공정한 언론 개혁의 필요성을 천명하고는 바로 언론사에 대한 세무 조사에 착수하였다. 이에 주류 신문들은 거세게 반발하면서 갈등이 깊어 갔다. 조사 결과 국세청은 23개 언론사에 5,056억 원의 세금이 부과하였는데, 그 중 절반 가량인 2,541억 원이 이른바 조중동 3개사에 해당되었다.

공정거래위원회도 13개 중앙 언론사의 부당 내부 거래에 대해 242억 원의 과징금을 매겼다. 6개 신문사 사주들을 조세 포탈 혐의로 고발하고 3명을 구속도 하였다. 그러나 구속된 사주들은 보석 또는 구속집행정지 등으로 곧 풀려났고 세금 추징액도 30% 환급되었으며 공정위의 과징금도 취소되었다(채백, 2015: 470~471).

(2) 〈한겨레〉의 기획 연재

이와 때를 같이하여 〈한겨레〉는 2001년 3월 6일부터 4월 27일까지 '심층해부 언론권력'이라는 연재물을 기획, 보도하였다. 3부로 나누어 총 25번에 걸쳐 70건의 기사로 연재한 이 시리즈는 당시 사회에 커다란 반향을 불러일으켰다. 이 연재의 2부는 '추악한 과거'라는 제목으로 3월 28일자부터 〈조선일보〉와 〈동아일보〉의 친일 곡필, 그리고 사주들의 친일 행적을 다루었다. 이 기사는 〈조선일보〉가 1937년 이후 해방 때까지 신년호 1면에 일왕 부부의 사진을 크게 실었으며 1940년 신년호에선 제호 위에 일장기를 올렸다는 사실을 폭로하였다. 이어 1939년 4월에는 일왕 히로히토의 생일날 사설로 '성상 폐하' 운운하는 생일 축하문을 썼다는 사실도 지적하였다. 〈동아일보〉도 마찬가지로 1938년부터 신년호에 일왕 부부의 사진을 크게 실었으며 일왕의 생일을 축하하는 사설을 줄곧 썼다는 사실도 폭로하였다. 이와 함께 두 신문은 일제의 침략 전쟁 동참을 독려하고 군수물자를 헌납했다는 사실을 지적하였다.

이 연재의 2부에 대한 반응을 〈한겨레〉는 그해 3월 30일 보도하

였다. 좀 길지만 전문을 살펴보기로 하자.[74]

"세상에 그런 일이 있었단 말인가!"

(한겨레)의 기획연재 '심층해부 언론권력' 제2부 '추악한 과거'의 초반부에 (조선일보) (동아일보)의 친일매국 실상이 나가자 독자들에게서 터져나온 반응은 한마디로 '충격'이란 말로 요약된다.

"참으로 놀라운 일이다. 입이 떡 벌어져 다물어지지 않는다. 한겨레의 보도를 통해 과거 식민지 시절 이른바 우리의 민족지라고 하는 신문들의 행태를 알고서 느낀 감정은 자괴감 그대로였다." (김성룡. 전북 부안군 부안읍) 이 '충격'이 불러일으킨 파장은 지금 〈인터넷 한겨레〉(hani.co.kr)의 토론방을 비롯한 여러 인터넷 사이트에서 확인되고 있다. 언론개혁의 당위와 필요를 더욱 절감한다는 목소리들이 줄을 잇는가 하면 한겨레 보도를 지지하는 쪽과 비난하는 쪽 사이에 쇳물처럼 뜨거운 논쟁이 벌어지고 있다.

편집국으로 전화를 걸어 1936년생이라고 밝힌 한 독자는 **"조선·동아가 친일했다는 말은 많이 들었지만 언제 어떻게 했는지는 전혀 몰랐다"며 "한겨레 기사를 보고서야 구체적인 내용을 알게 됐다"**고 말했다. 이 독자는 "조선일보가 일제 천황 부부의 사진을 1면에 실어 찬양한 것이 내 나이 한살 때였다"며 "나도 꽤 배웠다는 말을 듣는 축인데 이렇게 모르고 있었으니, 다른 사람들은 오죽하겠는가" 하고 탄식했다.

또다른 독자는 일제 강점기 친일 보도가 실린 신문들을 그대로 영인해서 보여준 것 자체가 '경악'이었다고 말했다. "히틀러 총통을 찬양하는 한글 문장을 생애 최초로 보는 순간"의 놀라움을 이야기하는 독자

74 〈한겨레〉, 2001. 3. 30, https://www.hani.co.kr/arti/legacy/legacy_general/L391133.html

(shanghen@lycos.co.kr)도 있었다.

그러나 보도를 비판하는 쪽은 "왜 지나간 일을 가지고 그러느냐" "괜한 트집잡기 아니냐"는 항의성 글로 불편한 마음을 감추지 않고 있다. "남의 잘잘못만 따지는 사람치고 올바른 사람 없다는 말이 있다. 이 점 유의하면서 좀더 미래지향적이고 건설적이며 올바른 사회를 만들기 위해 노력했으면 좋겠다." (구순효)

이런 지적에 대해서 다른 독자(원투노.minkhani@hanimail.com)는 "미래지향적이고 건설적이며 올바른 사회를 만들기 위해" 더더욱 **과거의 잘못을 바로잡고 거짓이 차지했던 역사를 진실의 역사로 바꾸어놓아야 한다**고 강조했다. 또다른 독자는 "좋은 게 좋은 거라는 식으로 어물쩍 넘어갔던 과거 때문에 나라가 이 모양 이 지경이 됐는데도 또다시 어물쩍 넘어가자고 하는가" 하며 과거를 묻어두자는 태도를 비판했다.

이런 관점의 연장선상에서 많은 독자들은 자칭 '민족지'들의 친일행적을 좀더 철저히 다뤄줄 것을 바랐다. 나아가 해방 후 이들이 보였던 친미사대주의와 군사독재 찬양도 속속들이 밝혀줄 것을 요구했다. "이제 정의가 살아 숨쉬고, 그 어떤 거짓과 위선도 진실 앞에 무릎꿇는 그런 세상을 만들기 위해." (강조는 인용자)

독자들에게는 충격이라 할 수밖에 없는 반응이었다는 것이다. 이미 1980년대 이후 학계와 일부 언론을 통해서도 일제 강점기 민간지의 실상에 대해 적지 않은 논의들이 있었지만 아직도 다수의 국민들은 학교 교육에서 배웠던 내용이나 과거에 언론을 통해서 들었던 내용을 벗어나지 못하고 있다가 이 연재물을 통해 충격받은 것으로 볼 수 있다.

이 기사는 지면으로 끝나지 않았다. 보도가 나가자 〈조선일보〉와 〈동아일보〉는 명예훼손이라며 바로 소송을 제기한 것이다. 조선일보사는 해당 기사 중 13건에 대해 70억 원의 손해배상 소송을, 동아일보사는 20건의 보도에 대해 10억 원의 손해배상 소송을 제기하였다. 1심 재판부는 일부 기사에서 단정적 표현을 사용한 것 등을 지적하며 〈조선일보〉 측에 8,000만 원, 〈동아일보〉는 3,000만 원의 배상 판결을 내렸다.[75]

조선일보사는 2심 도중 소를 취하했지만 동아일보사가 3심까지 상고한 이 재판에서 대법원은 〈한겨레〉의 손을 들어 주었다. 대법원은 2008년 2월 14일 동아일보사가 소송 제기한 〈한겨레〉 기사와 관련해 "보도의 전체적인 취지가 왜곡됐다고 볼 수 없고 객관적 진실에 부합하거나 진실하다고 믿을 만한 상당한 이유가 있음을 근거로 한 원심의 판단은 모두 정상하다"고 판시했다. 이어 재판부는 "타인의 명예를 훼손하더라도 진실이라고 믿을 만한 이유가 있으면 위법성이 없다"며 "보도 내용의 진위 여부를 확인하기 위해 적절하고 충분한 조사를 다 했는지 등에 비추어 판단해야 한다"고 설명하였다.[76]

물론 당초의 〈한겨레〉 기획 보도도 그렇고 재판의 쟁점이 된 것도 일제 강점기의 행적만은 아니었다. 해방 이후에 보여 주었던 문제도 다수 쟁점이 되었다. 동아일보사와의 소송에서 쟁점이 된 사안 중에는 일제 강점기 관련으로는 일장기 말소 사건 당시 경영진의 대응이나 기자들을 해고한 사실과 사주 김성수의 친일 행각이 포함되었다. 이에 대해 2심 재판부는 경영진의 친일 행각은 진실이며 김성수가 발표한 글도 대필 논란이 뒤따랐지만 본인의 글로 보아도 무방하다고 판단한 것이다. 이에 대해 대법원도 동의하여 이 건의 상고를 기각시켰다. 다시

75 〈미디어오늘〉, 2004. 10. 24. http://www.mediatoday.co.kr/news/articleView.html?idxno=31685

76 〈기자협회보〉, 2008. 2. 15. http://journalist.or.kr/news/article.html?no=16790

말해 사법부에 의해 일제 강점기 두 민간지의 친일 행각이 사실이라고 판정되었다고 볼 수 있다.

(3) 노무현 정부의 언론 개혁

언론 개혁 이슈는 노무현 정부 들어서면서 더욱 달아올랐다. 조중동의 보수 신문들은 더욱 적극적이고 집요하게 노무현 정부를 공격하였다. 그러나 이 국면에서는 핵심 쟁점이 주류 신문들의 과거 역사보다는 당시 무한 경쟁 체제의 신문 시장에서 벌어진 불공정 행위들이었다. 이 문제를 해결하기 위해 노무현 정부는 법 개정에 나서 '신문등의자유와기능보장에관한법률'을 제정하자 주류 신문들은 이 법이 위헌이라고 소송을 제기하였다. 뒤이은 이명박 정부는 미디어법을 제정하여 미디어의 겸영과 재벌의 방송 사업 진출을 허용하였다(채백, 2015: 472~473).

5) 국사 교과서의 개정 요구

민족지 신화의 허구성이 폭로되고 확산되면서 교과서의 내용을 바꿔야 한다는 요구가 등장하였다. 〈한겨레〉는 '심층해부 언론권력' 기획의 3부 첫 번째 기사로 4월 20일자에서 이 교과서 문제를 다루었다. '교과서부터 바꾸자/친일행적 신문을 항일 민족지로 한국판 교과서 왜곡'이라는 제목의 이 기사는 당시 각급학교 국사 교과서에 일제 강점기 언론을 '민족지'라 소개하고 있다고 비판하였다. 즉 "중고등학교 국정교과서에 친일매족에 앞장선 전력이 있는 일제 강점기 신문들이 지금도 항일민족지로 기술돼 있는 사실이 적잖은 충격을 주고 있다. 현행 국사교과서에 일제하 〈조선일보〉와 〈동아일보〉의 친일행위들은 단 한 줄도 기록하지 않은 채 마치 항일만을 하다가 강제폐간된 것처럼 기술하고 있는 것이다"[77]라고 목소리 높여 강조하였다. 이보다 앞서 안티조선 운동 단체인 '조선일보반대 시민연대'는 현행 국사 교과서에 잘못 서술된 관련 내용에 대해 다음과 같이 주장하였다(정지환·김운의, 2001: 82~83).

> 문맥상으로 볼 때 '조선·동아는 민족지였고, 일제에 의해 검열, 기사삭제, 정간, 폐간 등을 받았다'고 받아들이게 됩니다. 그러나 **조선·동아에 대한 정확한 평가**(1940년 전후의 심한 친일행적)**가 없는 상태에서 민족지로 기술되었다는점 등 때문에 수정돼야 합니다**. 특히 〈조선일보〉의 경우 창간 초기와 방응모 인수 후 논조가 크게 바뀌었습니다. 방응모가 인수한 후 〈조선일보〉는 일제에 항거하기보다는 '친일'로 일관, 기업으로서 크게 성공하게 됩니다. 동시에 일제의 이른바 문화통치가 식민지배를 용이하게 하기 위해 취해진 기만적인 정책이며, 조선·동아의 창간이 식민 문화정책의 일환으로 가능했다는 사실도 명확히 기록되어야 합니다. 일제 전全 시기에 걸쳐 조선·동아에 대한 평가를 제대로 한 후 민족지로 평가하느냐 마느냐를 결정해야 하며, 모든 기술은 '사실'에 입각해 이뤄져야 합니다. (중략) 국사교과서는 청소년들에게 민족의식을 일깨워 주는 지침입니다. 이러한 지침서가 역사적 사실을 바르게 전달하지 않는다면 우리 청소년들의 역사의식은 왜곡될 수도 있습니다. 일본의 국사교과서만 문제삼을 일이 아닙니다. 우리가 우리 역사를 제대로 평가하지 못한 상황에서 이웃이 우리와 관련된 역사를 왜곡하는 것을 어떻게 막을 수 있겠습니까. 교육부 장관님의 현명한 처리를 기다리겠습니다. (강조는 인용자)

77 〈한겨레〉, 2001. 4. 20. https://www.hani.co.kr/arti/legacy/legacy_general/L393722.html

결론적으로 이 단체는 〈동아일보〉와 〈조선일보〉가 '민족지'로 기록된 국사 교과서의 서술은 잘못된 것으로 수정되어야 한다는 내용의 공문을 교육부에 보낸 것이다. 이러한 움직임에 당시 역사 교사 모임도 함께하였다. 전국 역사 교사 8,000여 명 가운데 2,000여 명이 가입한 전국역사교사모임(대표 정용택)은 이러한 교과서 수정 요구를 함께하면서 한 걸음 더 나아가 별도의 대안 교과서를 집필 중이었다고 한다.[78] 이러한 요구는 정치권으로도 비화되어 일부 정치인들이 국회 대정부 질문을 통해 문제 제기도 하였으나 교육부는 논란이 있고 연구 성과가 부족하다는 답변으로 미온적인 태도를 벗어나지 못했다.[79]

일제 강점기의 민간지를 민족지라는 신화적 틀에서 서술한 각급 학교 국사 교과서를 개정해야 한다는 요구는 교육부의 소극적인 태도로 가시적인 성과를 거둘 수는 없었다. 하지만 이러한 요구까지 등장했다는 것은 그만큼 민족지 신화의 균열과 굴절이 상당한 정도로 확산되었음을 말해 준다.

6) 친일반민족행위진상규명위원회의 활동

민족지 신화의 굴절 과정에서 또다른 중요한 전환점이 된 것은 바로 2005년 5월 출범한 친일반민족행위진상규명위원회였다. 2004년 3월 제정된 '일제강점하 친일반민족행위 진상규명에 관한 특별법'에 따라 발족한 이 기구는 2009년 11월까지 총 1,006명의 친일 명단을 발표하였다(한국민족문화대백과사전 참고). 언론 분야에는 방응모를 비롯하여 총 33명이

78 〈한겨레〉, 2001. 4. 20. https://www.hani.co.kr/arti/legacy/legacy_general/L393722.html
79 〈한겨레〉, 2001. 10. 19. https://www.hani.co.kr/arti/legacy/legacy_general/L416393.html

명단에 올랐으며 교육 분야에 언론계의 주요 인사로 김성수와 장덕수가 포함되었다(친일반민족행위진상규명위원회, 2009a: 143~157). 개인을 기준으로 한 이 명단에는 신문사 등 기관이나 단체는 포함되지 않았다. 따라서 동아일보사나 조선일보사가 직접 판단의 대상이 되지는 않았다. 하지만 두 신문의 사주 김성수와 방응모를 비롯하여 활약한 언론인들 다수가 친일 인사 명단에 포함되면서 많은 논란을 불러일으켰다. 언론계 인사 중에는 일제 말기 〈매일신보〉와 〈경성일보〉에서 주요 간부를 맡으며 활약했던 인사들이 다수를 차지하였다. 이는 친일 행위가 주로 일제 말기 특히 1940년대에 집중되었는데, 주지하는 바와 같이 이 시기 〈동아일보〉와 〈조선일보〉는 이미 폐간된 상태였기 때문이다.

친일 인사 명단에서 일제 강점기 두 민간지에서 중요한 역할을 했던 주요 인사들에 대한 이 위원회의 최종 보고서 내용을 간략히 살펴보자.

(1) 언론계 주요 인사에 대한 친일 평가

김성수

〈동아일보〉의 사주 김성수는 교육 분야의 친일 인사 명단에 포함되었다. 이는 1936년의 일장기 말소 사건으로 인한 장기 정간에서 벗어나 1937년 속간하면서 김성수는 총독부의 요구에 의해 동아일보사의 운영에서 손을 뗀 이후 보성전문학교 교장으로 재직하게 되었다. 이 시기에 벌인 활동들이 문제가 되었기에 교육 분야 인사로 분류된 것이다. 이때 김성수는 중일 전쟁기 시국 인식 철저를 위한 라디오 시국 강좌와 시국 순회 강연대 연사로 활동하였다. 1938년 이후 국민정신총동원조선연맹의 발기인·이사·참사, 1941년 흥아보국단 준비위원, 조선임전보국단 발기인·감사, 1940년 이후 국민총력조선연맹의 이사로 활동하면서 〈매일신보〉와 〈춘추〉 등의 언론을 통하여 징병과 학병을 선전, 선동하는 글과 일제의 침략 전쟁 승리를 위해 총력을 다할 것을 주장하는 글을 수차례에 걸쳐 기고하였다.

이 활동 중 지원병을 권유, 선전한 행위는 '일제강점하 반민족행위 진상규명에 관한 특별법'(이하 '특별법') 제2조 제11호에 해당하며 각종 친일단체 활동에 참여한 것은 '특별법' 제2조 13호에 해당되고, 총독부의 외곽 단체 국민정신총동원조선연맹을 통한 활동은 '특별법' 제2조 17호[80]에 해당하는 것으로 판정되어 친일 인사로 규정되었다(친일반민족행위진상규명위원회, 2009b: 95～98).

방응모

방응모는 조선일보사를 인수할 무렵부터 지속적으로 일제에 협력한 것으로 판단되었다. 조선일보사 부사장에 취임하기 직전인 1933년 3월 1,600원을 일제에 헌금한 것으로 시작으로 그해 10월 '조선신궁봉찬회'에 발기인과 고문으로 참여하였다. 1934년 3월에는 '조선대아세아협회' 상담역, 1937년 7월, '경성군사후원연맹' 위원, 동년 8월 '애국금차회' 발기인과 '국가안태 무운장구 기원제' 발기인, 1938년 1월 '조선

80 판단의 직접적 근거가 된 특별법 관련 조항들의 전문을 살펴보면 먼저 제2조는 '정의'로서 "이 법에서 '친일반민족행위'라 함은 일본제국주의의 국권 침탈이 시작된 러·일 전쟁 개전시부터 1945년 8월 15일까지 행한 다음 각호의 어느 하나에 해당하는 행위를 말한다"고 되어 있다. 그 11호는 "학병·지원병·징병 또는 징용을 전국적 차원에서 주도적으로 선전 또는 선동하거나 강요한 행위," 13호는 "사회·문화 기관이나 단체를 통하여 일본제국주의의 내선융화 또는 황민화운동을 적극 주도함으로써 일본제국주의의 식민통치 및 침략 전쟁에 적극 협력한 행위," 17호는 "일본제국주의의 통치기구의 주요 외곽단체의 장 또는 간부로서 일본제국주의의 식민통치 및 침략 전쟁에 적극 협력한 행위"라 되어 있다(친일반민족행위진상규명위원회, 2009b: 96～98).

춘추회' 발기인 및 간사, 같은 해 2월 '조선지원병제도제정축하회' 발기인, 9월 '조선방송협회' 경기도연합지부 평의원, 1939년 2월 '경성부육군병지원자후원회' 고문, 1939년 7~9월 '배영동지회' 상담역 등과 같이 일제의 수많은 전시 동원 단체에서 활동하였다. 1938년 11월에는 서대문경찰서와 소방서, 서대문파출소의 신축 기금 1,500원을 기부하여 1940년 2월 조선총독부로부터 포장褒狀도 받았다.

이러한 활동은 특별법 제2조 13호와 17호, 그리고 일제의 전쟁 수행을 돕기 위해 군수품 제조업체를 운영하거나 금품을 헌납한 행위를 규정한 특별법 제2조 14호[81]에 해당하여 친일반민족행위로 결정되었다(친일반민족행위진상규명위원회, 2009c: 581~583).

이상협

〈동아일보〉의 창간 허가를 받아낸 이상협은 총독부 기관지 〈매일신보〉에 근무하며 발행인과 편집인, 부사장 등의 직위를 맡으면서 조선총독부의 정책을 홍보하고 정당화하는 데 공로한 것으로 1935년에는 총독부로부터 표창을 받기도 하였다. 1939년부터는 일제의 전시 통제기구였던 국민정신총동원조선연맹에서 참사 및 그 기관지 〈총동원〉의 편찬위원으로 활동하였으며 이 잡지에 글을 기고하여 일제의 식민 통치와 침략 전쟁을 정당화하고 선전·선동하였다. 이러한 행위는 특별법 제2조 17호에 해당되는 것으로서 친일 반민족 행위자로 결정되었다(친일반민족행위진상규명위원회, 2009f: 50~51).

81 이 조항의 전문은 "일본제국주의의 전쟁수행을 돕기 위하여 군수품 제조업체를 운영하거나 대통령령이 정하는 규모 이상의 금품을 헌납한 행위"라 되어 있다(친일반민족행위진상규명위원회, 2009b: 96~98).

장덕수

〈동아일보〉 창간 당시의 핵심 멤버로서 주필과 부사장을 지낸 장덕수는 1923년 청년 단체들의 거센 반발과 저항으로 주미 특파원으로 부임하였다. 1937년 귀국 후에는 보성전문학교에서 교편을 잡고 있었기에 교육 분야의 명단에 포함된 것으로 보인다. 1930년대 후반 장덕수는 임전대책협력회, 조선임전보국단, 국민정신총동원연맹, 국민총력조선연맹, 조선언론보국회, 시국대응전선사상보국연맹, 대화숙 등 다양한 단체에 참가하여 내선일체와 전쟁 협력과 관련된 강연과 기고 활동을 활발하게 벌였다.

1943년 11월 강연을 통해 지원병제도를 선전하였으며 같은 해 12월 〈조광〉에 기고하여 조선의 청년들에게 성심성의를 다하여 일신을 바치라고 선전하였다. 1944년 1월에는 〈반도의광〉에 기고하여 대동아전쟁을 '성전'으로 묘사하고 학병에게 '동아공영권을 위해 돌진'할 것을 주장하였다. 이는 특별법 제2조 11호에 해당하는 것으로 판정되었다. 또한 각종 단체에서 주요 간부를 맡으며 강연, 기고 등의 활동을 통해 일제의 침략 전쟁에 적극 협력한 사실로 특별법 제2조 13호와 17호에 해당되는 것으로 결정되었다(친일반민족행위진상규명위원회, 2009g: 365~366).

서춘

1926년 동아일보사에 입사하여 경제부장까지 지내고 조선일보사로 이직하여 취체역[82] 겸 주필을 역임한 서춘은 1940년 9월에는 총독부 기관지 〈매일신보〉의 주필로 입사하여 1944년 재직 중 사망할 때까지

82 오늘날 기업의 이사에 해당된다.

각종 기고와 강연 활동을 적극적으로 하였다. 〈매일신보〉 지면에 여러 차례 게재된 글을 통하여 일제의 침략 전쟁과 식민 정책을 선전·선동하였으며 매일신보사가 주최한 각종 강연회에서 대표적인 강사로 활동하였다. 또한 1939년 국민정신총동원조선연맹에서 참사 및 기관지 〈총동원〉 편찬위원을 맡았으며 1940년 이 단체를 개편한 국민총력조선연맹에서 1943년까지 각종 간부를 맡아 활동하며 일제의 전시 동원 체제에 적극 협력하였다. 이로써 특별법 제2조 17호에 해당하는 것으로 판정되었다.

1941년에는 경성지원병제도 취지보급실행위원회 소속 강사로 활동하였으며 1942년 잡지 〈조선〉에, 1943년에는 잡지 〈춘추〉에 징병제 실시를 선전·선동하며 찬양하여 특별법 제2조 11호에 해당하는 것으로 판단되었다. 그 밖에도 잡지 〈조광〉이나 〈신시대〉, 〈사해공론〉, 〈대동아〉 등에 활발한 기고 활동을 통하여 일본제국주의의 식민 통치 및 침략 전쟁에 적극 협력한 행위로 인하여 특별법 제2조 13호에 해당하는 것으로 결정되었다(친일반민족행위진상규명위원회, 2009d: 261~302).

유광렬

유광렬은 1919년부터 〈매일신보〉 기자 생활을 시작하여 〈동아일보〉 창간 사원으로 참여한 이후 〈조선일보〉와 〈시대일보〉, 〈중외일보〉 등을 거쳐 1935년부터 〈매일신보〉로 다시 옮겨 편집국장까지 지냈다. 총독부 기관지 〈매일신보〉에서 주요 간부를 지내며 조선총독부의 시정 방침을 관철하고 일본 제국주의의 침략 전쟁과 식민지 정책을 정당화하는 데 적극 협력한 사실로 특별법 제2조 17호에 해당하는 것으로 판정되었다. 또한 1942년부터 잡지 〈조광〉을 통하여 징병제 실시를 선전·선동하며 찬양하는 글을 지속적으로 발표하여 특별법 제2조 11호에 해당하는 것으로 결정되었다. 뿐만 아니라 1941년부터 1945년 해방될 때까지 각종 신문과 잡지를 통하여 일본 제국주의의 식민 통치를 정당화하고 일본의 침략 정책을 적극 선전하는 글을 지속적으로 발표하여 특별법 제2조 13호에 해당하는 것으로 판단되었다.

(2) 친일반민족행위진상규명위원회의 최종 보고서에 대한 〈조선일보〉와 〈동아일보〉의 비판

2009년 11월 27일 친일반민족행위진상규명위원회의 최종 보고서가 발표되자 두 신문은 즉각 지면을 통해 그 내용을 비판하였다. 〈조선일보〉는 11월 28일자에서 이 사실을 보도하며 정파적인 판단이라고 비판하였다. 8면에 실린 '친일 행위 명단 1005명 발표 대한민국 세운 인물 대거 포함'이라는 제목의 기사에서 방응모와 김성수를 비롯하여 "대한민국에서 중추적 역할을 한 당대의 지도급 인사들이 대거 포함"되었다며 다음과 같이 비판하였다.

> 노무현 정부 시절인 2005년 5월 출범한 친일규명위는 초기부터 우파 진영을 겨냥했다는 논란을 일으켰다. 일제강점 말기 학병 권유문을 쓴 것으로 밝혀진 좌파 인사는 조사대상자조차 되지 않아, 대상자 선정에도 균형을 잃었다는 비판을 받았다. 또 이완용 같은 매국노와 독립지사를 일제에 팔아넘긴 밀정을 일제 말기 전시 치하에서 집요한 위협과 강요에 의해 마지못해 소극적으로 협력한 인사들과 한데 묶어 '친일반민족행위'로 규정함으로써 공평성과 객관성을 잃었다는 지적도 나왔다.

주로 우파 인사들에 치우쳤으며 강요에 의해 어쩔 수 없이 협력한 사람도 포함함으로써 공평성과 객관성을 잃었다는 비판이다. 기사는 이어서 "위원회의 폭거를 받아들일 수 없으며 모든 법률적 대응을 강구해 나갈 것"이라는 입장을 전하였다. 그 날짜 사설도 비판의 목소리를 높였다. '외눈박이 친일반민족조사위의 발표를 보고'라고 제목을 붙여 그 보고서를 '외눈박이'라고 평가 절하하고 있다. 해방 이후 한국 사회의 주역이 되었던 인물이 다수 포함된 사실을 지적하며 "대한민국을 만들고 지키고 키운 이들을 친일의 오명汚名 속에 빠뜨려 파묻으려 하는 것은 과연 누구의 이익을 위해서이고 누구를 쓰러뜨리기 위해서인지 묻지 않을 수 없다"고 비판하였다.

이와 같은 논조는 〈동아일보〉도 마찬가지였다. 같은 날짜 사설에서 '좌편향 위원회가 건국세력을 친일로 낙인찍었다'고 위원회를 정파적으로 몰아붙였다. 사설은 대한민국 건국에 앞장섰던 사람들이 대거 포함되었다며 특히 김성수를 적극 변호하고 나섰다. 총독부 기관지에 게재하였던 글들은 직접 쓴 것이 아니라 명의만 도용하여 왜곡 날조한 것이라는 종래의 주장을 되풀이하였다.

뿐만 아니라 〈동아일보〉는 이 날짜 10면을 전면 할애하여 위원회를 비판하며 김성수를 변호하기에 전념하였다. 인촌기념회가 반박 성명서를 발표한 사실을 머리기사로 보도하며 '인촌 선생 학병권유 글과 말은 총독부 기관지가 날조한 것'이라는 통단의 제목을 달았다. '후손-기념사업회 소송 줄이어'라는 제목의 기사는 본문에서는 후손 등이 "당시 시대상황을 고려하지 않고 일률적으로 '친일'로 규정하는 것은 부당하다고 주장하고 있어 친일 결정을 취소해 달라는 소송이 이어질 것으로 전망된다"고 하였다. 제목만 보면 이미 소송이 벌어지고 있는 것처럼 오해를 불러일으킬 법하지만 실제로는 앞으로 소송이 이어질 것으로 '전망된다'는 내용이다. 기사 본문에서는 제대로 보도하면서도 제목을 독자들을 현혹시킬 수 있게 달아 제목만 읽은 독자들은 판결의 내용을 오해할 수 있게끔 한 것이다. 〈조선일보〉는 방응모의 친일에 대한 사법부의 판단 결과를 전혀 보도하지 않았다.

(3) 법정 소송의 경과

친일반민족행위진상규명위원회의 최종 보고서가 공표된 이후 동아일보사와 조선일보사는 즉각 행정안전부 장관을 상대로 법원에 소송을 제기하여 이 결정이 부당하다며 취소를 요구하였다. 2011년 10월 20일 서울행정법원은 위원회가 김성수에게 적용한 세 가지 친일 사유 가운데 하나를 제외한 나머지 둘은 인정된다고 판결하였다. 기고 및 강연 활동과 각종 단체의 활동을 통해 일제에 협력한 사실은 1심의 재판부도 인정한 것이다. 하지만 특별법 제2조 13호, 즉 민간의 각종 친일 단체를 통한 활동에 대해서는 구체적인 자료가 없다면서 인정하지 않았다(정운현, 2011).

독자들을 현혹시키는 보도는 법정 소송의 결과를 보도하면서도 나타났다. 1심 판결이 선고된 바로 다음 날인 2011년 10월 21일자 〈동아일보〉는 이 사실을 보도하며 제목을 "'인촌 행적 구체 규명없이/'친일반민족' 결정은 위법'"이라고 달아 마치 김성수에 대한 친일 판정이 전부 위법이라고 선고한 것처럼 보이게 하였다.

동아일보사 측은 즉각 항소하였다. 이후 4년 2개월의 시간이 흐른 뒤 2016년 1월에 나온 2심의 판결은 아무것도 바뀌지 않았다.[83] 법원의 판결은 최종심에 가서도 마찬가지였다. 대법원은 2017년 4월 13일 상고를 기각함으로써 김성수의 친일 행각은 대법원에 의해서 최종적으

83 〈한국일보〉, 2016. 1. 14. https://www.hankookilbo.com/News/Read/201601141693848739

로 확정되었다.[84]

법원의 판결은 김성수가 받았던 독립 유공자 서훈의 취소로 이어졌다. 당초 친일반민족행위진상규명위원회가 판정한 친일 인사 중에는 독립 유공 서훈자 19명이 포함되었다. 2011년 국가보훈처는 이들에 대한 취소 결정을 내려 그해 4월에 국무회의도 통과하였다. 그러나 언론과 교육 분야의 공로로 1962년 건국공로훈장을 받은 김성수는 이때 재판이 진행 중이라는 사유로 취소 대상에서 빠졌었다(정운현, 2011). 대법원의 확정 판결이 나온 후 2018년 2월 국무회의는 김성수의 서훈 박탈을 의결하였다. 이에 대해 인촌기념회와 동아일보사 사장 김재호는 다시 서훈 취소 처분을 취소해 달라는 소송을 제기하였다. 그러나 법원은 2020년 2월의 1심에 이어 2021년 7월의 2심에서도 서훈 취소는 정당하다고 판결하였다.[85] 이와 같은 법원의 판결로써 김성수의 친일 행적은 공식적으로 최종 인정되었다고 볼 수 있다.

조선일보사도 마찬가지로 방응모의 친일 판정에 대해 소송을 제기하였다. 방응모에 대한 법원의 판단도 크게 다르지 않았다. 위원회가 제시한 것 중 일부에 대해서만 확실한 증거가 부족하다며 제외했을 뿐 대부분을 인정하였다. 2010년 12월의 1심 판결에서는 일본의 전쟁 수행을 돕기 위해 설립된 군수 제조업체 '조선항공공업'의 발기인과 감사를 지낸 것은 친일로 보기 어렵다고 판단하였다. 반면 2012년 1월 2심 재판부는 "감사는 업무집행에 관여할 수 있는 막강한 권한을 가진 기

84 〈경향신문〉, 2017. 4. 13. https://www.khan.co.kr/national/court-law/article/201704131749001

85 〈세계일보〉, 2021. 7. 14. http://www.segye.com/newsView/20210714517082?OutUrl=daum 2022. 3. 18.

관으로, 방 전 사장이 이 회사를 운영했다고 볼 수 있다"는 이유로 친일이라고 판단했으나 1심에서 친일이 인정된 국민정신총동원조선연맹 활동에 대해선, "구체적 협력행위를 입증할 자료가 없다"며 친일로 보기 어렵다고 판단했다.[86] 2016년 11월 9일 대법원은 방응모가 잡지 〈조광〉 등에 침략 전쟁 적극적으로 동조하고 내선일체를 강조하는 글을 게재한 것은 친일 행위라고 인정하였다. 그러나 방응모의 친일 행적 중 1, 2심에서 문제가 된 두 가지 모두 구체적 증거가 부족하다며 다시 판단해야 한다고 선고하였다.[87]

이상에서 살펴본 대로 김성수와 방응모의 일제 강점기 행적에 대한 평가는 오랜 시간 동안 논란을 거듭하였지만 결국 친일이라는 평가가 공식화되었다고 볼 수 있다. 이러한 평가는 〈동아일보〉와 〈조선일보〉에 대한 평가는 아니었다. 하지만 두 신문의 핵심 주역에 대한 이러한 평가는 그동안 공고히 유지되어 온 민족지 신화를 근본부터 뒤흔드는 것이라 할 수 있다.

4. 〈동아일보〉와 〈조선일보〉의 태도 변화

민족지 신화의 굴절이 이루어지면서 두 신문의 태도도 조금씩 변하기 시작하였다. 이러한 변화는 창간 기념 특집을 중심으로 한 지면에서 나타나고 또한 회사가 발행한 사사에서도 나타났다. 1980년대 이후 지면의 창간 특집과 사사의 서술 변화를 중심으로 살펴보기로 하자.

86 〈한겨레〉, 2012. 1. 12. https://www.hani.co.kr/arti/society/society_general/514565.html

87 〈한겨레〉, 2016. 11. 9. https://www.hani.co.kr/arti/society/society_general/769459.html

1) 〈조선일보〉의 변화

(1) 민족지 논쟁 이후의 창간 특집

민족지 논쟁의 직후인 1986년부터는 창간 기념 사설에서 민족지라는 용어가 사라졌다. 대신 1986년 3월 5일의 창간 66주년 기념 사설은 곧 맞게 될 지령 2만 호를 내세우며 "지령 2만호에 묻혀있는 역사는, 그대로 민족의 숨결이 배어있는 증거사이다. 민족의 정론지로서의 오욕과 수모 그리고 비분과 자책이 줄줄이 한줄로 엮어진 다섯자리 숫자이다. 이 숫자속에 개화사가 숨어있고 저항사가 흐르고 있으며 투쟁사가 빛나고 있다"라고 주장하였다. '민족지'라는 개념을 사용하지는 않았지만 자신들의 역사를 저항사요 투쟁사라고 함으로써 여전히 신화적 인식을 보여 준다. 이와 함께 이례적으로 〈동아일보〉에 대한 언급도 등장하였다. "태평로 1가에서 마주보는 동업 동아일보와 함께 민족을 생각하는 일에서는 같이 가슴을 끓이며, 비슷한 풍상을 나눠왔다. 언론이 외로울 때엔 치켜든 등불로 서로 비추며 달래어 왔다"고 언급하였다. 전 해의 민족지 논쟁이 빚어낸 결과로 볼 수 있다.

1987년 3월 5일자의 창간 기념 사설에서는 신간회를 부각시켰다는 점이 특색이다. 이해 신간회 창립 60주년을 기념하여 조선일보사가 창간 67주년 기념 사업의 일환으로 신간회의 역사적 의미를 평가하는 학술회의를 개최한 것을 계기로 삼았다. '역사의 빛과 정치책임/60년 전 신간회를 전감前鑑으로'라는 제목의 이 사설은 조선일보사가 좌우합작의 대동단결한 독립운동이었던 신간회 운동을 주도하였다는 점을 부각시킨다. 이를 역사적 교훈으로 삼아 분단국가의 여야는 대동단결하자는 메시지를 담고 있다. 그동안 거의 빠짐없이 일세 강점기 탄압받은 사례를 거론하며 자신들은 이에 저항해 왔다고 주장해 온 창간 기념 사설에서는 이례적인 내용으로 볼 수 있다.

1990년 3월 5일 창간 70주년을 맞아 〈조선일보〉는 32면을 발행하여 창간을 기념하였다. 1면에 게재된 방우영 사장의 '공동체의 중심권 대변지로'라는 제목의 기념사는 민족지라는 용어를 아직도 사용하고 있다. "70주년을 맞아 조선일보사는 새삼 조선일보의 불변의 창업정신을 되새기고자 합니다. 일찍이 민족지임을 자부해온 조선일보는 민족의 과제를 모든 존재 양식의 우선으로 삼는 민족주의에 굳건히 바탕하고 있음을 스스로 다짐합니다"라고 하여 자신들의 존재 근거를 민족주의에 연결시킨다. 같은 1면 상단에 통단 제목으로 게재된 기념 사설은 '민족-민주-민생의 어깨동무: 고희맞는 조선일보, 앞으로의 다짐'이라는 제목으로 자신들의 일제 강점기 역사를 다음과 같이 요약하였다.

> (전략) 조선일보는 어느 역사시기보다 가장 농축된 고난의 70년을 더불어 해온 신문이다. 3·1민족운동의 피가 덜 마르고 그 함성이 덜 사라진 때 태어나 민족 말살의 시퍼런 칼날 밑에서 민족을 대변, 일제 당국으로부터 5백여회의 신문 압수와 네 차례의 정간을 당하고 끝내는 폐간을 당하고 말았던 조선일보다. 그래서 '총독부를 개처럼 물어뜯는 신문'으로 총독부가 발간한 문서에 적혀 있기까지 하다. 3·1운동 후 우리 독립운동을 국외, 국내운동으로 대별한다면 좌우가 대동 단결한 신간회운동이 국내 운동의 근간이다. 그 운동의 온상이요, 본산이 이상재 선생이 이끈 조선일보였다.

시퍼런 칼날 밑에서 민족을 대변하여 수많은 탄압을 받았다는 신화적 인식은 여전함을 알 수 있다. 그러나 장문의 사설에서 민족지라는 용어도 찾아볼 수 없으며 일제 강점기의 탄압받은 역사를 내세우는 언급도 위의 인용뿐이다. 전체 사설의 상당 부분은 자신들의 사시를 기준으로 이를 지키려 애썼다며 지면의 주요 사례들을 제시한다.

2000년의 창간 80주년 사설에서도 변화된 모습을 보여 주었다. 1면에 게재된 기념 사설의 제목은 '상소의 정신으로'였다. 서두에서 "조선일보는 '할 말은 하는 신문'임을 지향해 왔다"고 자임하고는 후반부에서 다음과 같이 주장하였다.

> 분명히 밝혀두지만 언론이라고, 같은 논리로 조선일보라고 무결점일 수는 없다. **우리도 결함이 있고 결점이 있으며 실수도 있고 잘못도 있다**. 우리가 쓰는 글이 다 옳다는 따위의 위선은 결코 없다. 우리는 그런 전제 아래 다만 우리의 견해와 우리의 관점을 독자 앞에 제시하는 것뿐이다. 그리고 겸허하게 비판받고자 하는 것이다. 그렇지 않고서는 조선일보는 언론의 날개를 접을 수밖에 없다.
>
> 그러나 조선일보에 대한 비판에 그치지 않고 **조선일보의 '하고 싶은 말'을 아예 말하지 못하도록 하는 그 어떤 기도에도 조선일보는 굴복하지 않는다**. 어느 특정 매체가 자기들 입맛에 맞지 않는다고, 또는 자기들 생각과 다르다고 해서 그 매체를 음해하고 모략하고 깎아내리다 못해 '법'으로 영향력을 제어하겠다는 발상은 그야말로 독선적이고 권위주의적이며 시대착오적이다.
>
> 조선일보가 영향력이 있다면 그것은 오로지 독자의 폭 덕택이다. 누구에 의해 강제된 것도, 어떤 사술에 의해 주입된 것도 아니다. 따라서 영향력의 제어란 곧 독자의 '볼 권리'를 인위적으로 차단하겠다는 것을 의미한다. 조선일보의 최대의 무기, 최고의 무기는 언론권력도 언론횡포도 아니고 오직 독자와 조선일보를 통해 세상을 해석하려는 독자의 '알 권리'일 뿐이다.
>
> 조선일보는 '할 말을 하는 신문'임을 지향하면서 과연 이제까지 할 말

을 다해왔는가 자괴하지 않을 수 없다. 우리는 많은 집단이기에 부딪히면서 '할 말'과 '못할 말'을 가리는 데 오랫동안 주저해 왔음을 고백하지 않을 수 없다. 그런 뜻에서 우리는 때로 정직하지 못했고, 또 왜곡의 길을 택하기도 했다. 우리는 할 말을 삼간 적도 있고 해야 할 말을 안 한 적도 있다.

이제 조선일보는 조선시대 유생들의 상소 정신으로 되돌아가고자 한다. 그들의 상소를 보면 머리 끝이 쭈뼛해질 정도로 날카롭게 정곡을 찌른다. 그리고 어휘의 선택에도 망설임이 없음을 본다. 우리는 오랫동안 중간지대에 안주해왔다. 창간 80주년을 맞아 조선일보는 우리의 '할 말'과 독자의 '알 권리'가 요철의 관계로 결합되는 노력을 기울일 것을 다짐한다.

(강조는 인용자)

위의 인용을 통해 알 수 있는 바와 같이 자신들의 실수와 결함을 인정하면서도 당시의 안티조선 운동을 의식한 것으로 보이는 내용이 이어지고 있다. 1990년대 후반부터 시민 단체를 중심으로 안티조선 운동이 확산되어 가던 상황에서 이에 대한 맞대응의 의지를 밝힌 것이다. 안티조선 운동을 자신들을 억압하려는 시도라며 단호히 맞서겠다는 선언이다.

2010년 3월 5일에 맞은 창간 90주년에도 40면의 기념 특집호를 발행하였다. 거의 매번 창간 기념 사설을 1면에 커다랗게 게재해 오던 관행이 이번에는 바뀌었다. 1면에는 창간 기념으로 실시한 여론 조사 결과를 1면 톱으로 싣고 그 자세한 내용을 4, 5면에 소개하였다. 기념 사설은 여론/독자면인 39면에 게재하였다. 사설의 제목도 과거와 달리 '창간 90년에 북녘 형제자매의 고난을 생각한다'고 붙여 통일의 당위성과 이에 대한 열망을 밝혀 과거의 창간 기념 사설과 매우 다른 모습을 보여 주었다. 이 사설에서도 일제 강점기 역사에 대한 언급은 빠지지 않았다. 자신들의 창간은 3·1운동에서 나타난 조선 민중의 희생이 없었다면 불가능했다며 다음과 같이 주장하였다.

> 그런 조선 민중의 고마움을 돌이켜보면 조선일보가 1920년 3월 5일 창간 이후 1940년 8월 10일 강제 폐간에 몰리던 날까지 핍박받는 조선 백성의 소리를 대변하면서 일제에 의해 8만8000여건의 기사를 압수당하고 500건 이상의 기사를 삭제당하고 4차례에 걸쳐 장기간 발행정지 당한 것은 조선일보의 당연한 보은報恩에 지나지 않는 것이다.

자신들은 조선 민중들의 희생에 보답하기 위해 대변자 역할을 함으로써 수많은 탄압을 받았다는 주장이다. 민족지라는 용어를 사용하지는 않았지만 여전히 자신들은 당시의 민중을 대변하는 역할에 매진해 왔다는 주장이 반복되고 있는 것이다. 여전히 민족지라는 주장을 포기하지는 않았지만 과거처럼 노골적으로 전면에 내세우기는 어려운 상황 때문인 것으로 보인다.

2020년 3월 5일에 창간 100주년을 맞은 〈조선일보〉는 창간 기념 사설을 다시 1면으로 내세웠다. '100년 전 그 춥고 바람 불던 날처럼, 작아도 결코 꺼지지 않는 등불이 되겠습니다'라는 다소 긴 제목의 이 사설은 1면의 절반 정도를 차지하는 장문의 글이었다. 사설을 통해 〈조선일보〉는 자신들의 일제 강점기 역사에 대해 다음과 같이 주장하였다.

> 1920년 3월 5일 창간한 조선일보가 한국 신문 최초로 100년을 맞았다. 그 긴 세월 모진 풍상을 견디고 오늘에 이른 것은 언제나 응원하고 질책해주신 독자 여러분의 덕이다. 조선일보는 우리 민족이 1919년 3·1 독립만세를 외치며 흘린 피의 값으로 얻어낸 한글 신문이다. 나라가 세계지도에서 없어진 민족에게 남은 것은 오직 말과 글뿐이었다. 만약 그때 조

선·동아일보와 같은 한글 신문이 발행되지 않았다면 지금 우리가 어떤 모습일지 쉽게 짐작이 가지 않는다. 한글로 만들어진 신문은 그 자체로 암흑의 시대를 살아가는 민족에게 등불과 같았다. 희망과 용기를 지키는 작은 불씨이기도 했다. 말과 글을 잃지 않은 민족은 결코 죽지 않는다. 그 살아 있는 예가 바로 우리다.

잃어버린 나라의 이름 '朝鮮(조선)'을 제호로 달고 빼앗긴 글로 민족의 설움을 대변하는 것은 필연적으로 가시밭길이었다. 창간 5개월 만에 항일 시위를 폭력 진압한 일본 경찰을 비판한 논설로 첫 정간을 당했다. 복간하자마자 정간 조치에 항의하는 논설을 써 또 3일 만에 정간당했다. 총독부는 조선일보를 '광적 신문'이라고 불렀다. 암울한 시대에 민족의 지도자들은 거의 모두 조선일보를 활동 무대로 삼았다. 이상재, 신석우, 안재홍, 조만식 등 민족진영의 독립운동가들이 조선일보 사장을 맡아 '조선 민중은 조선의 산물을 사용하자'는 물산장려운동, '아는 것이 힘이다. 민족의 얼을 지키자'는 한글 교육과 문자보급운동, 분열된 좌·우파 독립운동을 한길로 모았던 신간회 운동을 주도했다.

그러나 일제는 1937년 중일전쟁을 일으킨 후 창씨개명, 한글 말살의 폭압 통치로 전환하면서 조선·동아일보까지 없애려 했다. 그 암흑기에 **민족의 표현 기관으로서 일제 강압과 신문 발행 사이에서 고뇌했던 흔적은 조선일보의 오점으로 남아 있다. 100년 비바람을 버텨온 나무에 남은 크고 작은 상흔이다.** 결국 일제는 1940년 8월 10일 조선·동아일보를 강제 폐간시켰다. 강요와 압박으로 잠재울 수 없는 민족 언론의 존재가 껄끄러웠기 때문이다. 그때까지 8만8000여 건의 기사 압수, 500건 이상 기사 삭제, 네 차례에 걸친 발행 정지를 당했다. 3·1 독립선언 33인 중 마지막까지 변절하지 않았던 한용운이 조선일보 폐간 소식을 듣고 '붓이 꺾이어 모든 일 끝나니'라는 시로 애달파했다. 여기에 일제 강점기 조선일보의

존재 이유와 역할이 모두 담겨 있다. (강조는 인용자)

일제 말기의 자사 행적에 대해 "암흑기에 민족의 표현 기관으로서 일제 강압과 신문 발행 사이에서 고뇌했던 흔적은 조선일보의 오점으로 남아 있다"고 모호하고 포괄적인 수사를 구사하며 자신들의 한계를 인정하였다. 그러나 일제에 맞서 싸운 피투성이의 민족지라고 목소리 높이던 과거와 비교하면 천양지차의 모습이다. 자신들이 민족을 대변했다는 기본 입장은 여전하였지만 그 논조나 수위는 현저하게 완화되었음을 알 수 있다.

이 사설도 후반부에서는 자신들에 대한 비판과 견제의 움직임에 대해 깊은 우려를 표명하면서 "사실事實을 찾아 할 말을 하는 언론의 사명은 더욱 중요해졌다. 하지만 조선일보 역시 사실보다 속보에 치중하다 크고 작은 오보를 했다. 다시 한번 사실 추구의 언론 본령을 되새긴다. 이제 새로운 100년을 향한 발걸음을 내딛는 조선일보는 100년 전 그 춥고 바람 불던 날처럼, 작아도 결코 꺼지지 않는 등불이 되겠다고 다짐한다"고 맺었다. 안티조선 운동이 폐간 운동으로까지 심화되는 상황에서 나온 입장이라 볼 수 있다.

(2) 사사에 나타난 변화

신문사가 발행하는 사사에서도 조금씩 변화가 나타났다. 조선일보사가 1990년에 발행한 《조선일보70년사》에서부터 이러한 변화의 모습이 드러나기 시작하였다. 전술한 대로 《조선일보70년사》에서는 맨 앞에 실린 방우영 사장의 간행사에서 '민족지'라는 용어가 사라졌다는 사실이 변화의 단초를 보여 준다. 여전히 자신들은 "우리 민족의 슬픔과 아픔을 대변하는 몸부림의 증언"이었으며 자신들의 역사는 "우리 민족과 나라의 숨결과 일치하는 바가 크"다는 입장은 되풀이하였다(조선일보사, 1990: 1-26~1-27). 본문에서는 '민족지'라는 개념이 여전히 사용되기는 하였지만, 사장의 간행사에서 과거 입버릇처럼 되뇌던 민족지라는 용어를 사용하지 않았다는 점은 주목할 필요가 있다.

이와 같은 변화의 모습은 2000년에 발행된 《조선일보80년사》의 발간사에서도 이어졌다. 방상훈 사장의 발간사에서는 다시 '민족지'라는 용어가 한 번 등장하기는 하였다. 중반부에 폐간 사실을 언급하면서 "민족지들이 친일을 했다면 일제가 왜 폐간을 했겠습니까"라고 주장하였다. 자신들의 폐간이 강제 폐간이었다는 종래의 주장을 되풀이하면서 민족지라는 용어를 사용하고 있는 것이다.

그러나 이 발간사에서는 그 외에는 '민간 신문' 혹은 '우리 신문'이라는 용어를 사용하였다. 전반부에서 자신들의 창간을 3·1운동에 "놀란 일제는 마지 못해 민간 신문만이라도 허가하지 않을 수 없었습니다"라며 "우리 민족의 힘으로 태어난 신문이 조선일보였고 '암흑 속에 한 줄기 등불로 민족의 눈과 귀와 입이 된 첫 우리 신문이었습니다"라며 이를 '민간지'의 허용으로 표현하였다. 이어진 내용에서는 일제의 온갖 탄압에도 불구하고 자신들은 '민족의 눈과 귀와 입의 역할'을 포기하지 않고 '민족의 수난과 아픔을 대변하고 증언'하여 동아일보와 함께 '조선 민중의 마음 속의 정부 역할'을 하였다고 주장하였다. 민족지라는 용어의 사용을 자제하기는 하였지만 그 내용은 여전히 신화적 인식을 되풀이하는 것이다.

민간지라는 용어는 본문에서도 사용되었다. 창간 과정을 서술한 제1장 2절의 제목은 '민간지 허용 배경'이라 붙였으며 제2장 제2절에서 1920년의 첫 번째 정간을 '민간지로 첫 정간'이라고 제하였다(조선일보사, 2000: 69~70). 서술의 체계도 바꾸어 과거에는 1924년부터 1932년을 '민족지로서의 항쟁기'라는 제목으로 서술했으나 《조선일보80년사》에서는 장의 구성을 더 세분화하였으며 장과 절의 제목에서도 '민족지'라는 용어는 자취를 감췄다.

또한 《조선일보80년사》에서 나타난 가장 큰 변화 중 하나는 연초의 신년호에 일왕의 사진이 크게 실리고 동정 기사가 대서 특필된 사실을 직접 거론하였다는 점이다. 앞에서도 자세히 인용하였지만 1937년을 필두로 해마다 신년호에 일본 왕의 사진과 함께 동정, 그리고 총독부 주요 인사들의 동정 기사로 1면을 채우던 관행을 비교적 자세하게 서술하였다. 그러나 그 배경에 대해서는 여전히 "일제의 입김이 강하게 작용하고 있음이 그대로 드러나고 있"다고 하여 외부적 강제의 탓으로 돌리고 있다. 이어서 이러한 편집은 〈조선일보〉만이 아니라 〈동아일보〉도 마찬가지였다며 "제호만 가리면 어느 신문인지 구분하기조차 힘들 정도로 제1면은 제목 편집 모두가 같았다"고 서술하였다. 또한 1978년에 나온 최민지의 저서까지 인용하며 "1940년까지 민족지들이 총독부 기관지와 똑같은 논조로 민중들을 설득 강요하였다"(조선일보사, 2000: 481)고 주장하였다.

2010년의 《조선일보90년사》에서는 1930년대 후반 지면의 친일적 성격을 인정하기에 이르렀다. 일장기 말소 사건으로 〈동아일보〉와 〈조선중앙일보〉가 정간 중이라 당시 유일하게 발행되고 있던 〈조선일보〉는 1937년 신년호에서 처음으로 1면에 일왕의 사진을 4단 크기로 게재하였다.[88] 《조선일보80년사》에서는 이를 논평 없이 사실만 언급하고 넘어갔으나(조선일보사, 2000: 469) 《조선일보90년사》에서는 이에 대해

88 1938년 신년호부터는 〈동아일보〉도 마찬가지로 일왕의 사진을 1면에 게재하였다.

논평하였다. 즉 이를 당시 "유일하게 발행되는 신문에 대한 일제의 통제와 간섭이 어느 정도일지는 보지 않아도 짐작할 수 있다"고 언급하여 일제 말기 친일의 역사를 총독부의 엄혹한 탄압이라는 외부적 강제에 의한 것으로 돌리기는 했지만 이러한 지면을 '상전벽해'이자 '치욕의 지면'이라고 자평하였다(조선일보사, 2010a: 387~389).

나아가서 1940년의 〈조선일보〉 신년호에 일본 측 주요 인사의 사진과 동정, 신년사에 그치지 않고 오른쪽 상단 제호 위에 일장기까지 등장한 사실도 언급하였다. 《조선일보80년사》에서 처음으로 "군복 차림의 천황 부처 사진과 함께 일본 황실의 기원을 나타내는 '황기皇紀'와 일장기까지 등장했다. 경진년을 상징하는 용 그림을 2단 통컷으로 장식한 제1면은 '황기2천6백년'이라며 그 역사를 싣고 있다"라는 서술이 등장하였다(조선일보사, 2000: 496). 이 사실도 그 배경을 총독부의 엄혹한 탄압 탓으로 돌리기는 했지만 자신들의 부끄러운 과오를 인정한 모습을 보여 준 것이다.

2020년 발간된 《조선일보100년사》도 《조선일보70년사》부터 보여 준 일부 과오 인정은 유지되었지만 큰 틀에서는 여전히 민족지 신화적 인식을 벗어나지 못했음을 드러낸다. 이 발간사는 그동안 거의 빠짐없이 되풀이하던 탄압의 사례들은 간략하게 언급하는 데 그쳤으며 대신 《조선일보90년사》와 마찬가지로 〈조선일보〉가 신간회의 중심이었다는 사실과 한글 보급 운동을 강조하였다. 또한 문인과 학자들의 활동을 처음으로 강조하였다.

방상훈 사장의 발간사에서 1930년대 후반의 〈조선일보〉에 대한 서술이 눈길을 끈다. 즉 "중일전쟁 이후 전시체제로 몰아갔던 광적인 통제 과정에서 조선일보도 굴곡을 겪지 않을 수 없었습니다"라고 하여 자신들이 친일 행태를 보인 사실을 간접적으로 인정한 것이다. 《조선일보70년사》부터 자신들의 친일을 간접적으로 조금씩 인정하기 시작하였지만 책의 맨 앞에 실리는 사장의 발간사에서 1930년대 후반의 친일상을 '굴곡'이라는 우회적인 표현이기는 하지만 인정하기 시작했음은 주목할 만하다.

《조선일보100년사》의 본문에서는 《조선일보90년사》와 마찬가지로 창간 초기 〈조선일보〉의 성격은 '민간지'로, 1924년 소유주가 바뀌며 여러 혁신을 시도했던 1920년대 중후반의 성격은 '민족지'라는 용어를 사용하였다. 창간 초기를 다룬 제1장에서는 민간지라는 용어를 사용하였으나 1924년에 전개된 〈동아일보〉와 〈조선일보〉의 여러 변화에 대해서는 절의 제목을 '자치론 배격, 민족지로 부상하다'라고 붙여 위상의 변화를 강조하였다.

이상에서 살펴본 바와 같이 일제 강점기 민간지에 대한 비판적 연구들이 축적되고 시민 단체와 언론을 통한 비판적 인식이 확산되면서 〈조선일보〉의 지면과 사사에서도 변화의 모습이 나타나기 시작했음을 알 수 있다. 과거와 같이 민족지라는 개념에 입각하여 가혹한 탄압에도 불구하고 맞서 싸우며 민족의 이익을 대변했다는 민족지 신화는 서서히 약화될 수밖에 없었다. 자신들의 역사적인 과오를 일부 인정하는 변화를 보이면서도 신화적 인식을 완전히 탈피하지는 못했다.

2) 〈동아일보〉의 변화

(1) 1980년대 이후의 창간 특집

1980년대 들어 〈동아일보〉의 창간 기념 특집은 지면의 할당이나 배치 등에서 변화된 모습을 보여 주었다. 1981년부터는 과거 창간 기념일이면 1면부터 대문짝만하게 키우며 민족지라고 내세우던 모습이 상당한 정도로 완화되었다. 물론 신화적 인식이라는 근본적 입장이 바뀐 건 아니었지만 대부분 1면에는 창간 관련 내용은 특집을 소개하는 안내 기사만을 실었다. 또한 창간 기념 사설도 안 실은 해가 많았다.

〈조선일보〉와 민족지 논쟁을 벌인 1985년에는 '정통지의 자부와 다짐'이라는 제목의 기념 사설이 다시 등장하였다. 이 사설은 서두에서 "이 땅의 유일한 민족지 정론지 정통지로 탄생한 본보는 오늘로서 창간 65주년을 맞는다"고 하여 〈조선일보〉를 자극하여 직접적인 반격을 불러일으키는 요인이 되었다. 그러나 전술한 대로 〈동아일보〉의 이 기념 사설은 1980년대 초반의 〈조선일보〉 창간 특집이 사설을 통해 자신들이 첫 민족지이며 최대 발행 부수라고 거듭 주장한 것에 자극을 받은 것으로 보인다. 이 65주년 기념 사설에서 〈동아일보〉는 자신들의 일제 강점기 역사를 "민족 민주 문화주의를 지키기 위하여 실로 헤아릴 수 없이 많은 압수 삭제 발행정지 정간 폐간 필화 고문 투옥 순직의 댓가를 치러야 했다. 이 움직일 수 없는 민족지의 역사적 기록들은 눈에 뜬 채 살아있다. 이 간난과 인고를 딛고서 일제하에서는 한민족의 '형태 없는 정부'로, 그리고 민족지 정론지 전통지의 역사는 사회 '제도'로 정착되었다"고 주장하여 여전한 신화적 인식을 드러냈다.

1990년 4월 1일의 창간 특집은 다시 1면에 등장하였다. 하지만 사설이 아니라 사회 조사 결과가 1면 톱을 장식하였다. 2면에 게재된 사설은 '새 역사 새 세계의 중심 동아에/동아일보 거듭난다'라는 제목으로 민족지라는 표현이 사라졌다. "오늘의 동아일보가 있기까지 비풍참우悲風慘雨 신한고루辛汗苦淚[89]라 스스로 표현했던 선인들의 간난과 시대

89 비풍참우는 슬픈 바람과 참담한 비라는 뜻이고 신한고루는 고통스러운 땀과 눈물을 말한다.

를 연면하여 이나라 이겨레의 대변지 대표지로 키워준 애독자들에게 깊이 감사한다"라고 하여 그동안 줄기차게 외치던 민족지라는 용어 대신 자신들을 대변지, 대표지라고 평가한다.

1995년 창간 75주년을 기념하는 4월 1일의 특집에서는 '미래를 열어가는 신문'이라는 제목으로 3면에 실린 사설에서 달라진 논조를 보였다. 제목에서 드러나는 바와 같이 자신들의 과거 역사를 미화하던 종래의 논조와 달리 미래에 대한 다짐에 초점을 맞추었다. 과거에 대해서는 "본보는 지난 한세기동안 민족의 자존과 독립을 위해, 건국을 위해, 건국의 이념인 자유민주주의를 지키기 위해 먼길을 걸어왔다"는 짤막한 언급에 그쳤다. 대신 급변하는 세계 정세 속에서 밝은 미래를 열어가는 데 앞장서겠다는 다짐을 밝혔다.

그러나 1997년 4월 1일자의 창간 77주년 기념 사설은 다시 민족지 신화적 인식으로 회귀하였다. 사설의 첫머리에 "우리나라 최초의 민족지 동아일보가 오늘로 창간 77주년을 맞는다"고 하여 자신들을 최초의 민족지라고 다시금 주장하였다. 이어서 자신들의 창간 주지를 거론하며 "창간주지는 혼신의 힘으로 실천돼 왔다. 암울했던 일제 강점기에 민족독립을 요구하며 일장기 말소사건으로 한민족의 기대를 드높였다"고 주장하여 일장기 말소 사건을 자신들이 저항한 대표적 사례로 다시금 부각시켰다.

2000년의 창간 80주년 기념 사설에서는 자신들의 역사적 과오를 간접적으로 인정하였다. '민족의 화합과 평화를 위해/본보 창간80주년을 맞아'라는 제목의 사설은 다음과 같이 시작하였다.

> 80년 전 오늘 동아일보는 겨레의 독립과 하나됨을 갈망하며 창간호를 내었습니다. '3·1운동'의 불씨를 보듬고 민족 민주 문화주의를 바탕으로 어

둠 속에서 억압받는 나라와 겨레의 촛불이 되고자 다짐했습니다. 때로는 가시밭길을 헤치며 또 어느 때는 감격과 환희에 몸을 떨며 80성상을 보내온 지금, 독자들의 뜨거운 사랑과 성원이 우리를 키우고 일깨워 주었음을 다시 확인합니다.

동아일보가 항일에 앞장서 독립과 건국을 일궈내고 조국의 민주화 산업화에 선도역할을 하며 시대정신을 대표한 것도 국민의 사랑이 있었기에 가능했습니다. 그러나 한편 어둡고 어려웠던 시기에 과연 민족 민주언론의 제 할 일을 다했느냐는 물음에는 **자괴와 함께 뼈저린 반성**을 하지 않을 수 없습니다. (강조는 인용자)

자신들이 항일에 앞장섰다는 기존의 인식을 되풀이하면서도 주어진 소임을 완수하지 못했다는 자괴와 함께 뼈저린 반성을 거론하였다는 점이 눈길을 끈다. 동아일보사로서는 공개된 지면을 통해 자신들의 과오를 인정한 최초의 사례로 보인다. 이러한 입장은 2005년 4월 1일의 창간 85주년 기념 사설에서도 이어졌다. 이 사설은 자신들이 일제로부터 탄압을 받은 것은 '엄혹한 식민지 시대의 피할 수 없는 숙명'이었다며 "망국과 독재의 시대를 거치면서 정론직필正論直筆을 지키지 못했던 과거도 있었음을 부끄러워하고 자성自省한다"고 덧붙였다. 간접적인 표현이기는 하지만 과거의 잘못을 부끄러워하고 자성한다고 밝힌 것이다.

2010년의 창간 90주년 기념 사설에서는 이러한 모습이 자취를 감추었다. '창간 90년 동아일보, 항상 국민과 함께하겠습니다'라는 제목의 사설은 자신들이 창간과 함께 밝힌 3대 주지는 "민족지의 가시밭길을 예견하면서도 그 길을 겨레와 함께 하겠다는 다짐"이었다며 자신들은 "일제 강점기에 '정부를 대신하는 신문'으로 분투했다고 자부합니다"라고 주장하였다. 이어서 발매 금지를 비롯해서 일장기 말소 사건을 거론하며 탄압받은 사례를 증거로 제시하였다.

2020년 창간 100주년을 맞는 기념 특집에서는 사설을 통해 다시 일제 말기 자신들의 행보에 대해 독자들에게 사과했다. '100년 전 청년의 꿈으로 다시 '젊은 100년' 열어가겠습니다'라는 제목의 기념 사설에서 〈동아일보〉는 "100년의 역사는 쉽게 만들어지지 않습니다"라면서 자신들이 일제 강점기 탄압받았던 사례들을 나열하고 광복 후에도 시민의 대변자 역할을 하였다고 주장하고는 다음과 같이 덧붙였다.

> 일본 군국주의의 광기가 극에 달했던 일제 말 강제 폐간을 앞둔 시기, 조선총독부의 집요한 압박으로 저들의 요구가 반영된 지면이 제작된 것은 100년 동아일보의 아픔입니다. **정중히 사과드립니다**. (강조는 인용자)

책임 소재를 조선총독부의 통제라는 외부적 요인에 돌리기는 했지만 이를 '100년 동아일보의 아픔'이라며 '정중히 사과드린다'고 밝힌 것이다. 하지만 민족지 신화에의 열망을 전면 포기한 것은 결코 아니었다. 독자들에게 사과한다는 이 100주년 기념 사설에서도 창간 주역 김성수를 비롯한 "청년들의 꿈은 독립과 건국에의 열망이었고, 마침내 현실"이 되었고 "엄혹한 식민통치에도 우리의 민족혼은 이어졌"다면서 "그 숱한 역사의 고비마다 동아일보가 나침반 역할을 했다고 자부할 수 있는 것은 창간 주역들이 품었던 민족 자주라는 꿈이 있었기 때문입니다"라고 주장하였다.

(2) 사사에 나타난 변화

창간 50주년을 맞은 1970년부터 시작해서 10년마다 사사를 발행해온 〈조선일보〉와는 달리 〈동아일보〉는 사사의 발행에 그다지 적극적이지는 않았다. 1975년 초창기에 해당하는 일제 강점기의 역사를 정리한 《동아일보사사 권1》을 발행한 것부터 시작해서 해방 이후의 역사를 시기별로 정리한 별개의 책을 순차적으로 발행하였다. 이에 따라 1990년부터 2000년까지의 역사를 정리한 《동아일보사사 권6》을 2005년에 발행함으로써 이 작업은 마무리되었다.

그사이에 동아일보사는 2000년에 《민족과 더불어 80년: 동아일보 1920~2000》이라는 책을 발행하였다. 이는 사사의 요약본에 해당하는 것으로 689쪽의 한 권으로 발행되었다. 이 책의 머리말에서 당시 사장 오명은 "일단 이 책으로 20세기의 동아일보를 정리한 뒤 창간 100주년이 되는 2020년 '동아일보 100년사'를 다시 펴낼 계획입니다"라고 밝혔다. 하지만 2022년 현재까지 100년사가 발행되었다는 소식은 들리지 않는다. 무슨 사정이 있어 100년사를 못 내는 것인지는 명확히 알 수는 없다. 하지만 아마도 그사이에 창간 주역 김성수에 대해 친일반민족행위진상규명위원회가 친일 인사로 판정하였으며, 이 결정이 사법부에 의해서도 재확인됨으로써 내부적으로 정리가 어려워졌다는 것도 하나의 요인이 되었을 것이다.

2000년의 이 책도 기존의 사사와는 조금 다른 태도를 보여 준다. 오명 사장의 서문에서도 그렇고 본문에서도 '민족지'라는 표현을 찾아보기 어렵다. "지난 여든 해 동안 동아일보는 영광과 고난을 민족과 함께 해" 왔다며 일제 강점기에 탄압받은 사례들이 "이루 헤아릴 수 없을 정도"였다고 서술하였다. 나아가 "일제의 질곡, 동족상잔의 전란, 그리고 반독재 민주화 투쟁에 이르기까지 동아일보는 항상 정의와 진실의 수호자가 되고자 최선을 다해왔다고 자부합니다"라고 주장하였다. 민족지라는 용어를 사용하지는 않았지만 신화적 인식은 여전하였음을 보여 준다.

본문에서도 민족지라는 용어는 사용하지 않고, 대신 '민족언론'이라는 용어를 사용하여 자신들의 창간을 다룬 장의 제목을 '식민지하 민족언론의 탄생'이라 붙였다. 제2장은 '가시밭길'이라는 제목으로 일제로부터 탄압받은 사례들을 제시하였다.

1930년대 후반의 상황에 대해서도 일제의 통제가 강화되는 측면만을 서술하였다. 즉 "이와 같은 간섭은 39년 6월 '편집에 관한 희망 및 유의사항'으로 나타나 더 이상의 제재조치가 불필요할 정도로 막다른 골목에 이르렀다. 정상적인 신문제작은 이미 불가능한 상태로 접어들었다"(동아일보사, 2000: 261)고 간접적으로만 당시의 상황을 설명하였다.

이상에서 살펴본 바와 같이 〈동아일보〉도 민족지 신화와 관련한 외부의 시선과 논의가 바뀌면서 창간 기념 특집이나 사사에서 조금씩 변화되는 모습을 보여 주었다. 일제 강점기 자신들의 친일을 사과하기도 하였지만 자신들에게 주어진 민족적 과제에 최선을 다했다는 주장을 되풀이함으로써 신화적 인식을 벗어나지는 못했다고 할 수 있다.

7장 민족지 신화는 어디로?

1. 민족지 신화의 어제와 오늘

지금까지 민족지 신화가 어떠한 과정을 거쳐 누구에 의해 생성, 확산되었고, 언제부터 어떻게 그것이 비판받으며 굴절되었는지를 살펴보았다. 광복 직후부터 개인적인 회고를 통해 시작된 민족지 신화는 해당 신문사들인 〈동아일보〉와 〈조선일보〉에 의해 1950년대부터 본격화되기 시작하여 학계의 지원 속에 1970년대 들어서는 중고등 국사 교과서에 실리고 다수의 국민도 사실로 믿게 되는 정착의 단계에 접어들었다. 이 과정은 해당 신문들의 지면을 비롯하여 언론인들의 회고와 전기, 사사 등 신문사 자체의 모든 자원을 기본으로 하면서 외부 즉 학계 및 교육계의 자원을 동원하여 입체적으로 이루어졌음을 알 수 있다.

두 신문 중에는 〈동아일보〉가 먼저 시작하였고 생성기에는 신화적 서술의 논조도 더 높았음을 알 수 있었다. 전술한 대로 〈동아일보〉의 후원 세력인 한민당은 이승만과 손을 잡고 집권에 성공하였지만 정부 출범 과정에서 철저하게 배제되면서 야당으로 선회하게 되었다. 이에 따라 자연스레 야당지의 길을 걷게 된 〈동아일보〉로서는 과거 역사에서도 자신들의 투쟁성을 부각시켜 위상을 강화해 보려는 의도가 강하게 작용했을 것이다. 특히 반민특위가 정부의 반대와 탄압으로 해체되는 것을 보고서는 친일 청산의 날카로운 칼날은 피했다는 안도감과 함께 자신들의 앞길을 적극적으로 개척해 나갈 수 있다는 자신감도 생겼을 것이다. 신탁통치 오보 사건 등을 통해서 이미 언론의 사회적 영향력은 절감하고 있었을 것이며, 개인들의 회고나 자사 지면을 통해 자신들의 과거사를 미화해도 별다른 거부 반응을 야기하지도 않는 것을 보면서 자신감을 가졌을 것이다. 이러한 맥락에서 〈동아일보〉는 반민특위가 해체된 바로 다음 해인 1950년부터 창간 기념 특집호를 발행하면서 민족지 신화에 발 벗고 나섰던 것이다.

반면 〈조선일보〉는 후원 세력 김구도 암살당하고 사주 방응모도 전쟁 중에 납북당하며 내외적인 어려움을 겪을 수밖에 없었다. 이러한 상황에서 1950년대 초반에는 〈동아일보〉가 민족지 신화를 만들어 가는 것을 지켜보기만 하였다. 그러나 아무런 문제 제기도 없이 순항하는 것을 보면서 〈조선일보〉도 1955년 지령 1만 호 기념부터 민족지 신화 생성에 나서기 시작한 것으로 볼 수 있다.

그렇다면 두 신문이 노골적으로 지면을 통해 친일 행각을 벌이던 1930년대 후반부터 불과 10여 년 지난 뒤부터 자신들의 역사를 왜곡하고 미화하는 작업에 나섰다는 말이 된다. 어떻게 이러한 일이 가능했을지가 제일 큰 미스터리로 남는다. 아마도 미군정 3년의 극단적인 혼란과 뒤이은 분단, 그리고 전쟁까지 겪어야 했던 정치적 대혼란기였기에 가능했을 것이다. 이 혼돈의 시대에 대다수 국민은 우선 살아남아야 하고 민생고 해결이 절박한 상황이었기에 신문의 과거사에 신경

쓸 여력이 없었을 것이다. 이러한 상황에서 개인의 회고나 신문의 지면을 통해 조금씩 과거 역사를 미화하는 작업을 시도해도 별다른 문제 제기나 비판도 없는 것을 보면서 두 신문은 자신감을 갖게 되었을 것이다.

당시로서는 신문이라는 미디어를 소유하고 있다는 것은 여론 형성 과정에 중대한 열쇠를 쥐고 있다는 것을 의미했다. 이를 통해서 자신들의 역사적 과오를 오히려 미화하면서 이를 널리 확산시키고 정착시키는 작업이 가능했던 것이다. 더구나 이 신문들은 이를 자신들의 권력으로 삼으며 반대 여론의 싹을 제거하고 자신들 마음대로 조종해 갈 수 있었다. 앞에서 지적한 바와 같이 두 신문의 오욕의 역사를 폭로하는 최민지의 저작이 출판사를 찾지 못해 스스로 출판사를 설립해서 출판했던 사례나 위기봉의 책을 출판한 담당자들이 느꼈던 불안이 이러한 측면을 잘 보여 준다.

1960년대 들어서면서 두 신문이 신화를 생성하고 확산시켜 나가는 데 본격적으로 나섰던 배경은 당시의 정치, 경제적 조건과 연관해서 해석할 수 있다. 3공화국 이후 한국의 언론은 권력에 굴복하고 다른 한편으로 그 혜택을 누리면서 권언유착과 상업화의 길을 걸은 것으로 평가된다(채백, 2015). 또한 당시는 라디오와 텔레비전이라는 새로운 전파 미디어가 등장하였지만, 오락과 여가를 위한 미디어 기능이 중심이었고 저널리즘으로서의 기능은 제한적이었다. 여론에 미치는 영향력은 신문에 필적할 미디어가 없던 상황이었다. 이러한 바탕 위에서 〈동아일보〉와 〈조선일보〉는 거리낌 없이 자신들의 역사를 미화하는 작업을 벌이며 자신들의 이미지를 고양시키는 홍보 효과를 통해 더 많은 독자와 이윤 확대를 노렸던 것으로 해석할 수 있다. 이제 민족지 신화는 기정사실로 받아들여지며 중고등학교 교과서에도 실리고 다른 신문들의 지면에도 반영되며 정착되어 갔다.

1980년대부터는 〈조선일보〉가 더 적극적인 모습을 보였다. 1980년대 들어 〈동아일보〉는 해마다 창간 기념일이면 특집을 발행하면서도 과거와 달리 기념 사설을 한동안 게재하지 않았다. 1면의 최상단에 기념 사설을 게재하던 과거와는 다른 모습이었다. 반면 〈조선일보〉는 계속해서 창간 특집을 발행하며 기념 사설을 게재하였다. 더구나 이 사설들을 통해 자신들이 '최초의 민족지'이며 '가장 오랜 역사'를 지니고 '최대의 발행 부수'를 자랑하였다. 이 사설들이 경쟁지 〈동아일보〉를 자극하여 1985년의 '민족지 논쟁'이 벌어진 것이다.

〈조선일보〉가 이때 이렇듯 공세적인 자세로 나오게 되어 결국 양사가 지면을 통해 서로 치고받는 논쟁까지 비화된 것은 당시 두 신문 위상의 변화와 밀접한 관련이 있는 것으로 보인다. 1980년경까지 〈조선일보〉는 신문업계의 3~4위 정도의 위상이었지만 그 이후 비약적인 성장을 기록하였다. 1987년의 자료를 보면 매출액은 1980년과 비교하여 428%로, 자산 총액은 1979년과 비교하여 927%로 증가하여 업계 1위로 부상하였다. 이렇게 급성장한 배경은 전두환 정권과 밀착된 결과로 해석된다(김민웅 외, 1999: 86). 반면 〈동아일보〉는 1976년의 광고 사태로 130명이 넘는 언론인들이 해직당함으로써 생긴 인력의 공백을 이겨내지 못하고 〈조선일보〉에 추월당한 것이다. 이러한 변화를 바탕으로 〈조선일보〉의 영향력은 점차 확대되고 이를 바탕으로 논조 면에서도 과잉된 면모를 보이기까지 하였다. 이러한 보도 태도가 1987년 이후 민주화 국면에서도 이어지며 1990년대 후반부터는 시민 사회의 안티조선 운동을 불러일으키게 된 것이다.

그러나 공고해 보이던 민족지 신화도 1978년 식민지의 저술을 계기로 균열이 발생하기 시작하였다. 일제 강점기의 〈동아일보〉와 〈조선일보〉가 갖는 역사적 한계와 1930년대 후반의 친일상을 직접 기사를 인용하면서 폭로한 이 저술은 민족지 신화를 전면 부정하는 중요한 계기가 되었다. 이어서 1980년대부터는 일제 강점기 언론의 특성과 한계에 대한 학계의 비판적 연구 성과들이 구체적으로 이루어지기 시작하였다. 또한 1990년대부터는 언론을 감시하고 견제하는 시민 단체들이 활성화되면서 두 신문의 일제 강점기 친일 행태는 주된 공격의 소재로 부상하였다. 더구나 노무현 정부 시기에 과거사 청산의 일환으로 발족된 친일반민족행위진상규명위원회가 두 신문의 주역을 친일 행위자로 판정하기에 이르렀다. 이에 두 신문사는 소송을 제기하며 저항하였지만 사법부에 의해서는 친일을 했다는 평가는 뒤집어지지 않았다. 이로써 민족지 신화는 공식적으로 부정된 것으로 평가할 수 있다.

2. 민족지 신화는 어디로?

이처럼 거스를 수 없는 흐름과 함께 〈조선일보〉와 〈동아일보〉는 자사 지면과 사사를 통해 일제 말기의 친일 행태를 일부 인정하기에 이르렀다. 하지만 두 신문 모두 일제 강점기 친일을 일부 인정하면서도 민족지 신화에 아직도 미련을 버리지 못하고 있다. 이는 두 신문의 100주년 기념 사설에서 확인할 수 있다. 〈조선일보〉는 "잃어버린 나라의 이름 '조선'을 제호로 달고 빼앗긴 글로 민족의 설움을 대변하는 것은 필연적으로 가시밭길이었다"며 창간 5개월 만에 정간당했으며 복간되고 3일 만에 다시 정간당했던 사실을 내세웠다. 1940년 폐간된 것은 "강요와 압박으로 잠재울 수 없는 민족언론의 존재가 껄끄러웠기 때문"이라고 주장하였다. 〈동아일보〉도 기념 사설을 통해 "100년의 역사는 쉽게 만들어지지 않습니다. 창간 2주 만에 첫 발매 금지를 당한 후 1940년 8월 강제 폐간되기까지 무려 63회의 발매 금지, 489회의 압수, 2400여 회의 기사 삭제, 4회의 정간을 겪었습니다"라고 자신들이 가시밭길의 역사를 걸어왔음을 주장하였다.

두 신문의 주장대로 일제 강점기 수많은 통제를 당했던 것은 부인할 수 없는 사실이다. 그러나 이것만으로 그들이 식민 지배에 저항했던 직접적인 증거라고 보기는 어렵다. 일제 강점기의 언론 통제는 한국인이 발간한 두 신문에만 이루어진 것이 아니라 지방에서 일본인들이 발행하던 신문, 그리고 총독부의 기관지 〈매일신보〉에도 가해졌다.[90] 물론 통제 건수는 적었지만 일본인의 신문에도 가해졌다는 것은 저항했기 때문에 탄압받았다는 등식이 성립되지는 않는다는 사실을 말해 준다.

설령 일제 강점기 총독부로부터 수많은 탄압을 받은 사실이 그들이 일제에 저항했음을 보여 주는 자료라고 받아들인다 하더라도 그것만으로 두 신문이 보인 친일적 행태에 대한 면죄부가 될 수는 없을 것이다. 《친일인명사전》을 펴낸 민족문제연구소의 박한용 연구원은 친일파 청산을 반대하는 논자들이 주장하는 논리를 색깔론, 공과론, 공범론, 망각론, 호구책론, 직분충실론, 순교자론, 연좌제 부활, 국론분열론, 정치적 음해론 등 '10가지 궤변'으로 정리한 바 있다.[91] 앞에서 살펴본 대로 그동안 두 신문은 자신들에 대한 비판과 공격에 대응하면서 주로 동원했던 논리들이다. 사주의 친일 행위를 판정한 친일반민족행위진상규명위원회의 결정에 대해서는 색깔론과 정치적 음해론을 동원하였으며, 사사나 지면을 통해 1930년대 후반의 친일적 지면은 직분충

90 자세한 자료는 정진석(1990: 437~470)을 참조하기 바란다.

91 민족문제연구소, 2016. 3. 23. https://www.minjok.or.kr/archives/54971

실론, 호구책론으로 방어하였다. 해방 직후나 그 이후의 친일 청산 분위기에 대해서는 국론분열론을 앞세웠다.

〈동아일보〉와 〈조선일보〉가 자신들의 친일을 일부 인정하면서도 끝까지 탄압받은 사례들을 내세우는 것은 그 10가지 궤변 중에서도 공과론에 해당할 것이다. 두 신문은 일제 강점기에 항일을 많이 해서 탄압을 많이 받았기 때문에 나중에 친일한 것을 상쇄하자는 논리다. 이에 대해 박한용은 "부분적으로 공이 있더라도 민족 전체에 대한 범죄행위가 심각할진대 정상참작이 아닌 면죄부로서 공을 격상시키는 것은 주와 종이 바뀐 것이다"라고 반론하였다.[92] 공이 많으니 과오에 대해서 어느 정도 용납해 주는 것도 일정한 한계 내에서라면 가능할 것이다. 하지만 개인도 아니고 공공성을 지니는 공적인 언론 기관으로서 사회의 기대나 주어진 역할 등에 못 미치는 정도가 아니라 정반대로 가면서 해서는 안 될 행태까지 보인 것을 일부의 공이 있다고 상쇄할 수는 없을 것이다. 이 논리를 계속 견지해서는 독자들이나 일반 국민들에게 설득력을 기대하기 어렵다.

꺼져 가는 신화를 부여잡기보다는 이제라도 넘어서야 한다. 소수의 매스 미디어에 의해 정보가 집중 관리되며 여론을 좌지우지하던 과거에는 신화의 창조와 확산이 가능했다. '신문에 났다'라는 말이 그것이 곧 팩트요 진실임을 의미하던 시대였기에 가능했던 것이다. 하지만 무한대의 온라인 공간에 정보가 넘쳐나는 현대에는 불가능하다. 이미 우리 눈앞에 펼쳐지는 현실이 이를 잘 말해 준다. 매스 미디어의 보도에도 불구하고 그 사건의 당사자들이나 현장에 있던 사람들이 SNS 등

92 민족문제연구소, 2016. 3. 23. https://www.minjok.or.kr/archives/54971

을 통해 다른 정보를 올리며 기성의 미디어를 비판하고 욕하는 사례가 다반사다. 이런 시대에 과거와 같은 방식의 신화적 인식은 더 이상 먹혀들지 않을 것이다.

일찍이 역사학자 E. H. 카E. H. Carr는 저서 《역사란 무엇인가》(1961/1975)에서 역사란 과거와 현재의 대화라는 유명한 명제를 남겨 최근까지도 널리 인구에 회자되고 있다. 역사는 기본적으로 과거를 대상으로 하지만 그 목적과 효용은 과거 사실 자체보다는 이를 통해 현재를 보다 더 잘 이해하기 위한 것이라는 이 명제는 이제 거의 상식처럼 받아들여지고 있다. 대부분의 역사 교과서나 서적들에서 이러한 언술을 어렵지 않게 찾아볼 수 있다. 이 말은 과거에 대한 불만과 비판은 대부분 현재에 대한 불만과 비판에서 비롯되는 것이라는 사실을 말해 준다.

민족지 신화에 대한 비판과 거부가 최근에는 〈조선일보〉 폐간 운동으로까지 비화된 배경은 과거 오욕의 역사도 중요한 부분을 차지하지만 그보다는 현재 주어진 역할을 제대로 하지 못한 때문이 더 큰 몫을 차지한다. 일찍이 최민지가 저술을 결심하게 된 것도 당시 독재 정권의 하수인 노릇을 하면서 자사 언론인들을 대량 해고하는 모습에 커다란 실망을 느낀 때문이라고 했다. 시민 단체들이 반대 운동을 벌이며 친일 언론이라 비난하고 폐간 운동을 벌이는 것도 바로 현재의 모습에 대해 실망과 좌절을 넘어 분노를 느낀 때문일 것이다. 저널리즘으로서의 본령은 외면한 채 눈앞의 이익만을 좇는 모습에 독자들은 외면하고 분노하는 것이다. 아직도 독자들이나 시민들을 계몽의 대상으로 여기며 자기들 뜻대로 좌지우지할 수 있다는 오만을 이제는 탈피해야 한다.

해당 신문들이 지면이나 사사를 통해 일부 자신들의 과오를 인정하고 사과하기도 하였지만 독자들의 가슴을 울리지 못하는 원인은 바로 여기에 있을 것이다. 최근에 오면서 두 신문은 창간 기념 사설 등을 통해 앞으로 바람직한 미래를 열어가는 주역이 되겠다고 다짐에 다짐을 거듭하지만 이것도 독자들에게는 듣기 좋으라고 하는, 과거를 논의하는 곤경을 회피하려는 구두선에 불과할 것이다. 미래는 그냥 주어지는 것이 아니다. 과거와 현재의 바탕 위에서 미래의 방향이 설정되는 것이다.

이런 상황에서 이미 수명이 다한 민족지 신화를 아직도 포기하지 못하고 생명의 동아줄이라도 되는 것처럼 움켜쥐고 몸부림치는 모습은 현재나 과거의 문제를 해결하는 데 아무런 도움이 되지 않을 것이다. 몇 차례 직간접적으로 사과를 하기는 했지만, 폭력을 앞세운 외부적 강제 때문에 어쩔 수 없었다는 자기 합리화식의 사과로는 국민들에게 설득력이 약할 수밖에 없다. 진실에 기초한 정당한 역사 평가 위에서만 새로운 미래가 가능할 것이다.

이를 위해서는 현재도 못지않게 중요하다. 아직도 정파적 이익에만 몰두하는 모습으로는 절대 과거의 오욕을 벗어날 수 없을 것이다. 독자들도 금방 검색하여 크로스체크할 수 있는 이 디지털 시대에도 독자들을 여전히 계몽의 대상으로 여기는 과거의 권위주의적 태도는 이제는 버려야 한다. 이러한 인식의 전환과 함께 자신들이 안고 있는 여러 문제를 개선하면서 잃어버린 저널리즘을 되살려 주어진 역할을 다해내는, 다시 말해 언론 개혁을 이루어내는 것만이 유일한 해결 방법이 될 것이다. 이미 독자들의 신뢰는 바닥을 치고 있는 상황이지만 더 늦기 전에 이러한 각성과 개혁이 있어야만 할 것이다. 항상 늦었다고 생각하는 때가, 즉 지금이 가장 빠르다는 평범한 금언을 다시금 새겨야 할 것이다.

'역사를 잊은 민족에게 미래는 없다'

최근 들어 많은 사람들의 입에 오르내리며 익히 들어본 말일 것이다. 역사의 중요성을 강조하는 말로써 일본의 역사 교과서 왜곡 문제 등이 불거지면 즐겨 인용된다. 〈동아일보〉와 〈조선일보〉 지면에서도 이는 어렵지 않게 찾아볼 수 있다. 그러나 "일본에 '과거를 잊은 민족에게는 미래가 없다'고 힐난하지만 정작 우리는 '과거에 함몰된 민족에게도 미래는 없다'는 경고음을 무시한 지 오래다. 과거를 잊자는 것이 아니다. 그것을 거울삼자는 것일 터인데 지금 우리는 거울을 깨고 있다"는 〈조선일보〉의 한 칼럼[93]과 같은 인식으로는 개선의 여지가 없다. 거울에 비친 모습에 문제가 있다면 이를 해결해야 한다. 그걸 안 한다면 거울이 무슨 소용이 있겠나?

모든 역사적 문제의식은 과거 자체의 문제가 아니라 현재에서 출발하여 현재로 귀결된다. 현재의 문제가 안고 있는 근본 원인을 과거에서 찾아보며 현재를 개선해야 한다는 말이다. 광복 70주년을 맞아 우리 독립운동의 역사를 강조하며 했던 〈동아일보〉 한 기자의 말처럼 이제는 두 신문이 자신들의 과거와 현재에 대해 "스스로 묻고 답해야 할"[94] 것이다.

---

93 〈조선일보〉, 2013. 8. 19. https://www.chosun.com/site/data/html_dir/2013/08/19/2013081903295.html

94 〈동아일보〉, 2015. 7. 6. https://www.donga.com/news/article/all/20150706/72297354/1

참고 문헌

강만길 (1984). 《한국현대사》. 창작과비평사.

강양욱 (1988). 〈일제하 언론의 광고에 관한 연구〉. 서강대학교 대학원 석사 학위 논문.

강영걸 (2015). "식민지 시기 조선일보 사주 방응모의 경영전략에 관한 연구," 〈지역사회연구〉, 제23권 제1호, 3월, pp.35~54.

강준만 (1995). 《김대중 죽이기》. 개마고원.

강준만 (1999). "'조선일보 제 몫 찾아 주기 운동'의 새로운 비전," 〈인물과 사상〉 제10호, 1월, pp.4~21.

강준만 (2019). 《한국언론사》. 인물과사상사.

강준만 외 (1999). 《조선일보 공화국》. 인물과사상사.

鎌田忠良 (1988). 《日章旗とマラソン》. 東京: 講談社.

계초전기간행회 (1980). 《계초 방응모전》. 조선일보사.

고영민 (1987). 《해방정국의 증언: 어느 혁명가의 수기》. 사계절.

고재욱선생 화갑기념논총편찬위원회 (1963). 《민족과 자유와 언론》. 일조각.

고하선생전기편찬위원회 (1990a). 《독립을 향한 집념: 고하송진우전기》. 동아일보사.

고하선생전기편찬위원회 (1990b). 《거인의 숨결: 고하송진우관계자료문집》. 동아일보사.

국사편찬위원회 1종 도서편찬위원회 (2002). 《중학교 국사》. 대한교과서주식회사.

권영기 편 (1999). 《격랑 60년: 방일영과 조선일보》. 방일영문화재단.

〈기자협회보〉 (1969. 7. 11). "언론인들에 보내는 대학생들의 공개장," 제88호, 4면.

길진현 (1984). 《역사에 다시 묻는다: 반민특위와 친일파》. 삼민사.

김광남 · 유영렬 · 신재홍 · 김동운 · 최병도 (2003). 《고등학교 한국 근 · 현대사》. 두산.

김규환 (1978). 《일제의 대한 언론 · 선전정책》. 이우출판사.
김동민 (2001). 《우리는 왜 조선일보를 거부하는가》. 도서출판 백의.
김동민 (2010). "동아일보의 신탁통치 왜곡보도 연구," 〈한국언론정보학보〉, 52집, pp.135~153.
김민웅 외 (1999). 《조선일보를 아십니까?》. 개마고원.
김사림 편 (1948). 《신문기자 수첩: 일선 기자의 고백》. 모던출판사.
김삼웅 (1984). 《민족 · 민주 · 민중선언》. 일월서각.
김삼웅 (1995). 《친일정치 100년사》. 동풍.
김삼웅 외 (1995). 《반민특위: 발족에서 와해까지》(친일문제연구 3집). 가람기획.
김영희 (2000). 미군정기 신문의 보도 경향: 모스크바 3상회의 한국의정서 보도를 중심으로. 〈한국언론학보〉, 44권 4호, pp.32~60.
김영희 · 박용규 (2011). 《한국 현대언론인열전》. 커뮤니케이션북스.
김용진 · 박중석 연출 (2020). 〈족벌: 두 신문 이야기〉(다큐멘터리). 뉴스타파함께재단.
김을한 (1960a). 《여기 참사람이 있다》. 신태양사.
김을한 (1960b). 《사건과 기자》. 신태양사.
김을한 (1961). 《그리운 사람들》. 삼중당.
김을한 (1971). 《신문야화: 30년대의 기자수첩》. 일조각.
김을한 (1975). 《한국신문사화》. 탐구당.
김을한 (1989). 《인생잡기: 김을한 회고록》. 일조각.
김정기 (2021). 《국회 프락치 사건의 증언》. 한울.
김종수 · 허홍구 · 김우경 · 김태진 (2004). 《고등학교 한국 근 · 현대사》. 법문사.
김팔봉 (1959). "한국신문수난사 상," 〈사상계〉, 71호, 6월, pp.150~155.
김학준 (1990). 《고하 송진우 평전》. 동아일보사.
김현대 (1987). 〈일제하 동아일보의 민족운동사적 고찰〉. 한양대학교 대학원 석사 학위 논문.
〈노력인민〉 (1947. 6. 19).
〈독립신보〉 (1946. 11. 12). "친일파 문제는 차후로," 1면.
〈동광신문〉 (1949. 6. 9). "특위체포 협위로/경찰에 중대 영향/이대통령 언명," 1면.
동아일보사 (1975). 《동아일보사사 권1》. 동아일보사.
동아일보사 (1978). 《동아일보사사 권2》. 동아일보사.
동아일보사 (1982). 《인촌김성수의 애족사상과 그 실천》. 동아일보사.
동아일보사 (1985). 《동아일보사사 권3》. 동아일보사.
동아일보사 (1986). 《인촌 김성수: 사상과 일화》. 동아일보사.

동아일보사 (1991). 《평전 인촌 김성수》. 동아일보사.
동아일보사 (2000). 《민족과 더불어 80년: 동아일보 1920~2000》. 동아일보사.
동아일보사 (2011). 《인촌 김성수, 자립자강하여야 한다》. 동아일보사.
유광렬 (1960). "「동아일보」가 창간되던 무렵," 〈사상계〉, 78호, 1월호, pp.212~217.
유광렬 (1969). 《기자반세기》. 서문당.
〈문화일보〉 (1947. 7. 1). "공위 방해의 새로운 흉모," 1면 사설.
〈미디어오늘〉 (2019. 9. 10). "'조선 · 동아 거짓과 배신의 100년 청산 시민행동' 발족," URL: http://www.mediatoday.co.kr/news/articleView.html?idxno=202302 (2020. 5. 9).
〈미디어오늘〉 (2020. 2. 21). "조선 · 동아 100년 최악의 보도 100선 뭐길래," URL: http://www.mediatoday.co.kr/news/articleView.html?idxno=205384 (2020. 5. 9).
민족문제연구소 (2012). 《친일인명사전》(모바일 앱 자료).
민족문제연구소 홈페이지
민족정경문화연구소 편 (1948). 《친일파 군상》. 삼성문화사.
〈민주중보〉 (1945. 12. 11). "기자회에 일언," 1면 사설.
박명림 (1996). 《한국전쟁의 발발과 기원 II》. 나남.
박용규 (1988). 〈미군정기 한국 언론구조의 형성과정에 관한 연구〉. 서울대학교 대학원 석사 학위 논문.
박용규 (2005). "일제의 지배정책에 대한 신문들의 논조 변화: 일제 말기(1937~1940)를 중심으로," 〈한국언론정보학보〉, 28호, pp.111~140.
박용규 (2007). "미군정기 언론인 단체들의 특성과 활동," 〈한국언론학보〉, 51권 6호, pp.135~162.
박용규 (2021). 《언론과 친일: 친일 언론의 역사와 잔재》. 선인.
박용규 · 채백 · 윤상길 (2019). 《3 · 1운동과 항일 지하신문》. 한국언론진흥재단.
박찬승(1990). 〈일제하 '실력양성운동론' 연구〉. 서울대학교 대학원 박사 학위 논문.
박태균 (1993). "해방 후 친일파의 단정 · 반공운동의 전개," 〈역사비평〉, 25호, pp.182~193.
박환 (2009). "일제 강점기 한글신문의 변모양상: '친일'과 '민족'," 〈한국민족운동사연구〉, (58), pp.5~22.
반민족문제연구소 (1993). 《친일파 99인 1, 2, 3》. 돌베개.
반민족문제연구소 (1994). 《청산하지 못한 역사 1, 2, 3》. 청년사.
배영순 (1978). "민족언론을 보는 시각," 〈창작과비평〉, 제13권 3호, 1978. 9,

pp.366～370.

배진한 (1988). 〈1920년대 조선 · 동아 두 신문의 사회경제적 성격에 관한 연구〉. 서울대학교 대학원 석사 학위 논문.

백완기 (2012). 《인촌 김성수의 삶: 인간 자본의 표상》. 나남.

백운선 (1948). “사진 기자 눈물의 회고, ‘카메라’와 ‘나’,” 김사림 편. 《신문기자수첩: 일선 기자의 고백〉. 모던출판사.

변태섭 (1989). 《한국사통론》. 삼영사.

변태섭 (2009). 《한국사통론》. 삼영사.

사림 (1949). 《일선 기자의 고백》. 모던출판사.

성주현 (2009). “1930년대 이후 한글신문의 구조적 변화와 기자들의 동향: 〈동아일보〉와 〈조선일보〉를 중심으로,” 〈한국민족운동사연구〉, 58호, pp.153～184.

성준덕 (1955). 《한국신문사》. 신문학회.

송건호 (1977). “독자로서 읽는 신문,” 〈씨알의 소리〉, 제62호, 3월호, pp.40～43.

신운용 (2012). “김성수의 친일의식 형성과 전개,” 〈선도문화〉, 13호, pp.481～514.

안진규 (2020). “마라토너 류해붕의 체육활동과 일장기말소의거,” 〈한국체육사학회지〉, 제25권 제2호, pp.19～34.

안진규 · 송일훈 (2015). “〈조선중앙일보〉와 〈동아일보〉의 일장기말소사건,” 〈한국체육학회지〉, 제54권 제5호, pp.1～10.

양동주 (1987). “해방후 좌익운동과 민주주의민족전선,” 박현채 외. 《해방전후사의 인식 3》. 한길사. pp.76～139.

영신아카데미 한국학연구소 편 (1974). 《일제 치하 언론 · 출판의 실태》(한국학자료총서 제2집). 중앙대학교 출판국.

〈우리신문〉 (1947. 7. 9). “반탁친일분자 배제코 혼란과 파렴치를 광정하라,” 1면.

우리역사넷(국사편찬위원회). URL: http://contents.history.go.kr/front/ta/main.do

우승규 (1947). “조선신문계 전망,” 〈백민〉, 5월호, pp.19～26.

우승규 (1948). “신문계의 금석(今昔),” 〈민주조선〉, 5호, 4월호, pp.12～17.

우승규 (1978). 《나절로 만필》. 탐구당.

위기봉 (1989). “김성수 일가 동아일보 가로챘다,” 월간 〈말〉, 3월호, pp.34～48.

위기봉 (1991). 《다시쓰는 동아일보사: 인촌 김성수와 동아일보, 그 오욕과 배반의 역사를 찾아서》. 녹진.

위키백과 URL: https://ko.wikipedia.org/wiki/.

유진오 (2019). 《양호기· 보전 고대 35년의 회고》. 고려대학교 출판문화원.

이강수 (2003). 《반민특위 연구》. 나남.

이강수 (2004). "친일파청산 · 반민특위와 백범," 〈한국사학보〉, 18호, pp.177~200.
이강엽 (2004). 《신화》. 연세대학교 출판부.
이경숙 (1982). 〈일제하 민간지 자본의 성격에 관한 연구〉. 이화여자대학교 석사 학위 논문.
이기백 (1977). 《한국사신론》. 일조각.
이기백 (1990). 《한국사신론》(신수판). 일조각.
이기백 (2009). 《한국사신론》(한글판). 일조각.
이길용 (1948). "세기적 승리와 민족적 의분의 충격, 소위 '일장기 말살 사건,'' 김사림 편. 《신문기자수첩: 일선 기자의 고백》. 모던출판사.
이동욱 (1996). 《계초 방응모》. 방일영문화재단.
이병도 (1953). 《국사대관》. 백영사.
이병도 (1957). 《신수 국사대관》. 보문각.
이완범 (2005). "조선공산당의 탁치 노선 변화 과정(1945~1946)," 〈한국근현대사연구〉, 35집, pp.189~225.
이완범 (2009a). "김성수의 식민지 권력에 대한 저항과 협력: '협력적 저항'에서 '저항적 협력'으로," 〈한국민족운동사연구〉, 58호, pp.399~454.
이완범 (2009b). "김성수와 대한민국 정부수립," 《동양정치사상사》 제8권 1호, pp.45~67.
이준식 (2005). "일제하 친일언론 인식 문제의 현황과 과제," 한국언론정보학회 세미나 발표 논문.
이채주 (2003). 《언론통제와 신문의 저항 : 암울했던 시절 어느 편집국장 이야기》. 나남.
이현희 (2009). 《대한민국 부통령 인촌 김성수 연구》. 나남.
인촌기념회 홈페이지. http://www.inchonmemorial.co.kr/
인촌기념회 (1976). 《인촌 김성수전》. 인촌기념회.
인촌기념회 (1991). 《평전 인촌 김성수》. 동아일보사.
인촌 김성수 서거 50주기 추모집 간행위원회 (2005). 《인촌을 생각한다》. 동아일보사.
임종국 (1966). 《친일문학론》. 평화출판사.
임종국 (1982). 《일제침략과 친일파》. 청사.
임종국 (1987). 《친일논설선집》. 실천문학사.
임종국 (1991). 《실록 친일파》. 돌베개.
장신 (2005). "1930년대 언론의 상업화와 조선 · 동아일보의 선택," 〈역사비평〉, 70호, pp.164~196.

장신 (2009). “일제말기 김성수의 친일 행적과 변호론 비판,” 〈한국독립운동사연구〉, 32집, pp.271~313.

장신 (2016). “조선총독부의 언론통제와 동아일보 · 조선일보 폐간,” 〈역사문제연구〉 35호, pp.387~424.

〈전국노동자신문〉 (1947. 7. 18). “대한노총 테로를 조종하는 자, 한민 한독 유령 제외 하라!,” 1면.

정용욱 (2003). “1945년 말 1946년 초 신탁통치 파동과 미군정: 미군정의 여론공작을 중심으로,” 〈역사비평〉, 62호, pp.287~322.

정운현 (1993). “언론계의 친일 인맥,” 정운현 · 김삼웅 편. 《친일파 III: 일제하 기득권자들의 좌절과 변절》. 학민사. pp.11~49.

정운현 (1999a). 《증언 반민특위: 잃어버린 기억의 보고서》. 삼인.

정운현 (1999b). 《나는 황국신문이로소이다: 새로이 밝혀 다시 쓴 친일인물사》. 개마고원.

정운현 (2011). “〈동아〉 창립자 김성수의 ‘친일’, 법원도 인정했다, 정운현의 역사 에세이 20,” 〈오마이뉴스〉 http://www.ohmynews.com/NWS_Web/View/at_pg.aspx?CNTN_CD=A0001643995 2022. 3. 14.).

정지환 (1998). “조선일보 친일행각 – 한일밥방은 조선의 행복을 위한 조약,” 월간 〈말〉, 12월호, pp.98~101.

정지환 · 김운의 (2001). “교육부에 제출된 국사교과서 수정요구서 — ‘천황폐하 만세!’ 외친 조선 · 동아가 ‘민족지’라니,” 월간 〈말〉, 5월호, pp.82~83.

정진석 (1975). 《일제하 한국언론투쟁사》. 정음사.

정진석 (1990). 《한국언론사》. 나남.

정진석 편 (1998). 《일제시대 민족지 압수 기사 모음 I》. LG상남언론재단.

정진석 (2001). 《역사와 언론인》. 커뮤니케이션북스.

정진석 (2009). “정진석의 언론과 현대사 산책 ④ — 6 · 25전쟁 시기 남북한의 신문(하),” 〈신동아〉, 11월호, URL: http://dongne.donga.com/2018/12/19/58-%eb%8f%99%ec%95%84%ec%9d%bc%eb%b3%b4-%ec%82%ac%eb%9e%8c%eb%93%a4-%ec%98%a4%ea%b8%b0%ec%98%81/ 2019. 12. 26.

조규태 (2009). “1930년대 한글신문의 조선문화운동론,” 〈한국민족운동사연구〉, 61호, pp.215~256.

조선일보 반민족 · 반통일 행위에 대한 민간법정 추진위원회 (2002). 《조선일보 반민족 · 반통일 행위에 대한 민간법정 자료집》. 인물과사상사.

조선일보사 (1970). 《조선일보50년사》. 조선일보사.
조선일보사 (1980). 《조선일보60년사》. 조선일보사.
조선일보사 (1983). 《태평로1가: 방일영선생 화갑기념논문집》. 조선일보사.
조선일보사 (1990). 《조선일보70년사 1》. 조선일보사.
조선일보사 (2000). 《조선일보80년사》(CD본). 조선일보사.
조선일보사 (2010a). 《조선일보90년사 상》. 조선일보사.
조선일보사 (2010b). 《조선일보90년사 중》. 조선일보사.
조선일보사 (2010c). 《조선일보90년사 화보 · 인물 · 자료》. 조선일보사.
조선일보 허위 · 왜곡보도 공동대책위원회 (1999). 〈조선일보를 해부한다!〉. 미간행 자료집.
조선자유언론수호투쟁위원회 (1993). 《자유언론, 내릴 수 없는 깃발: 조선투위 18년 자료집 1975~1993》. 두레출판사.
〈조선중앙일보〉 (1936. 8. 23). “사고,” 7면.
〈조선중앙일보〉 (1947. 7. 8). “친일파 모리 반탁 유령단체 배제하라,” 1면.
〈중앙신문〉 (1945. 12. 10). “이런 자가 반역자다/독립협회서 규정 발표,” 2면.
조용만 (1960). “서평: 최준 저 한국신문사,” 〈아세아연구〉, 3권 1호, pp.179~182.
채백 (2008). 《사라진 일장기의 진실: 일제 강점기 일장기 말소 사건 연구》. 커뮤니케이션북스.
채백 (2012). 《부산언론사 연구》. 산지니.
채백 (2015). 《한국 언론사》. 컬처룩.
채백 (2016). “친일 청산에 대한 미군정기 〈동아일보〉와 〈조선일보〉의 보도 태도,” 〈한국언론정보학보〉, 79호, pp.196~225.
채백 (2018). “반민특위에 대한 〈동아일보〉와 〈조선일보〉의 보도 태도,” 〈한국언론정보학보〉, 88호, pp.182~210.
채백 (2020). ‘민족지 신화의 생성과 굴절,” 〈한국언론정보학보〉, 102호, pp.217~245.
채백 · 허윤철 · 강승화 · 윤상길 (2021). “3 · 1운동기 한국 간행물에 대한 역사적 재평가: ‘지하신문’이라는 개념에 대한 문제 제기,” 〈한국언론정보학보〉, 105호, pp.66~97.
최민지 · 김민주 (1978). 《일제하 민족언론사론》. 일월서각.
최영태 (2004). “조선일보 폐간을 둘러싼 논란과 진실,” 〈역사비평〉, 66호, pp.216~241.
최유리 (1993). “일제 말기 언론정책의 성격: 동아 조선일보의 발간을 중심으로,” 〈이화사학연구〉, 21집, pp.189~203.

최은희 (1980). 《여성 전진 70년: 초대 여기자의 회고》. 중앙출판인쇄주식회사.

최인진 (2006). 《손기정 남승룡 가슴의 일장기를 지우다: 조선중앙일보·동아일보 일장기 말소 사건의 새로운 진실》. 신구문화사.

최준 교수 정년기념논문집 간행위원회 (1979). 《야농 최준 교수정년기념논문집》. 중앙출판인쇄.

최준 (1960). 《한국신문사》. 일조각.

친일반민족행위진상규명위원회 (2009a). 《친일반민족행위진상규명 보고서 II》. 친일반민족진상규명위원회.

친일반민족행위진상규명위원회 (2009b). 《친일반민족행위진상규명 보고서 IV-3》. 친일반민족진상규명위원회.

친일반민족행위진상규명위원회 (2009c). 《친일반민족행위진상규명 보고서 IV-7》. 친일반민족진상규명위원회.

친일반민족행위진상규명위원회 (2009d). 《친일반민족행위진상규명 보고서 IV-8》. 친일반민족진상규명위원회.

친일반민족행위진상규명위원회 (2009e). 《친일반민족행위진상규명 보고서 IV-10》. 친일반민족진상규명위원회.

친일반민족행위진상규명위원회 (2009f). 《친일반민족행위진상규명 보고서 IV-13》. 친일반민족진상규명위원회.

친일반민족행위진상규명위원회 (2009g). 《친일반민족행위진상규명 보고서 IV-15》. 친일반민족진상규명위원회.

〈편집인협회보〉 (1969. 8. 5). "언론인에 보내는 대학생들의 소리," 제40호, 5면.

〈한겨레〉 (2016. 11. 9). "대법, 방응모 전 조선일보 사장 일제 동조 글만 '친일' 인정," URL: http://www.hani.co.kr/arti/society/society_general/769459.html (2020. 5. 9).

〈한겨레〉 (2017. 4. 13). "'김성수 친일 맞다' 대법원 인정," URL: http://www.hani.co.kr/arti/society/society_general/790670.html (2020. 5. 9).

한국근현대 인물자료 (국사편찬위원회), URL: http://db.history.go.kr/item/level.do;jsessionid=BFD881DB139B10D391598797220C8903?levelId=im_107_30181 2020. 1. 9.

한국기자협회 (1994). 《기자협회삼십년사》. 한국기자협회.

한국신문연구소 편 (1978). 《언론비화50편: 원로 기자들의 직필 수기》. 한국신문연구소.

한국신문연구소 편 (1981). 《한국언론인물지》. 한국신문연구소.

한국언론학회 (2009). 《한국언론학회50년사》. 한국언론학회.

한국체육기자연맹 편 (1993). 《일장기 의거기자 이길용》. 인물연구소.

한윤형 (2010). 《안티조선운동사》. 도서출판 텍스트.

한철호 · 강석민 · 김기승 · 김인기 · 조왕호 · 채현철 (2007). 《고등학교 한국 근 · 현대사》. 대한교과서(주).

Carr, Edward H. (1961). *What is history?* [길현모 옮김. 《역사란 무엇인가》. 탐구당. 1975].

Kim, Choong Soon (1998). *A Korean Nationalist Entrepreneur: A Life History of Kim Sŏngsu, 1891–1955*. [유석춘 옮김. 《문화민족주의자 김성수》. 일조각. 1998].

Robinson, Michael, E. (1988). *Cultural Nationalism in Colonial Korea, 1920–1925*. [김민환 옮김. 《일제하 문화적 민족주의》. 나남. 1990].

Segal, Robert (2015). *Myth: A very short introduction*, 2nd ed. [이용주 옮김. 《신화란 무엇인가: 신화의 이론과 의미》. 아카넷. 2017].

찾아보기